*Coleção*
**SOLUÇÕES CONSTITUCIONAIS**

*Publicação em co-edição
da Malheiros Editores e da ABCD,
sob orientação da Diretoria da ABCD*

**CADERNOS DE
SOLUÇÕES
CONSTITUCIONAIS
2**

# DIÁLOGO CONSTITUCIONAL

Este é o segundo número de *Cadernos de Soluções Constitucionais*, que é uma publicação periódica, editada pela Malheiros Editores, sob a direção da Diretoria da *ABCD-Associação Brasileira dos Constitucionalistas Democratas (Seção Brasileira do Instituto Ibero-Americano de Direito Constitucional)*. Esses *Cadernos* visam a discutir temas de direito constitucional, buscando soluções mais apropriadas ao constitucionalismo brasileiro, em conformidade com a *Carta de Princípios* que orienta a atuação da ABCD. Este volume acolhe quatro conferências de constitucionalistas mexicanos, proferidas no *Encontro de Constitucionalistas Mexicanos-Brasileiros*, realizado em Santos, sob o tema geral *Constituição e Globalização*, nos dias 21 a 23 de maio de 2003. Ali se praticou um rico diálogo constitucional, quando, então, observei: "Apesar, ou talvez devido a tantas mutações institucionais, a tradição constitucional mexicana é das mais ricas do continente. O diálogo que agora se expande e aprofunda será, sem sombra de dúvida, de grande utilidade para o Brasil".

Este volume dos *Cadernos* reproduz esse diálogo, acrescido de outros artigos constitucionais que o tornam um repositório de boas idéias do nosso constitucionalismo.

Agora, a ABCD em parceria com a ABDConst-Academia Brasileira de Direito Constitucional amplia esse diálogo, envolvendo nele os principais constitucionalistas ibero-americanos, no IX Congresso Ibero-Americano de Direito Constitucional – a realizar-se em Curitiba, nos dias 11 a 15 de novembro de 2006.

O tema geral desse Congresso – *As Imagens do Constitucionalismo: um debate ibero-americano* – revela bem a sua intenção, qual seja a de refletir sobre o constitucionalismo ibero-americano nesta quadra em que vigoram, nessa área, os princípios da democracia – ainda que seja no seu aspecto formal –, em boa parte desses povos, mas com sinais bastante alentadores para um constitucionalismo solidário em que os direitos sociais se realizem na prática e a extrema pobreza deixe de ser a nódoa do regime.

Saudamos os conferencistas que aqui vêm participar desse diálogo. Todos constitucionalistas de renome não só em seus países e fora deles. São constitucionalistas que viveram tempos difíceis, sob regimes de força, e que lutaram pela redemocratização e a reconquista do Estado de Direito, e participaram intensamente do processo dessa redemocratização, dando sua contribuição na elaboração das novas constituições ou da renovação constitucional, em seus países.

Estes *Cadernos de Soluções Constitucionais*, como anunciado no seu primeiro volume, compreende três partes: uma de Doutrina, onde se acolhem artigos, palestras, conferências, teses; outra de Comentários de Acórdãos versando matéria constitucional; e uma terceira dedicada a resenhas de obras constitucionais, de preferência de autores brasileiros.

JOSÉ AFONSO DA SILVA
Presidente da ABCD –
Associação Brasileira de Constitucionalistas Democratas

*Associação Brasileira dos
Constitucionalistas Democratas*

*Cadernos de*
# Soluções Constitucionais
**2**

*Cadernos de*
**SOLUÇÕES CONSTITUCIONAIS**
2

ISBN: 85.7420-767-5

*Direitos reservados desta edição por*
MALHEIROS EDITORES LTDA.
*Rua Paes de Araújo, 29, 17º andar, conjunto 171*
*CEP: 04531-940 – São Paulo - SP*
*Tel.: (0xx11) 3078-7205*
*Fax: (0xx11) 3078-5495*
*URL: www.malheiroseditores.com.br*
*e-mail: malheiroseditores@terra.com.br*

*Composição*
Scripta

*Capa*
*Criação:* Vânia Lúcia Amato
*Arte:* PC Editorial Ltda.

Impresso no Brasil
*Printed in Brazil*
10– 2006

# Sumário

DIÁLOGO CONSTITUCIONAL .................................................................. 3

COLABORADORES ..................................................................................... 9

GLOBALIZACIÓN Y LOS PRINCIPIOS DE SOBERANÍA,
AUTODETERMINACIÓN Y NO INTERVENCIÓN ............................... 11
JORGE CARPIZO

JURISDICCIONES NACIONALES Y ACUERDOS INTERNACIONALES –
LA CORTE PENAL INTERNACIONAL .................................................. 39
SERGIO GARCÍA RAMÍREZ

PROBLEMAS CONSTITUCIONALES DE LOS FLUJOS FINANCIEROS
INTERNACIONALES .................................................................................. 54
DIEGO VALADÉS

LOS TRATADOS DE LIBRE COMERCIO Y LA CONSTITUCIÓN
MEXICANA: IMPLICACIONES Y DESAFÍOS PARA UNA
CONSTITUCIÓN RENOVADA EN EL MUNDO GLOBALIZADO .......... 81
SERGIO LÓPEZ AYLLÓN

AS DIFICULDADES JURÍDICAS PARA A IMPLEMENTAÇÃO DA ALCA ... 121
AMÉRICO MASSET LACOMBE

DIREITOS HUMANOS E A JURISDIÇÃO CONSTITUCIONAL
INTERNACIONAL ....................................................................................... 125
FLAVIA PIOVESAN

A "POLITIZAÇÃO" DA JURISDIÇÃO CONSTITUCIONAL: UMA ANÁLISE
SOB A PERSPECTIVA DA TEORIA DOS SISTEMAS DE NIKLAS
LUHMANN .................................................................................................... 145
GLAUCO SALOMÃO LEITE

*DEMOCRACIA PARTICIPATIVA* .................................................................... 183
José Afonso da Silva

*UM PANORAMA DO CONTROLE DE CONSTITUCIONALIDADE NO BRASIL* .............................................................................................. 215
Marcelo Figueiredo

*CONSIDERAÇÕES SOBRE A PROTEÇÃO CONSTITUCIONAL DO DIREITO ADQUIRIDO* ................................................................... 274
Márcio Cammarosano

*O ESTADO LAICO E A DEFESA DOS DIREITOS FUNDAMENTAIS: democracia, liberdade de crença e consciência e o direito à vida* ........... 285
Mônica de Melo

*APONTAMENTOS SOBRE A SOLIDARIEDADE* ........................................... 311
Sérgio Sérvulo da Cunha

*DIREITO ADQUIRIDO AO REGIME DE APOSENTADORIA (O princípio da segurança das relações jurídicas, o direito adquirido e a expectativa de direito)* .................................................................................................... 319
Valmir Pontes Filho

*COMENTÁRIO DE ACÓRDÃO (STF: RE 262.651-SP): A RESPONSABILIDADE DAS PESSOAS PRIVADAS PRESTADORAS DE SERVIÇOS PÚBLICOS* ........................................................................... 326
Clovis Beznos

*RESENHA DE LIVROS* ................................................................................. 358
Marcelo Figueiredo

# COLABORADORES

AMÉRICO MASSET LACOMBE

Doutor em Direito pela Pontifícia Universidade Católica de São Paulo – Presidente do Tribunal Regional Federal da 3ª Região no biênio 1993/1995 – Advogado e Consultor em São Paulo.

CLOVIS BEZNOS

Mestre e Doutor em Direito do Estado pela Pontifícia Universidade Católica de São Paulo – Professor Doutor de Prática Forense em Direito Público da Faculdade de Direito da PUC/SP – Professor Coordenador dos Cursos de Especialização da PUC/COGEAE em Direito Administrativo – Diretor Cultural da Associação Brasileira de Constitucionalistas Democratas-ABCD e Diretor Primeiro Vice-Presidente do Instituto Brasileiro de Direito Administrativo-IBDA.

DIEGO VALADÉS

Professor e Diretor do "Instituto de Investigaciones Jurídicas de la Universidad Nacional Autónoma de México" – Membro do "Sistema Nacional de Investigadores".

FLAVIA PIOVESAN

Professora Doutora da Pontifícia Universidade Católica de São Paulo nas disciplinas de Direitos Humanos e Direito Constitucional – Professora de Direitos Humanos dos Programas de Pós-Graduação da Pontifícia Universidade Católica de São Paulo e da Pontifícia Universidade Católica do Paraná – *Visiting fellow* do *Human Rights Program* da *Harvard Law School* (1995, 2000 e 2002) – Procuradora do Estado de São Paulo.

GLAUCO SALOMÃO LEITE

Mestrando em Direito Constitucional pela Pontifícia Universidade Católica de São Paulo – Professor da Escola Brasileira de Estudos Constitucionais. Bolsista do CNPq.

JORGE CARPIZO

Investigador de tempo completo do "Instituto de Investigaciones Jurídicas de la Universidad Nacional Autónoma de México".

JOSÉ AFONSO DA SILVA

Professor Titular Aposentado da Faculdade de Direito da Universidade de São Paulo.

MARCELO FIGUEIREDO

Mestre e Doutor e Livre-Docente em Direito do Estado pela Pontifícia Universidade Católica de São Paulo – Atualmente é Professor Associado na mesma Universidade nos Cursos de Graduação e Pós-Graduação em Direito Constitucional e Jurisdição Constitucional da Faculdade – É Professor licenciado de Direito Administrativo do Complexo Jurídico "Damásio E. de Jesus" em São Paulo – Diretor da Faculdade de Direito da Pontifícia Universidade Católica de São Paulo, eleito para o quadriênio 2005-2009 – Fundador e Diretor Executivo da Associação Brasileira de Constitucionalistas Democratas-ABCD – Advogado e Consultor em São Paulo.

MÁRCIO CAMMAROSANO

Doutor pela Pontifícia Universidade Católica de São Paulo – Professor da Faculdade de Direito da mesma Universidade. Advogado em São Paulo.

MÔNICA DE MELO

Defensora Pública do Estado de São Paulo – Professora Assistente-Mestre de Direito Constitucional da Pontifícia Universidade Católica de São Paulo – Coordenadora da ONG "Oficina dos Direitos da Mulher" – Membro do Comitê Latino-Americano e do Caribe de Defesa dos Direitos da Mulher-CLADEM/BR.

SERGIO GARCÍA RAMÍREZ

Investigador no "Instituto de Investigaciones Jurídicas de la Universidad Nacional Autónoma de México".

SERGIO LÓPEZ AYLLÓN

Investigador no "Instituto de Investigaciones Jurídica de la Universidad Nacional Autónoma de México".

SÉRGIO SÉRVULO DA CUNHA

Advogado e Professor Universitário em Santos/SP – Foi Chefe de Gabinete do Ministro da Justiça.

VALMIR PONTES FILHO

Professor de Direito Constitucional e de Hermenêutica Jurídica (da Universidade Federal do Ceará e da Universidade de Fortaleza-UNIFOR) – Mestre em Direito Constitucional pela Pontifícia Universidade Católica de São Paulo – Membro do Instituto Brasileiro de Direito Administrativo-IBDA e da Associação Brasileira dos Constitucionalistas Democratas – Advogado.

# GLOBALIZACIÓN Y LOS PRINCIPIOS DE SOBERANÍA, AUTODETERMINACIÓN Y NO INTERVENCIÓN*

JORGE CARPIZO

*1. La idea de soberanía  2. Las ideas de globalización  3. El Estado nacional y soberano, hoy  4. Competencias sustraídas al Estado soberano  5. El principio de autodeterminación  6. La no-intervención  7. La intervención o injerencia humanitarias  8. Los Derechos Humanos  9. Una propuesta: la judicialización de la intervención o asistencia humanitarias*

## 1. La idea de soberanía

*A)* La idea de soberanía fue producto de la realidad; nació a finales de la Edad Media, cuando los reyes franceses derrotaron al imperio, al papado y a los señores feudales, y consolidaron un Estado nacional que no reconocía poderes superiores a él.[1]

Con posterioridad se pretendió explicar la nueva realidad política. Muy conocido es que la primera sistematización del concepto de soberanía la realizó Juan Bodino, quien identificó soberanía con suprema autoridad, a la cual definió como el poder absoluto y perpetuo de la República, que los latinos llamaron majestad.[2]

La anterior definición ha sido muy polémica; son muchos los autores que la han examinado. Considero que, si se profundiza en el pensamiento

---

\* Agradezco las observaciones que de este artículo realizaron mis colegas: doctores Alonso Gómez-Robledo y Ricardo Méndez Silva; maestra Eugenia Lizalde y licenciado Joaquín González Casanova. Cualquier imprecisión o error que éste pudiera contener es responsabilidad exclusiva del autor.

1. Jorge Carpizo, *Estudios Constitucionales*, Editorial Porrúa e Instituto de Investigaciones Jurídicas de la Universidad Nacional Autónoma de México (UNAM). México 1999; p. 494. George H. Sabine, *Historia de la Teoría Política*. Fondo de Cultura Económica. México 1965; pp. 174-176.

2. Véase el libro primero, capítulos VIII-X de *Los seis libros de la República* de Juan Bodino. Aguilar. Madrid 1973; pp. 47-73. Jorge Carpizo, *La Constitución Mexicana de 1917*. Editorial Porrúa e Instituto de Investigaciones Jurídicas de la UNAM. México 2002; pp. 154-155.

de Bodino, queda claro que los príncipes, al expedir las normas, están sujetos a las leyes divinas, a las naturales y a las comunes a todos los pueblos, o sea, al Derecho de gentes. En consecuencia, el legislador real tiene limitada su actuación; existen márgenes precisos que no puede traspasar.[3]

Para Bodino, la soberanía nunca constituyó un poder ilimitado, arbitrario o caprichoso. Por otra parte, el Estado moderno no disfrutó de una soberanía total y absoluta, sino *limitada y fluctuante* que osciló desde lo *casi total* a lo prácticamente nulo, ya que su poder y capacidad para imponer decisiones a los grupos internos y externos, y controles sobre flujos de capital, trabajo y mercancías fue muy variable; su autoridad formal estuvo limitada por aspectos jurídicos y de la realidad.[4] Casi desde su nacimiento, la idea de soberanía se encontró con las incipientes declaraciones de derechos de los individuos y, posteriormente, con el Estado constitucional.

Así, la soberanía radica en la facultad de legislar, sin que otro poder pueda determinar el contenido de las normas; constituye una instancia última de decisión,[5] que no es absoluta ni ilimitada, y más allá de los factores reales de poder existentes en la comunidad, el legislador tendrá que respetar al Derecho Internacional, los Derechos Humanos, y la igualdad jurídica de los Estados.

*B)* El aspecto exterior de la soberanía radica en la igualdad de todos los Estados, en virtud de que uno no puede someter a su jurisdicción a ningún otro: *par in parem non habet jurisdictionem*; es decir, "no puede existir competencia jurisdiccional entre sujetos iguales".[6] La soberanía fue y continua siendo la garantía juridico-política por antonomasia de la independencia de los países.[7] Si no prevalece la idea o dogma de la igualdad

---

3. Víctor Flores Olea, en el *Ensayo sobre la soberanía del Estado*. UNAM. México 1969; pp. 64-65, escribió: "La expresión *legibus solutus* no significa arbitrariedad del soberano, porque los *príncipes de la tierra están sujetos a las leyes de Dios, de la naturaleza y al Derecho de gentes*. Bodino distingue, nítidamente, entre *Derecho y Ley*, entre *principio y precepto*, y el soberano, a quien le compete *dar las leyes a los hombres*, no está sujeto, precisamente, a la Ley, aunque *sí al Derecho divino, natural y de gentes*". Hermann Heller, *La soberanía*. UNAM. México 1965, p. 81.
4. Marcos Kaplan, *Estado y globalización*. Instituto de Investigaciones Jurídicas de la UNAM. México 2002; p. 101. *Véase* Peter Häberle, y Markus Kotzur, *De la soberanía al derecho constitucional común: palabras clave para un diálogo europeo-latinoamericano*. Instituto de Investigaciones Jurídicas de la UNAM. México 2003; p. 91.
5. Hermann Heller, obra citada, pp. 225, 249 y 304.
6. Alonso Gómez-Robledo V., "Jurisdicción interna, principio de no intervención y derecho de injerencia humanitaria", en *Boletín Mexicano de Derecho Comparado*. Nueva Serie. Tomo XXVI, No. 76. UNAM. México 1993; pp. 82 y 85.
7. Modesto Seara Vázquez, *Derecho Internacional Público*. Editorial Porrúa. México 1993; p. 91. Ferrajoli, Luigi, "Más allá de la soberanía y la ciudadanía: un constitucionalismo global", en *Estado constitucional y globalización*. Editorial Porrúa e Instituto de Investigaciones Jurídicas de la UNAM. México 2001; pp. 315-316. Michel

de los Estados, entonces las relaciones entre ellos se regirían únicamente por situaciones de poder.

Así como no puede existir libertad ilimitada para individuo alguno por el hecho de convivir con otros que gozan de idéntica libertad, tampoco puede existir una soberanía externa ilimitada de un Estado por coexistir con otros Estados soberanos.

En consecuencia, en Naciones Unidas existe consenso, y retomo la formulación de Alonso Gómez Robledo, en que el principio de igualdad, independencia y soberanía de los Estados implica que:

a) Son iguales jurídicamente.

b) Cada Estado goza de los derechos inherentes a la plena soberanía.

c) Cada Estado tiene el deber de respetar la personalidad de los demás Estados.

d) La integridad territorial y la independencia política son inviolables.

e) Cada Estado tiene el derecho a elegir y llevar adelante libremente su sistema político, social, económico y cultural.[8]

## 2. Las ideas de globalización

*A)* Nada es inmutable. La soberanía, como cualquier otro concepto, se relativiza de acuerdo con tiempo y espacio. A partir de su nacimiento, la noción de soberanía tuvo una evolución lenta, la cual se aceleró increíblemente en los años posteriores a la segunda posguerra mundial y aún más, por diversos factores, a partir de la sexta década del siglo XX: el fortalecimiento y ampliación del Derecho Internacional, la primacía de los Derechos Humanos, los ataques a la concepción del Estado nacional, la regionalización e integración política y económica de diversos países, y el nuevo desarrollo de la globalización.

*B)* El Derecho Internacional comenzó a extenderse a los individuos y ya no se circunscribió a los Estados y a los organismos internacionales. Este desarrollo comenzó a partir de la opinión consultiva sobre la competencia de los Tribunales de Dantzig, expedida por la Corte Permanente de Justicia Internacional en 1928.[9] Desde entonces, esa expansión puede considerarse como fenomenal.

---

Virally, "Une pierre d'angle qui résiste au temps: avatars et pérennité de l'idée de souveraineté", en *Les Relations internationales dans un monde en mutation*. Institut Universitaire de Hautes Etudes Internationales. Génova 1977; pp. 179-194.

8. Alonso Gómez-Robledo V., obra citada, p. 85. César Sepúlveda, *Derecho Internacional*. Editorial Porrúa. México 1991; pp. 488-489.

9. En dicha *Opinión Consultiva*, la mencionada Corte Permanente sostuvo que: "It may be readily admitted that, according to a well established principle of international law,

Se multiplicaron los organismos internacionales, y se creó la Organización de Naciones Unidas (ONU), la que, poco a poco, fue incrementando su interés y sus atribuciones en los asuntos concernientes al orden interno de los Estados – y ya no sólo a evitar o superar conflictos entre aquéllos –, tales como luchas civiles o interétnicas, restablecimiento del sistema constitucional en países en que había sido violentado, apoyo a los procesos democráticos, asistencia múltiple en materia electoral, sanciones a Estados derivadas de problemas e infracciones internos.[10]

Asimismo, en diversos aspectos, el Derecho Internacional se ha judicializado con la creación de tribunales regionales e internacionales especializados, aunque este desarrollo aún es incipiente, como también lo es el del Derecho Constitucional Internacional.

No obstante, probablemente el cambio más trascendente se encuentra en el papel nodal que los Derechos Humanos imprimen al Derecho Internacional y, desde luego, al Derecho Constitucional.

*C)* Los Estados han celebrado múltiples tratados para establecer alianzas comerciales, financieras, económicas y políticas; algunas de ellas han alcanzado un alto grado de integración en aspectos diversos. El ejemplo más singular lo constituye la Unión Europea, en la cual incluso se ha establecido un Banco Central Europeo, responsable de la política monetaria de varios países de dicha Unión.

the *Beamtenabkommen* being an international agreement, cannot, as such, create direct rights and obligations for private individuals. But if cannot be disputed that the very object of an international agreement, according to the intention of the contracting Parties, may be the adoption by the parties of some definite rules creating individual rights and obligations and enforceable by the national courts". *Véase* Permanent Court of International Justice. *Advisory Opinion.* N. 15. Series B, p. 17-21 (3.3.1928). Para un autorizado comentario de la estructura, funciones, dictámenes y sentencias de la C.P.J.I., *véase* Manley O. Hudson, *The Permanent Court of International Justice,* 1920-1942, MacMillan Co., Nueva York, 1943, pp. 483-513.
   Sobre este punto específico, uno de los más grandes internacionalistas, Hersh Lauterpacht, en 1950, escribió que fue precisamente dicha *Opinión Consultiva* n. 15, la que vino a dar un decisivo golpe en contra del dogma de la impenetrabilidad de la barrera que debía separar a los individuos respecto del Derecho Internacional. Después añadió: "This pronouncement is among the most important rendered by the Court. On the first occasion on which it was directly confronted with the traditional argument, it rejected it though with the courtesy due to a doctrine which for a long time enjoyed undisputed ascendancy. It laid down, in effect that no consideration of theory can prevent the individual from becoming the subject of international rights if States so wish". *Véase* Hersh Lauterpacht, *International Law and Human Rights.* Archon Books. Londres 1968; pp. 28-29.
   10. Olga Pellicer, "Nuevas avenidas para la acción de la ONU; el debate sobre la intervención en asuntos internos de los estados", en *Foro Internacional.* Volumen XXXV, núm. 4. El Colegio de México. México 1995; pp. 483, 492-493.

*D)* En este contexto, el fenómeno denominado "globalización" impacta directamente la idea de soberanía.

La globalización tiene antecedentes en Mesopotamia, Egipto, India y China, pero especialmente en las civilizaciones helenística y romana. En la primera se dio un gran ascenso del comercio, lo cual incrementó la riqueza de los comerciantes y de las clases privilegiadas.

El imperio romano constituyó un mundo en sí mismo, con una economía única y autosuficiente, que conformó una sola y vasta área comercial. Algo similar también ocurrió en la China de los Han.

El Estado moderno fue mercantilista. La navegación hacia horizontes antes inexplorados y el descubrimiento de nuevas tierras creó un enorme bloque comercial entre Europa, África y América. La economía europea se convirtió en mundial, y durante cuatro siglos el universo fue realmente occidental.

Los descubrimientos científicos y técnicos impulsaron un gran desarrollo en la economía capitalista que caracterizan los años que corren del último cuarto del siglo XIX hasta alrededor de 1914. En esos años se impulsó la globalización al permitir un mayor flujo de personas, productos, bienes y servicios, capital, comunicaciones e ideas, aunque fue vulnerado por el intervencionalismo de Estado, la creación de macroempresas y consorcios monopolistas, las inversiones en países atrasados, la sobreexplotación y las grandes ganancias, la primera guerra mundial como resultado del antagonismo Inglaterra-Alemania, y la gran crisis económica de 1929 que incrementó las políticas proteccionistas y nacionalistas; el intervencionalismo, y el dirigismo del Estado.[11]

Después de la segunda guerra mundial se creó una especie de orden económico mundial con un vigor limitado como consecuencia de la división del planeta en dos bloques antagónicos de países. La caída del muro de Berlín y sus consecuencias en los países socialistas alentó un nuevo ciclo de globalización o un estadio novedoso de éste con la apertura de fronteras y la desregulación para admitir la supremacía de la economía de mercado en todo el mundo.[12] Este es un fenómeno complejo que presenta múltiples aristas y planos.

11. Kaplan Marcos, obra citada, pp. 25-26, 33-35, 39-46, 82-84, 89-90, 149-161, 197-202. *Véase* Gerardo Pisarello, "Globalización, constitucionalismo y derechos: las vías del cosmopolitismo jurídico", en *Estado constitucional y globalización*. Editorial Porrúa e Instituto de Investigaciones Jurídicas de la UNAM. México 2002; p. 241.

12. Sergio López-Ayllón, "'Globalización' y transición del Estado nacional", *en Estado constitucional y globalización*. Editorial Porrúa e Instituto de Investigaciones Jurídicas de la UNAM. México 2001; p. 379.

La historia, entonces, ha oscilado, con diversos grados e intensidad, y de acuerdo con circunstancias diversas, entre la tendencia a la globalización y el enclaustramiento de la unidad política.

La globalización plena nunca se ha alcanzado, ni se encuentra cerca de alcanzarse de forma total y definitiva.

*E)* Puntualizo, con Marcos Kaplan, que el sistema internacional derivado de la segunda posguerra mundial se caracteriza por: a) la concentración del poder a escala mundial, b) la tercera revolución científico-tecnológica, c) la transnacionalización, d) la nueva división mundial del trabajo, e) el proyecto político de la integración mundial, y f) el camino/estilo de crecimiento neocapitalista periférico.

Este distinguido autor señala las peculiaridades de los años de gobierno de Ronald Reagan que configuraron lo que se denomina neoliberalismo, y que tanto ha influido en el proceso de globalización: a) se reduce el Estado benefactor, b) se achica al propio Estado, c) se desregulariza lo privado, d) se menosprecia la búsqueda de la justicia y el bienestar sociales, e) se fortalece la concentración de la riqueza y del poder, y f) se glorifican los mercados y las finanzas libres.[13]

*F)* La globalización desplaza "las actividades humanas del cuadro restringido del Estado-nación al teatro más vasto del planeta Tierra como tal", en el cual el mundo se transforma en un solo campo de rivalidades.[14] Sin embargo, la globalización de nuestros días implica aspectos muy amplios y diversos que es difícil abarcar en una definición. Me parece que una buena caracterización la ha señalado Sergio López Ayllón cuando expresa que globalización "significa sencillamente la aparición de procesos sociales que se desarrollan *fuera* de los ámbitos de organización temporal y espacial propios del Estado moderno", y precisa que lo anterior no es sinónimo de desaparición de aquél, en virtud de que su organización subsiste y los procesos acontecen parcialmente dentro de su territorio.[15]

Entre esos procesos sociales se pueden señalar los siguientes.[16]

---

13. Marcos Kaplan, obra citada, pp. 228, 244-249.
14. Kimon Valaskakis, "Westfalia II: por un nuevo orden mundial", en *Este País*. México, septiembre, 2001; p. 5.
15. Sergio López-Ayllón, obra citada, p. 280.
16. Las ideas respecto a estos procesos sociales se encuentran en varias obras. *Véase* Miguel Carbonell, "Los derechos en la era de la globalización", en *Estado constitucional y globalización*. Editorial Porrúa e Instituto de Investigaciones Jurídicas de la UNAM. México 2001; p. 329, y del mismo autor, *Siete tesis sobre la globalización*. Documento de trabajo. Instituto de Investigaciones Jurídicas de la UNAM. México 2002; pp. 1-2 y 5. Sergio López-Ayllón, obra citada, pp. 280-287. Ermanno Vitale, "Globalización y Estado de derecho" en *Este País*. México, octubre, 2002; p. 4. Gerardo Pisarello, obra citada, pp. 243-248. Marcos Kaplan, obra citada, pp. 261-263, 281-284. Alberto Antonio Spota, "Globalización y gober-

a) *La mundialización del mercado*: se produce con la lógica de la oferta y la demanda, avasallando las fronteras del lenguaje, costumbres, culturas y diferencias antropológicas.

Este comercio es diverso al que se había desarrollado entre los Estados; ahora, se interconectan países, regiones, ciudades en un verdadero sistema comercial internacional, el cual establece sus propias normas e instituciones.

La competencia entre las empresas transnacionales resulta salvaje. Persiguen bajar sus costos de producción para lo cual suelen instalarse en países poco desarrollados donde la normatividad laboral y ecológica es poco avanzada, donde pagan salarios de hambre, sin prestaciones sociales, y donde cuentan con los respectivos gobiernos para evitar la organización de los trabajadores con miras a mejorar sus condiciones laborales; asimismo, contaminan impunemente el aire y el agua. Se trata únicamente de producir lo más barato posible para ganarle a la competencia.

Hoy en día una economía exitosa necesita triunfar en el mercado. Sin duda alguna, pero para que el mercado funcione bien, indispensable es que exista un equilibrio entre éste, el Estado, el sector privado y el respeto a los Derechos Humanos. Sin paz social y política no hay mercado que funcione.

Las empresas transnacionales, estrechamente relacionadas con las nuevas tecnologías, incrementan su poder económico y político; concretan entre un cuarto y un tercio de la producción industrial mundial, y los grupos bancarios manejan, cada día, más recursos con alcance internacional.

Las empresas transnacionales universalizan sus estrategias y políticas. La economía de mercado tiende a crear un único sistema mundial al desmantelarse las barreras nacionales, y a través de la desregulación y la competencia global. La liberalización del comercio persigue vender mundialmente más, con estrategias también mundiales.

b) *La conversión de la economía real en financiera*: las grandes ganancias que las empresas obtienen y la evasión de parte de las obligaciones fiscales crean enormes capitales financieros, sin patria ni responsabilidades, y dedicados a la especulación; debido a los avances tecnológicos, esos capitales pueden ser transferidos de un país a otro con velocidad impresionante.

El capital industrial se viene fusionando con el financiero. Grandes empresas son propietarias importantes de acciones de bancos, instituciones

---

nabilidad en el Estado de Derecho. ¿Hay posibilidad de controlar los efectos de la globalización?", en *Boletín informativo*. Asociación Argentina de Derecho Constitucional, año XVII, N° 183. Buenos Aires 2001; pp. 4-7Joseph E. . Stiglitz, "El malestar en la globalización" (entrevista con José Gutiérrez Vivó), en *Este País*. México, febrero, 2003; p. 12.

de seguros y financieras; éstas, a su vez, cada día más, controlan buena parte de las empresas multinacionales.

En 1995, dentro de la OCDE, se comenzó a negociar un Acuerdo Multilateral de Inversiones que perseguía regular a los gobiernos, no las inversiones, para que estas últimas no pudieran ser controladas por leyes o reglamentos nacionales de carácter económico, ambiental, sanitario o laboral. En una palabra, se intentaba suprimir la capacidad de los Estados para normar la entrada y salida de capitales.

c) *La deslocalización de las empresas*: si bien éstas se encuentran por doquier y aparentemente no tienen nacionalidad, todas continúan muy ligadas a su matriz, la cual en términos generales se localiza en algunos de los ocho países más poderosos.

d) *Los Derechos Humanos*: han tomado una dimensión transnacional en la cual actúan organismos internacionales y regionales, así como organizaciones no-gubernamentales internacionales de las más diferentes características.

Los Derechos Humanos han pasado a ser, cuando menos en teoría, el referente esencial, tanto del Derecho Internacional como de los nacionales. Existen un sistema internacional y varios regionales para su defensa. A partir de 1948, se establecieron declaraciones, tratados, pactos y convenios universales y regionales que persiguen su salvaguardia, y se trata de *garantizar* su efectiva protección.

*En sentido opuesto nos encontramos con:*

e) *El crimen organizado*: son verdaderas empresas transnacionales que se dedican a la producción, distribución, consumo e inversión de las ganancias de actividades ilícitas, principalmente relacionadas con el tráfico de drogas, armas y personas, así como con los juegos de azar.

Estas empresas siguen la lógica del mercado global y las ganancias que obtienen son inimaginables: la ONU calcula que los ingresos anuales de estas transnacionales del crimen equivalen al Producto Nacional Bruto de los países económicamente más débiles, cuyos habitantes ascienden a tres mil millones de seres humanos.

El crimen organizado tiene la capacidad de corromper, entre otros, a gobiernos, empresas, iglesias y partidos políticos. Todos los Estados se encuentran incapacitados para combatirlo con efectividad por sí mismos. En pocos aspectos es tan necesaria la colaboración internacional.

f) *La información y las telecomunicaciones*: los sorprendentes avances tecnológicos han globalizado estos aspectos, piénsese sólo en la televisión, en la red de computadoras como Internet, y en las comunicaciones satelitales. Se han creado inmensas compañías de la comunicación que muestran una tendencia monopólica al fusionarse, y cuya nacionalidad responde a alguno de los países más poderosos, en especial, Estados Unidos, donde seis empresas controlan la mayoría de los medios de comunicación, y en Inglaterra, donde cuatro empresas poseen el 85% de los periódicos.

Todos sabemos que información es poder, y estas grandes empresas de la comunicación son casi irresponsables; manejan la información como una mercancía más, cuando ésta representa un bien social de máxima sensibilidad y trascendencia. A través de la comunicación masiva se puede, incluso, gobernar las mentes de los pueblos.

g) *La degradación del medio ambiente*: el mundo constituye un sistema físico-biológico integrado; problemas comunes entre otros son: la destrucción de la capa de ozono, la contaminación marítima, la deforestación y los accidentes nucleares. Son problemas que conciernen a todos los Estados y a todas las personas. En consecuencia, ha cambiado la vetusta concepción de que un Estado tenía derecho ilimitado al uso de los recursos naturales ubicados dentro de su territorio.

La preocupación mundial por estos aspectos llevó a la celebración de la cumbre sobre ecología en Río de Janeiro.

h) *El sector de servicios*: también éste se ha globalizado en algunos aspectos y respecto a países diversos. Algunos ejemplos son los despachos internacionales de abogados, de contadores públicos, los nuevos aspectos del arbitraje, y las empresas dedicadas a servicios relacionados con la salud y con la educación superior.

i) *Last but, not least*: la tercera revolución científico-tecnológica, que implica investigaciones extraordinariamente costosas y que se realizan primordialmente en los países más ricos; revolución que ha permitido y acelerado muchos de los procesos de globalización a los cuales me he referido en los párrafos anteriores. Estas investigaciones las realizan tanto los gobiernos y los organismos públicos, así como las empresas privadas en esos países, lo que coloca a esos Estados en una situación de privilegio frente a los otros que necesitan los resultados de esas investigaciones, pero en gran parte son incapaces de realizarlas. Lo anterior ha llevado a destacar que la globalización es una consecuencia de la inteligencia pura y aplicada en varios ramos del conocimiento, como la física, la química, las matemáticas, la electrónica, etcétera. La globalización se basa, en buena parte, en la aplicación material de la inteligencia científica y tecnológica.

## 3. El Estado nacional y soberano, hoy

A) Es obvio que la idea de soberanía no puede ser a comienzos del siglo XXI la misma que conoció el mundo a través de varios siglos, y que perduró hasta alrededor de los años sesenta del siglo XX. La globalización ha afectado los controles tradicionales que el Estado tenía sobre las acciones realizadas en su territorio. Las fronteras se vuelven porosas y pierden parte de su significado cuando actores no estatales tienen la posibilidad de comunicarse a través del espacio.[17]

Desde el punto de vista económico, el Estado nacional y soberano se enfrenta al poder de las empresas transnacionales. De las 100 entidades económicas más poderosas del mundo, 49 son Estados y 51 empresas, estas últimas en muchos casos poseen recursos financieros más importantes que la mayoría de los Estados.[18] El dato anterior mucho nos dice sobre la situación actual del Estado.

Algunos Estados deciden que necesitan asociarse para poder cumplir con sus responsabilidades y ser competitivos económicamente a nivel internacional. La Unión Europea es el mejor ejemplo de la tendencia a la eliminación de fronteras internas, y a la regionalización de aspectos concernientes a la justicia, la inmigración, el terrorismo, el narcotráfico, la delincuencia, la política militar y de defensa; así como en aspectos educativos, culturales y políticas sanitaria, social e industrial. De extraordinaria relevancia es la existencia del Tribunal de Justicia de la Comunidad Europea y el Tribunal Europeo de Derechos Humanos.[19]

A su vez, el Estado se enfrenta a poderes "ocultos" – aunque se encuentran a la luz del día –, que actúan y presionan, los que son casi irresponsables políticamente, tales como las iglesias y los medios de comunicación.

Además, van proliferando las administraciones independientes u organismos constitucionales autónomos por la especialización de sus servicios y su neutralidad técnica, tales como los bancos centrales, los establecimientos de energía nuclear o las comisiones que organizan las elecciones. Todos ellos son indispensables y es necesario que actúen con base en razones técnicas. Sin embargo, se subordina, como bien se ha dicho, y se fragmenta la acción política del Estado en múltiples políticas públicas.[20]

---

17. Jáuregui, Gurutz, "Estado, soberanía y Constitución: algunos retos del derecho constitucional ante el siglo XXI", en *Teoría de la Constitución. Ensayos escogidos* (Miguel Carbonell, compilador). Editorial Porrúa e Instituto de Investigaciones Jurídicas de la UNAM. México 2002; p. 418.
18. Kimon Valaskakis, obra citada, pp. 6-7. *Véase* Felipe González, y Juan Luis Cebrián, *El futuro no es lo que era. Una conversación.* Aguilar. Madrid 2001; pp. 193-194.
19. Gurutz Jáuregui, obra citada, pp. 417-420, 425 y 431.
20. Pedro de Vega, "Mundialización y derecho constitucional: la crisis del principio democrático en el constitucionalismo actual", en *Estado constitucional y globalización*. Editorial Porrúa e Instituto de Investigaciones Jurídicas de la UNAM. México 2001; pp. 168, 185, 191-193.

*B)* No obstante todo lo expuesto, en la actualidad el Estado nacional y soberano subsiste, resulta indispensable y, cuando menos por ahora, aún juega un papel irremplazable. Sin él, el Derecho Internacional y la propia globalización no podrían existir ni desarrollarse.

Las razones que sustentan la afirmación anterior son las siguientes.[21]

a) No se vislumbra, a corto plazo, la existencia de un Estado mundial soberano. En consecuencia, el Estado continúa siendo "el punto de referencia y el marco obligado donde se establecen los supuestos reguladores de la vida social y donde se definen y se expresan democráticamente los principios valorativos ordenadores de la convivencia".[22]

El Estado es el actor político por antonomasia; en él se garantizan una serie de derechos relacionados con la libertad, la igualdad y la seguridad jurídica de las personas.

b) El Estado y su Constitución representan un principio legitimizador, el de la democracia, en cuanto sus autoridades son electas por el pueblo, y se persigue el bienestar y la protección de éste.

El pueblo es el único titular de la soberanía. Si no fuera así, todo sistema democrático y Estado de Derecho sería realmente imposible.

El Estado a través de su función reguladora es el que puede ir democratizando la esfera no estatal, tales como partidos políticos, sindicatos, organizaciones religiosas.

c) Son los propios Estados soberanos los que deciden las materias que abarca el ámbito internacional. El Estado se reserva aspectos importantes como la inmigración, la nacionalidad, el establecimiento de aranceles y derechos de importación, mientras no decide reglamentarlos a través de un tratado internacional. Este es el campo que se ha denominado dominio reservado de los Estados.

d) El Estado regula actividades muy importantes de las personas, tales como el estado civil, la actividad de los tribunales, las acciones de la policía, los contratos de la naturaleza más diversa, los aspectos asociativos.

---

21. Los fundamentos de estas razones se encuentran en las obras siguientes: Nguyen Quoc Dinh, Patrick Daillier, y Alain Pellet, *Droit International Public*. Librairie Générale de Droit et de Jurisprudence. París 1999; pp. 435-437. Alonso Gómez-Robledo V., obra citada, p. 89. Gurutz Jáuregui, obra citada, p. 432., Sergio López-Ayllón, obra citada, pp. 275, 288 y 291. Kimon Valaskakis, obra citada, p. 12. Pedro de Vega, obra citada, p. 185. Gerardo Pisarello, obra citada, pp. 249-250. Felipe González, y Juan Luis Cebrián, obra citada, pp. 191-192, 197-198 y 201. Ermanno Vitale, obra citada, pp. 8 y 10. Héctor Gros Espiell, "Intervención humanitaria y derecho a la asistencia humanitaria", en *Derechos Humanos y Vida Internacional*. Instituto de Investigaciones Jurídicas de la UNAM y Comisión Nacional de los Derechos Humanos. México 1995; p. 203.
22. Pedro de Vega, obra citada, p. 166.

e) El mercado precisa necesariamente ser regulado por el Estado. Incluso así lo ha admitido el Banco Mundial en 1997:

Ahora tenemos conciencia de la complementariedad del Estado y el mercado: aquél es esencial para sentar las bases institucionales que requiere éste. Y la credibilidad de los poderes públicos – la previsibilidad de sus normas y políticas y coherencia con que se aplican – puede ser tan importante para atraer la inversión privada como el contenido de esas mismas normas y políticas.

Sin regulación alguna, la economía de mercado se volvería caótica y anárquica, y sería la semilla de su propia destrucción.

a) La defensa y protección de los derechos sociales de la índole más diversa ante los embates de la globalización. No puede haber paz social y política si la persona no cuenta con satisfactores económicos y culturales que le permitan llevar una existencia digna.

El Estado debe garantizar la sociedad del bienestar; salud y educación para todos, vigilando que la igualdad de oportunidades sea una realidad.

Sin Estado como árbitro y redistribuidor de bienes y servicios, imperaría la ley del más fuerte, pero al final de cuentas la historia enseña que las masas explotadas y vejadas, cuando reaccionan, demuelen ese sistema cruel y a los propios explotadores.

b) Las rectas administración pública y administración de justicia requieren de normas preestablecidas y precisas que otorguen seguridad jurídica. La propia globalización necesita la garantía de la regularidad de los intercambios, el buen funcionamiento de los órganos judiciales, el combate a la impunidad y a la corrupción, el funcionamiento adecuado de los organismos supervisores y vigilantes, la celeridad y oportunidad de los actos ejecutivos.

c) La coordinación de los diversos ámbitos competenciales y de poder público entre el gobierno nacional, los regionales y los locales o municipales. El Estado es responsable de que las relaciones entre esos ámbitos se desarrollen armónicamente para que la acción pública no se vaya a entorpecer.

d) La garantía de la existencia y el buen funcionamiento de servicios públicos esenciales, tales como telecomunicaciones, transporte, energía y agua, aunque sean prestados por particulares, no pueden regirse únicamente por el principio del beneficio.

e) El Estado es quien puede establecer los derechos y las obligaciones de las personas y los mecanismos del control del poder para asegurar las libertades a través de la Constitución, la que primordialmente es una norma jurídica con jerarquía superior a todas las otras normas de ese orden interno.

f) La inmensa mayoría de los individuos pertenecen a un Estado en particular, no son ciudadanos del mundo, aun en el caso de que se desplacen al extranjero por razones laborales. A ese Estado es al que pueden exigirle una serie de prestaciones sociales y se encuentran bajo su jurisdicción.

g) Es el propio Estado el que impulsa la ampliación del Derecho Internacional, la creación de órganos y organismos internacionales y regionales, y el que ejerce el derecho de voto en aquéllos.

*C)* E. de Vattel estableció que un Estado es soberano, si satisface tres características: autogobierno, independencia de otros Estados y nexo directo con el Derecho Internacional.

Es decir, el Estado es soberano cuando es la instancia última de decisión en su territorio, cuando otro Estado no puede imponerle o coartar sus decisiones, y cuando está sometido únicamente a la autoridad del Derecho Internacional.

A Vattel le asiste la razón. Los conceptos continúan precisándose. Markus Kotzur sostiene que las concepciones de la soberanía desde el punto de vista del Derecho Constitucional y del Derecho Internacional encuentran el punto de referencia común en el anhelo del ser humano de vivir en libertad, dentro de un sistema constitucional. "Solamente una concepción *instrumental* de la soberanía, al *servicio* del ser humano, puede justificar cualquier forma de ejercicio del poder".[23] Estoy de acuerdo con este planteamiento de Kotzur. Los Derechos Humanos son, desde luego, los que deben dirigir las acciones de los poderes, tanto en la esfera estatal como en la supraestatal.

*D)* Las ideas de soberanía y Derechos Humanos han estado asociadas, unas veces más que otras, porque un hombre no puede ser libre si un Estado extranjero domina al suyo. El peso específico y fundamental de una idea sobre la otra se debe a circunstancias históricas. Para un pueblo colonizado lo más importante, en lo inmediato, era alcanzar su independencia. En este duelo dialéctico entre las dos ideas, ha triunfado rotundamente la de los Derechos Humanos al convertirse en la sustancia misma del Estado y del Derecho Internacional, en parte porque, cuando menos en teoría, se vive en un mundo casi descolonizado, en el cual los Estados son jurídicamente iguales.

La idea de la soberanía, hoy como ayer, continúa siendo la mejor defensa de los pueblos pequeños y débiles frente a los grandes y fuertes. La soberanía es la defensa que emana de la razón, del Derecho y de la protección del ser humano y de sus atributos fundamentales.[24]

23. Peter Häberle, y Markus Kotzur, obra citada, pp. 93, 111-114.
24. Jorge Carpizo, *Estudios Constitucionales...*, obra citada, pp. 500-506.

La soberanía es una instancia última de decisión conforme con el Estado de Derecho. La soberanía puede trasladarse a una región si así lo deciden los Estados soberanos que la van a integrar. En este aspecto es ejemplificativo el artículo 146 de la Constitución de Burkina-Faso que señala que dicho país "puede celebrar con todo Estado africano acuerdos de asociación o comunidad que impliquen una renuncia total o parcial a la soberanía". Artículo parecido contiene la Ley Fundamental de Níger de 1996.[25]

Si algún día llegara a existir un Estado mundial como unidad territorial universal de decisión y de acción, éste sería un Estado mundial soberano.[26] Tal situación no se contempla ni se le ve posibilidades en los tiempos que corren ni en un futuro cercano. Entonces, la soberanía es y continúa siendo característica esencial del Estado nacional y del Derecho Internacional, ambos al servicio de la persona humana, de su dignidad y de sus derechos fundamentales, y de la paz entre las naciones.

*4. Competencias sustraídas al Estado soberano*

La concepción anterior conduce con facilidad a la afirmación que el Derecho Internacional parte del principio de Estados iguales e independientes y, como ya he afirmado, así como la libertad personal no puede ser ilimitada porque su frontera es la libertad de los otros individuos, la soberanía tampoco puede ser ilimitada, porque su barrera es la soberanía de los otros Estados y el Derecho Internacional. Por tanto, desde la perspectiva del Derecho Internacional, existen actos que un Estado soberano no puede realizar, y materias que no pertenecen al dominio reservado de los Estados. Entre otros se pueden mencionar los siguientes:

a) Atentar contra la integridad política o la soberanía territorial de otro u otros Estados.

b) Iniciar una guerra.

c) Intervenir, directa o indirectamente, en los asuntos internos o externos de otro Estado.

d) Realizar actos que afecten los derechos legítimos de otro u otros Estados.[27]

e) Desconocer los compromisos adquiridos en instrumentos internacionales, regionales o bilaterales: *Pacta sunt servanda.*

*No forman parte del dominio reservado de los Estados:*

---

25. Peter Häberle, y Markus Kotzur, obra citada, pp. 50-51.
26. Hermann Heller, obra citada, p. 304. Luigi Ferrajoli, obra citada, pp. 320 y 323. Kimon Valaskakis, obra citada, p. 13.
27. Gómez-Robledo V. Alonso, obra citada, pp. 90-92.

f) La defensa y protección de los Derechos Humanos. En este aspecto, existen garantías para su respeto por parte de órganos internacionales y regionales, los cuales intervienen cuando las garantías internas del Estado no cumplen con el objetivo de proteger esos Derechos.

g) La protección del medio ambiente, cuyo incumplimiento no afecta sólo a ese Estado. La concepción tradicional de que aquél podía hacer uso ilimitado de los recursos naturales dentro de su territorio, se está superando.

## 5. El principio de autodeterminación

*A)* De la noción de soberanía – tanto interna como externa – y del Derecho Internacional – todos los Estados poseen iguales derechos, incluida su independencia –, derivó el concepto de autodeterminación, el cual ha sido precisado a partir de 1966 en los dos Pactos de Naciones Unidas.

La autodeterminación tiene dos dimensiones, una interna y otra externa, las cuales son complementarias, y una apoya a la otra.

La autodeterminación interna es la potestad del Estado de decidir su orden jurídico y su organización política y económica, a cambiarlos si así lo considera, sin interferencia alguna por parte de otro u otros Estados.

La autodeterminación externa es el derecho de un pueblo, con marcado carácter nacional, a organizarse política y económicamente, con independencia respecto de cualquier otro Estado.

La autodeterminación externa hace referencia directa al derecho de independencia de los pueblos sometidos a un Estado colonial y, tangencialmente, al derecho de secesión.

Las dos dimensiones de autodeterminación se completan en la óptica de los Derechos Humanos, en virtud de que un pueblo sólo se autodetermina si los derechos fundamentales de todos sus integrantes son respetados. De la misma manera, los individuos de un pueblo sometido por un poder colonial, obviamente están incapacitados para ejercer sus derechos y libertades básicos. Asimismo, estas dos dimensiones se encuentran estrechamente ligadas a la idea de democracia.[28]

*B)* Hoy en día es la dimensión interna de autodeterminación la que prevalece, en virtud de que la dimensión externa, que es primordialmente

---

28. Modesto Seara Vázquez, obra citada, pp. 82-83. Antonio Cassese, *Self-determination of peoples. A legal reappraisal.* Cambridge University Press. Cambridge, Inglaterra 1996; p. 337. En sentido contrario, *véase* Julen Guimón, *El derecho de autodeterminación. El territorio y sus habitantes.* Universidad de Deusto. Bilbao 1995; pp. 224-225.

un instrumento jurídico-político anti-colonial, ha casi, cuando menos formalmente, cumplido su misión. Después de la segunda guerra mundial y a partir de la década de los años sesenta del siglo XX, múltiples pueblos rompieron las cadenas coloniales que los oprimían. A su vez, el derecho de secesión no es un derecho con aristas claras en el Derecho Internacional.

De esta manera, autodeterminación interna es sinónimo de soberanía, poder constituyente, jurisdicción interna y dominio reservado del Estado. Es un derecho de carácter positivo, constituido por las actuaciones del Estado para tomar sus propias decisiones por sí y ante sí, dentro de los marcos del Derecho Internacional y del respeto de los Derechos Humanos.

En consecuencia, el derecho de autodeterminación de los pueblos, no es ni puede interpretarse como facultad de los gobiernos a decidir y determinar el destino de sus propios pueblos.[29]

El principio de autodeterminación se encuentra consagrado en la Carta de Naciones Unidas, cuyo capítulo I manifiesta como uno de los propósitos que persigue dicha Organización, el fomento de las relaciones de amistad entre las naciones – término que lo emplea como sinónimo de Estado –, basadas en el respeto al principio de igualdad de derechos y, a la *libre determinación de los pueblos*; o sea, de los ciudadanos del Estado.

El artículo 2.4 de la Carta ordena a los Estados abstenerse de *recurrir a la amenaza o al uso de la fuerza contra la integridad territorial o la independencia política de cualquier Estado*, y el artículo 2.7 señala que "Ninguna disposición de esta Carta autorizará a las Naciones Unidas a intervenir en los asuntos que son de la jurisdicción interna de los Estados..."

Los dos Pactos Internacionales de Naciones Unidas de 1966, tanto el de Derechos Económicos, Sociales y Culturales como el de Derechos Civiles y Políticos, contienen un artículo I, idéntico en ambos documentos, sobre el principio de autodeterminación de los pueblos. Sintomático es que los dos Pactos comiencen sus normas con este principio y, aunque cronológicamente son simultáneos, la redacción es la misma:

"Todos los pueblos tienen el derecho de libre determinación. En virtud de este derecho establecen libremente su condición política y proveen asimismo a su desarrollo económico, social y cultural".

Muy importante fue que dichos Pactos forjaran la definición legal internacional de autodeterminación interna, la cual ha tenido influencia en los países del Centro y del Este de Europa después de 1989, y en América Latina, donde la costumbre internacional ha venido identificando autodeterminación con gobierno democrático, y éste no existe donde no se respetan los Derechos Humanos. Ahora la cuestión será determinar, ya sea en norma

29. Alonso Gómez-Robledo V., obra citada, p. 97. *Véase* Julen Guimón, obra citada, p. 240.

o costumbre internacional, cuándo la inobservancia de ese artículo I por parte de un Estado, equivale a una violación del propio principio de autodeterminación.

Antonio Cassese considera que actualmente el principio de autodeterminación debe defender los derechos de los grupos y de las autonomías regionales, como contraparte de los Derechos Humanos individuales; o sea, el derecho de las minorías. El principio de autodeterminación ha de proteger a *toda* la población del Estado. Así, los grupos minoritarios deben tener el derecho a designar sus autoridades, conforme a procesos democráticos, como el primer paso para el respeto pleno de todos sus derechos.

En este sentido se manifestó el Informe del Comité de Expertos sobre Minorías Nacionales del CSCE, en julio de 1991.

No obstante, tales derechos no deben afectar la integridad territorial ni la estabilidad política de los Estados soberanos.[30]

El principio de autodeterminación interna de los pueblos ha evolucionado, pero en esencia continúa siendo el derecho del Estado para determinar o modificar su sistema jurídico, político y económico sin que otro Estado interfiera. Este derecho de autodeterminación se arraiga en el respeto y protección a los Derechos Humanos y al régimen democrático, mismos que se convierten en parte del contenido de este principio.

*C)* La idea de la independencia de los pueblos coloniales se encuentra protegida internacionalmente. La "Declaración sobre concesión de la independencia de los pueblos coloniales" de la Asamblea General de Naciones Unidas de 1960 ratificó la tendencia en este sentido y fue el fundamento de medidas ulteriores que auxiliaron a muchos pueblos a la obtención de su independencia. Este aspecto de autodeterminación, que presentó gravísimos conflictos violentos y que amplió el número de Estados en forma considerable en el siglo XX, no presenta mayores dificultades en nuestros días.

Por el contrario, su segundo aspecto implica complejos problemas al tratarse de un pueblo que constituye una unidad nacional y que forma parte de un Estado, pero no se encuentra identificado con él, y desea obtener su independencia para formar su propio Estado. Se está hablando de secesión, principio que ni en la teoría ni en la práctica internacional ha sido aceptado, y cuando esas situaciones acontecen en la realidad, Naciones Unidas ha adoptado una actitud prudente con marcada simpatía a la integridad de los Estados.[31] Sin embargo, éste es un problema actual de magnitudes mayores, piénsese sólo en Quebec, el País Vasco, Córcega, los kurdos, etcétera.

---

30. Antonio Cassese, obra citada, pp. 322-323, 331 y 350-352.
31. Modesto Seara Vázquez, obra citada, pp. 84-87.

Tanto Naciones Unidas como la Corte Internacional de Justicia, desde luego, han abordado el problema. No obstante, es un tema que desborda los alcances de este artículo.

## 6. La no-intervención

*A)* La intervención es la interferencia no consentida, afirma César Sepúlveda, de uno o varios Estados en los asuntos domésticos o externos de otros, vulnerando la soberanía y la independencia del Estado afectado.[32]

La intervención se puede realizar utilizando la fuerza o a través de medios no violentos, puede llevarse a cabo en forma directa o indirecta a través de un tercer Estado, de manera abierta o clandestina, por medio de servicios de espionaje, al interior del territorio del Estado o tratando de interferir en la conducción de sus relaciones diplomáticas.

El Estado que interviene es más poderoso que el que sufre la injerencia, mismo que está incapacitado, a su vez, para entrometerse en los asuntos del agresor, porque generalmente éste es una potencia. Entonces resulta claro que la intervención es un síntoma de la desigualdad que existe en el orden internacional y que constituye un acto ilegítimo de fuerza.

Hace pocos años se comenzó a hablar del derecho de injerencia humanitaria. Este es exactamente lo mismo que la intervención con máscara nueva para tratar de ocultar lo que realmente es; "no tiene ningún fundamento jurídico, ni ético, y sólo encubre opresión, amagos y carencia de respeto a la soberanía de un Estado".

La intervención de un Estado o Estados en la jurisdicción de otro siempre será inadmisible, y ninguna razón es satisfactoria. La intervención es un acto de fuerza que viola el Derecho Internacional. La intervención generalmente se escuda en alguna de estas razones: el cambio del sistema político-económico del país intervenido, el mejoramiento político, económico y social del Estado afectado, razones ideológicas, la autodefensa del país agresor, la conservación de los recursos y riquezas naturales, por motivos humanitarios, la "contraintervención" en auxilio a un Estado que está siendo agredido y cuyo gobierno se está desestabilizando. Las anteriores son puras mentiras, pretextos y patrañas.

En nuestros días, un tipo de intervención que prolifera, que no es tan aparatosa como otros, pero que es igualmente reprobable, es la de carácter económico, que persigue apoderarse de los recursos del país y subordinarlo a la economía de la potencia.

32. César Sepúlveda, "Alcances de la no intervención como norma legal internacional" en *Revista mexicana de política exterior*, número 46. Instituto Matías Romero de Estudios Diplomáticos. México 1995; pp. 227-229.

Se puede parafrasear a Hobbes y afirmar que con la intervención, el Estado es el lobo del Estado.

*B)* El principio de no-intervención y el de autodeterminación tienen los mismos fundamentos: la soberanía del Estado, el Derecho Internacional, y la independencia e igualdad jurídica de todos los Estados. En consecuencia, natural es que son conceptos cercanos y que en diversos aspectos se identifican. No obstante, entre ellos existen diferencias: i) mientras la autodeterminación implica un hacer, la toma de decisiones, la realización de acciones, la intervención es una agresión; ii) mientras la autodeterminación interna se refiere a aspectos domésticos que sólo deben concernir al Estado, la intervención implica la acción ilegal de otro u otros Estados; iii) mientras la autodeterminación es derecho esencial del Estado, la intervención es la vulneración de ese derecho; iv) mientras la autodeterminación es una idea dinámica que va enriqueciendo su contenido, especialmente con las nociones de democracia y Derechos Humanos, la intervención lesiona estos nuevos desarrollos, e implica el desconocimiento a la independencia e igualdad de los Estados; es decir, al Derecho Internacional.

*C)* América Latina, especialmente México, el Caribe y Centroamérica, que han sufrido las invasiones militares norteamericanas, y toda clase y tipos de intervenciones por parte de esa potencia, desarrolló en forma muy especial el principio de no-intervención con la finalidad de obtener el reconocimiento jurídico y político de dicho concepto de manera convencional.

En 1928, en la Conferencia de La Habana, América Latina fracasó en su intento de incluir la no-intervención como principio del panamericanismo, debido a la oposición de Estados Unidos.

En 1930, el secretario mexicano de Relaciones Exteriores, Genaro Estrada, estableció la doctrina que lleva su nombre: México no se pronuncia, ante crisis políticas, por el reconocimiento o no de gobierno alguno, porque los asuntos internos de un Estado, no pueden ser apreciados por otros. La doctrina Estrada descalificó los actos intervencionistas en los asuntos internos de los países latinoamericanos y se convirtió en un adalid de la no-intervención en las cuestiones de otros Estados.[33]

En 1933, en Montevideo, se aceptó dicho principio, aunque con reservas de Estados Unidos, y se asentó en el artículo 8 de la Convención sobre los Derechos y Deberes de los Estados. En 1936, en la Conferencia de Consolidación de la Paz en Buenos Aires, el mismo se admitió ya sin reticencia alguna por parte de Estados Unidos, principio que fue ratificado en la Conferencia Panamericana de Lima en 1938. Lo obtenido de Estados

---

33. César Sepúlveda, *Derecho...*, obra citada, pp. 269-271, 582-583. Modesto Seara Vázquez, obra citada, pp. 94-95.

Unidos desde 1933, se debió en gran parte a la situación política imperante en Europa.

Fue la Novena Conferencia Interamericana, celebrada en Bogotá en 1948, y en la cual se creó la Organización de Estados Americanos, cuando el principio quedó completamente configurado en el artículo 19 de su Carta, que es la base y fundamento de todo el sistema interamericano: "Ningún Estado o grupo de Estados tiene derecho de intervenir, directa o indirectamente, y sea cual fuere el motivo, en los asuntos internos o externos de cualquier otro...".[34]

Este principio es una aportación latinoamericana al Derecho Internacional. Conocemos ya que estas ideas se incorporaron en varios artículos de la Carta de Naciones Unidas.

*D)* En 1949, la Corte Internacional de Justicia precisó que la intervención no tiene carácter jurídico, que constituye un acto de fuerza que da lugar a abusos muy graves y que no tiene cabida en el Derecho Internacional, resolución que la propia Corte reiteró en 1986 en el diferendo Estados Unidos-Nicaragua referente a actividades militares y paramilitares.[35]

La Asamblea General de Naciones Unidas declaró, entre otras ocasiones, en 1965 y 1981, su rechazo a la intervención y a la injerencia de un Estado en los asuntos internos de otro.

Al conmemorarse el vigesimoquinto aniversario de la ONU, la Asamblea General incluyó en la "Declaración Relativa a los Principios de Derecho Internacional Referentes a las Relaciones Amistosas y a la Cooperación entre los Estados de acuerdo con la Carta de Naciones Unidas" y ratificado en la Resolución 2625, inspirada en documentos de la OEA, el siguiente principio: Ningún Estado o grupo de Estados tiene el derecho de intervenir directa o indirectamente, por ninguna razón, en los asuntos interiores o exteriores de otro Estado. En consecuencia, no sólo la intervención armada, sino también toda otra forma de injerencia o toda amenaza dirigida contra la personalidad de un Estado o contra sus elementos políticos, económicos y culturales, son contrarios al Derecho Internacional.

De especial trascendencia es que la OEA aprobó el 11 de septiembre de 2001 – el día que el terrorismo destruyó las Torres Gemelas en Nueva Cork –, la Carta Democrática Interamericana, cuyo primer considerando manifestó que: la Carta de la Organización de los Estados Americanos

---

34. Héctor Gros Espiell, obra citada, pp. 201-203. César Sepúlveda, *Derecho...*, obra citada, pp. 491-492, y *Alcances...*, obra citada, pp. 229-231.

35. Nguyen Quoc Dinh, Patrick Daillier, y Alain Pellet, obra citada, p. 438. Alonso Gómez-Robledo V., obra citada, pp. 85-86, 92-93.

reconoce que la democracia representativa es indispensable para la estabilidad, la paz y el desarrollo de la región y que uno de los propósitos de la OEA es promover y consolidar la democracia representativa dentro del respeto del principio de no-intervención;

No existe duda alguna de que jurídicamente la no-intervención está descartada, y que viola expresa y directamente el Derecho Internacional. Por ningún motivo o razón, en ninguna forma o manera, puede un Estado o varios Estados intervenir autoritariamente en los asuntos de otro. La intervención armada unilateral siempre es ilegal. Pero, las normas y costumbres del Derecho Internacional suelen violarse con frecuencia.

## 7. La intervención o injerencia humanitarias

*A)* La llamada intervención humanitaria no es un fenómeno nuevo; se la invocó en el siglo XIX y en las primeras décadas del XX. Con base en ella, las potencias coloniales intentaron legitimar sus intervenciones en los asuntos internos de otros Estados, incluso por la fuerza. En 1910, A. Rougier estudió este tema y concluyó que era contrario a la independencia y a la igualdad de los Estados, aunque tal vez, afirmó, en el futuro las naciones podrían agruparse bajo una autoridad jurisdiccional o un poder jerárquico que les garantizara el respeto de la justicia.

"Razones humanitarias" se esgrimieron, explícita o implícitamente, para intervenir en múltiples ocasiones, incluso militarmente. Los casos son interminables. Señalo algunos ejemplos: la India en 1971 al invadir al entonces Pakistán oriental, Estados Unidos en el Líbano en 1958 y en República Dominicana en 1965, Bélgica en el entonces Congo en 1964, Turquía en Chipre en 1974, Estados Unidos en Irán en 1980.[36]

Todos estos hechos fueron actos de fuerza y completamente ilícitos, y en contra del Derecho Internacional.

*B)* La Carta de Naciones Unidas se basa en el supuesto de que la amenaza a la seguridad internacional proviene de la violencia entre los Estados. Actualmente los problemas y la violencia internos en un Estado, sin lugar a dudas, también pueden ser un peligro para la seguridad internacional; empero, este último aspecto no tenía presencia en Naciones Unidas por diversas causas, primordialmente tres: el principio de no-intervención en asuntos de la competencia doméstica de los Estados, asentado en la propia Carta de esa Organización; la facultad de veto de cinco naciones en el Consejo de Seguridad, durante la Guerra Fría, bloqueaba cualquier intento

---

36. Alonso Gómez-Robledo V., obra citada, pp. 94-95.

al respecto;[37] y ese mundo bipolar cuidó bien que una "intervención humanitaria" no fuera a desencadenar una conflagración nuclear.

La situación cambió radicalmente en la década pasada, por dos causas principales, una que venía fortaleciéndose desde hacía varias décadas, pero que tomó especial auge a partir de los años sesenta: la internacionalización de los Derechos Humanos y, otra, la caída del muro de Berlín en 1989 y su efecto desintegrador del bloque de países lidereados por la ex-Unión Soviética. Entonces, conceptos del pasado cobraron vigor y nuevas perspectivas, y se vitalizaron con dos expresiones novedosas, que son únicamente disfraces de la llamada intervención humanitaria: injerencia humanitaria y asistencia humanitaria.

La Carta de Naciones Unidas se refiere a los asuntos humanitarios en su capítulo I, el cual señala los propósitos y principios de la propia Organización, y el artículo 3º resalta como uno de ellos "realizar la cooperación internacional en la solución de problemas internacionales de carácter humanitario".

El planteamiento de la "intervención humanitaria" de la década de los noventa radica en que aparentemente se desplaza la idea de la soberanía a favor de los Derechos Humanos, y éstos – se afirma - pasan a ser competencia internacional, excluyéndolos de la competencia reservada de los Estados. En la realidad, el concepto de los Derechos Humanos ha servido, en numerosas ocasiones, como pretexto para justificar la intervención, la cual se efectúa respaldada por fuerzas militares.

El primer caso que se presentó en esta nueva época fue la resolución 688 del Consejo de Seguridad, después de la primera guerra del Golfo Pérsico, resolución que se refirió a la población de Kurdistán, al noroeste de Irak, para que este país permitiera "el acceso inmediato de organizaciones humanitarias a todos aquellos en necesidad de asistencia". Antes de que Irak pudiera reaccionar, llegaron las organizaciones humanitarias, las que fueron, nada menos que las tropas norteamericanas, británicas y francesas a ese país, y establecieron corredores de seguridad al norte de Irak "para ayudar a los kurdos"; posteriormente, fueron relevadas por guardias de seguridad de Naciones Unidas.

Los países victoriosos en la primera guerra del Golfo Pérsico quebraron la soberanía del país perdedor y actuaron en asuntos de la jurisdicción interna de éste, lo cual fue parte de su triunfo en ese conflicto. Lo sorprendente consistió en que esta situación fue el origen de la tesis del "derecho a la intervención por motivos humanitarios".[38] El mundo al revés o simplemente la ley del más fuerte.

---

37. Michael J. Glennon, "The New Interventionism" en *Foreign Affairs*, vol. 78, núm. 3. Nueva York 1999; pp. 2-3.

38. Olga Pellicer, obra citada, pp. 484-486.

Otros casos siguieron a éste: Somalia, Ruanda, la ex-Yugoeslavia. Todos presentan graves irregularidades y son violaciones al Derecho Internacional.

*C)* La intervención humanitaria plantea graves problemas al Derecho Internacional y de interpretación a la Carta de Naciones Unidas. Ya mencioné el artículo 2.7 que establece que: "Ninguna disposición de esta Carta autorizará a las Naciones Unidas a intervenir en los asuntos que son esencialmente de la jurisdicción interna de los Estados..."

Este principio fue reafirmado por la resolución 2,625 de 1970 de la Asamblea General de la ONU, en la cual se enfatizó la igualdad soberana de todos los Estados, los cuales tienen iguales derechos e iguales obligaciones.

Mucho se ha discutido si dicho párrafo incluye a los Derechos Humanos, porque si así fuera, entonces éstos caerían dentro del ámbito internacional.

Diversos Estados sostienen que los Derechos Humanos pertenecen a su ámbito interno, aunque resulta indispensable distinguir entre violaciones ocasionales – que acontecen en todos los países –, de *violaciones masivas y sistemáticas* como política de Estado. Esta última situación viola indiscutiblemente el espíritu de la Carta de Naciones Unidas. Un ejemplo claro fue la política del apartheid en Africa del Sur.

Sin embargo, Naciones Unidas, con sus precedentes, no permite todavía una interpretación coherente del párrafo 7º del artículo 2 de la Carta. Lo anterior no había constituido mayor problema porque la intervención de la ONU había sido avalada por la mayoría de sus miembros, como en diversos casos relacionados con "la autodeterminación de los pueblos".[39] lo que no es el caso con la llamada intervención humanitaria, la cual, incluso, no ha sido convenida entre los miembros de Naciones Unidas, y ha mostrado graves tropiezos.

Ahora bien, el uso de la fuerza sólo está legitimado por razones de legítima defensa y por las facultades contenidas en el capítulo VII de la Carta, por medio de las cuales el Consejo de Seguridad de Naciones Unidas tiene la grave responsabilidad de mantener la paz y la seguridad internacionales. En las nuevas perspectivas se tiende a incluir dentro de estas facultades, ya no sólo los conflictos entre los Estados, sino también los de carácter interno en los mismos, como son los asuntos interétnicos o los combates civiles. Para ello el Consejo de Seguridad se ha basado en el artículo 39 del capítulo VII de la mencionada Carta que se refiere a medidas graduales y provisionales, llegando incluso hasta la utilización de la

39. Alonso Gómez-Robledo V., obra citada, pp. 88-89.

fuerza con el objetivo ya mencionado: hacer frente a las amenazas a la paz y a la seguridad internacionales. No obstante, hay que tener en cuenta y con claridad que dicho capítulo se refiere a los Estados y a las relaciones entre ellos; no a los conflictos internos de un Estado. Luego, el Consejo de Seguridad ha realizado una interpretación de ese capítulo VII en forma por demás extensiva, tal y como aconteció en los casos de Somalia, Ruanda y Haití para llegar a la conclusión de que la dimensión humanitaria de esos problemas internos requería el uso de la fuerza militar.

En 1988 y 1990, la Asamblea General de Naciones Unidas aprobó resoluciones relativas a la asistencia humanitaria, que incluyeron la creación de corredores de seguridad para proporcionar asistencia a las víctimas. En 1991, en el clima creado por el triunfo de la primera guerra del Golfo Pérsico, el Consejo de Seguridad resolvió ligar la asistencia humanitaria con la conservación de la paz y la seguridad. Así, el tema de la asistencia, intervención o injerencia humanitarias fue sustraído de la competencia de la Asamblea General, y hecho suyo por el Consejo de Seguridad.[40]

Para salvar otro obstáculo a favor de la tesis de intervención humanitaria, se ha interpretado que ésta no viola el artículo 2°, párrafo 4° de la Carta, en virtud de que tal intervención no se hace en contra de la integridad territorial o la independencia del respectivo Estado.

En este contexto, únicamente los Estados débiles, los que no tienen mayor peso en el contexto internacional, son los que continúan reivindicando los principios de soberanía y de no-intervención.

*D)* Entre las novedades de los últimos tiempos se encuentra la llamada *intervención consentida*, misma que no cuenta con reglamentación alguna, y en todo caso sería indispensable la manifestación libre de la voluntad de un gobierno legítimo en ese sentido, y que se tuviera la anuencia de la mayoría de los ciudadanos, antes de comenzar esa *intervención consentida*. Desde luego, también sería indispensable el pleno respeto a los Derechos Humanos de la población y el cumplimiento de los objetivos que una misión de esa naturaleza se supone va a cumplir.[41]

*E)* La doctrina del Derecho Internacional mayoritariamente presenta dudas, objeciones, o de plano manifiesta que la llamada intervención humanitaria, y sus nuevas denominaciones, no pueden considerarse lícitas. Este aspecto es un factor adicional para que los Estados manifiesten su reticencia a dicha figura, lo que ha contribuido a que ese concepto no se haya definido jurídicamente de manera indiscutible.[42]

40. *Véase* Olga Pellicer, obra citada, pp. 487-489.
41. César Sepúlveda, *Alcances...*, obra citada, p. 235.
42. Dinh, Nguyen Quoc, Patrick Daillier, y Alain Pellet, obra citada, pp. 442-445. Héctor Gros Espiell, obra citada, pp. 197-198, 203, 209-211 y 214. Michael, J Glennon, obra citada, pp. 2-5. Gerardo Pisarello, obra citada, pp. 259-260.

## 8. Los Derechos Humanos

Desde un punto de vista teórico la preeminencia de la idea de la dignidad humana no se discute, incluso por aquellos Estados, organismos, organizaciones y autoridades que la violan.

La internacionalización de los Derechos Humanos es un hecho a partir de la Carta de Naciones Unidas, de las declaraciones universal y regionales de Derechos Humanos, de la firma por parte de los Estados de diversos pactos, convenios y protocolos sobre esta materia, y en varios de los cuales se crean órganos jurisdiccionales, internacionales y regionales para su protección, aunque en este último aspecto aún hay mucho camino por recorrer.[43]

Ha permeado la idea de que la eficacia del sistema internacional depende de su aptitud para imponer garantías contra la arbitrariedad estatal.[44]

Cierto, los Derechos Humanos son la base, el fundamento y el fin del Derecho Constitucional y del Internacional. La estructura jurídico-política de cada Estado tiene que estar al servicio de ellos, y situación idéntica debe acontecer en el orden internacional.

En las últimas cinco décadas mucho se ha avanzado en precisar la naturaleza y la variedad increíble de los diversos aspectos de los Derechos Humanos. Sin embargo, aún es necesario avanzar en cuestiones varias sobre ellos. Como ejemplos señalo:

a) su progresividad; es decir que tanto la protección nacional, regional como internacional van ampliando irreversiblemente el número y contenido de esos Derechos, así como la eficacia de su control. Es la misma idea que René Cassin expresó como la impresionante expansión del concepto y de su contenido.[45]

b) La realización de la justicia social. En esta época de globalización, hay que globalizar el desarrollo, el progreso, el bienestar, la educación y la cultura.[46]

c) El avance en la reglamentación jurídica de los Derechos Humanos de la tercera generación o de solidaridad.[47]

---

43. Jorge Carpizo, *Derechos Humanos y Ombudsman*. Editorial Porrúa e Instituto de Investigaciones Jurídicas de la UNAM. México 1998; pp. 71-73.
44. Pedro Nikken, *En defensa de la persona humana*. Editorial Jurídica Venezolana. Caracas 1988, p. 47.
45. René Cassin, "Les droits de l'homme" en *Recueil des Cours*, vol. 140, Académie de Droit International. Leyden, Holanda 1974; p. 326.
46. Gerardo Pisarello, obra citada, pp. 244-258. Felipe González, y Juan Luis Cebrián, obra citada, p. 246.
47. Jorge Carpizo, *Derechos...*, obra citada, pp. 101-107.

d) La ciudadanía se ha convertido en prerrequisito del derecho de entrada y de residencia en el territorio de un Estado. Así, la ciudadanía rompe con la idea misma de igualdad, y crea diferenciaciones de *status*, desde ciudadanos plenos a semiciudadanos con derecho de residencia, refugiados, asilados e inmigrantes ilegales. La ciudadanía se convierte en motivo de discriminación respecto a los no ciudadanos.[48] Este es un grave problema que hay que analizar con especial cuidado; constituye uno de los grandes retos de los Derechos Humanos en la actualidad y en el futuro inmediato, y presenta dificultades de alcances amplios. La doctrina al respecto no es unánime.[49]

e) Los Derechos Humanos no son violados y amenazados únicamente por los poderes políticos del Estado; en la globalización lo son por las empresas transnacionales, que constituyen poderes económicos enormes, las que con frecuencia logran subordinar los derechos sociales de sus trabajadores a la obtención de sus ganancias.

En el interior del Estado existen organismos o corporaciones muy poderosas, políticamente irresponsables, ante los cuales el individuo se encuentra, con frecuencia, más indefenso que ante el propio Estado; al respecto se pueden citar a los medios de comunicación, las iglesias y los sindicatos.

f) Las grandes empresas transnacionales cuentan con la fuerza económica suficiente para vulnerar los principios de autodeterminación de los Estados; intervienen y los presionan con la finalidad de obtener beneficios para su corporación.

g) Las grandes empresas transnacionales de la comunicación, información, educación y bienes culturales presentan marcadas tendencias monopólicas, e imponen una visión de la existencia – especialmente el denominado *american way of life* –, vulnerando y avasallando la identidad cultural de los pueblos.

Es obvio que el Derecho Internacional y Naciones Unidas tienen que defender y proteger los Derechos Humanos que son su base y fundamento; no pueden quedar incólumes ante problemas como el genocidio. Claro que no. Un gobierno no puede alegar la idea de soberanía para masacrar a su pueblo. Sí existen casos en que se justifica, y se necesita, la *asistencia humanitaria*. El Derecho Internacional no puede ser cómplice de violaciones masivas de Derechos Humanos cometidos por un Estado; pero no, absolutamente no, es aceptable como ha venido operando la intervención o injerencias humanitarias, mismas que constituyen violaciones flagrantes al

---

48. Luigi Ferrajoli, obra citada, pp. 316-319.
49. *Véase*, Pedro de Vega, obra citada, p. 170. Carbonell, Miguel, *Los derechos...*, obra citada, pp. 331-333. Pisarello, Gerardo, obra citada, pp. 251-252.

propio Derecho Internacional. No se puede atacar la comisión de delitos cometiendo otros. No se puede permitir que la asistencia humanitaria resulte en la imposición de las potencias a los otros países. No es posible que se convierta, tal y como hoy acontece, en modalidades nuevas del imperialismo. No es posible que esa figura sea el reflejo de la fuerza que subordina al Derecho. No es posible que la asistencia humanitaria destroce los principios de autodeterminación y no intervención. No es posible que uno, dos o tres países decidan, por sí y ante sí, que ha llegado el momento de *asistir* a un Estado y, con ese pretexto, lo invadan. No es posible que se vacíe el contenido del Derecho Internacional para sustituirlo con la fuerza bruta.

Por las razones anteriores, realizo una propuesta para despolitizar la asistencia humanitaria con el objetivo de judicializarla.

## 9. *Una propuesta:*
*la judicialización de la intervención o asistencia humanitarias*

La comunidad internacional, Naciones Unidas y el Derecho Internacional están obligados a vigilar el respeto de los Derechos Humanos, que son la base misma de su existencia. Ante violaciones individuales de Derechos Humanos siempre se surtirá en primer lugar la competencia de los órganos nacionales, y ante su presunto fracaso, se surte la jurisdicción internacional o regional, según sea el caso, y de acuerdo con las convenciones, pactos y tratados internacionales que el Estado haya aceptado.

Ante violaciones *masivas y sistemáticas* de Derechos Humanos, se debe aceptar la existencia de la asistencia humanitaria, la cual debe operar en forma diametralmente diferente a la de nuestros días. Habría que diseñar al respecto un sistema judicializado, sobre el cual expongo algunas ideas:

a) El sistema tendría que ser discutido y aprobado por los Estados para que existiera consenso sobre su existencia, y se le contemplara como un instrumento de justicia y paz, no como un arma política de las potencias, tal y como acontece en nuestros días.

b) Tendría que quedar muy claro que el sistema sería un instrumento de justicia y paz, no de poder; luego, indispensable sería *reglamentarlo* para evitar discrecionalidad alguna.

c) El órgano que sería responsable de la autorización de la asistencia humanitaria no debe ser de carácter político; en consecuencia, órganos como el Consejo de Seguridad de Naciones Unidas no podría ocuparse del tema.

d) En esta cuestión, como en otras varias, habría que crear garantías judiciales para asegurar los Derechos Humanos y la paz.

e) Debería ser un *tribunal* el que posea la facultad de determinar y autorizar la asistencia humanitaria, y como tal debería gozar de todas las garantías de un órgano jurisdiccional, – especialmente su independencia–, cuya actividad debería estar bien reglamentada. La expedición de resoluciones razonadas y fundamentadas sería garantía de su predictibilidad.

f) Dicho tribunal podría ser la actual Corte Internacional de Justicia, si se transformara, cualquier otro o uno que se creara *ad hoc*. El aspecto importante sería que se constituyera con jurisdicción obligatoria – no arbitral –; o sea, sus resoluciones obligarían a los Estados involucrados en forma vinculatoria.

Ese tribunal, en principio, sería diverso del Tribunal Penal Internacional, porque éste tutela penalmente bienes jurídicos semejantes pero desde la perspectiva de la responsabilidad penal individual, aunque este tribunal, en el futuro, pudiera ser reformado para abarcar ambas competencias.

g) Debería ser un tribunal permanente, cuya competencia fuera la protección de los Derechos Humanos de carácter colectivo como son, entre otros, la violación masiva y sistemática de aquéllos, invasiones, guerras, la preservación del medio ambiente.

h) La idea de un tribunal internacional con características semejantes a las enunciadas la apoyan diversos tratadistas.[50] Sin embargo, también existe el temor, que ya había apuntado Guizot, del peligro que implica politizar la justicia.[51] Desde luego, que hay dicho peligro, pero la existencia del tribunal es la idea menos mala y menos peligrosa que conozco hasta hoy. Lo inadmisible es el uso político que se ha venido haciendo de la asistencia humanitaria.

i) El tribunal internacional reforzaría la idea de la igualdad de los Estados; incluso las potencias tendrían los mismos derechos y las mismas responsabilidades que cualquier otro Estado.

j) El tribunal internacional estaría regido por una reglamentación precisa que tipificara los casos en los cuales sería competente – como genocidio, delitos de lesa humanidad, desestructuración institucional de las sociedades, catástrofes naturales –, los procedimientos, el quórum de votación. Es decir, las normas que rigen el funcionamiento de cualquier tribunal. Resalto que los procedimientos tendrían que ser ágiles y muy rápidos. Todos estos aspectos podrían quedar en un Código o Estatuto. Reitero, la precisión de su competencia sería esencial. Otro aspecto importante se encontraría en el sistema de nombramiento de los magistrados para asegurar su independencia e imparcialidad.

México, D.F., junio de 2003.

---

50. César Sepúlveda, *Derecho...*, obra citada, pp. 405, 408, 410-411. Gerardo Pisarello, obra citada, pp. 259-260. Luigi Ferrajoli, obra citada, pp. 319-322. Miguel Carbonell, *Los derechos...*, obra citada, pp. 337-338.

51. Pedro de Vega, obra citada, pp. 194-195.

# JURISDICCIONES NACIONALES Y ACUERDOS INTERNACIONALES – LA CORTE PENAL INTERNACIONAL[1]

SERGIO GARCÍA RAMÍREZ

El tema que se examina en esta intervención figura en la agenda contemporánea de Brasil. Este país ha participado con gran diligencia y acierto tanto en la elaboración del Estatuto de Roma como en la defensa de algunos aspectos relevantes de la jurisdicción penal internacional, que actualmente se hallan sometidos a intenso debate.

En la Conferencia que aprobó el Estatuto de la Corte Penal Internacional, Brasil trabajó en el grupo de los llamados "Estados afines" (*self-minded States*), que contribuyeron significativamente a la adopción de ese instrumento. La posición del Estado brasileño, en los últimos tiempos, quedó acreditada en una memorable sesión del Consejo de Seguridad de Naciones Unidas, el 10 de julio de 2002. Al intervenir en la controversia que entonces se planteó, Brasil sostuvo las siguientes posiciones, entre otras, que deben ser apreciadas por quienes favorecen la instalación y la función de la Corte Penal Internacional:

– La supuesta antinomia entre la conservación de la seguridad y la paz, por un lado, y la represión internacional de los crímenes de lesa humanidad, por el otro, constituye un falso dilema. Se trata de pretensiones compatibles entre sí.

– El Estatuto de Roma ofrece suficientes garantías contra abusos y persecuciones por motivación política.

– La Organización de las Naciones Unidas no puede intervenir o autorizar una intervención (fuerzas de paz) en forma que contravenga los valores en los que se sustenta aquélla. Por ello, no habría que temer la actuación de la justicia en relación con quienes actúan en estos casos conforme a un mandato de Naciones Unidas.

---

1. Trabajo presentado al "Encontro de Constitucionalistas Mexicanos e Brasileiros: 'Constituição e Globalização'", Associação Brasileira de Constitucionalistas Democratas, Santos, São Paulo, Brasil, 23 de mayo del 2003.

– Es inadmisible la reinterpretación o la revisión del tratado de Roma al margen del procedimiento que para este efecto fija el propio Estatuto.

– El Consejo de Seguridad carece de atribuciones para formular tratados o revisar convenciones libremente pactadas por los Estados.

– Es indispensable procurar compromisos que permitan el buen entendimiento, en la inteligencia de que aquéllos no deben menoscabar la autonomía y la autoridad de la Corte Penal Internacional.

En su presentación ante la I Asamblea de los Estados Partes, en el 2002, la delegación del Brasil se refirió a la importancia que tiene el desempeño de los jueces y el Fiscal para acreditar la integridad y consolidar el prestigio del tribunal. Es necesario que estos altos funcionarios de la jurisdicción internacional hagan justicia, y también lo es que quienes observan esa tarea perciban que efectivamente se hace justicia.

En esta misma oportunidad, Brasil anunció que propondría una candidatura de ese país para ocupar un sitial en la Corte, con excelentes calidades profesionales y académicas. Lo haría – advirtió – para confirmar la importancia de que esta tarea jurisdiccional atendiese a los más altos estándares técnicos y judiciales y para contribuir al éxito del nuevo tribunal internacional. Así sucedió, en efecto, y hoy día se desempeña como jueza de la Corte Penal Internacional la jurista Sylvia H. de Figueiredo Steiner, que ha ocupado cargos relevantes en la administración de justicia de su país.

\* \* \*

Esta no es la hora del optimismo. Sin embargo, debe ser la del esfuerzo. Y en ambos sentidos cobra presencia y urgencia la idea de una jurisdicción penal internacional. En meses recientes se hizo de lado la vieja propuesta de resolver los conflictos bajo el imperio del Derecho. Por la pendiente se deslizaron el concepto de seguridad colectiva y el orden creado a partir de la Carta de las Naciones Unidas. ¿Cómo pensar, entonces, en una jurisdicción internacional a la que todos se sometan, con serena convicción y ánimo dispuesto? Sin embargo, la idea de esa jurisdicción persiste, y acaso habrá de perdurar hasta instalarse en un mundo que se pliegue, con decisión platónica, al gobierno de las leyes. El mundo se enfrenta, como tantas veces, al destino de Sísifo: hace unos días la piedra rodó de nuevo. Y una vez más habrá que empujarla cuesta arriba.

\* \* \*

El 17 de julio de 1998 se formalizó un compromiso entre lo deseable y lo posible. El Estatuto de Roma, a medio siglo de la Declaración Universal de Derechos Humanos (1948), creó la Corte Penal Internacional, es decir, la primera jurisdicción penal internacional constituida por la comunidad de las naciones. Llegó hasta Roma, luego de diversas estaciones, la proclamación de Grocio cuando emprendió – pronto hará cuatrocientos años – un tratado que expusiera ese "derecho común que val(e) para las guerras y en las guerras", porque es inadmisible "que en (ellas) caducan todos los derechos".

Antes de Roma, la Carta de las Naciones Unidas había resuelto que la protección de los derechos humanos cesaba de ser un asunto doméstico y se afirmaba como "el tema" de la sociedad humana. El Derecho penal internacional de nuestros días supone llegado el momento en que el hombre es sujeto del Derecho de gentes: interesa al mundo, que lo inviste de libertades, prerrogativas, derechos y garantías, pero también de deberes. De éstos provendrá la instalación de un orden punitivo – como señaló Jescheck – y la imputación a las personas naturales, ya no sólo a los Estados, de ciertas responsabilidades.

La idea que se halla en el eje de estas preocupaciones viene del siglo XVIII. En éste arraigó, desde varios orígenes, el constitucionalismo "antropocéntrico", para decirlo con la expresión de Häberle. Las grandes declaraciones aceptaron que el fin de la asociación política es la vigencia de los derechos del ser humano. Lo mismo asegurarían, en su hora, las declaraciones y los pactos internacionales del siglo XX, expresiones de un Derecho emergente. Y a esto se aplicaría, con el signo del crimen y el castigo, un haz de instrumentos e instituciones.

La Corte Penal Internacional tiene varios antecedentes directos: el tribunal de Derecho humanitario que pretendió Gustavo Moynier para guarecer la Convención de Ginebra de 1864 y sus artículos adicionales de 1868; el fallido sistema del Tratado de Versalles, que produjo muy hondas frustraciones; la propuesta del barón Descamps, presidente del comité consultivo de los juristas que planearon el Estatuto de la Corte Permanente de Justicia; el intento de 1937 para contar con un tribunal internacional que enjuiciara a los responsables de terrorismo; las propuestas adelantadas en los años de la Segunda Guerra por los gobiernos en el exilio y los jefes de las grandes potencias; los tribunales de la posguerra: Nüremberg – el juicio que sería juzgado por la historia, como predijo el fiscal Jackson – , y Tokio; las tareas de la Comisión de Derecho Internacional de las Naciones Unidas en procuración de un código y una corte para los crímenes de gravedad suprema; la idea de un tribunal internacional que enjuiciara a los responsables de genocidio, estatuida en la Convención de 1948; los tribunales *ad-hoc* que juzgarían – y ahora lo están haciendo – los crímenes perpetrados en la ex-Yugoslavia y en Ruanda.

\* \* \*

No ha sido fácil erigir el Derecho penal internacional, y tampoco lo ha sido caracterizarlo. Cherif Bassiouni se refiere a sus dos vertientes: los aspectos internacionales del Derecho penal, relativos al auxilio persecutorio, sobre todo; y los aspectos penales del Derecho internacional, en los que reside el énfasis contemporáneo: delitos y penas del orden mundial, la enorme novedad que trajo la segunda mitad del siglo XX y que ingresó con fuerza en el XXI.

El nuevo Derecho penal internacional ha emprendido la elaboración de tipos, la conminación de penas y la edificación de un sistema aplicativo con vocación ecuménica. Nüremberg y Tokio se abatieron sobre naciones derrotadas. ex-Yugoslavia y Ruanda no han gravitado sobre Estados poderosos. En estos casos la sociedad política había sucumbido en la fragmentación y el enfrentamiento. La Corte Penal Internacional se halla en una situación totalmente distinta y comienza a enfrentar, para bien o para mal, las consecuencias.

El Derecho penal internacional es una criatura extraña tanto para el Derecho penal como para el Derecho internacional. Producto de ambos, cuenta con una "personalidad dividida", como ha señalado el mismo Bassiouni. En él se han depositado garantías preciosas que fijan el lindero entre lo lícito y lo ilícito, lo admisible y lo inaceptable. Es la última frontera en el encuentro entre el individuo y el poder político. Pero esta no es la única fuente de las resistencias. Hay otra, no ya de justicia criminal, sino de orden constitucional: la soberanía. Frente al argumento de que se abdica de la soberanía, aparece la respuesta: no es así; aquélla se ejerce y en ese ejercicio conviene en compartir o delegar la jurisdicción penal, uno de sus reductos.

El resultado del esfuerzo que se hizo antes de la Conferencia de 1998 y en esta misma, avalado por el voto favorable de ciento veinte Estados, la abstención de veintiuno y el sufragio adverso de siete (con gran peso específico algunos de ellos, lo que acredita el realismo de la expresión: en la sociedad internacional es "tan importante pesar los votos como contarlos"), se resume en el concepto que figura en el Preámbulo del instrumento, asociado con el artículo 1º: una "Corte Penal Internacional de carácter permanente, independiente y vinculada con el sistema de las Naciones Unidas que tenga competencia sobre los crímenes más graves de trascendencia internacional en su conjunto", y que sea "complementaria de las jurisdicciones penales nacionales".

En Roma – y después de Roma – aparecieron algunos elementos polémicos que distanciarían las posiciones de los participantes. Tuvieron que ver con cuestiones primordiales: la formulación de los delitos, desde una muy amplia hasta otra restringida que no atara demasiado las manos de los poderosos; el deslinde entre las potestades de las jurisdicciones nacionales y las atribuciones de una jurisdicción del mundo; la independencia del tribunal, sustraído o no al influjo del Consejo de Seguridad, que es tanto como decir al peso de los miembros permanentes; el principio de la persecución universal, asediada por el *placet* del Estado de nacionalidad del acusado; la posibilidad de atraer a países que no sean Partes en el Estatuto; las obligaciones de cooperación que gravitan sobre los Estados comprometidos.

Un análisis optimista de la jurisdicción consagrada en Roma, si se mira con buenos ojos e imaginación juiciosa, atribuye a ésta varias consecuencias plausibles, todas en potencia. Si se presentan efectivamente habrán impuesto un giro rotundo en favor de la justicia. Se dice que la jurisdicción penal internacional cierra la puerta a soluciones unilaterales, impositivas o violentas; reduce la impunidad por los crímenes más graves; impulsa a la jurisdicción nacional para que asuma con entereza y competencia el papel que le corresponde; propicia mejores estándares de justicia interna; contribuye a la independencia de los poderes judiciales; favorece la seriedad, la objetividad y la imparcialidad en el proceso; acredita el tema de los derechos humanos en los ámbitos interno e internacional; auspicia la democracia y fortalece el Estado de Derecho; aísla a los gobiernos que miran con indiferencia la violación de los derechos fundamentales; genera una práctica de rendición de cuentas (*accountability*), y promueve el desarrollo del Derecho internacional de los derechos humanos y el Derecho internacional humanitario. Gran cosecha.

\* \* \*

La creación de una zona de contacto entre las disposiciones del Derecho internacional y las del Derecho nacional renueva un tema difícil: la relación funcional y jerárquica entre aquél y éste. Sea cual fuere la solución, lo cierto es que el establecimiento de un Derecho penal internacional (y asimismo la de una tutela jurisdiccional internacional de los derechos humanos) supone cierta deficiencia del orden nacional naturalmente competente. Es entonces cuando el internacional interviene con aire de emergencia, y suele actuar conforme a la regla de oro de la emergencia: poder inexorable.

Esta es una cuestión trascendente que se zanja en el Derecho constitucional, cuando éste regula el papel de las normas internacionales frente al ordenamiento interno, y en el Derecho de gentes mismo, que fija sus propias reglas y dispone sus fronteras. A partir de aquí se erige una nueva arquitectura jurídica, particularmente densa e intensa en tiempos de mundialización, como los nuestros.

El Derecho penal nacional, tutelar de bienes jurídicos, tiene una cantera cierta: la Constitución democrática. El Derecho penal internacional posee la suya: el *jus cogens*. Ambas se instalan en la dignidad humana. Doble cantera, pues, que nutre los tipos penales internacionales, desde la agresión y los crímenes de guerra hasta el genocidio y los delitos de lesa humanidad. La preocupación por amparar aquellos bienes con el escudo que provee la conminación penal se ha depositado en varios círculos concéntricos del orden jurídico: la ley interna, los convenios sobre crímenes o delitos específicos y el Estatuto de Roma. Son los tiempos y episodios de un largo recorrido.

La idea de que hay bienes comunes a la humanidad entera, y de que esto trae consigo la exigencia de una represión mundial de los crímenes que los lesionan, puso en movimiento – y ahora en boga – el principio de jurisdicción universal, en sus dos dimensiones: persecución asumida por cualquier Estado más allá de sus fronteras formales, y persecución acordada por los Estados en conjunto, sea porque resuelvan hacer, de consuno, lo que podría cada quien por su parte, como se dijo en Nüremberg, sea porque la comunidad de bienes y la unión de fuerzas supongan una potestad naciente y distinta.

Cuando no había tribunales penales internacionales y se requería ampliar el espacio de la persecución, pareció natural que los Estados ejercieran una jurisdicción universal. Algunos lo hicieron. Marcharon por diversas vías, a las que no fueron ajenas ni la extradición ni el secuestro, "regularizadas" bajo el concepto *male captus bene detentum*. Ahora bien, instituida la jurisdicción que encarna en la Corte Penal Internacional, pudiera haber llegado el momento de revisar estas persecuciones, para "poner orden en el orden penal", pero también para evitar el *forum shopping*, puerta de acceso a la lenidad o a la impunidad.

La solución de Roma reconoce que el compromiso, el derecho y la jurisdicción corresponden en primer término al Estado, y sólo después, en defecto de éste, a la comunidad internacional. Consagra, pues, el principio de complementariedad. Este descansa en un reconocimiento de doble espectro: jurídico, que preserva el Derecho originalmente aplicable, y político, que admite la función protagónica de los Estados y sabe que sin éstos o contra ellos difícilmente habría justicia sistemática y suficiente. En este sentido, complementariedad significa también excepcionalidad. De no ser así, sobrevendría el colapso de la justicia internacional.

Las ventajas de la complementariedad radican en que: a) es un espacio de convergencia y conciliación entre los conceptos de soberanía, por una parte, y de operación y salvaguarda de un orden jurídico internacional, por la otra; b) no desplaza, excluye o absorbe las atribuciones, obligaciones y facultades originales del Estado, que tiene a salvo su potestad de regular y actuar en primer término; y c) no desconoce el desarrollo del orden jurídico en su conjunto, que asigna un papel relevante al sistema internacional como segunda línea de garantía, en forma subsidiaria y segura. Evidentemente, la operación del principio de complementariedad supone la existencia amplia y suficiente de reglas, instrumentos y procedimientos internos que le permitan operar.

Con la mirada puesta en los principios jurisdiccionales tradicionales, en el estado actual del Derecho y las relaciones internacionales y en la necesidad de lograr el consenso en Roma – para favorecer un punto de partida, que no es también, por fuerza, un punto de llegada – el Estatuto articuló la jurisdiccionalidad de la Corte con el sencillo epígrafe del artículo 12, precepto clave: "Condiciones previas para el ejercicio de la competencia".

En primer término, la Corte puede ejercer sus atribuciones en relación con los crímenes perpetrados en el territorio de un Estado Parte o por nacionales de éste. Esta categoría tiene raíz en los conceptos de territorialidad y nacionalidad activa, que son la base de la jurisdicción interna, trasladada a la CPI por el Estatuto de Roma.

En segundo término, la Corte puede ejercer esas atribuciones, independientemente del lugar en el que se cometieron los crímenes y de la nacionalidad de la persona que los realizó – es decir, sin la voluntad de los Estados respectivos –, cuando el Consejo de Seguridad de Naciones Unidas haga la remisión del caso. Esta posibilidad extiende considerablemente la potestad del sistema internacional de justicia penal y lleva a mayor profundidad el principio de jurisdicción universal, pero deposita en una sola instancia la "palanca" para que el sistema opere con esa extensión y esa profundidad.

La complementariedad entra en juego cuando llega el momento de investigar o juzgar un crimen previsto en el Estatuto. Se puede decir, en síntesis, que si hay una jurisdicción nacional dispuesta, capaz y suficiente, el asunto debe quedar a su cargo; de lo contrario, la investigación, el juicio y la sentencia incumben a la jurisdicción internacional.

Para resolver el punto será preciso explorar el propósito con que se desarrolla el procedimiento – el Estatuto de Roma propone una pregunta: ¿se trata de sustraer al acusado de su responsabilidad penal?; y también resultará necesario analizar – ponderar, inclusive – la independencia y la imparcialidad del tribunal, como prendas de la intención de hacer justicia. No siempre será fácil desentrañar, con certeza, los propósitos y las intenciones.

La Corte Penal Internacional, que resuelve sobre la admisibilidad del caso y acerca de su propia competencia, también decide acerca de la voluntad y la aptitud del Estado para llevar adelante el procedimiento. Es decir, para juzgar a un justiciable hay que juzgar primero a la justicia que lo convoca. El "juicio sobre la justicia" se halla en la lógica misma del tratado, y desde luego en sus preceptos. He aquí una tierra movediza, por la que se transitará con dificultad. Andando sobre ella se puede llegar al principio *ne bis in idem* y al sagrario de la cosa juzgada.

*Ne bis in idem* ha estado en el centro de la controversia en algunos escenarios nacionales. En esa regla, que fue de oro, reside la seguridad jurídica, no siempre la justicia. El postulado *ne bis in idem* supone la actuación del órgano que naturalmente garantiza aquélla: un tribunal "confiable". Esto no significa tribunal perfecto, pero supone que el juez tenga la intención de hacer justicia, que disponga de las condiciones para ello y que actúe con ese propósito. Si no es así, el tribunal dejaría de merecer este nombre y cesaría de ser garantía de seguridad jurídica, para generar, en cambio, una inseguridad general. De ahí que no puedan prevalecer sus resoluciones.

Veamos algunas cuestiones que podrán suscitar duda y debate en este campo.

*1.* Habrá materia para la deliberación cuando la ley interna sea más "benigna" que la internacional, sin que esto implique necesariamente una intención de impunidad por parte del legislador doméstico, y mucho menos del juez nacional. La benignidad no tendría que ver sólo con las descripciones típicas o las punibilidades; las interrogantes pueden surgir en otros campos. Por ejemplo, en el Estatuto la intención y el conocimiento que integran el dolo se refieren sólo a los elementos materiales del crimen. ¿Qué sucederá si la ley nacional exige más que eso: conocimiento de otros elementos del crimen, en cuya ausencia no se configura la intención?

*2.* También habrá materia para el debate cuando los órganos de la justicia interna, comprometidos con un proceso de reconciliación nacional, apliquen un trato benévolo al inculpado. Se actualizará el dilema entre justicia y paz que han invocado los adversarios de la jurisdicción universal. Pero también se tendrá en cuenta la reprobación muy firme de las "autoamnistías", que últimamente se proyectó sobre el acuerdo entre las Naciones Unidas y el Gobierno de Sierra Leona para establecer en este país un tribunal *sui generis*.

*3.* Se plantea otro punto inquietante cuando rige en la ley nacional el principio de oportunidad persecutoria, que también existe en la internacional. En varios Estados ha ganado terreno cierta facultad de la autoridad para apreciar la pertinencia de instruir un proceso. Esta espada tiene doble filo: es disolvente de la justicia o contribuyente a la equidad y a la paz. La oportunidad tiene asiento en el Estatuto, como adelante veré, y puede detener la justicia internacional, pero también puede frenar la nacional – que es lo que me interesa destacar en este punto –, y con ello abrir la puerta para el ejercicio de la complementariedad.

Para que funcione la complementariedad se necesita coincidencia o congruencia de normas, aunque no precisamente identidad, entre el orden complementado y el complementario: el nacional y el internacional. De otra suerte operaría, en vez de un sistema de espejos, uno de círculos excéntricos que convertiría la atracción internacional en regla, por deficiencia de la justicia nacional. A mi juicio, la coincidencia o congruencia sólo significa posibilidad de que la jurisdicción interna llegue por sí misma, en lo esencial, al resultado que produciría la internacional. Así se acreditan la voluntad de perseguir y la capacidad de hacerlo.

La ausencia de tipos nacionales suficientes y consecuentes con los internacionales, así como otras diferencias o discrepancias normativas tan profundas que conduzcan a la dilusión del sistema de responsabilidad penal que se convino en Roma, acreditarían falta de voluntad persecutoria. En este campo, los Estados deberán tomar en cuenta tanto las descripciones contenidas en el Estatuto como los datos – que en muchos casos son verdaderos componentes del tipo – recogidos en el documento denominado "Elementos de los Crímenes", una pieza anómala para la ortodoxia penal.

Además, los Estados no podrían ignorar que el Derecho penal internacional se abastece en la costumbre, los principios generales del Derecho y la conciencia de las naciones, a diferencia del Derecho penal de los países con tradición continental europea, regularmente arraigados en una legalidad que reclama *lex scripta, praevia, stricta* y *certa*. Ahora mismo, el Reino Unido ha recordado en su Ley de Implementación del Estatuto de Roma y en su Ley de Crímenes contra la Humanidad y Crímenes de Guerra, del año 2000, que se hallan en esta categoría las conductas así consideradas por el Derecho internacional convencional o consuetudinario, o así calificadas al amparo de los principios generales del Derecho reconocidos por la comunidad de las naciones, "hayan sido o no contrarias a la ley vigente en el tiempo y en el lugar en que fueron cometidas".

\* \* \*

La operación de la complementariedad sugiere otros temas. Entre ellos subrayo lo que se pudiera llamar "recuperación de la jurisdicción nacional", que entra en el escenario cuando observamos desde una perspectiva contraria a la acostumbrada.

*1.* Sobrevendría esa recuperación una vez que ha concluido el procedimiento internacional, sin sentencia que absuelva o condene. Aquí surge el reencuentro, por así decirlo, entre el sistema penal internacional, que había avanzado, y el nacional, que se había retraído. El hecho de que aquél hubiese iniciado el conocimiento no impide que éste derive a un tribunal interno.

*2.* Aquí aparece de nuevo el principio de oportunidad, no ya porque el Estado lo aplique y la jurisdicción internacional lo repruebe – como en la hipótesis a la que antes me referí – , sino porque es ésta quien lo aplica y aquél quien lo rechaza. La autoridad internacional puede declinar el conocimiento de unos hechos que conservan íntegramente su condición delictuosa. Si esto ocurriera, el sistema internacional habría contribuido a la impunidad, en vez de evitarla, como es uno de sus objetivos declarados.

La oportunidad entra en juego bajo dos conceptos, cuyo alcance habrá de establecer la Corte. Uno es la gravedad de los hechos delictuosos; otro, el interés de la justicia. La primera tiene que ver, naturalmente, con el bien jurídico afectado y la magnitud de la lesión causada, y el segundo con la pertinencia de perseguir y sancionar, tomando en cuenta las características del caso y la forma en que éste se proyecte sobre su circunstancia. En algunos preceptos, la invocación de la justicia apareja una referencia más o menos inmediata a la equidad, la seguridad, la paz, la conveniencia social o política, el mal menor.

Con estas bases, el Fiscal debe adoptar las determinaciones que considere pertinentes – o dicho de otra manera, oportunas – a propósito de: a) la procedencia de la investigación, y b) la procedencia del enjuiciamiento una vez realizada la investigación. En algunas de las situaciones a las que me he referido, el procedimiento concluye sin sentencia de fondo y surge el tema que ahora examino.

*3.* Obviamente, el supuesto más relevante en el ámbito de la oportunidad es el que surge cuando el Consejo de Seguridad suspende un procedimiento. La suspensión provoca una crisis en la operación de la complementariedad. La razón de ser de ésta es el combate contra la impunidad: interviene la justicia internacional porque la nacional no quiso o no pudo actuar. Pero la intervención suspensiva del Consejo de Seguridad invierte las cosas: es la justicia internacional la que no actúa. Se abre un paréntesis de impunidad en el ejercicio de la punición. Y ese paréntesis puede prolongarse *sine die*.

*4.* La justicia interna puede asumir el conocimiento de hechos planteados ante la internacional cuendo venga a cuentas la responsabilidad colectiva, excluida del Estatuto de Roma a diferencia de lo que se previno en Nüremberg. La exclusión desemboca en el olvido internacional de una responsabilidad penal que pudiera existir conforme a la legislación nacional. Por ello, la cuestión podría retornar a la jurisdicción interna para que ésta deduzca sus consecuencias en relación con personas colectivas.

*5.* Una hipótesis más de "recuperación de la jurisdicción nacional" puede plantearse con motivo de la reparación del daño. Es posible que la ley nacional contenga disposiciones más favorables para la víctima que las previstas en los principios sobre reparación establecidos por la Corte. En estos casos la víctima podría formular ante los tribunales internos, conforme a la ley doméstica, la pretensión de resarcimiento. Esto se deduce del propio Estatuto, que previene: "Nada de lo dispuesto en el presente artículo (el 75) podrá interpretarse en perjuicio de los derechos de las víctimas con arreglo al derecho interno o el derecho internacional".

*6.* Por último, en caso de participación delictuosa puede suceder que algunos responsables no sean investigados por el Fiscal ni procesados por la CPI. Esto no impedirá que la jurisdicción nacional se ejerza con respecto a esos participantes. Se entiende que las cortes penales del Estado no podrán abrir causas ya tramitadas ante la Corte Internacional – identificables por la identidad de los hechos, las personas y las referencias de responsabilidad –, y las resoluciones que en su caso dicten no afectarán, desde luego, los pronunciamientos que hubiese emitido el tribunal internacional.

\* \* \*

La colaboración internacional es el espacio en el que se despliegan los aspectos internacionales del Derecho penal. Me refiero a la asistencia libremente pactada por los Estados o brindada en términos de reciprocidad, así como a la aplicación del principio *aut dedere aut punire*. Hoy, esa colaboración ya no se plantea apenas en la relación horizontal entre los Estados. Ha adquirido una nueva aplicación: los cauces radiales fluyen entre aquéllos y la Corte Penal Internacional, situada en el eje del círculo. Esta es "una nueva forma de cooperación", que sugiere múltiples cuestiones en el cruce entre la jurisdicción internacional y las jurisdicciones nacionales.

Los Estados Partes en una convención internacional, sujetos a la cláusula *pacta sunt servanda*, no pueden declinar las obligaciones contraídas aduciendo para ello obstáculos derivados de su Derecho interno. A la manera de otros tratados que atribuyen a los Estados obligaciones específicas que suponen la creación de condiciones normativas (y de otra índole) para el cumplimiento de aquéllas, el Estatuto de Roma compromete a los suscriptores a cooperar con la Corte y a instituir los procedimientos necesarios para ello.

En consecuencia, los Estados Partes se han dado a la tarea de analizar las modificaciones a su Derecho interno para permitir, sin colisión de normas, la aplicación del nuevo instrumento. El proceso no ha sido sencillo ni pacífico. El Estatuto contempla un régimen de justicia penal que contrasta con muchas de las disposiciones existentes, algunas de las cuales gozan de tradición y prestigio y se hallan alojadas en nichos de rango constitucional. Se trata, en cierta manera, de "otro sistema de justicia penal", que difícilmente podría recogerse en el Derecho estatal sin emprender sobre éste un trabajo quirúrgico de considerables proporciones.

La necesidad y la práctica de reformas legales determinadas por un tratado sobre jurisdicción internacional ya eran conocidas por los Estados que ajustaron sus normas y criterios frente a la colaboración internacional planteada por los tribunales de la ex-Yugoslavia y Ruanda. Esto generó una experiencia valiosa para el capítulo abierto por la CPI.

La tarea de revisión y adecuación se ha practicado en diversos tiempos y con distintos medios, según las características del problema a la luz de cada ordenamiento jurídico nacional. El *iter* de las reformas y la expedición de nuevas normas puede implicar pasos sucesivos, que se desenvuelven en consultas a ciudadanos y organismos, modificación constitucional, *referendum*

– previsto en algunos sistemas –, opinión de la Corte Constitucional o de otro órgano equivalente, en su caso, ley (o acto diverso) que dispone la ratificación del instrumento y ley de implementación o colaboración, que puede tener la más alta jerarquía en la familia de las leyes.

Sobre esto último, es posible que la legislación que incorpora el Derecho penal internacional y el régimen de la CPI al sistema nacional recoja en un solo ordenamiento todas las especificidades que aquéllos implican, o revise las leyes nacionales separadamente y distinga entre disposiciones sustantivas (regulación penal) y normas de colaboración (regulación procesal). Tal vez sea preferible disponer de una ley de implementación en vez de practicar numerosas reformas a los ordenamientos existentes. No podríamos ignorar que la colaboración entre la Corte y los Estados se aplicará en contadas ocasiones; por ello no valdría la pena colmar los códigos – dispuestos para la aplicación general y cotidiana – con normas sobre situaciones verdaderamente excepcionales, con el riesgo de que éstas alteren el sistema ordinario.

En varios casos fue preciso examinar primero el tema constitucional de la Corte, como condición para ratificar el tratado, que algunos Estados suscribieron *ad referendum*. Se han presentado, regularmente, tres vías para zanjar este asunto: a) reforma constitucional que autorice expresa y claramente la asunción de las obligaciones contenidas en el Estatuto; b) interpretación constitucional cuando la ley suprema ya dispone la ejecución nacional de resoluciones de órganos jurisdiccionales internacionales o introduce al orden nacional las normas y decisiones de este carácter, y c) interpretación constitucional en otros casos, sobre la base de que es posible la relectura de la ley fundamental con un sentido histórico y progresivo, atendiendo a la conveniencia de la justicia y a la buena marcha de las instituciones internacionales. Sería ver los textos constitucionales de ayer con los ojos de ahora.

En este capítulo, resultó interesante la participación de órganos judiciales de control preventivo de constitucionalidad. Dos casos característicos – que menciono a título de ejemplos – fueron los de Francia, muy frecuentemente citado y algunas veces seguido, y Ecuador. Los pronunciamientos son radicalmente distintos. El Consejo Constitucional de Francia observó discrepancias entre el Estatuto y la ley fundamental de la Quinta República. De ahí que se practicara una reforma constitucional con fórmula esencial y directa: "La República – dice el nuevo artículo 52.2 – puede reconocer la jurisdicción de la Corte Penal Internacional en las condiciones previstas por el tratado firmado el 18 de julio de 1998". En Ecuador, en cambio, la Corte Constitucional sostuvo que una interpretación progresiva de la Constitución permitía resolver, sin necesidad de cambio en la letra de la ley, los problemas de supuesta incompatibilidad que pudieran suscitarse.

\* \* \*

Un tratado internacional es él y su circunstancia, para decirlo con la fórmula orteguiana. Se requiere mucho más que la firma, e incluso más que la ratificación. Hay que contar con el cimiento y el entorno que le ofrezcan certeza y prestancia. Calamandrei señaló con acierto que no basta a la democracia con la razón codificada de los preceptos; es necesario que detrás de la ley fundamental "se encuentre la laboriosa presencia de las costumbres democráticas con las que se pretenda y se sepa traducirla, día a día, en una concreta, razonada y razonable realidad". Y Jiménez de Asúa advirtió, precisamente al explorar los avatares del Derecho penal internacional, que el Derecho que no se respeta es apenas "una hebra de seda, que difícilmente ata las manos del agresor".

La regla *pacta sunt servanda* es prenda y muestra del querer y el hacer internacionalista: una costumbre bruñida por la conciencia de la obligatoriedad; en otros términos, razón y conducta. Si eso no existe, tampoco existe, más allá de la apariencia, una institución internacional. Por ello no es posible desconocer que las posibilidades de aplicación del Derecho penal internacional son – como se ha escrito – "dependientes de la correlación internacional de fuerzas y de las posiciones de dominio de los diferentes países, antes que de la existencia de un orden jurídico plenamente autónomo y de igual obligatoriedad para todos los miembros de la comunidad internacional".

De ahí que sea tan relevante el apoyo a la jurisdicción internacional que ha llegado desde muchos frentes, entre ellos el europeo y el latinoamericano. Otro tanto vale decir de las organizaciones no gubernamentales, coaligadas desde el inicio del proceso y muy activas en la defensa del Estatuto y de la ideología que éste entraña.

En el ámbito de estas consideraciones también se plantean la abstención, la resistencia franca o la acción adversa. Los Estados Unidos de América desplegaron una intensa actividad en los trabajos preparatorios del Estatuto y la han desarrollado tras la suscripción de éste. Muchos puntos de vista norteamericanos fueron recogidos en el tratado, aunque no todos. Los Estados Unidos votaron en contra del Estatuto y ahora militan en ese mismo sentido. Esto es, por cierto, mucho más que abstenerse o mantenerse fuera: la reticencia pudiera significar demolición, habida cuenta del enorme peso internacional de aquella gran nación y del ensayo de "reinterpretación" del Estatuto, que puede ser la puerta hacia una "renegociación".

Fue elocuente la expresión del senador Jesse Helms mientras se trabajaba en Roma: "Debemos aniquilar este monstruo". Cuando los Estados Unidos suscribieron el pacto – exactamente al final del año 2000 –, el Presidente Clinton aseguró que la presencia de su país en la nómina de los suscriptores permitiría servir mejor los intereses nacionales norteamericanos: actuar desde dentro, no mirar desde fuera. Al mismo tiempo recomendó a su sucesor no llevar al Senado – porque sería inconveniente e inmanejable – la aprobación del tratado. La actual administración estadounidense ha hecho su parte a través de una amplísima gestión diplomática que propone una nueva lectura de algunos extremos del Estatuto, particularmente los artículos 16 y 98.

El Subsecretario Bolton notificó al Secretario General de las Naciones Unidas que ese país no tenía la intención de ratificar el Estatuto de Roma y que la firma puesta en éste no produciría obligación alguna para el Estado. Cuando estaba a punto de expirar el mandato para la fuerza de paz en Bosnia-Herzegovina, los Estados Unidos anunciaron en el Consejo de Seguridad que votarían en contra de la renovación del mandato. Esgrimieron el riesgo de que hubiera "persecuciones politizadas" contra personal o jefes de las fuerzas de paz.

El debate desarrollado entonces constituye una excelente *mise en scène* de la resistencia opuesta a determinados puntos del tratado, de los argumentos expresados para vencerla y de la necesidad final de acordar, bajo el imperio de las circunstancias, concesiones que permitan a la Corte avanzar a un paso más lento que el deseable, y no desarticulen programas que se estima esenciales para la preservación de la paz y la seguridad y la prevención de males mayores.

Para lograr la resolución 1.423/2002, del 12 de julio de 2002, que amplió el mandato de la fuerza de paz en Bosnia-Herzegovina, fue preciso emitir también la resolución 1422/2002. En ésta, el Consejo de Seguridad resolvió que durante doce meses, contados a partir del 1 de julio, no se iniciaría ningún procesamiento contra participantes en una operación de paz que fuesen nacionales de un Estado ajeno al Estatuto.

Igualmente, el Consejo de Seguridad expresó su voluntad de prorrogar este plazo por otros doce meses, y así sucesivamente, conforme a la técnica prevista por el artículo 16 del Estatuto para detener, en general, los procedimientos ante la Corte, y decidió que los Estados miembros de la Organización no adoptarían ninguna acción inconsecuente con esa providencia y con sus obligaciones internacionales. No sobra recordar que, en rigor, ese precepto sólo abarca procedimientos en marcha, pero no contempla enjuiciamientos futuros; en otras palabras, no tiene – por sí mismo – la virtud preventiva que se le ha dado. En consecuencia, son por lo menos cuestionables las promesas de observar determinada conducta en el porvenir.

En la misma línea, se postula una lectura "especial" del artículo 98.2 del Estatuto, en relación con el 16, lo cual implica un nuevo entendimiento de ciertos aspectos fundamentales del tratado y se recoge en sendos acuerdos bilaterales. Estos, suscritos en número creciente, constituirán la plataforma bilateral para avanzar en la reconsideración o relectura multilateral y, eventualmente, en la ratificación estadounidense del Estatuto que permitiría al nuevo Estado Parte – como han dicho algunos expertos, desde el ángulo oficial – ejercer toda su influencia sobre la marcha de la Corte.

En síntesis, los pactos suscritos para "exorcizar" al Estatuto de Roma impiden que un funcionario o empleado público norteamericano pueda ser enjuiciado por la Corte si no existe, como *conditio sine qua non*, la aquiescencia del Estado de nacionalidad. Por este conducto ganaría terreno – todo el terreno, desde la perspectiva de un solo país – el principio de nacionalidad activa en la persecución penal.

Los puntos de vista gubernamentales se han trasladado a los procesos legislativos. Una de las más relevantes expresiones del rechazo a la Corte, con diversas posibles consecuencias en las relaciones internacionales de los Estados Unidos, se halla en el *American Service-Members' Protection Act (ASPA)*, suscrita por el Presidente de ese país el 2 de agosto de 2002, que establece la distancia entre el Gobierno de los Estados Unidos y la Corte Penal Internacional.

Esa distancia se refleja en diversas medidas que se mencionan detalladamente: negativa de cooperación en investigaciones, prohibición de suministro de información y colaboración en actuaciones judiciales, limitación de operaciones militares con Estados Partes en el Estatuto, proscripción del uso de fondos públicos para programas que pudieran significar apoyo a la CPI, acuerdos bilaterales con base en el artículo 98 del Estatuto, promoción de resoluciones del Consejo de Seguridad que incluyan disposiciones sobre la inmunidad de participantes en fuerzas de paz, poderes presidenciales para liberar a funcionarios o dependientes del Gobierno de los Estados Unidos detenidos con motivo de un procedimiento ante la Corte.

Todo esto nos devuelve a la realidad. Es aquí, precisamente, donde se reproduce el perseverante destino de Sísifo, con el que inicié estas notas. El antiguo Presidente de la Corte para la ex-Yugoslavia, Antonio Cassese, refirió ante la Asamblea General de las Naciones Unidas, el 13 de noviembre de 1994, un diálogo epistolar entre Einstein y Freud, en 1932, cuando el mundo se hallaba a un paso del abismo.

Einstein preguntó si habría algún medio para eliminar la guerra; Freud repuso que difícilmente se podría suprimir las tendencias agresivas del ser humano; pero siempre existiría la posibilidad de recurrir a "medidas paliativas" que las mitigaran. Cassese sostuvo que la Corte para la ex-Yugoslavia era una de esas medidas. Tal puede ser, igualmente, la función de la Corte Penal Internacional. Y no sería poca cosa.

Para establecer un punto de vista propio, hay que imaginar el mundo sin la Corte y con ella. Ya lo hemos conocido sin ésta; lo vemos ahora mismo; sabemos cuáles son los medios para enfrentar y resolver los conflictos, cuando no también para crearlos. Por ende, habrá que ensayar la experiencia de un mundo con la Corte; constituiría la oportunidad de animar una nueva esperanza, a sabiendas de que sería, por lo pronto, incipiente y discreta.

# PROBLEMAS CONSTITUCIONALES DE LOS FLUJOS FINANCIEROS INTERNACIONALES

DIEGO VALADÉS*

*1. Consideraciones generales; 2. La regulación de los flujos financieros internacionales; 3. La formación de un "Estado intangible"; 4. Problemas y propuestas; 5. Referencias.*

## 1. Consideraciones generales

El denominado "neoliberalismo" ha resultado más rígido que el liberalismo del que toma inspiración y principios. La renovación no ha consistido en recoger las tesis de Adam Smith, sino en aplicarles una nueva dimensión, en especial por lo que hace a la división del trabajo. Este principio, clave para la producción, en el actual orden económico internacional permite diferenciar a las sociedades exportadoras y receptoras de capital, entre las que se ha establecido una relación asimétrica conforme a la cual estas últimas acaban por depender de las decisiones que se toman desde los centros de control de los flujos financieros.

La distorsión del principio de división del trabajo es una expresión patológica del neoliberalismo. En su origen el principio estaba inspirado por el éxito productivo de un esquema en el que los esfuerzos compartidos y equilibrados[1] generaban resultados satisfactorios para todos los partici-

---

\* Trabajo presentado en el Encuentro de Constitucionalistas Brasileños y Mexicanos llevado a cabo en Santos, mayo de 2003.
  1. Las tesis del equilibrio del poder, sustentadas por Locke y Montesquieu, tienen semejanza con el pensamiento newtoniano del equilibrio. En cuanto a Adam Smith, se ha señalado que la idea de la división del trabajo le fue sugerida por la lectura de *La fábula de las abejas*, de Bernard Mandeville, de quien se ocupa de manera muy extensa en *La teoría de los sentimientos morales* (VII, ii, 4). En este caso, aunque no lo hayan conocido Mandeville ni Smith, en España, el siglo XVI, Diego de Gayangos había identificado el paralelismo entre las sociedades de las abejas y de los hombres, en cuatro principios: prudencia, concierto, constancia y obediencia (*Tractado de república*, 1521): "del trabajo de todas se mantienen todas y entre sí hacen tal concierto que las unas traen los mantenimientos, las otras ayudan por los campos y las otras dentro de las casas" (...). Los antecedentes más remotos sobre este punto, sin embargo, lo ofrecen Virgilio (*Las Geórgicas*, IV, 176 y ss.), quien describía

pantes en el proceso. Adicionalmente tiende a crecer un problema que afecta uno de los principios medulares de las tesis liberales: la confianza. En efecto, un factor que no desarrolló Smith pero que se ha venido explorando con creciente interés, es el concerniente a la confianza como uno de los ejes de la economía libre.[2] Ahora bien, las condiciones jurídicas que generan incertidumbre para los países receptores de inversión extranjera altamente volátil, están muy lejos de alentar confianza. Por el contrario, es previsible que la desconfianza tienda a aumentar en perjuicio de los procesos de la globalización, si no se adoptan los instrumentos jurídicos que ofrezcan seguridad y estabilidad en las relaciones económicas internacionales.

Aunque el concepto de Estado de derecho es solo aplicable al ámbito en el que se ejercen acciones de poder coactivo y se tutelan la libertad, la equidad y la seguridad jurídica, las relaciones económicas internacionales también requieren, para desenvolverse conforme a pautas de equidad y seguridad, de una especie de Estado de derecho global, cuya garantía corresponda a la comunidad internacional integrada por estados soberanos.

Los efectos devastadores de la Segunda Guerra Mundial llevaron a la conclusión de que se hacía necesario un amplio esfuerzo internacional para racionalizar la economía del planeta. John Maynard Keynes había examinado a profundidad las que denominó "consecuencias económicas de la paz", correspondiente a la primera posguerra, y en previsión de que no se produjeran desajustes económicos que condujeran a un nuevo conflicto armado, en 1930 propuso la creación de un banco central supranacional.[3] En 1941, ya en plena guerra, redactó un memorando en que, entre otras cosas, sugería la creación "de una institución central de carácter puramente técnico y apolítico que auxilie y apoye a otras instituciones internacionales relacionadas con el planteamiento y la regulación de la vida económica del mundo... Necesitamos un medio de dar confianza a un mundo en dificultades...".[4]

Esas fueron las ideas dominantes para que, en Bretton Woods, en 1944, se adoptara el acuerdo constitutivo del Fondo Monetario Internacional. El artículo 1º establece que los objetivos del FMI son, entre otros, "promover y mantener altos niveles de empleo" entre los países suscriptores, "ofrecer confianza entre los miembros", y actuar "sin adoptar medidas que perjudiquen la prosperidad nacional o internacional". La experiencia ha de-

---

las ventajas de que cada abeja desempeñara su oficio, y Cicerón (*De Oficiis*, I, 157), quien apuntaba las semejanzas entre la organización de las abejas y la sociedad.
   2. Véase, por ejemplo, Francis Fukuyama, *Trust*, New York, Simon and Schuster, 1995. En esta obra aborda, entre otras cuestiones, la "división global del trabajo", y subraya la trascendencia que tiene en todas las operaciones productivas la relación de confianza.
   3. Cfr. R. F. Harrod, *La vida de John Maynard Keynes*, p. 475.
   4. Idem, p. 605.

mostrado que la actuación del Fondo ha sido exactamente la opuesta a lo consignado en su estatuto fundacional, en tanto que ha impuesto políticas económicas que han afectado el empleo, ha hecho de la desconfianza la base de sus procedimientos y ha ocasionado múltiples perjuicios a las economías de numerosos países en desarrollo. A este respecto Joseph Stiglitz[5] formula una crítica documentada, que exhibe los graves errores y las desviaciones en que esa institución ha incurrido.

Según una importante corriente del pensamiento económico, la liberalización de los capitales financieros, acompañada por una liberalización semejante en el mercado de bienes y de trabajo, debería generar un mayor crecimiento; sin embargo hay observaciones críticas que muestran lo contrario.[6] Sobre este aspecto se advierte una llamativa rectificación en uno de los medios que tradicionalmente abogó por la complementación de las libertades irrestrictas comercial y financiera. La revista *The Economist*[7] anuncia un profundo giro al reconocer la conveniencia de regular los flujos financieros internacionales. En su línea de reflexión apunta: "si alguna causa recibe el apoyo incondicional de *The Economist*, es la libertad de comercio. Tanto tiempo como tiene de existencia esta revista, ha encabezado la libertad de comercio a través de las fronteras".

Más adelante apunta que cuanto se decía para el comercio de mercancías, rezaba para el mercado de capitales.[8] Sin embargo, aclara que ha llegado a la conclusión de que no son lo mismo, porque el mercado de capitales corre el riesgo de cometer errores, y esos errores pueden afectar gravemente a los acreedores y a los deudores. Admite que grandes cantidades de recursos financieros han fluido a Asia y a América Latina, y que los errores ajenos que los han afectado han sumido en la recesión a economías que se encaminaban al éxito. Agrega que muchos gobiernos no han aprendido que el flujo de capitales hacia economías con instituciones financieras deficientemente reguladas puede ocasionar más perjuicios que beneficios. Concluye que el FMI y los gobiernos de los países más ricos han visto con reluctancia la regulación de los flujos financieros, pero que ha llegado el momento de cambiar de actitud y que los "gobiernos de los países en desarrollo harán bien emulando la exitosa experiencia de Chile". La frase final es contundente: "ha llegado el tiempo de revisar la ortodoxia económica en este asunto".

En este trabajo se presentan algunas consideraciones acerca la regulación de los flujos financieros internacionales, desde una perspectiva

---

5. *El malestar de la globalización*, esp. pp. 49 y ss.
6. Cfr. Niall Ferguson, *The cash nexus*, pp. 19 y ss. y 337 y ss.
7. "Editorial", Mayo 5, 2003.
8. Este tema ha sido ampliamente explorado por Octavio Ianni en *A sociedade global*, y *A era do globalismo*.

jurídica. Este fenómeno plantea un serio desafío a la estructura constitucional del Estado contemporáneo que debe ser abordada con la mayor objetividad posible. Se ha señalado que las sociedades que quieren adaptarse a la globalización tienen que "tolerar la cultura de la creación destructiva".[9] Este oxímoron denota el sentido contradictorio de la globalización; en buena medida globalizar ha significado hacer de algunos lo que era de muchos. Parafraseando a G. Orwell (*Animal Farm*) puede decirse que en el mundo global unos son más globales que otros.

Las reglas económicas son una expresión del mundo material; las reglas jurídicas corresponden al mundo ideal. Es la diferencia entre el ser del mercado y el deber ser del derecho. Las reglas del mercado y las reglas de la sociedad obedecen a dos formas distintas de racionalidad: la razón del interés, de la utilidad y de la maximización de los resultados, en el primer caso, y la razón de la equidad, la proporcionalidad y la justicia, en el segundo. Cuando poéticamente Jorge Amado expresa: "Não possuímos direito maior e mais inalienável do que o direito ao sonho. O único que nenhum ditador pode reduzir ou exterminar",[10] en el fondo alude al aspecto más relevante de los sistemas jurídicos: la capacidad de transformar las formas de convivencia social. El prejuicio que hay que superar es el que identifica a la regulación con la ausencia de libertades, cuando precisamente las libertades peligran o faltan allí donde los derechos no están protegidos, las responsabilidades no están definidas y los poderes no están controlados.

## 2. *La regulación de los flujos financieros internacionales*

Aunque no se le prestó atención, al comenzar 1929 un prominente banquero estadounidense, Richard Warburg,[11] advirtió que, de no ponerse freno a la especulación sin límite entonces imperante, Estados Unidos se adentraría en una depresión muy profunda. El economista Roger Babson retomó esos puntos de vista y subrayó la "terrífica" magnitud de la depresión que se aproximaba. Tampoco se le hizo mucho caso. Del examen de ese y de otros casos similares, Galbraith identifica una constante: la economía de mercado es proclive a episodios recurrentes de especulación.

La preocupación por la estabilización financiera internacional se acentuó en las posguerras mundiales. En 1944, un grupo de influyentes economistas, entre quienes figuraban Jules Bogen, Alvin H. Hansen, Edwin Kemmerer, Jacob Viner, Ray Westerfield y John Williams, realizó un amplio recuento de lo acordado en Bretton Woods. La discusión se centró en

---

9. Thomas L. Friedman, *The Lexus and the Olive Tree*, p. 237.
10. *O menino grapiúna*, p. 115.
11. John Kenneth Galbraith, *A Short History of Financial Euphoria*, pp. 7 y ss.

los posibles resultados de los acuerdos pensando en el futuro. Su predicción fue muy precisa: de no establecerse una cooperación internacional plenamente institucionalizada, se intensificarían el nacionalismo económico, la rivalidad entre los bloques de países, las fricciones internacionales y las crisis.[12] Los hechos han venido dándoles la razón.

Muchos años más tarde James Tobin convirtió la regulación de los mercados financieros internacionales en una de sus áreas de interés. Sus tesis en esta materia apenas comienzan a recibir la atención que merecen. Lo más llamativo es que una parte de su preocupación se orienta a la defensa de las economías nacionales más débiles, y es en esos ámbitos donde menor interés han suscitado. Entre esas propuestas figura la que se identifica como "impuesto Tobin", que atiende a la regulación de las transacciones financieras internacionales. Debe subrayarse que en agosto de 2001 el entonces primer ministro de Francia, Lionel Jospin, se pronunció a favor de adoptar ese impuesto.

Tobin advierte[13] que las dos dimensiones del sistema monetario internacional consisten en los regímenes del sistema cambiario y en la movilidad del capital a través de las regiones y de las jurisdicciones nacionales. Este último problema es de naturaleza eminentemente normativa. Agrega que existen grandes ventajas entre mayor sea la libertad de movimientos del capital, pero también representa el riesgo de una creciente oportunidad para la especulación.

En 1993 Tobin calculaba que cada día se llevan a cabo operaciones financieras internacionales por un monto de mil millones de dólares. En ese contexto Tobin plantea "poner un poco de arena en las ruedas"[14] para detener la especulación sin afectar los flujos de capital. Esa "arena" es, precisamente, el impuesto a las transacciones internacionales. Con esta medida legal disminuiría la "volatilidad excesiva" de los capitales. La disposición, para ser eficaz, tendría que ser adoptada por todos los países y, según Tobin, no afectaría los intercambios comerciales.

Óscar Lafontaine,[15] efímero ministro de finanzas de Alemania, calculó que en 1996 ese movimiento ya ascendía a mil quinientos millones de dólares diarios. Añade que, solamente en 1987, las comisiones de los corredores y otros costos relacionados con los movimientos internacionales de ca-

12. Alvin H. Hansen, "Views", en Varios, *International financial stabilization symposium*, pp 19 y ss.; E. A. Goldenwieser, "A review of the Bretton Woods Agreements", en Varios, *International Financial Stabilization symposium*, pp. 105 y ss.
13. *Essays in Economics. National and International*, p. 643.
14. Idem, pp. 654 y ss.
15. Oscar Lafontaine, y Christa Müller, *No hay que tener miedo a la globalización*, p. 74. Véase también el sugerente estudio Clóvis Brigagão, y Gilberto Rodrigues, *Globalização a olho nu*, pp. 67 y ss.

pital representaron ingresos por veinticinco mil millones de dólares en Estados Unidos, equivalentes a una sexta parte de las ganancias empresariales del año. Niall Fergusson estableció que, al finalizar los años 90, veinte empresas norteamericanas controlaban el noventa por ciento de las operaciones internacionales de intermediación financiera; de ellas una quinta parte corresponde a sólo tres empresas.[16]

Ese elemento de información es relevante para apreciar la magnitud de los intereses que están involucrados en la elevada velocidad de las transferencias de capital. Tobin[17] examinó las implicaciones de ese fenómeno y llegó a la conclusión de que las oportunidades para la especulación que ofrecen las nuevas tecnologías con que operan los mercados financieros representan un riesgo "para las políticas racionales nacionales e internacionales". Un amplio análisis de ese problema, lo llevó a proponer un impuesto que inhibiera la extrema volatilidad de los mercados financieros y orientara el interés del inversor hacia operaciones de largo plazo, en lugar de acciones especulativas de corto plazo que generan inquietud permanente, y que no pueden ser previstas oportunamente ni contrarrestadas eficazmente. En este punto sigue a Keynes[18] quien señaló que permitir la especulación es tanto como equiparar el desarrollo del capital de un país con las actividades de un casino, y demostró la importancia de los impuestos sobre las operaciones de bolsa para reducir los efectos de las actividades especulativas.

El problema de la sugerencia de Tobin es que, como ya se dijo, ese impuesto tendría que ser adoptado por todos los países. Con esta conclusión coincide Lafontaine[19], para quien, mientras no existan reglas de carácter "global", debería haber al menos acuerdos en el seno del G-7 (grupo integrado por Alemania, Canadá, Estados Unidos, Francia, Gran Bretaña, Italia y Japón). Tobin también ha manifestado que la coordinación para aplicar el impuesto podría estar a cargo del Fondo Monetario Internacional.

Como resulta natural, las posibilidades del impuesto Tobin disminuyen en la proporción misma en que un acuerdo de esa magnitud no parece interesar a los países cuyas economías se ven más favorecidas por las actividades especulativas de sus nacionales. Empero, y aquí aparece un nuevo factor de interés, la experiencia reciente indica que también las economías

---

16. *The cash nexus*, pp. 261 y ss. Otras cifras que aporta son igualmente indicativas de la magnitud de los movimientos financieros internacionales: el mercado mundial de bonos gubernamentales en 1982 tenía un monto de 4 trillones de dólares; quine años después ascendía a 25 trillones y al finalizar 1999 había subido a 34 trillones. Ese mismo año el producto mundial total fue de 30 trillones.
17. Ob. cit., p. 657.
18. *The general theory of employment, interest and money*, pp. 159 y ss.
19. Ob. cit., p. 79.

poderosas resienten los efectos de las sacudidas que proceden de las economías menores.

En un artículo periodístico Tobin[20] afirmó que la austeridad "que hoy día es la defensa más usada contra la inestabilidad monetaria, no es el principal ingrediente para resolver las crisis económicas nacionales e internacionales; muchas veces ni siquiera es constructiva". E insistió en que "los países pequeños necesitan poner obstáculos frente a movimientos indeseados de inversión y retirada de fondos en su moneda", para lo cual "la protección contra una globalización financiera extrema es esencial para mantener una política económica sólida".

En realidad, como ha demostrado Leutwiler,[21] incluso economías muy consistentes, como la suiza, resienten los efectos de la falta de regulación de los movimientos intempestivos de capital. Ni siquiera Estados Unidos, cuya economía se reconoce como la más poderosa del mundo, escapa a los efectos negativos de los movimientos incontrolados de capital. Minc[22] ofrece evidencias de que en ese país los efectos los absorbe el salario de los trabajadores. Según sus cifras, el poder de compra del obrero estadounidense en 1990 era similar al de 1960. De alguna forma esta situación confirma la hipótesis de Ianni[23] en el sentido de que a la postre los movimientos incontrolados de capital dejan sentir sus efectos adversos en el salario de los trabajadores.

Paul Krugman[24] coincide con los puntos de vista de Tobin. Otro tanto ocurre con George Soros,[25] quien en 1997, a la luz de las experiencias mexicana y brasileña, propuso la creación de una corporación internacional para asegurar el crédito, que procuraría reducir la extrema volatilidad financiera internacional. Un año más tarde el Anthony Giddens[26] también se pronunció sobre este tema, e hizo suyas las tesis de Tobin y de Soros. "Tenemos que buscar medios, dijo, para conducir adecuadamente los movimientos financieros internacionales, y que la huida de capitales y el pánico que produce, sean atenuados".

Giddens reconoce que grandes cantidades de recursos pueden ser atraídas por un país o por una región, y de manera casi instantánea pueden ge-

20. *El País*, noviembre 12 de 1998.
21. "Monetary Policy and Capital Movements: the Experience of Switzerland", en Wolfram Engels, *International Capital Movements, Debt and Monetary System*, pp. 275 y ss.
22. *La mondialisation heureuse*, pp. 40 y ss.
23. *A era do globalismo*, p. 142; *A sociedade global*, p. 55.
24. *Pop Internationalism*, p. 90.
25. *The Crisis of Global Capitalism*, pp. 177 y ss.
26. *Making Sense of Modernity*, pp. 174 y ss.

nerar movimientos bruscos que afectan muy seriamente a otros países o regiones. Este fenómeno sugiere la necesidad de introducir medidas reguladoras de los flujos de capital, que se pueden alcanzar con disposiciones nacionales e internacionales. Es aquí donde el sociólogo británico expresa su adhesión a la idea de Soros, de una corporación internacional, y al impuesto Tobin. Los ingresos derivados de este impuesto pueden favorecer acciones de redistribución del ingreso por parte de los gobiernos nacionales. "No será fácil establecer este sistema", reconoce, pero sus ventajas son inequívocas.

Podría pensarse que el tema de los flujos financieros internacionales es del dominio reservado de la economía; pero no es así. Se trata de un asunto central de la política y, por consiguiente, del derecho. De la política, porque a ella incumbe prevenir y resolver los problemas que afectan la vida social; del derecho, porque le concierne proveer las fórmulas adecuadas para la acción política dentro del orden constitucional.

Enrique Iglesias[27] ha reconocido que la volatilidad de los mercados en América Latina implica un riesgo permanente que no ha podido ser superado. Aboga, para conjurarlo, por entendimientos de naturaleza regional. Se trata de una propuesta estratégica que, en todo caso, tendría que traducirse en esquemas normativos de nuevo cuño.

Algunos sistemas financieros que contienen soluciones para los problemas de la volatilidad de los mercados se apoyan en preceptos contenidos en leyes, otros en normas constitucionales. Entre los primeros figura Chile, que por ley fija los requisitos de reservas suplementarias para los depósitos extranjeros.[28] Otros países ya han adoptado, o están discutiendo, mecanismos análogos que figuren en el texto constitucional.

Una disposición que resulta de gran interés técnico y político es la contenida por la Constitución portuguesa, cuyo artículo 87 señala que la ley "disciplinará la actividad económica y las inversiones por parte de personas individuales o colectivas extranjeras, con el objeto de asegurar su contribución al desarrollo del país, y defender la independencia nacional y los intereses de los trabajadores". La importancia técnica consiste en que, no obstante que Portugal forma parte de la Unión Europea y ha adoptado el

---

27. "Globalización y procesos de integración económica", *Visión crítica de la globalidad*, pp. 80-81.
28. Conforme al Estatuto de Inversiones Extranjeras los capitales invertidos en Chile no pueden ser repatriados sino hasta después de transcurrido un año desde su ingreso al país; los dividendos, en cambio, pueden ser repatriados en cualquier momento, una vez cubiertos los impuestos aplicables. *Vid.* Rafael Urriola, "Chile's economic liberalization and control of foreign capital inflow", en *Studies on International Financial Architecture*, 2000.

*euro*, hace valer su soberanía en el ámbito de las inversiones extranjeras. No se trata, por ende, de cuestiones excluyentes. En cuanto a lo político, sobresale la preocupación por proteger a la clase trabajadora.

En nuestro hemisferio, además del caso chileno pueden mencionarse los de Brasil, Colombia, Honduras y Venezuela. Las Constituciones de esos países hacen referencia al problema de la inversión extranjera, si bien con importantes diferencias. La Constitución de Brasil dispone (artículo 172): "la ley disciplinará, con base en el interés nacional, las inversiones de capital extranjero, estimulará la reinversión y regulará la remisión de ganancias". En el caso de Colombia, la Constitución sólo contiene normas de habilitación (artículos 150 d, y 335) para que el legislador ordinario adopte las medidas que estime necesarias para regular las inversiones en general. La Constitución de Honduras (reformada en 1995) es un poco más precisa (artículo 336): "la inversión extranjera será autorizada, registrada y supervisada por el Estado". En el caso de Venezuela, el Constituyente adoptó en 1999 un simple enunciado retórico (artículo 320): "El Estado debe promover y defender la estabilidad económica, evitar la vulnerabilidad de la economía y velar por la estabilidad monetaria y de precios, para asegurar el bienestar social".

La pregunta que surge luego de leer lo que disponen los ordenamientos de Brasil, Colombia, Honduras y Venezuela, es por qué no han producido el objetivo deseado. Este problema se plantea, sobre todo, en el caso brasileño. La respuesta no es sencilla, porque la norma señala un deber ser, y en este caso su no aplicación depende de múltiples factores, uno de ellos que el tamaño de la presión financiera internacional es superior a la capacidad de decisión y acción de un Estado individualmente considerado. En Chile y en Portugal los mecanismos han funcionado porque, entre otras cosas, el monto de la inversión extranjera no hace que sus economías sean tan vulnerables como la brasileña.

Otro factor que ha impedido que las normas produzcan los efectos esperados es la falta de adecuación institucional. Cuando la formulación de disposiciones jurídicas no va acompañada de una organización institucional eficaz, los preceptos devienen en postulados estrictamente semánticos.

La elaboración de normas constitucionales que ofrecen las bases para regular los flujos financieros internacionales comenzó hace más de cinco lustros, y apenas se ha abierto paso en unos cuantos sistemas. Los fracasos financieros y las fallas institucionales que han padecido varios países latinoamericanos, y la amenaza de fluctuaciones que de manera permanente se cierne sobre ellos, debe llevarnos a la conclusión de que es necesario asociar el esfuerzo de tantos estados como sea posible para regular los movimientos de capital especulativo, adoptando medidas internas e internacionales.

## 3. La formación de un "Estado intangible"

La mundialización plantea considerables problemas para los sistemas constitucionales. Giddens[29] identifica la mundialización como una "acción a distancia", para subrayar la separación existente entre los centros de decisión y los de aplicación de esas decisiones. Este fenómeno tiene repercusiones en el diseño y el funcionamiento de las instituciones. En otros estudios he sostenido que el constitucionalismo corresponde a un proceso de racionalización del poder del Estado, del que es consubstancial. En esos términos, que una parte del Estado se conduzca conforme a los principios del derecho público, y otra conforme al derecho privado; y que un segmento de la vida se rija por decisiones internas y otra por decisiones externas de origen impreciso, es contrario al constitucionalismo moderno, pero no es ajeno a una serie de comportamientos que cíclicamente afectan la vida del Estado.

Lo que se está produciendo en buena parte de los casos de transferencia de funciones al sector privado no es la desaparición del Estado, ni su empequeñecimiento, sino simplemente la modificación del régimen legal que regula una parte de la actividad del Estado. La caracterización de lo público como supuesto constitucional es un viejo principio que suele tener periodos de cuestionamiento. Hay en esto un síntoma de la entropía que afecta a toda organización en algún momento.

Diversas actividades del Estado siguen regidas por el orden constitucional, mientras que otras lo son por el orden civil. Se trata, con matices por supuesto, de una especie de convivencia de dos formas de exteriorización del Estado: una, del Estado constitucional, y otra del preconstitucional. Podemos denominar a una de sus apariencias como Estado tangible, cuya integración, organización y funciones son objeto de normación constitucional; y a la segunda de sus personificaciones, Estado intangible, cuya integración, organización y funciones están sujetas a una regulación privada, o incluso tienden a prescindir de una regulación formal. En esta dimensión del fenómeno estatal habrá que distinguir lo que hasta ahora hemos estudiado como teoría general del Estado, de lo que podrá ser una teoría particular del Estado.

Los efectos del Estado intangible se irán haciendo ostensibles paulatinamente. Una de sus varias consecuencias podrá ser la existencia de una doble fiscalidad. Por un lado, subsistirá la fiscalidad constitucional, de base esencialmente proporcional, y de otro irá configurándose una especie de fiscalidad mercantil, de base eminentemente progresiva: numerosos servicios públicos se recibirán a cambio de una contraprestación directa e igual en

29. *Beyond Left and Right*, pp. 4 y ss.

todos los casos para todas las personas, con fundamento en un sistema contractual basado en la adhesión a cláusulas no negociables. Además, el objetivo tributario de la distribución de la riqueza estará acompañado y parcialmente neutralizado por el objetivo paratributario de la concentración de la riqueza; en tanto que el Estado tangible opera con normas de interés y orden públicos, el Estado intangible funciona con normas de competencia y lucro.

El proceso de transferencia de las funciones del Estado se advierte en diversas áreas.[30] A manera de ejemplo podemos señalar que los proyectos normativos de los gobiernos y congresos están siendo encomendados, cada vez en mayor medida, a expertos que prestan servicios profesionales y a agencias privadas especializadas. Así como la administración substituyó parcialmente en la actividad legislativa a los congresos y parlamentos, ahora los particulares desplazan a la burocracia en la formulación de los proyectos. Y lo hacen como una actividad técnica y como parte de un encuadramiento político. Se trata, en rigor, de una actividad cuasiestatal no controlada. De ahí que este fenómeno corresponda a lo que llamamos Estado intangible.

El Estado intangible no es sujeto de control político, excepto a través de las grandes líneas que contienen las leyes marco, y de las acciones intermedias que figuran en las normas de naturaleza administrativa. Sin embargo, incluso en la formulación de esas disposiciones, la intervención del sector privado es muy considerable. El Estado intangible sólo queda sujeto al control jurídico que ejercen los tribunales, lo que contribuye a la importancia política creciente de estos órganos del Estado.

Debe aclararse, en este punto, que estamos refiriéndonos al Estado intangible como un constructo, esto es, como una representación o hipótesis de trabajo. No se trata, evidentemente, de confundir categorías jurídicas y políticas, sino sólo de aludir a un problema que se yergue ante los controles políticos y su posibilidad real de incidir en diversas áreas que paulatinamente han ido saliendo de su esfera de competencia.

El acoso al Estado no se traduce sólo en el paulatino desmantelamiento de sus funciones públicas; también se están viendo sometidos al asedio sus principios básicos: la soberanía que lo legitima y el derecho a través del cual actúa. La erosión del concepto de soberanía se ha acentuado por dos vías: la transferencia gradual de algunas facultades sin control al ámbito internacional, y el surgimiento de diversos organismos públicos con vocación privada, también ajenos a los controles políticos, como la Organización Mundial de Comercio, que toman decisiones vinculantes para los Estados.

Cuando se habla convencionalmente de un "Estado supranacional", o de "gobierno cosmopolita", yendo más allá de la sola cooperación interna-

---

30. Véase, por ejemplo, Víctor Flores Olea, *Crítica de la globalidad*, pp. 265 y ss.

cional y aun de la integración regional, como hace Held[31], no se advierte que se incida en una contradicción. Cualquiera que sea la concepción de Estado que se adopte, siempre se encontrará que uno de sus elementos es la soberanía. Esto hace que, por el momento, teóricamente sea impensable un Estado supranacional, porque es imposible que coincidan a la vez dos Estados soberanos superpuestos. Por definición, uno de los dos no puede ser soberano, y por ende uno de los dos no es Estado.

La soberanía no excluye la cooperación internacional ni la posibilidad de construir organismos supranacionales; el problema surge cuando las nuevas instituciones cobran vida autónoma y se substraen a los controles políticos de los órganos de representación. La falta de controles sobre las asambleas internacionales y sobre los órganos ejecutivos colegiados supranacionales constituye un riesgo para la tutela de las libertades en el ámbito de cada sociedad nacional. En este sentido no hay diferencia alguna con las consecuencias de relajar los controles en el ámbito interno. Todo poder no controlado es una amenaza inminente para las libertades, y es una verdadera paradoja que al socaire de la libertad del mercado se pongan en riesgo el mercado libre y el conjunto de libertades que el constitucionalismo consagra y garantiza.

El fenómeno del Estado intangible que tiene una remota filiación medieval y que advierte sobre la posibilidad de una nueva dimensión corporativa. La fuerza de las corporaciones se deja sentir en las estructuras jurídicas nacionales e internacional. No hay estados jurídicamente supraordinados con relación a otros estados, porque un Estado que se considere subalterno de otro en rigor no es Estado; pero lo que paradójicamente no altera la naturaleza formal del Estado es la subordinación *de facto* a las corporaciones. En tanto que las corporaciones no están investidas de las atribuciones propias de la soberanía, no limitan la apariencia formal de los estados. El concepto de soberanía está relacionado con las funciones de creación y aplicación del derecho, y con el ejercicio legítimo del poder coactivo. El poder corporativo a través del cual actúa el Estado intangible utiliza instrumentos laterales para impulsar la creación, modificación y derogación de normas, y cuenta con representantes vicarios elegidos o designados conforme a los procesos de legitimación establecidos constitucionalmente. En este caso no se trata de los intereses de clase, desde una perspectiva marxista del derecho y del Estado, sino de una serie de mecanismos de control sobre las instituciones y sobre los sistemas electorales que permiten ungir con el poder político y las atribuciones constitucionales a quienes de manera clara y directa sirven a los intereses privados. La dilución de lo público y de lo privado se presenta ya sin mistificación alguna.[32]

---

31. *La democracia y el orden global*, pp. 183 y ss.
32. Los graves casos de corrupción corporativa que se han producido en Estados Unidos y la relación explícita que existe entre los más altos funcionarios gubernamentales

Los organismos internacionales y las corporaciones transnacionales contemporáneas se diferencian de la organización estamental medieval en cuanto a que en ésta se producían superposiciones, mientras que en la actualidad los poderes público y privado guardan entre sí una posición lateral. La paradoja consiste en que el presunto "empequeñecimiento" del Estado no significa realmente que el Estado en general se reduzca; solamente lo hace el aparato público, con lo cual los obstáculos (incluidos los controles) para el desarrollo del Estado intangible son menores. Aunque prevalezca el discurso minimalista del Estado, en realidad ha crecido la concentración de poder a partir de que las corporaciones absorben de manera directa algunas tareas tradicionalmente reservadas al Estado, y otras las ejercen a través de funcionarios vicarios.

De manera imperceptible, el poder estatal ha crecido de una manera exponencial, con el agravante de que lo ha hecho al margen de los instrumentos tradicionales de control político. Las manifestaciones de un nuevo Estado absoluto están ya a la vista; corresponden a un poder corporativo cuya magnitud no tiene precedentes. Entre otras expresiones de ese poder está el proteccionismo corporativo, que desplaza al proteccionismo de Estado aunque toma de éste muchos de sus procedimientos excluyentes y restrictivos. Las acciones financieras y comerciales combinadas, de las corporaciones transnacionales, suponen una dimensión de poder real que excede la capacidad decisoria de la mayor parte de los estados actualmente existentes, individualmente considerados. Además, en tantos casos como resulta posible, se adoptan decisiones y estrategias para ocupar la titularidad de los órganos del poder mediante funcionarios afines o asociados a los intereses corporativos.

En cuanto al derecho, se tiende a reemplazarlo por la sola conducta. La política posmoderna asume una actitud inversa a la del positivismo jurídico: si éste soslayó la política, aquélla se desentiende del derecho. Las normas jurídicas para prevenir y resolver el conflicto tienden a ser reemplazadas por los consensos políticos. Desde luego que los consensos han sido y siguen siendo importantes; el de mayor trascendencia es la Constitución misma, que traduce un consenso nacional. Pero sujetar toda la actividad política a los acuerdos, equivale a privar a la sociedad de los atributos centrales del derecho público: su permanencia, su publicidad y su exigibilidad. Los acuerdos, en cambio, son volátiles, no siempre resultan públicos y normalmente no son exigibles por terceros.

Al sustituir la idea de legitimidad por la de eficacia de las instituciones, se construye un sistema político semejante al prerrevolucionario. El funda-

---

de ese país con poderosas corporaciones, incluyendo las que participan en la industria de armamentos y de energéticos, prueban hasta qué punto se han borrado las fronteras entre lo público y lo privado en algunos estados. Italia ofrece un ejemplo más en esa misma dirección.

mento racional del origen y del acatamiento del poder desaparece, y queda sólo la capacidad operativa, fáctica, del ejercicio del poder. La diferencia entre la democracia consociativa y el absolutismo reside en el mayor número de agentes políticos que intervienen en la primera, pero no necesariamente en la conducta que resulta del ejercicio del poder.

Uno de los problemas que suscita la idea del Estado intangible se refiere a la normatividad o nominalidad de la Constitución. En principio parecería que, al desmembrarse el ejercicio del poder estatal, la Constitución pasaría a la pura nominalidad. Esto no necesariamente es así. Los términos de la Constitución pueden seguirse observando sin que formal ni materialmente se interrumpa la vida normativa de la Constitución, en tanto que se siga cumpliendo con los presupuestos del constitucionalismo moderno.

Esos presupuestos son, conforme a la tesis de Pedro de Vega,[33] el principio democrático, según el cual el pueblo establece la Constitución; el principio liberal, que impide al poder constituido actuar en contra del pueblo; y el principio de supremacía constitucional, que comprende las garantías frente a las posibles arbitrariedades del poder. El Estado intangible no afecta formalmente ninguna de esas categorías.

El problema surge de que, mientras la Constitución provee los instrumentos de control para tutelar la observancia de los tres principios, no contiene ninguno que controle el funcionamiento del poder paralelo. Más aún: la tesis constitucionalista en el sentido de que la sociedad supervise a los poderes públicos, tiende a inhibir que éstos controlen a los poderes privados. La táctica de estimular una amplia presión social sobre los órganos del poder se ha traducido en una parcial retracción de éstos, que deja un amplio territorio de discrecionalidad a la acción del Estado intangible.

La reducción del Estado ha supuesto una estrategia amplia: desmantelamiento burocrático (disminución de oficinas y empleados públicos); desmantelamiento regulatorio (disminución del aparato normativo por una doble vía: menos normas, y menos procesos sociales normados); desmantelamiento económico (disminución de la participación en la actividad económica por una triple vía: transferencia de las empresas públicas, sujeción a las leyes del mercado en lo interno y en lo externo, y autonomización de la banca central); y desmantelamiento del sistema representativo (erosión de las instituciones por desprestigio; manipulación de la opinión pública; reducción de las áreas de acción legislativa).

El Estado intangible no se confunde con los grupos de presión o de interés. No se trata de influir o condicionar las decisiones del poder políti-

33. "Constitución y democracia", en *La Constitución de la monarquía parlamentaria*, A. López Pina (ed.), México, p. 45.

co, sino de adoptar directamente esas decisiones. Es un poder sin legitimidad. Un buen ejemplo lo ofrece el inversor internacional Georges Soros[34] quien no duda en afirmar que a través de las fundaciones que sostiene en los países de Europa del este promueve las bases de una sociedad abierta "cuyo impacto total se sentirá en el futuro". Tampoco tuvo escrúpulos para declarar que después de haber realizado una maniobra financiera para excluir la libra esterlina del sistema monetario europeo, no haría lo mismo con el franco francés "porque me preocupa el futuro de Europa y no quiero contribuir a su inestabilidad."[35] Así, un poderoso empresario declaró que, por su exclusiva decisión, se abstuvo de desestabilizar no a un país sino a Europa entera. Frente a este tipo de expresiones de poder no se cuenta todavía con instrumentos de control. La respuesta institucional va a la zaga de la realidad del poder, cuyos niveles de concentración y de discrecionalidad resultan muy elevados.

En otro ámbito, cuando el Estado advirtió que se estaba dando un proceso de descolocación de la política, reaccionó incorporando a los partidos al orden constitucional. Esta tendencia, particularmente acentuada después de la segunda posguerra, permitió absorber las contradicciones de un poder fáctico que condicionaba las decisiones del poder normado. La constitucionalización de los partidos políticos obedeció a una estrategia de racionalización del poder consistente en someter a las reglas del derecho a las organizaciones políticas que operaban sólo conforme a las reglas del mercado político. Los partidos, regulados, dejaron de simbolizar una amenaza para la democracia constitucional, y se convirtieron en parte de ella. Por polémica que todavía sea su participación en los órganos del poder, no se duda de que hoy son el eje de la vida política en las sociedades abiertas.

Con el poder privado está ocurriendo algo totalmente distinto a lo que sucedía con los partidos. Los partidos sólo podían consolidarse si actuaban abiertamente, mientras que el poder privado sólo puede alcanzar sus objetivos si lo hace secretamente; los partidos exigían una cuota en el ejercicio del poder públicamente reconocida, en tanto que los poderes privados demandan también esa parte, pero en términos encubiertos; los partidos utilizaron el instrumento de la representación para aumentar la magnitud de su influencia, mientras que los poderes privados se ven obstaculizados por esa idea de representación.

Es previsible que ese proceso lleve al ensanchamiento de las atribuciones de control congresual sobre el poder privado. Hasta ahora los tenues elementos de control sobre ese poder se han mantenido en la esfera del derecho administrativo. Los grandes procesos de desincorporación de

---

34. *Soros on Soros. Staying Ahead of the Curve*, p. 175.
35. *El País*, 1 de julio de 1997.

empresas públicas y la creciente participación del poder privado en la prestación de servicios públicos, permanecen reducidos a la esfera administrativa de permisos y concesiones, y sólo la administración ejerce, a veces de manera más que discreta, actos de supervisión y control.

Así como la constitucionalización de los partidos políticos supuso incorporarlos, al menos parcialmente, a un sistema de controles, es razonable pensar que los congresos y parlamentos asuman progresivamente funciones de control sobre las entidades privadas que ofrecen servicios públicos. No se trata de una expansión del Estado, sino de una forma de tutelar los intereses colectivos, y esto es inequívocamente una tarea que incumbe a los órganos del poder que desempeñan tareas representativas.

Cuando Leibholz examinó los que denominó problemas fundamentales de la democracia moderna, concentró su atención en la hipertrofia de los partidos políticos y en su influencia sobre los parlamentos. Al abordar esos problemas, no profundizó en uno que si bien intuyó, no desarrolló: el surgimiento del Estado intangible. Liebholz[36] señalaba que en la República Federal de Alemania "se prefiere para la administración de patrimonios públicos formas de derecho privado". Al efecto mencionó el ejemplo de la empresa automovilística Volkswagen, constituida con capital público pero como fundación de derecho privado. Con ello, agregaba, la empresa "escapa a la contabilidad nacional y, por consiguiente, al control del Parlamento".

El ejemplo aportado por Leibholz es el de una empresa que no ofrece un servicio público, pero sí opera con recursos públicos. Es igualmente significativo substraer al control político el funcionamiento de un ente que opera con recursos públicos, que el de otro que habiendo formado parte del sector público es transferido al privado y continúa ofreciendo servicios públicos.

Negri[37] (p. 286) asegura que la privatización de numerosos aspectos que formaban parte de le estructura jurídica y organizativa del Estado moderno se han "reorganizado de un modo nuevo, dependiente de nuevos intereses", y citando al futurólogo italiano Furio Colombo concluye que "ha nacido una autoridad *de facto*" que afecta a las instituciones de control. Esa autoridad es un "nuevo centro de poder" que resulta del proceso de erosión, por fracturas o desequilibrios que se registran en el ámbito del Estado. Günther[38] reconoce que este fenómeno se acentúa con motivo de las grandes fusiones corporativas, que en ocasiones incluye algunas procedentes del ámbito privado con otras del público que, en el largo plazo, acabará por convertir la libre competencia en una ficción.

---

36. *Problemas fundamentales de la democracia moderna*, p. 78.
37. *Il quadro costituzionale. Tempi e istituti della libertà*, p. 286.
38. "Problems of Control on Company Mergers", *Studies on Economics and Monetary Problems and on Banking History*, pp. 371 y ss.

Linz y Stepan[39] afirman que "sin Estado no hay democracia". En términos semejantes se había expresado, años antes, Vezio Crisafulli:[40] "la crisis de la democracia hodierna culmina en la carencia del poder estatal". Hay, señala este autor, un "pluralismo" de los "poderes privados" que erosiona profundamente al poder público. Con estas apreciaciones coincido parcialmente, en tanto que aluden a la decadencia de las potestades propias de las instituciones públicas. Empero, lo que no puede afirmarse es que las potestades que ejercían esas instituciones hayan caído en el vacío, como se desprende de las tesis neomedievalistas.[41] Esas potestades siguen en un ejercicio que no es público ni controlable, sino críptico y ajeno a los instrumentos constitucionales de control. Como se ha dicho, un segmento de las potestades públicas son objeto de control y otras no. Estas últimas forman parte de lo que denominamos el Estado intangible. Intangible en un doble sentido: porque no es fácilmente perceptible, y porque no es "tocable" por los instrumentos de control político del Estado.

Los detentadores del poder intangible auspician el debate ríspido entre los protagonistas de la lucha por el poder abierto, para transformarlos en antagonistas declarados e irreconciliables, y alientan en la ciudadanía la desconfianza hacia la política en general, que luego se orienta hacia las instituciones en particular. Se pretende así deslegitimizar a los titulares de las instituciones y a las instituciones mismas, para facilitar al Estado intangible los términos de la negociación con el Estado constitucional. En el orden sociológico habrá que ahondar la investigación para establecer hasta qué punto está surgiendo una cuarta forma de legitimidad: la deslegitimación institucional como fuente de legitimidad de la autoridad intangible.

Es en ese contexto en el que se inscribe el problema de la regulación de los flujos financieros internacionales. Krugman[42] ha demostrado que las economías de "primera clase" mantuvieron controles sobre los flujos de capital incluso después de la Segunda Gran Guerra, y que sólo cuando consolidaron su prosperidad se abrieron a la libertad de movimientos de capital, "no al revés". Lo contradictorio es que las providencias normativas que permitieron la consolidación de esas economías han sido inhibidas en las de países más vulnerables.

Los sistemas constitucionales tienen una probada capacidad de adaptación al cambio; una de las notas características del Estado constitucional es su aptitud para procesar los factores que le resultan perjudiciales y para generar las condiciones de su recuperación. El ordenamiento de la libertad

39. "Hacia la consolidación democrática", *La política*, núm. 2, 1996, p. 29.
40. *Stato, popolo, governo. Illusioni e disillusioni costituzionali*, p. 223.
41. Alain Minc, *La nueva edad media*, pp. 25 y ss.; André-Noël Roth, "El derecho en crisis: ¿fin del Estado moderno?", *Derecho y transición democrática*, p. 196.
42. *The Return of Depression Economics*, pp. 166 y ss.

es vulnerable ante las acciones constrictivas de las propias libertades; empero, ese mismo orden resulta funcional para adoptar medidas de salvaguarda, en tanto que se mantengan abiertas las posibilidades de reforma constitucional. Los sistemas constitucionales son autopoyéticos porque se nutren de las pulsaciones culturales, con las que interactúan de manera permanente. En estas condiciones la acción del Estado intangible erosiona la vida del Estado constitucional, pero no la destruye al completo. La capacidad de restituir a las instituciones públicas la plenitud de su vigencia está latente en tanto que lo estén también las normas que le dan sustento formal a esa posibilidad.

Es innegable la fuerza normativa de los hechos, pero mientras la norma se mantenga en vigor y subsista la posibilidad de introducir las reformas que le permitan absorber los efectos disruptivos de esos hechos, en conjunto el sistema constitucional puede seguir funcionando y ofreciendo respuestas razonables para preservar las libertades y reducir las tendencias centrípetas y centrífugas que actúan de manera constante para deformar la organización y el funcionamiento del poder.

El flujo no regulado de capitales es un fenómeno de naturaleza económica, pero requiere de respuestas constitucionales porque está poniendo en riesgo la estabilidad social e institucional del Estado contemporáneo. Ese flujo es una más de las estrategias de concentración de riqueza y, por ende, de desequilibrio en las relaciones sociales; es un nuevo problema para el constitucionalismo porque afecta el amplio y delicado sistema de equilibrios que toda Constitución establece y garantiza. Tal vez todavía no se trate de una cuestión que esté siendo suficientemente advertida por los agentes políticos, pero es tiempo de ir examinando sus implicaciones y previendo sus soluciones. Después de todo lo habitual es que muchos problemas sean previstos en los medios académicos antes de ser vistos como temas en los ámbitos de decisión social.

## 4. Problemas y propuestas

Con relación al problema de los flujos financieros internacionales, los Institutos de Investigaciones Económicas y de Investigaciones Jurídicas de la Universidad Nacional Autónoma de México realizaron un trabajo colectivo[43] en el que la perspectiva jurídica del problema fue examinada por los profesores Marcos Kaplan, Sergio López Ayllón, Jorge Witker y el autor de este trabajo. A manera de gran síntesis, Marcos Kaplan relaciona los conceptos de Estado y globalización. En cuanto al primero aborda un problema capital: el de la soberanía; en cuanto al segundo, examina exten-

---

43. *Regulación de los flujos financieros internacionales*, 2000.

samente su significado y repercusiones. Con ese marco de referencia analiza los efectos de los flujos financieros internacionales. En su conclusión apunta que la gobernabilidad económica y financiera del mundo puede alcanzarse a través de diversos niveles de acuerdos para regular los movimientos de capital en el mundo: desde los suscritos por los más influyentes Estados nacionales, hasta las políticas de carácter estrictamente nacional. El planteamiento de este autor permite apreciar la amplitud de las posibilidades que se abren para el Estado contemporáneo y que, desde luego, conducen a su fortalecimiento.

Por su parte Sergio López-Ayllón aborda el problema subrayando la paradoja que se produce como resultado de un Estado que no quiere abdicar de su competencia territorial exclusiva, y de la necesidad de un marco regulatorio de carácter supranacional. Para examinar esa realidad, el autor desarrolla dos tesis. Una, conforme a la cual existe evidencia de que el mercado no tiene capacidad para autorregularse y requiere mecanismos de coordinación que sólo puede proveer el Estado; otra, que la "globalización" no es otra cosa que una nueva formulación de las funciones del Estado. Sobre estas tesis el autor examina los modelos regulatorios y subraya que los flujos de capital exigen una normativa que evite desviaciones susceptibles de destruir el mercado internacional de capitales.

Finalmente, el ensayo de Jorge Witker se desarrolla desde una triple perspectiva: cómo está regulada la inversión extranjera en el ámbito internacional; qué modalidades recomienda la Organización de Cooperación y Desarrollo Económico a través del proyecto de acuerdo multilateral de inversiones; y la propia propuesta del autor para un tratado latinoamericano para la promoción y protección de la inversión, que incluye un mecanismo para la solución de controversias. Ese tratado permitiría superar las diferencias que han obstaculizado a varios países del hemisferio la suscripción de acuerdos bilaterales sobre la materia. En cuanto a la solución de controversias con motivo de inversiones extranjeras, sugiere integrar un Centro Latinoamericano de Arreglo de Diferencias Relativas a Inversiones.

En México, en términos generales, el tema ha sido desdeñado por las autoridades políticas del país, es ignorado por el mundo financiero mexicano y no ha sido adecuadamente valorado por los partidos políticos ni por el Congreso. Pese a las graves crisis de las dos últimas décadas del siglo XX, el gobierno mexicano argumentó en contra de la regulación jurídica de los flujos de capital, para acogerse así, de la misma forma que Corea y otros países con serios problemas económicos, a los lineamientos de los organismos financieros internacionales.[44] Otros países, como Sudáfrica y Singapur,

---

44. *Vid.* Luis Miguel Galindo, "The reorganization of the international financial system: the Mexican perspective", Hyoungsoo Zang, "Proposals for the reform of the

han adoptado una posición intermedia. No obstante que admiten como necesaria la regulación de los flujos de capital, consideran que las medidas que se adopten deben ser de naturaleza internacional y no exclusivas de cada Estado.[45]

La actividad legislativa internacional es muy intensa y hay signos en el sentido de que puede haber un nuevo enfoque relacionado con la regulación de los flujos financieros internacionales; sin embargo es oportuno distinguir dos vertientes del problema: por un lado reducir la volatilidad de los capitales internacionales y por otro imponer gravámenes a las operaciones financieras internacionales. En tanto no se diferencien ambos aspectos, que en muchas ocasiones son vistos como una sola cuestión, será difícil que los gobiernos puedan ser convencidos de dar pasos adelante.

Según se va reconociendo por un número cada vez mayor de expertos, la tasa Tobin tiene muchas ventajas que hacen recomendable su adopción. Sin embargo, como también se observa, debe corresponder a una decisión de magnitud internacional. En cambio la regulación interna de cada Estado, tal como se ha hecho en Chile y como permiten ya algunos ordenamientos constitucionales, es tan recomendable como posible.

El problema constitucional de adoptar medidas como las vigentes en Chile tendrá que examinarse caso por caso, para no generar situaciones imprevistas que se tengan que resolver mediante la interpretación judicial. En el caso mexicano, por ejemplo, el artículo 25 constitucional dispone que "corresponde al Estado la rectoría del desarrollo nacional para garantizar que éste sea integral y sustentable, que favorezca la soberanía nacional (...) El Estado planeará, conducirá, coordinará y orientará la actividad económica nacional, y llevará a cabo la regulación y fomento de las actividades que demande el interés nacional en el marco de libertades que otorga esta Constitución." Con base en este y en otros preceptos en México podría adoptarse una serie de medidas análogas a las vigentes en Chile; pero también con fundamento en esa disposición sería posible alegar que cualquier restricción legal a la libertad de movimiento de los capitales afecta "las libertades que otorga esta Constitución." De suscitarse un diferendo de esa índole es más que probable que habría argumentos sólidos para persuadir a los tribunales federales de la constitucionalidad de la eventual restricción a la velocidad de movimientos de los capitales externos, pero de cualquier forma sería un asunto que abriría un espacio para la polémica y el litigio constitucional.

international financial architecture: Korea's perspectives", en *Studies on International Financial Architecture.*

45. Cfr. Hein Marais, "South African debates on a new global financial architecture", y Linda Low, "Reforming the global financial architecture: Singapore's perspectives", en *Studies on International Financial Architecture.*

Por otra parte también se advierte que en términos generales las inversiones extranjeras no temen a la regulación, sino a la falta de reglas y a la consiguiente arbitrariedad. En tanto que ciertas disposiciones, como es el caso de la que aquí se está considerando, se inscriba en la ley suprema, cuya enmienda requiere de acuerdos políticos muy amplios, los destinatarios de la norma se sentirán más seguros de su situación y no se verán inclinados a adoptar posiciones contenciosas cuando, con motivo de una crisis, deseen retirar súbitamente sus inversiones.

En cuanto al tema impositivo conocido como "tasa Tobin", se trata de una materia que debe ser considerada en los foros internacionales. Hasta ahora ha sido objeto de gestiones aisladas, con intensidad irregular, y ha contado con algunas expresiones de apoyo por parte de grupos que impugnan las políticas económicas de la mundialización. Con relación a las protestas violentas que han protagonizado algunos grupos en diversas partes del orbe, invocando la necesidad de adoptar el impuesto Tobin, éste profesor se ha desmarcado públicamente e incluso ha llegado a lamentar que su idea sirva como bandera a organizaciones con cuyos métodos de presión no concuerda.

El gobierno de Brasil ha planteado desde hacer varios años la necesidad de adoptar la tasa Tobin.[46] Lo hizo en octubre de 1998, en la cumbre iberoamericana celebrada en Portugal, lo reiteró en la sesión del Grupo de Río, llevada a cabo en México en mayo de 1999, y lo refrendó en la reunión de jefes de Estado y de Gobierno que se celebró en junio de ese mismo año en Rio de Janeiro. Los 48 países que participaron en esta última junta suscribieron la Declaración de Rio de Janeiro en la que fue incluida la concerniente a disminuir los riesgos de la volatilidad de las inversiones extranjeras y se acordó iniciar consultas en el ámbito de la Organización de las Naciones Unidas para adoptar una solución global. Nada ha ocurrido desde entonces, excepto que dos influyentes gobiernos europeos que coincidían con el planteamiento, han variado su posición: el de Francia, donde la ciudadanía cambió al gobierno, y el de Alemania, donde el gobierno cambió de agenda.

Lo que claramente le ha faltado a esa iniciativa es el compromiso de países afines, para que la adopten y la presenten como un proyecto común. Esos países deben ser los que componen América Latina. Todos los países del hemisferio han sufrido, o están expuestos a padecer, los efectos de la volatilidad de los capitales internacionales y la intransigencia de las organizaciones financieras internacionales, que en casos como el de Argentina

---

46. Cfr. José Carlos de Souza Braga, y Marcos Antônio Macedo Cintra, "Brazil's participation in the reorganization of international finances", en *Studies on International Financial Architecture*.

se mostraron infranqueables; todos están asimismo interesados en un magno acuerdo comercial que comprenda a todo el continente. Es, por lo mismo, muy oportuno que la demanda de la tasa Tobin surja como una propuesta articulada por el área geográfica del mundo que mayores perjuicios ha resentido con motivo de las crisis financieros internacionales.[47]

Los países latinoamericanos viven un difícil proceso de altibajas en su desarrollo económico, sujeto a las presiones de organizaciones, de corporaciones y de gobiernos extranjeros. Es una amenaza múltiple que se cierne sobre estructuras económicamente débiles. La respuesta debe ser inteligente y eficaz para evitar el enfrentamiento y, a la vez, para construir un andamiaje institucional capaz de ofrecer el soporte que asegure un desarrollo económico sólido, duradero y equitativo. Aunque en el ámbito de la política tiende a omitirse, el argumento central del Estado tiene que seguir siendo el de la soberanía. Las tesis de la globalización han hecho mella en los discursos político y jurídico contemporáneos, y pasivamente se aceptan algunas afirmaciones absurdas, como la del gobierno mundial sostenida por Held.

El constitucionalismo contemporáneo se sustenta en dos grandes principios: el de soberanía y el del contrato social. Sin el primero desaparecería la justificación teórica para el ejercicio coactivo del poder, y sin el segundo se carecería de la base doctrinaria de la libertad. Son, por ende, cuestiones esenciales para la vida colectiva y para la organización política de las sociedades. Los esfuerzos por demostrar que la soberanía es un principio caduco o que puede ser "acotada", no se enfrentan a la realidad sino simplemente desafían a la lógica. Por definición la soberanía alude a lo que no tiene superior; si se aceptaran las tesis limitativas de la soberanía, impulsadas por una parte de la doctrina de la globalización, se estaría ante el absurdo de que hay un poder que es superior, "pero no mucho"; y como ese ente "superior limitado" se encontraría sujeto a otro que le excedería en poder, lo único que en realidad se habría producido sería la transferencia del poder de un Estado a otro. No es, por ende, una cuestión que tenga que ver con la soberanía del Estado, en general, sino con la soberanía de algunos estados, en particular. El problema se concreta en saber si, andando el tiempo y avanzando la globalización, todos los estados soberanos actualmente existentes lo seguirán siendo.

En principio, los indiciadores disponibles señalan una tendencia negativa para la vigencia de la soberanía de un número indeterminado de estados. Se ha visto, por ejemplo, que en el caso de la guerra en contra de

---

47. Según *The Economist* (mayo 3, 2003) En las dos últimas décadas del siglo XX América Latina resintió pérdidas por 330 mil millones de dólares; Asia por 273 mil millones, África por 33 mil millones y Europa por 11 mil millones.

Irak no se tuvo el menor cuidado en atender la cuestión de la soberanía. En otros casos de guerra de conquista se aducía que en el territorio invadido o por invadir había cesado de existir el Estado y por lo mismo no había un ente soberano que respetar. La supuesta cesación de la naturaleza jurídica y política de Estado se atribuía a múltiples factores: anarquía, ruptura del orden jurídico interior o desacato del orden jurídico internacional, como la falta de cumplimiento en el pago de deuda, por ejemplo. Esos solían ser algunos de los principales pretextos invocados, con los que incluso se victimó a muchos estados latinoamericanos. Pero en el caso de Irak el argumento no fue la pérdida de la naturaleza de Estado irakí, sino el derecho de un supuesto Estado superior, el norteamericano. En esencia, esa guerra fue el primer acto histórico de aplicación de los principios de la globalización en materia de soberanía, conforme a los cuales unos estados están por encima de otros.

La construcción del Estado soberano como ente de derecho internacional culminó con la Paz de Westfalia, en 1648. A partir de entonces y hasta 2003 se trató de un principio universal de derecho. En 2003 se produjo una violación al principio de la soberanía de los estados que incluso las potencias coloniales habían tenido el escrúpulo de respetar a lo largo de los siglos XVIII, XIX y XX. En tanto que el régimen irakí violaba sistemáticamente derechos fundamentales y, por eso mismo, era ajeno al constitucionalismo, los abogados de las guerras de expansión hubieran podido encontrar, en el caudal de argumentos acuñados por las potencias coloniales, algunos elementos que ofrecieran una apariencia de legalidad a la invasión. Pero este no fue el caso; se prefirió actuar con la mayor desenvoltura posible y dejar establecidas las bases de una nueva realidad internacional, derogatoria de lo alcanzado mediante el tratado de Westfalia.

Esa experiencia debe leerse con gran atención, porque hace previsibles posibles futuras acciones. Las bases jurídicas de la intervención ya no se reportan ficticiamente a circunstancias interiores del Estado afectado, sino a razones de interés superior del Estado actor. Es un giro copernicano que puede quedar como un episodio aislado, como un acto de insania transitoria; pero también puede ser el inicio de una nueva era en la que se pretenda subordinar la voluntad de los estados débiles a la de los estados fuertes, con lo cual se destruirá la idea de soberanía y de su correlato, del contrato social. La magnitud de los riesgos es de una dimensión superior a la que puede resolver cualquier Estado por sí solo. La vocación asociativa de los estados se transformará en una necesidad de sobrevivencia. Más allá de las afinidades que podían alentar la posibilidad de unidad latinoamericana, lo que resulta claro, a la luz de las experiencias actuales, es que la unidad del mayor número posible de estados se vuelve una condición para la subsistencia de cada Estado.

En ese sentido es oportuno encontrar los elementos que puedan servir como catalizador eficaz para establecer ese sistema colectivo de cooperación. Debe tenerse especial cuidado en cuanto a que existen dos factores indispensables en la construcción de todo orden jurídico: el principio democrático y el principio liberal; son los que corresponden a la aguda distinción establecida por Benjamín Constant cuando aludió al concepto de libertad de los antiguos y de los modernos. El principio democrático atiende a las formas de acceso y ejercicio del poder y el principio liberal concierne a las formas de relación entre los titulares y los destinatarios del poder. Este tema, que ha sido explorado de manera brillante por Pedro de Vega,[48] es esencial en la configuración de un orden constitucional que resuelva los nudos de una relación conflictiva entre la idea de comunidad estatal soberana y de interrelación económica global. Si se parte del reconocimiento de que los factores democrático y liberal son determinantes en el diseño y operación de las instituciones constitucionales, podría también considerarse que la identificación de un mecanismo que resguarde a América Latina de los vaivenes financieros internacionales no tiene por qué aguardar hasta la celebración de un acuerdo multicontinental. Toda vez que se trata de la región más afectada del planeta por la volatilidad financiera, bien podría estructurar su propia red normativa[49] para prevenir las fluctuaciones que tantos daños ocasionan, sin contravenir las normas fundamentales de un Estado constitucional. En este punto los intereses del inversor extranjero coinciden con los del ciudadano local, en cuanto a contar con garantías para sus derechos. Por el contrario, los sistemas de excepción que ofrecen márgenes convencionales de garantía a los inversores, en detrimento de las reglas generales de equidad vigentes en cada Estado, pueden generar distorsiones que resulten inconvenientes incluso para quienes sostienen una posición radical en materia de libertades de mercado.

Hace tiempo Fernando Ferreira de Loanda sintetizó dramáticamente la realidad continental: "A América, sob os meus pés, agreste e calcinada, se espraia sem esperança: / cresce a fome e escasseia a liberdade." Aunque de entonces acá ha sido posible identificar, adoptar y positivizar las normas que garantizan la libertad, todavía están pendientes las que permitan atenuar los efectos de la desigualdad y la pobreza. El trabajo de los latinoamericanos no puede permanecer expuesto a las vicisitudes del mercado de capitales, cuya irracionalidad empobrece a unos y envilece a otros. Actuar con serenidad y con responsabilidad no excluye afrontar los problemas en toda su magnitud; no debe olvidarse la lección de Euclides da Cunha[50]

---

48. "Mundialización y derecho constitucional: para una palingenesia de la realidad constitucional", en *Memorias del VI Congreso Iberoamericano de derecho constitucional*, Bogotá, Universidad Externado de Colombia, 1998.
49. Sobre este punto véase José Eduardo Faria, *O direito na economia globalizada*.
50. *Os Sertões*, p. 596.

cuando, al recapitular en 1903 sobre su fascinante obra, señalaba que sólo se regía por "o rigor incoercível da verdade". Tengamos presente, hoy, que el derecho a la verdad es la garantía del derecho a la libertad y la igualdad.

## 5. Referencias

AMADO, Jorge, *O menino grapiúna*, Rio de Janeiro, Record, 2001.

BRIGAGÃO, Clóvis, y RODRIGUES, Gilberto, *Globalização a olho nu*, São Paulo, Editora Moderna, 2002.

CICERÓN, *De Oficiis*, trad. *Sobre los deberes*, Madrid, Tecnos, 1989.

CRISAFULLI, Vezio, *Stato, popolo, governo. Illusioni e disillusioni costituzionali*, Milano, Giuffrè, 1985.

CUNHA, Euclides, *Os sertões*, Rio de Janeiro, Record, 2002.

FARIA, José Eduardo, *O direito na economia globalizada*, São Paulo, Malheiros Editores, 2002.

FERGUSON, Niall, *The cash nexus*, N. Cork, Basic Books, 2001.

FLORES OLEA, Víctor, *Crítica de la globalidad*, México, FCE, 1999.

GALBRAITH, John Kenneth, *A Short History of Financial Euphoria*, New York, Whittle Books, 1993.

GALINDO, Luís Miguel, "The reorganization of the international financial system: the Mexican perspective", en *Studies on International Financial Architecture*, Bonn, Friedrich Ebert Stiftung, 1999.

GAYANGOS, Diego de, *Tratado de República*, Madrid, Centro de Estudios Constitucionales, 1958.

GIDDENS, Anthony, *Making Sense of Modernity*, Oxford, Polity Press, 1998.

_____, *Beyond Left and Right*, Cambridge, Polity Press, 1994.

GOLDENWEISER, E. A., en Varios, *International Financial Stabilization*, N. York, Irving Trust Co., 1944.

GÜNTHER, Eberhard, "Problems of Control on Company Mergers", *Studies on Economics and Monetary Problems and on Banking History*, Mainz, Hase & Koehler Verlang, 1988.

HANSEN, Alvin H., "Views", en Varios, *International financial stabilization symposium*, New York, Irving Trust Co., 1944.

HELD, David, *La democracia y el orden global*, Madrid, Paidós, 1997.

IANNI, Octavio, *A era do globalismo*, Rio de Janeiro, Civilização Brasileira, 1997.

_____, *A sociedade global*, Rio de Janeiro, Civilização Brasileira, 1997.

IGLESIAS, Enrique, "Globalización y procesos de integración económica", *Visión crítica de la globalidad*, México, Centro Latinoamericano de la Globalidad y Centro de Investigación y Docencia Económicas, 1998.

KAPLAN, Marcos, y MANRIQUE CAMPOS, Irma, *Regulación de los flujos financieros internacionales*, México, UNAM, 2000.

KEYNES, John M., *The general theory of employment, interest and money*, Londres, Macmillan, 1964.

KRUGMAN, Paul, *Pop Internationalism*, Cambridge, The MIT Press, 1999.

_____, *The Return of Depression Economics*, New York, Norton, 1999.

LAFONTAINE, Óscar y MÜLLER, Christa, *No hay que tener miedo a la globalización*, Madrid, Biblioteca Nueva, 1998.

LINZ, Juan y STEPAN, Alfred, "Hacia la consolidación democrática", *La política*, Revista de Estudios sobre el Estado y la Sociedad, Barcelona, Paidós, núm. 2, 1996.

LEIBHOLZ, Gerhard, *Problemas fundamentales de la democracia moderna*, Madrid, Instituto de Estudios Políticos, 1971.

LEUTWILER, Fritz, "Monetary Policy and Capital Movements: the Experience of Switzerland", en Engels, Wolfram, *International Capital Movements, Debt and Monetary System*, Berlin, Hase & Koehler, 1984.

LOW, Linda, "Reforming the global financial architecture: Singapore's perpectives", en *Studies on International Financial Architecture*, Bonn, Friedrich Ebert Stiftung, 2000.

MARAIS, Hein, "South African debates on a new global financial architecture", en *Studies on International Financial Architecture*, Bonn, Friedrich Ebert Stiftung, 1999.

MINC, Alain, *La nueva edad media*, Madrid, Temas de Hoy, 1993.

_____, *La mondialisation hereuse*, Paris, Plon, 1997.

NEGRI, Guglielmo, *Il quadro costituzionale. Tempi e istituti della libertà*, Milano, Giuffrè Editore, 1995.

ROTH, André-Noël, "El derecho en crisis: ¿fin del Estado moderno?", *Derecho y transición democrática*, Oñate, Instituto Internacional de Sociología del Derecho, 1995.

SMITH, Adam, *La teoría de los sentimientos morales*, Madrid, Alianza, 1997.

SOROS, George, *The Crisis of Global Capitalism*, N. York, Public Affairs, 1998.

_____, *Soros on Soros. Staying Ahead of the Curve*, N. York, Wiley & Sons, 1995.

SOUZA DE BRAGA, José Carlos de, y MACEDO CINTRA, Marcos Antônio, "Brazil's participation in the reorganization of international finances", en *Studies on International Financial Architecture*, Bonn, Friedrich Ebert Stiftung, 1999.

*The Economist*, Londres, mayo 3, 2003.

TOBIN, James, *Essays in Economics. National and International*, Cambridge, The MIT Press, 1996.

_____, "Europa, Japón y el fantasma de Keynes", *El País*, Madrid, noviembre 12 de 1998.

URRIOLA, Rafael, "Chile's economic liberalization and control of foreign capital inflow", en *Studies on International Financial Architecture*, Bonn, Friedrich Ebert Stiftung, 2000.

VEGA, Pedro de, "Constitución y democracia", *La Constitución de la monarquía parlamentaria*, A. López Pina (ed.), México, FCE, 1985.

_____, "Mundialización y derecho constitucional: para una palingenesia de la realidad constitucional", en *Memorias del VI Congreso Iberoamericano de derecho constitucional*, Bogotá, Universidad Externado de Colombia, 1998.

VIRGILIO, *Geórgicas*, trad. Rubén Bonifaz Nuño, México, UNAM, 1963.

WALLERSTEIN, Immanuel, *Abrir las ciencias*, México, Siglo XXI, 1998.

ZANG, Hyoungsoo, "Proposals for the reform of the international financial architecture: Korea's perspectives", en *Studies on International Financial Architecture*, Bonn, Friedrich Ebert Stiftung, 1999.

# LOS TRATADOS DE LIBRE COMERCIO Y LA CONSTITUCIÓN MEXICANA: IMPLICACIONES Y DESAFÍOS PARA UNA CONSTITUCIÓN RENOVADA EN EL MUNDO GLOBALIZADO[1]

SERGIO LÓPEZ AYLLÓN

*I. INTRODUCCIÓN. II. EL ENTORNO GLOBALIZADO: A. Elementos para una conceptualización jurídica de la globalización: 1. El Estado moderno y el modelo territorial; 2. Los ámbitos de acción deslocalizados; 3. El Estado en el mundo globalizado. B. Los aspectos jurídicos de la integración regional: 1. Las formas jurídicas de la integración: a) Acuerdos de cooperación y preferencias aduaneras; b) Zonas de libre comercio y uniones aduaneras; c) Mercado común, unión económica y unión política. 2. La dimensión política de la integración. III. LA CONSTITUCIÓN MEXICANA EN EL MUNDO GLOBALIZADO: A. Los modelos constitucionales en México: 1. Breve repaso de la revolución a la crisis del modelo (1917-1982); 2. El cambio 1982-2000: aspectos cuantitativos: a) La Constitución; b) Las leyes; c) Los tratados internacionales. 3. El "nuevo" modelo de la Constitución mexicana: a) La constitución normativa y el Estado de derecho; b) La dimensión económica; c) La dimensión internacional. B. Las implicaciones para la Constitución mexicana: 1. Las características singulares del TLCAN; 2. El impacto jurídico del TLCAN: a) La recepción del derecho internacional; b) La orientación de la legislación; c) Los mecanismos de solución de controversias. IV. CONCLUSIÓN: CONSTITUCIÓN Y GLOBALIZACIÓN. V. BIBLIOGRAFÍA.*

## I. INTRODUCCIÓN

El año de 1992 marcó un punto de inflexión en la historia reciente de México. La firma del Tratado de Libre Comercio de América del Norte (en adelante TLCAN) señalaba el inició de una "nueva época" en las relacio-

---

1. Ponencia presentada para el panel "Os acordos regionais (NAFTA, Mercosur, ALCA) e sua repercussao constitucional", en el marco del Encontro de Constitucionalistas Mexicanos e Brasileiros, Santos, Sao Pablo, Brasil, 21 – 24 de mayo de 2003.

nes internacionales de México, especialmente con su principal socio comercial, los Estados Unidos de América. En realidad, el TLCAN fue el acontecimiento más visible de un profundo proceso de cambio que transformó radicalmente el paisaje económico y político de la nación mexicana.

Desde la perspectiva económica, el tratado culminaba el proceso de reforma estructural iniciado desde 1982. Sin embargo, el TLCAN implicaba algo mucho más profundo que su dimensión económica. Desde principios de los 80, y como resultado de la crisis del modelo de desarrollo, el país vivió un rápido proceso de cambio. Éste puede sintetizarse "en la plena aceptación de una economía de mercado y de las tendencias globalizadoras de la economía (que llevaron a la apertura comercial y a la inserción de México en el sistema económico mundial); en la redimensión del Estado en su estructura (privatizaciones), funciones (desregulación), relaciones con otros poderes (reforma política y judicial), los estados de la Federación (descentralización) y la sociedad, en particular el reconocimiento de nuevos actores políticos (ciudadanos y sus organizaciones, incluidas las Iglesias)" (López Ayllón 1999a, 340). Punto de llegada y de partida, el tratado marcó el punto más alto de los procesos de cambio y el inicio de nuevos y complejos movimientos, que encuentran hoy su mejor expresión en el intenso debate nacional sobre el rumbo que deberá adoptar el país para las próximas décadas.

Todos estos cambios no podían funcionar sin una modificación sustantiva del marco jurídico. Un simple recuento de las reformas que tuvieron lugar entre 1982 y 2000 permite afirmar que algo muy profundo cambió. México vivió, sin temor a exagerar, una autentica revolución silenciosa que transformó radicalmente su Constitución y el conjunto de su sistema jurídico (López Ayllón 1997b).

Una perspectiva menos centrada en lo mexicano nos permite ver cómo el proceso de cambio al que nos hemos referido no fue único, y se inscribe dentro de las dinámicas de reconfiguración de las relaciones económicas y políticas internacionales. Enmarcadas dentro de ese fenómeno de contornos inciertos conocido como "globalización", existen numerosos paralelismos con los cambios acontecidos en otros países del globo, en especial Europa del Este y América Latina (Elster, Offe y Preuss 1998; Grindle 1996; Haggard y Kaufman 1995; Linz y Stepan 1996; Przeworski 1995). Me referiré brevemente a estos últimos.

Desde finales de la década de los setentas, el modelo de sustitución de importaciones, generalmente aplicado en la región, alcanzó sus límites[2]

---

2. Jugaron en este modelo un papel significativo las concepciones de la CEPAL. Conforme a la teoría del economista Daniel Prebish era "necesario fortalecer el sector in-

(*i.e.* deuda externa, altas tasas de inflación, déficit público, falta de competitividad de las empresas). Para finales de los ochentas, y aunque con matices importantes en cada país de la región, las políticas y estrategias de desarrollo económico se modificaron para dar lugar a procesos de liberalización de la economía, democratización y respeto a los derechos humanos (Baer y Birch 1992; Serna de la Garza 1998; Soberanes, Valadés y Concha 1996).

Uno de los resultados del cambio de modelo de desarrollo fue que los países de América Latina comenzaron a integrarse paulatinamente al sistema económico y comercial internacional, al mismo tiempo que competían por atraer flujos de inversión. Hoy en día, todos los países de la región son miembros de la Organización Mundial del Comercio y pertenecen a distintos acuerdos y organizaciones de cooperación económica multilateral (Colas 1994). Simultáneamente, la integración regional dejo de ser retórica para concretarse en diferentes acuerdos de integración económica que, a lo largo de las últimas décadas, han nacido o encontrado una vida nueva, entre las cuales destaca el área de libre comercio de América del Norte y el Mercado Común del Sur.[3] Sin duda, la iniciativa más ambiciosa es la creación del área de libre comercio de las Américas (ALCA), que a pesar de las dificultades encontradas en el camino, aún se espera concluir en el 2005.[4]

Todo lo anterior permite suponer que los países de la región están aún inmersos en procesos de cambio de amplio aliento que están transformando las estructuras y relaciones económicas y comerciales.

Existen numerosos estudios y debates sobre las consecuencias políticas, económicas, sociales y aún culturales de estos procesos de cambio, sin embargo, desde nuestro punto de vista, esta reflexión resulta aún insufi-

---

dustrial con mecanismos de protección mientras se creaba una estructura productiva fortalecida para competir a nivel latinoamericano, en mercados que se abrirían por medio dela integración y posteriormente en mercado internacionales" (cit. por Vega Cánovas 1987, 66).

3. Entre los más importantes cabe mencionar la Asociación Latinoamericana de Integración, el Tratado de Libre Comercio de América del Norte, el Mercado Común del Sur, el Mercado Común Andino, la zona de libre comercio del Grupo de los 3, el Mercado Común Centroamericano y la Comunidad del Caribe. A estos grandes acuerdos regionales deben sumarse la pléyade de acuerdos comerciales bilaterales, los acuerdos bilaterales de inversión y los acuerdos intrarregionales. Para una visión de conjunto de los tratados de integración regional en la región, véase la página del Sistema de Información sobre Comercio Exterior de la Unidad de Comercio de la Organización de Estados Americanos www.sice.oas.org. Véase también (Abbott y Bowman 1994; ALADI 1997; Comisión Económica para América Latina y el Caribe 1996; Frankel 1997; Organización de los Estados Americanos 1996; Pizarro 1995; World Bank 2000).

4. Existe a disposición del público una amplia documentación sobre el proceso de negociación, incluso el segundo borrador del Acuerdo. Véase la página oficial del ALCA www.ftaa-alca.org.

ciente sobre sus consecuencias en el ámbito jurídico, en particular sus implicaciones a nivel constitucional. En efecto, podemos suponer que existe una correlación entre la economía y el sistema jurídico. Si aquella cambia y se "globaliza", también el derecho se modifica, pero ¿de qué manera y con que alcance? ¿cuáles son las consecuencias para el Estado nacional, la soberanía, la división de poderes y los derechos humanos? en fin, ¿están preparadas las Constituciones de la región para enfrentar los desafíos de estas nuevas realidades económicas? y en particular ¿existen los mecanismos constitucionales adecuados para articular el orden jurídico nacional con el internacional?.

El trabajo se organiza alrededor de dos ideas centrales. En primer lugar, nos parece necesario esclarecer la dimensión jurídica de la globalización, para examinar en segundo término sus efectos Constitucionales en México. La extensión del tema y sus innumerables matices son enormes. Por ello, nos limitaremos a esbozar algunas ideas centrales que buscan, al menos, contribuir a un debate necesario.

## II. EL ENTORNO GLOBALIZADO

Pocos conceptos de factura reciente se utilizan con tanta frecuencia, pero con significados tan imprecisos como diversos, como el de "globalización". Una mirada rápida a la inmensa literatura sobre el tema, lejos de esclarecer el panorama, lo hace aún más complejo. ¿Se trata de una época histórica, de un proceso económico, de una teoría o de un paradigma? En realidad, el significado de "globalización" no es único y por ello es necesario precisar la perspectiva que se adopte al utilizarlo.[5]

Sin duda, este fenómeno tiene también una dimensión jurídica, por demás poco estudiada.[6] Intentaremos en un primer lugar delimitar, para los efectos de esta ponencia su significado. Esto nos permitirá analizar después la dimensión jurídica específica de los procesos de integración regional.

### A. Elementos para una conceptualización jurídica de la globalización

En otros trabajos (López Ayllón 1997b, 1999b) hemos expuesto que una de las formas de entender el fenómeno de la globalización estaría rela-

---

5. Para una revisión reciente sobre el significado del concepto de "globalización" véase (Reich 1998). La bibliografía sobre el tema es enorme y sería ocioso intentar citarla. Nos parecen extremadamente esclarecedores las siguientes referencias (Dicken 1998; Gilpin 2001; Held, McGrew, Goldblatt y Perraton 1999; Ianni 1996; Senarclens 2002).
6. Uno de los raros estudios específicos de conjunto sobre las implicaciones jurídicas de estos fenómenos para la teoría del derecho es el publicado recientemente por Francois Ost y Michel van de Kerchove (2002).

cionada con los modos de organización de la acción humana en el tiempo y el espacio.[7] En efecto, una de las consecuencias de las revoluciones tecnológicas ha sido la deslocalización de la acción humana. Así, la presencia física de las persona en el lugar de la acción ya no es una condición necesaria. El ejemplo más claro de esto es hoy el *internet*. Esto es generado consecuencias para la organización social y política, en particular para el Estado, pues este nación bajo supuestos que implicaban la organización del tiempo y el espacio en corporaciones territoriales donde prevalecía un orden normativo –el del soberano- sobre los sujetos que vivían en él. Revisaremos en seguida esta cuestión y sus implicaciones.

## 1. El Estado moderno y el modelo territorial

El Estado moderno surgió en Europa como respuesta a la crisis de organización territorial de finales de la Edad Media (Badie 1995, 17-70; Poggi 1978, 16-60). Definido jurídicamente como la unidad entre un gobierno, un territorio y una población (Zippelius 1989, 47-86), el Estado moderno unificó bajo la autoridad única de un soberano a segmentos territoriales previamente sujetos a distintas potestades. Este soberano, al interior del territorio del Estado, detenta el monopolio de la violencia legítima y, fuera del territorio, sólo reconoce iguales respecto de los cuáles no tiene, desde el punto de vista jurídico, relaciones de subordinación. Los habitantes de un Estado (el pueblo) reconocen como única autoridad legítima al Soberano el cual tiene, como funciones principales, garantizar la convivencia organizada.[8] El desempeño de esta función supone el "poder estatal",

7. Resultado de una compleja evolución tecnológica que se inició en el siglo XVI se produjo una gradual separación del tiempo y el espacio (Giddens 1993, 61 y ss). Entre otras consecuencias de este fenómeno podemos señalar que permitió nuevas posibilidades de organización a distancia, ampliando el potencial de la acción humana que se liberó de las restricciones temporales y espaciales. Sólo mediante estas condiciones fue posible la operación de las empresas transnacionales y las organizaciones internacionales, pues éstas requieren la coordinación de acciones simultáneas en todo le mundo. Las consecuencias de todo lo anterior son muy importantes pues se han generado espacios de acción que escapan a los tradicionales mecanismos de control territorial ligados al Estados. Hoy podemos identificar varios sistemas que operan bajo condiciones deslocalizadas. El más visible sin duda es el "espacio económico", constituyendo lo que se ha denominado el sistema económico mundial. Sin embargo existen otros espacios con estas características, ligados por ejemplo al medio ambiente, los derechos humanos, la información, la cultura, los servicios e incluso el narcotráfico.

8. En la teoría política Bodin (1973) enumera los poderes del soberano: decidir sobre la guerra y la paz; nombrar los oficiales y magistrados; acuñar moneda; crear y suprimir impuestos; conceder gracia y juzgar en última instancia. Si el ejercicio de estas prerrogativas se debilita, entonces el soberano legal, a pesar del monopolio de la ley, es reducido a la impotencia.

es decir, "la facultad de regular obligatoriamente la conducta de la comunidad y de forzar la conducta prescrita con los medios del poder, aún con el empleo de la fuerza física" (Zippelius 1989, 52). El Estado de Derecho acotó el ejercicio del poder del soberano mediante la división del poder y los derechos fundamentales (Caballero 1999, 31-47).

El Estado moderno como forma de organización política tuvo una etapa de expansión progresiva, ligada a la colonización europea que se inició en el siglo XVI y culminó con los procesos de descolonización de África bien entrado el siglo XX. De hecho el Estado se impuso como la única forma de organización política reconocida en el sistema mundial (Badie 1992; Durand, Lévy y Retaillé 1993). Hoy nuevos actores, en particular las organizaciones internacionales, gubernamentales[9] o no gubernamentales, y las empresas transnacionales compiten de hecho con los Estados en el escenario internacional y crean nuevas condiciones para la acción. (López Ayllón 1997b; Slaughther 2002).

## 2. Los ámbitos de acción deslocalizados

Ahora bien, si la globalización supone la aparición de procesos sociales que se desarrollan "fuera" de los ámbitos de organización temporal y espacial propios del Estado moderno, ¿cuáles son las consecuencias para éste?. Evidentemente, crea una dislocación de sus funciones que, como ya anunciamos, estaban fundamentalmente construidas a partir de un control "soberano" sobre ámbitos territoriales localizados. En otras palabras, existen nuevos ámbitos de acción en los cuales el Estado ya no ejerce de manera plena sus funciones de control y coordinación.

Lo anterior no significa que el Estado este en proceso de desaparición. De hecho, su organización subsiste y los procesos a que nos referimos suceden parcialmente dentro de su ámbito territorial de validez; incluso algunos de ellos son sólo posibles gracias a la existencia del propio Estado. Lo que sucede es que la acción de los sujetos y organizaciones sociales se desarrolla diferencialmente en una multiplicidad de coordenadas temporales-espaciales. Algunas de estas acciones escapan, al menos en parte, al ámbito

9. Aunque jurídicamente concebidos como entidades "derivadas" de los Estados, los organismos internacionales intergubernamentales han tenido una rápida evolución que los convierte en auténticos actores del escenario mundial. En algunos casos este tipo de organizaciones se constituyen como auténticas entidades supranacionales a las cuales se les otorgan facultades soberanas (i.e. la Unión Europea) o, al menos, tienen facultades efectivas para ejercer acciones de control sobre aspectos claves de las políticas internas de los Estados. El ejemplo más significativo se encuentra en los controles que ejercen los organismos financieros internacionales sobre sus Estados miembros, en particular en Fondo Monetario Internacional. Para una revisión crítica de estos complejos entramados véase (Stiglitz 2002).

de validez territorial alguna vez reclamado de manera exclusiva por el Estado. Quizá lo más importante es hacer notar que los ámbitos de validez coexisten simultáneamente, generando así una compleja interacción entre lo local, lo nacional y lo global. Analizaremos brevemente esta cuestión.

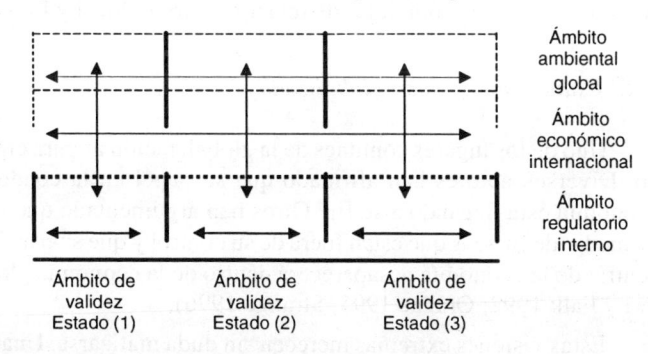

*Esquema 1: Ámbitos normativos espacio-temporales*

[Diagrama con tres columnas "Ámbito de validez Estado (1)", "Ámbito de validez Estado (2)", "Ámbito de validez Estado (3)", y tres filas horizontales: "Ámbito ambiental global", "Ámbito económico internacional", "Ámbito regulatorio interno"]

El ámbito vertical corresponde al campo de acción que se desarrolla aún bajo los parámetros de la corporación estatal tradicional. Lo anterior implica la sujeción a una dimensión normativa que emana exclusivamente de los órganos del Estado y es aceptada por la comunidad. Una parte significativa de la acción cotidiana se desenvuelve en éste ámbito. De hecho los mercados internos absorben más del 80 % de la producción mundial y los estándares de vida están determinados principalmente por factores internos (Krugman 1997, 9). En este campo de acción el Estado tiene aún funciones de organización y coordinación fundamental.

Los ámbitos horizontales corresponden a campos de acción deslocalizados. Por ello, aunque se desarrollan aún dentro del ámbito del Estado, escapan a su control exclusivo pues el ámbito normativo de éste los cubre sólo parcialmente.

La "novedad"[10] relativa es que este espacio normativo no esta regulado exclusivamente por los órganos del Estado, sino que incluye reglas que escapan a estos pero que resultan igualmente "obligatorias". Tomemos como ejemplo la situación de una filial de una empresa transnacional. Ella está sujeta a la regulación (fiscal, laboral, penal, etc.) del Estado en que está ubicada geográficamente, pero simultáneamente está obligada por las

---

10. La novedad es relativa pues, por ejemplo, la sujeción simultánea al Estado y a la Iglesia creó una situación similar desde el siglo XVI. Como es bien sabido, esta fue una de las cuestiones fundamentales en la formación del Estado nacional y sus orígenes ubican cuando menos en la baja edad media.

políticas de la empresa que serán idénticas a las que se aplican a otras filiales localizadas en otros Estados.

Así, el Estado sería hoy sólo uno de los ejes de organización de la acción, el cual está en interacción continua con otros agentes y elementos que escapan a su control territorial. Esta tensión estructuraría las sociedades en diversos grados, según las posiciones relativas de los actores, generando dinámicas complejas de relación entre lo local y lo global.

## 3. El Estado en el mundo globalizado

Uno de los lugares comunes de la globalización augura el fin del Estado. Diversos autores han afirmado que su papel en la conducción de la economía está llegando a su fin. Otros han argumentado que se encuentra en medio de fuerzas que están fuera de su control y que su papel como actor central de la economía desaparecerá dentro de la economía global (Camilleri y Falk 1992; Ohmae 1995; Strange 1996).

Estas visiones extremas merecen sin duda matizarse. Una mirada cuidadosa a la evidencia empírica existente muestra bien que, aunque diversas fuerzas erosionan algunos de los fundamentos del Estado "por arriba" y por "abajo", éste es aún el actor principal tanto en la escena interna como internacional. Como hemos señalado, el Estado es uno de los grandes ejes de organización de la acción y está en continua interacción con todos los agentes internos y externos.[11] Lo que importa quizá es preguntarnos cómo el conjunto de estos fenómenos han afectado las funciones del Estado y su capacidad de regularlos.

Una primera constatación es que la globalización no afecta a todos los Estados por igual (de hecho la integración de la economía mundial ha sido desigual, limitada a algunos sectores y no tan extensa como algunos pos-

11. Una lectura de la literatura alrededor de la globalización permite señalar dos cuestiones. La primera, que la mayor parte del debate gira alrededor del Estado. Por tanto, éste sigue siendo el referente que articula, explícita o implícitamente, el discurso. La segunda, que la mayor parte de los estudios reconocen que al Estado se opone un referente "externo". Éste no es necesariamente un referente "supranacional", sino que en ocasiones existiría al interior mismo de los Estados. Así, sin importar que tipo de organizaciones sean, organismos intergubernamentales o no gubernamentales, empresas transnacionales, movimientos sociales (e.g. religiosos, étnicos, culturales) o dinámicas económicas o sociales (e.g. el mercado, el sistema capitalista, la división internacional del trabajo o la racionalidad), parece existir consenso en identificar dinámicas nuevas, o relativamente nuevas, que están generando distorsiones en los modos de acción y organización tradicionales del Estado, y obligando por ello a una redefinición de sus funciones. En donde no hay acuerdo es en la naturaleza y causas del fenómeno, así como en los instrumentos conceptuales para delimitarlo y, en su caso, explicarlo.

LOS TRATADOS DE LIBRE COMERCIO Y LA CONSTITUCIÓN MEXICANA 89

tulan).[12] Así, aunque este fenómeno ha reducido algunas de las opciones de política pública, el grado de reducción es una variable dependiente del tamaño y poder económico de un Estado en particular (Gilpin 2001, 363),[13] así como de su inserción relativa en los sistemas globales.[14] El esquema 2 intenta mostrar esta situación a partir de elementos normativos (pertenencia a tratados internacionales), pero podrían utilizarse otros elementos.

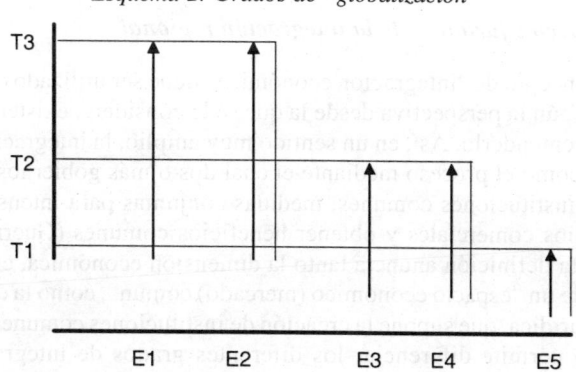

*Esquema 2: Grados de "globalización"*

T3
T2
T1

E1　E2　E3　E4　E5

E = Estado
T = Tratado

Lo anterior explicaría por qué la supuesta uniformidad derivada de la globalización no es tan importante como algunos postulan, pues la interacción de múltiples niveles permite a los actores jugar estrategias diferenciadas de acción en función de sus intereses específicos. En ocasiones lo "global" — economía de mercado, democracia, derechos humanos, tecnología, movimientos de mercado — sirve simultáneamente para reforzar estrategias diversas de los actores que juegan en un campo de varios nive-

12. Considérese por ejemplo que en 1995 las importaciones de los Estados Unidos alcanzaron sólo el 13 % de la producción total de ese país, y este país es probablemente el más globalizado (Gilpin 2001, 365).
13. Por ejemplo, los Estados Unidos y los países de Europa occidental serán mucho menos vulnerables a procesos de desestabilización derivados de movimientos de capital que naciones como Argentina, Brasil o México.
14. Los datos disponibles sugieren que el fenómeno de la globalización se concentra principalmente en una triada que incluye a Europa, América del Norte y Japón (Gilpin 2001, 364; Petrella 1996,69). Desde el punto de vista jurídico, Shapiro (1993, 37-64) ha sugerido que la globalización del derecho sería un fenómeno estrecho, limitado y circunscrito a un conjunto de fenómenos jurídicos, especialmente la concepción de que las relaciones humanas deben ajustarse al derecho, que se reduce a Europa, América del Norte, Australia, Nueva Zelanda y parcialmente Japón.

les.[15] La globalización genera poderosas contracorrientes tanto a nivel local como a nivel global.

De este modo, y es la segunda constatación, el Estado nacional ha entrado quizá en un momento de transición. Esta supondría el replanteamiento de la articulación del marco interno con el externo, única manera de dar respuesta a los desafíos de un mundo nuevo, complejo y paradójico, que emerge.

## B. Los aspectos jurídicos de la integración regional

El concepto de "integración económica" debe ser utilizado con cautela pues, según la perspectiva desde la que se le considere, existen diversos modos de entenderlo. Así, en un sentido muy amplio, la integración puede definirse como el proceso mediante el cual dos o más gobiernos adoptan, mediante instituciones comunes, medidas conjuntas para intensificar sus intercambios comerciales y obtener beneficios comunes (Guerra-Borges 1991). Esta definición anuncia tanto la dimensión económica, es decir, la creación de un "espacio económico (mercado) común", como la dimensión político-jurídica, que supone la creación de instituciones comunes. Sin embargo, no permite diferenciar los diferentes grados de integración, los periodos en los que ésta se da, ni los diferentes horizontes en los que puede enmarcarse. En realidad, los procesos de integración económica suelen ser diferenciales, graduales, y tienen distintos grados de profundidad, según sea el marco en el que se desarrollen. Analizaremos en primer lugar los tres grandes tipos de integración que existen jurídicamente, para referirnos después a su desarrollo en el mundo y el continente americano.

### 1. Las formas jurídicas de la integración

El marco general de la integración regional se encuentran en los Acuerdos de la Organización Mundial del Comercio (en adelante OMC). Estos amplios y complejos acuerdos son el resultado de la evolución del antiguo GATT el cual, desde 1994, se constituyó como una organización *de iure* cuya función es eliminar los obstáculos al comercio internacional y hacerlo más libre, previsible y competitivo (Buhour 1996; Jackson 1999; Krueger 1998).

---

15. Quizá el mejor ejemplo de esto fue el movimiento zapatista en Chiapas. Una de sus banderas es la oposición a la economía de mercado y la integración comercial con los Estados Unidos. Simultáneamente utiliza estrategias "globalizadas" de legitimidad en los valores de la democracia y los derechos humanos, y se apoya en redes internacionales para soportar sus demandas. Una estrategia con características similares, e igualmente contradictoria, es utilizada por el Estado mexicano.

Uno de los principios fundamentales de los acuerdos de la OMC es el de no discriminación. Éste se concreta en una vertiente externa (cláusula de nación más favorecida) y otra interna (cláusula de trato nacional).[16] Estos dos principios, que buscan en el largo plazo establecer un terreno fértil para el desarrollo del libre comercio,[17] tiene importantes excepciones que han permitido la creación de diversos tipos de integración regional.

a) Acuerdos de cooperación y preferencias aduaneras

La forma más elemental de integración la constituyen los acuerdos de cooperación económica los que, aunque en algunas ocasiones crea instituciones internacionales (tales como la ASEAN o la OCDE), buscan simplemente mecanismos voluntarios de coordinación de políticas económicas. Estos acuerdos tiene por ello efectos jurídicos limitados pues no imponen, en sentido estricto, obligaciones para las partes, o al menos carecen de mecanismos que aseguren su cumplimiento (Carreau y Juillard 1998, 284).

b) Zonas de libre comercio y uniones aduaneras

Las dos formas de integración más significativas las constituyen las áreas de libre comercio y las uniones aduaneras,[18] ambas sancionados en diversos acuerdos de la OMC, en particular el artículo XXIV del GATT.

16. El principios de nación más favorecida implica que cualquier ventaja comercial que un miembro otorgue a otro país parte de la OMC, deberá ser inmediata e incondicionalmente concedida a los demás miembros de la organización. En otras palabras, cada país deberá tratar de manera igual al resto de los países miembros de la organización, sin la posibilidad, salvo algunas excepciones importantes, de discriminar entre ellos. Por su parte el principio de trato nacional obliga a los países miembros a otorgar a los bienes y servicios importados el mismo trato que otorgan a los bienes y servicios nacionales. El trato nacional pretende impedir cualquier tipo de discriminación en el mercado interno entre los productos nacionales y los importados. Al igual que la cláusula de nación más favorecida, el principio de trato nacional admite diversas excepciones y su aplicación presenta diferentes y complejos problemas que han hecho de ésta una de las cláusulas mas litigiosas en el mundo del derecho comercial internacional. Véase (Jackson 1999; Trebilcock y Howse 1999).

17. El debate alrededor de las ventajas o desventajas del libre comercio es muy extenso y con frecuencia altamente emocional. En general la teoría económica acepta, avalada por los datos, que existe una relación positiva entre comercio y desarrollo económico. La teoría de las ventajas comparativas estaría en el centro de los argumentos a favor del libre comercio. Por otra parte, los argumentos más frecuentes esgrimidos contra el libre comercio incluyen que éste genera pérdida o desplazamiento de empleos, reducción de las políticas sociales, efectos desfavorables en el medio ambiente, homogeneización cultural y pérdida de soberanía. Para una discusión reciente sobre estas cuestiones véase el reciente trabajo de prestigiado economista Jagdish Bhagwati (2002).

18. Sobre éstas véase, entre otros, (Carreau y Juillard 1998; Jackson 1999; Trebilcock y Howse 1999).

Simplificadamente, en ambos casos los países miembros tienen que eliminar los derechos de aduana y las demás reglamentaciones comerciales restrictivas con respecto a lo esencial de sus intercambios comerciales. La diferencia estriba en que, en el caso de la unión aduanera, los países miembros deberán aplicar a terceros países sustancialmente los mismos aranceles y reglamentaciones comerciales restrictivas. En otras palabras, todos los miembros de la unión impondrán los mismos derechos de aduana y deberán aplicar las mismas reglamentaciones comerciales a las importaciones de países no miembros. Ejemplos típico de este caso uniones aduaneras son la Comunidad Europea y el Mercosur.

Esta característica no es propia de las zonas de libre comercio. En ellas, los países miembros eliminarán los derechos de aduana y las reglamentaciones comerciales restrictivas entre ellos, pero cada uno podrá fijar de manera independiente sus propios aranceles y reglamentaciones comerciales respecto de las importaciones provenientes de terceros países. Este es el caso del Tratado de Libre Comercio de América del Norte (en adelante TLCAN).

El grado de integración que supone la unión aduanera es significativamente mayor que el de la zona de libre comercio, pues en la primera los países deben uniformar su política comercial exterior y establecer los mecanismos comunes de coordinación necesarios. La unión aduanera implica así una política comercial común y una personalidad aduanera propia. La zona de libre comercio es menos ambiciosa, pero impone una serie de reglas adicionales particularmente en materia de reglas de origen.

En todo caso, la constitución de uniones aduaneras o zonas de libre comercio está sujeta, conforme al GATT, a una serie de requisitos tanto de fondo como de procedimiento. Entre los primeros se encuentran la obligación de liberalizar lo "esencial de los intercambios comerciales"; la obligación de no imponer aranceles o reglamentaciones comerciales más altas o estrictas de las que existían respecto de terceros países; y que el periodo de transición necesario para constituir la unión o área no sea superior, en principio, a diez años. En cuanto al procedimiento, existe una obligación de notificación de la constitución de la unión o área a los demás miembros del la OMC así como la de sujetar el acuerdo a un examen por un grupo de trabajo del Comité de Acuerdos Comerciales Regionales.[19]

Aunque el cumplimiento de estos requisitos ha sido complejo, la gran mayoría de miembros de la OMC son parte en uno o más acuerdos comerciales regionales. El incremento en el número de acuerdos comerciales

---

19. Véase el texto del artículo XXIV del GATT así como el "Entendimiento relativo a la interpretación del artículo XXIV del GATT de 1994".

regionales ha continuado sin cesar desde principios de la década de los noventa. Hasta diciembre de 2002 se habían notificado al GATT/OMC aproximadamente 250 acuerdos comerciales regionales, de los cuales 130 se notificaron después de 1995. Actualmente están en vigor más de 170 acuerdos comerciales regionales; además se calcula que otros 70 están funcionando aunque no han sido notificados aún. Para finales de 2005, si se concluyen los acuerdos comerciales regionales que, según se ha informado, están previstos o ya en proceso de negociación, el número total de acuerdos en vigor podría acercarse a los 300.[20]

c) Mercado común, unión económica y unión política

Aunque la zona de libre comercio y, en menor medida, la unión aduanera son las formas más comunes de integración económica existen otras formas que constituyen lo que se denomina integración profunda.

En efecto, más allá del libre intercambio de mercancías y servicios el mercado común implica el libre movimiento de los dos factores de la producción: capital y trabajo. Es cierto que la línea divisoria entre el libre intercambio de servicios y el libre movimiento de los factores de la producción es tenue. Por ejemplo, el trabajo está implicado necesariamente en la prestación de servicios como los de construcción o consultoría. El libre movimiento de capital está también asociado a la prestación de servicios mediante la presencia comercial en el territorio de otro país; y muchos acuerdos de libre comercio, el más importante el TLCAN, han incorporado acuerdos de inversión que buscan garantizar el libre flujo de inversión entre los países miembros. La importancia del mercado común reside en que impacta en la legislación y en ciertas instituciones que podrían haberse mantenido como prerrogativas nacionales aún con importantes grados de integración comercial. Así por ejemplo, en aquellas relacionadas con las autorizaciones de ejercicio profesional, y más claramente aún, con las políticas migratorias.

La unión económica es el siguiente paso en la integración. En este forma, además del libre intercambio de mercancías, servicios y factores de la producción, se busca la armonización de las políticas macro económicas, especialmente la fiscal y la monetaria. Bélgica y Luxemburgo formaron una unión económica en 1921. Actualmente el único ejemplo de este tipo de integración lo constituye la Unión Europea.

---

20. Información obtenida de la página electrónica de la OMC http://www.wto.org/spanish/tratop_s/region_s/region_s.htm en abril de 2003. Para una evaluación reciente de los acuerdos de integración regional véase (Frankel 1997; World Bank 2000).

Más allá de la unión económica se encuentra la unión política. Esta forma extrema de integración supone la creación de órganos supranacionales de decisión para las cuestiones tradicionalmente reservadas a los Estado nacionales, tales como la seguridad o la política exterior. Esta es la aspiración última del movimiento hacia una Europa unida, cuya Constitución se encuentra ya en preparación.

Resulta evidente que muchos procesos de integración adoptan formas que no representan realmente el estado real de su grado de integración, o que son inadecuados para los objetivos reales que persiguen. En realidad los procesos de integración requieren una mirada crítica no sólo desde la perspectiva económica, sino también política-constitucional.

## 2. La dimensión política de la integración

La última década del siglo XX fue testigo de una "explosión" de acuerdos de integración regional, diferentes de aquellos que se gestaron en los cincuentas y sesentas. El "nuevo regionalismo" es más activo e involucra, además del comercio, cuestiones financieras y de inversión extranjera directa. Más allá aún, presenciamos la gestación de auténticos bloques comerciales articulados alrededor de los Estados Unidos, Europa y Japón, incluso una nueva generación de acuerdos intrarregionales. ¿Cuáles son las fuerzas que explican este nuevo movimiento? ¿Son de naturaleza económica o política? ¿Cuáles las razones y las consecuencias para los Estados nacionales?

La teoría económica no ha dado una respuesta generalmente aceptada para explicar el fenómeno del regionalismo. Los acuerdos de integración regional no tienen efectos unívocos sobre los flujos comerciales y la redistribución de la riqueza, debido en parte a las diferencias y especificidades de cada acuerdo (Gilpin 2001, 347-8). La evidencia encontrada muestra que importa mucho quienes forman parte de los acuerdos y qué tipo de preferencias se acuerda implementar (World Bank 2000, 125).

La respuesta política tampoco es plenamente satisfactoria, pero permite avanzar en la comprensión del fenómeno.[21] Los acuerdos regionales se gestarían fundamentalmente por razones políticas, principalmente asegurar la seguridad, incrementar el poder de negociación, o estabilizar los procesos internos de reforma económica estructural (World Bank 2000, 123-4). En realidad, existe una enorme cantidad de factores que contribuyen

---

21. El fenómeno ha sido estudiado desde diversas perspectivas teóricas, que incluyen el funcionalismo, el neofuncionalismo, el institucionalismo, el realismo y el intergubernamentalismo. Véase Gilpin (2001, 348-60).

al fenómeno y, por ello, existe una gran diversidad en los tipos y motivaciones para la integración.

Así, es necesario reconocer que todos los esfuerzos de integración regional involucran motivos políticos, en ocasiones modestos, en otras de gran envergadura (i.e. el de la Unión Europea). También es necesario admitir que estos acuerdos se generan principalmente por los intereses nacionales según sean definidos por las élites de los Estados involucrados. En realidad, es la complejidad de las relaciones económicas internacionales también es un factor que contribuye su expansión. (e.g. la emergencia de nuevos centros de poder económico, la intensificación de la competencia internacional y el desarrollo tecnológico). Por todas estas razones, el regionalismo se ha convertido en una de las estrategias centrales usadas por los Estados para incrementar su poder económico y político y una característica importante del entorno mundial (Gilpin 2001, 359-61).

La paradoja es evidente. El Estado, celoso del principio de competencia territorial exclusiva (soberanía), se resiste a crear marcos regulatorios horizontales, pues supondrían pérdida, o al menos cesión, de algunas de sus potestades. Al mismo tiempo, de no crearse estos marcos, el mismo Estado sería la víctima principal del proceso de deslocalización de un devenir incierto. El espacio propio a los procesos de integración económica se encuentra justamente dentro de este movimiento que encuentra un difícil equilibrio entre lo nacional y lo global.

Bajo esta perspectiva es necesario interrogarse sobre el papel del Estado nación en el entorno global y las implicaciones que tiene el fenómeno sobre su estructura constitucional.

### III. LA CONSTITUCIÓN MEXICANA EN EL MUNDO GLOBALIZADO

La Constitución mexicana es peculiar. Formalmente la misma que emanó de la revolución mexicana de 1917, es en realidad una constitución en constante mutación que, a fuerza de contradicciones, aún no encuentra su punto de equilibrio.[22] En una primera sección, analizaremos lo que hemos denominados los "modelos" constitucionales de México, lo que nos permitirá examinar después las profundas transformaciones jurídicas acontecidas en los últimos veinte años. En una segunda sección, reflexionaremos sobre las implicaciones que los fenómenos descritos en este trabajo han tenido sobre la Constitución, con particular atención en el TLCAN.

22. Considérese simplemente los numerosos debates sobre la "reforma del Estado" en nuestro país, y los innumerables encuentros académicos y políticos para definir el rumbo de la Constitución. Entre muchas referencias posibles, sugerimos se revise la colección de ensayos publicados por Instituto de Investigaciones Jurídicas de la UNAM bajo el título "Hacia una nueva Constitucionalidad" (Instituto de Investigaciones Jurídicas 1999).

## A. Los modelos constitucionales en México

Un breve repaso a la estructura y evolución de la Constitución mexicana nos permitirá comprender mejor el impacto que en ésta tuvo el proceso de integración de México a la economía mundial –en particular con los Estados Unidos– así como los desafíos presentes. Así, después de revisar a grandes rasgos la estructura constitucional de la primera mitad del siglo XX, documentaremos los cambios cuantitativos y esbozaremos el "nuevo" diseño constitucional.

### 1. Breve repaso de la revolución a la crisis del modelo (1917-1982)

La ideología de la revolución mexicana quiso hallar en la Constitución un nuevo instrumento para enfrentar la compleja realidad del país en las primeras décadas del siglo XX. Durante años se habló de la "novedad" de la Constitución y su adaptabilidad a las cambiantes condiciones del entorno. Una mirada reciente sobre la constitución mexicana nos permite hoy comprenderla mejor.[23]

La Constitución de 1917, lejos de ser un instrumento sustancialmente nuevo y unitario, ofrecía según estudios recientes (Gonzáles y Caballero 2002) una combinación de al menos tres diseños institucionales diferentes: liberal, central y social.

"Dicha constitución contiene elementos de su antecesora, la de 1857, de corte liberal y origen del modelo "fundador". Asimismo, recoge elementos de un modelo autoritario, que llamamos "central" por la forma en que se ejerció el poder entre 1873 y 1912, en el proceso de adaptar el liberal a la realidad social mexicana. A lo largo de sucesivas reformas constitucionales se pretendió modificar los rasgos menos operativos del liberal y para ello se busco construir el Estado nacional a través de los poderes federales; así la federación se presenta como la protagonista principal del desarrollo económico y social del país. Al tercer modelo lo llamamos social por dos razones fundamentales: en primer lugar porque comprende elementos procedentes de algunas de las demandas sociales de la revolución constitucionalista, ampliamente estudiadas por los especialistas, y, en segundo lugar, porque permitió ampliar las bases sociales del Estado surgido de la Revolución sin desarticular el perfil autoritario que caracteriza al modelo central. Los modelos anteriores constituyen [...] el fundamento de la estructura del texto constitucional. El resultado fue un documento

---

23. Retomo en este apartado los resultados de la investigación del grupo de trabajo formado en el Instituto de Investigaciones Jurídicas sobre la transición jurídica, mismo que fueron publicados en dos libros: (González y López-Ayllón 1999) y (Serna de la Garza y Caballero 2002).

híbrido que permitió diversas interpretaciones y resultó compatible con diversos diseños institucionales" (Gonzáles y Caballero 2002, 49-50)

Esta lectura que ve coexistir en la Constitución diversos modelos permite comprender mejor algunas de sus características principales. La primera, fue su marcado acento presidencialista, incluso la consagración del autoritarismo como un valor del proceso constitucional pues "se erigió al presidente como artífice de la reforma social y como referente casi exclusivo del gobierno" (Díaz y Díaz 1999, 175). El segundo rasgo es su sistema patrimonial, que evoca el regalismo del sistema colonial (González 1996), y que otorgó al Estado el mando de la economía en detrimento del mercado, quizá en reconocimiento de la falta de un mercado maduro y de un número suficiente de agentes privados con capacidad de construirlo (Díaz y Díaz 1999, 177).

La concurrencia de varios bloques normativos abrió la posibilidad de que la Constitución se convirtiera en la fuente del proyecto nacional de la revolución y se fueran modificando, sin cambiar, para adaptarse a las transformaciones ocurridas en las esferas del poder y la sociedad. De este modo, el andamiaje del Estado mexicano del siglo XX se fue constituyendo a través de distintas modificaciones a la Constitución del 17 en las que podemos identificar al menos tres modelos adicionales.

El primero, que va de 1917 a 1937, y que se ha denominado "social revolucionario", en el cual prevalece el modelo social de la Constitución. Este modelo tiene una etapa de consolidación y desarrollo, de 1938 a 1967, en el que se mantiene el balance de los tres modelos originarios sin perder el carácter autoritario. Sin embargo, para las década de los setentas, el equilibrio parece romperse y a pesar de múltiples reformas constitucionales entre 1967 y 1982, el modelo alcanzó su crisis. A partir de esta fecha se introducen un número sustancial de reformas que permiten afirmar que se construye un nuevo modelo (Gonzáles y Caballero 2002, 67-87). Este será el objeto de nuestros siguientes apartados.

## 2. El cambio 1982-2000: aspectos cuantitativos

Aunque los signos de agotamiento del modelo implícito en la Constitución mexicana comienzan a mostrarse desde 1968, fue la suma de las crisis económicas, en particular la de 1982, las que desencadenaron la reformulación del proyecto de desarrollo. En cierto modo, la nacionalización de la banca en 1982 constituyó el último acto del modelo "estatista" hasta entonces vigente. Desde entonces, se "rompió con la tradición implícita de ese modelo, basada en el dirigismo y en una pauta de desarrollo hacia adentro"(Medina Peña 1995, 239). El nuevo modelo se articuló alrededor de una profunda reforma financiera y fiscal, la apertura comercial y la privatización de empresas de propiedad estatal, y la democratización progresiva del país.

Como señalamos en la introducción de este trabajo, podemos suponer que existe una correlación entre economía, sociedad y sistema jurídico. Si aquéllas cambian, también deberá hacerlo el derecho, pero ¿de qué manera y con qué profundidad? Como veremos, el cambio en el modelo de desarrollo y en el conjunto de la sociedad generó una profunda transformación del sistema jurídico. Se trató de una auténtica "transición jurídica" cuyas consecuencias apenas comenzamos a comprender.[24] Veamos algunos datos.

a) La Constitución

La Constitución mexicana ha tenido 395 reformas entre 1917 y 2000.[25] La Gráfica 1 muestra el número de reformas de la Constitución por periodo presidencial a partir de su promulgación y hasta diciembre de 2000. Resulta evidente que el número de reformas se ha incrementado significativamente a partir de 1970.

Gráfica 1
Número de reformas constitucionales
por periodo presidencial
(1917-diciembre 2000)

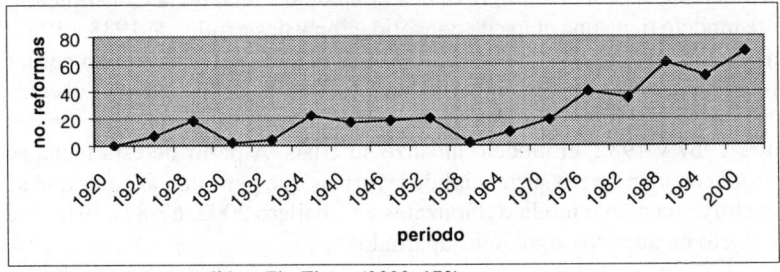

Fuente: López Ayllón y Fix-Fierro (2000, 173).

259 de las 395 reformas se aprobaron entre 1970 y diciembre de 2000. En otras palabras: el 65 por ciento del número total de reformas se produjo en los últimos treinta años, pero la mayor concentración (46%) corresponde al periodo 1982-2000, según lo muestra la Gráfica 2:

---

24. Para una visión de conjunto del cambio véase (Fix-Fierro y López Ayllón 2002; López Ayllón y Fix-Fierro 2000). Los datos que se citan provienen de esos trabajos.

25. Existen diferentes metodologías para contar el número de reformas constitucionales. Nosotros utilizamos el número de artículos modificados en un solo decreto de reformas y adiciones.

**Gráfica 2**
**Porcentaje de reformas constitucionales
por periodo
(1917-diciembre 2000)**

Periodo 1982-2000
46%

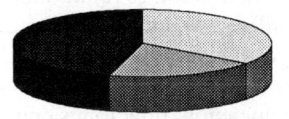

Periodo 1917-1969
35%

Periodo 1970-1981
19%

Fuente: López Ayllón y Fix-Fierro (2000, 274)

La Tabla 1 indica la distribución de reformas constitucionales por materia entre 1982 y 2000:

**Tabla 1
Reformas constitucionales
por materia
(diciembre 1982-diciembre de 2000)**

| Materia | Número | Porcentaje |
|---|---|---|
| Derechos individuales y sociales | 55 | 21.7% |
| Estados, municipios y Distrito Federal | 14 | 5.5% |
| Economía | 18 | 7.1% |
| Poder Ejecutivo | 14 | 5.5% |
| Poder Legislativo | 65 | 25.7% |
| Poder Judicial | 42 | 16.6% |
| Nacionalidad y ciudadanía | 6 | 2.4% |
| Sistema electoral | 19 | 7.5% |
| Responsabilidad de servidores públicos | 17 | 6.7% |
| Otras | 3 | 1.2% |

Fuente: López Ayllón y Fix-Fierro (2000, 274)

Un número importante de las reformas entre 1982 y 2000 se refiere al sistema electoral y al reforzamiento de la organización y las atribuciones del Congreso de la Unión y del Poder Judicial de la Federación. Otras reformas trascendentes tuvieron que ver con los derechos individuales y sociales y sus medios de protección, el sistema económico, incluyendo el control del Estado en las áreas "estratégicas", así como las responsabilidades de los servidores públicos. Si bien el número de reformas a los artículos económicos de la Constitución es relativamente pequeño, ellas tuvieron un impacto muy significativo, en especial aquéllas a los artículos 25 a 28 en 1983. Durante el periodo analizado se modificaron también algunos de los principios supuestamente "intocables" de la Revolución incorporados en la Constitución (educación, relaciones entre el Estado y las iglesias, reforma agraria y propiedad de la tierra). Puede afirmarse que un diseño institucional "nuevo", más complejo y moderno, se introdujo y se superpuso sobre el modelo institucional que se construyó en las décadas siguientes a la Revolución. Al menos en algunos aspectos, ambos diseños institucionales coexisten con otros dentro de la misma Constitución.

b) Las leyes

De 211 leyes federales que estaban en vigor en diciembre de 2000,[26] 158 habían sido aprobadas, 29 habían sido reformadas, y 24 no habían sido modificadas en el periodo entre 1970 y 2000. En otras palabras: 75% de la legislación federal vigente "nació" durante el periodo que analizamos. Si a ello agregamos las 27 leyes reformadas durante el mismo periodo, el resultado será que 89% de la legislación mexicana vigente fue aprobada o modificada en los últimos treinta años.

c) Los tratados internacionales

Un tercer aspecto que debe destacarse es la importancia de los tratados internacionales en el orden jurídico interno.[27] La evaluación de esta cuestión es compleja, pero tenemos algunos indicadores que pueden ilustrar el punto.

Una comparación del número y tipo de convenios internacionales publicados en el *Diario Oficial de la Federación* durante dos periodos sexenales, 1972-1977 y 1990-1995,[28] permite afirmar que ambos se caracte-

---

26. Excluimos todas las leyes del Distrito Federal. Actualmente, las correspondientes atribuciones legislativas son compartidas, dependiendo de la materia, por el Congreso de la Unión y la Asamblea Legislativa local.
27. De acuerdo con el artículo 133 de la Constitución mexicana, los tratados internacionales se transforman en leyes (federales) internas si no contrarían a la Constitución y son aprobados por el Senado y ratificados por el Ejecutivo federal, quien también debe promulgarlos y publicarlos en el *Diario Oficial*.
28. Estos dos periodos, que corresponden básicamente a los gobiernos de los presidentes Echeverría (1970-1976) y Salinas de Gortari (1988-1994). Comenzamos el conteo

rizaron por un alto grado de "activismo" internacional, del mismo modo que lo fueron en la esfera legislativa interna (véase, *supra*).

La Tabla siguiente muestra el número total de convenios internacionales publicados durante estos dos periodos, su naturaleza bilateral o multilateral, así como su probable impacto en la esfera jurídica de los ciudadanos mexicanos:[29]

Tabla 2
Convenios internacionales
1972-1977 y 1990-1995

| Periodo | Esfera jurídica individual | Bilaterales | Total |
|---|---|---|---|
| 1972-1977 | 16 (13.8) | 61 (52.6) | 116 |
| 1990-1995 | 60 (26.4) | 120 (52.9) | 227 |

Fuente: López Ayllón y Fix-Fierro (2000, 249). Las cifras entre paréntesis indican porcentajes

La tabla precedente muestra un incremento significativo en el número de convenios internacional publicados en el segundo periodo, cuyo total es de casi el doble (227) de los convenios publicados entre 1972 y 1977 (116). La proporción de convenios bilaterales permanece prácticamente igual. Sin embargo, el número de convenios que afectan potencialmente la esfera jurídica de los ciudadanos, es decir, aquellos que les confieren derechos y por ello pueden ser directamente invocados en un procedimiento judicial interno, aumentaron considerablemente, en términos relativos tanto como absolutos.[30] Este resultado era de esperarse, si tomamos en cuenta que los convenios internacionales (por ejemplo, en el área de los derechos huma-

---

de los convenios internacionales publicados algo más de un año después de la entrada en funciones del gobierno respectivo (diciembre de 1970 y de 1988), suponiendo que se requería aproximadamente un año para negociar, aprobar, ratificar y publicar nuevos convenios.

29. La Suprema Corte ha resuelto que los tratados internacionales ratificados de acuerdo con la Constitución se convierten en leyes internas ordinarias sin necesidad de "legislación de implementación". Esto significa que su cumplimiento puede ser invocado directamente por los particulares, en su caso, dentro de un procedimiento (judicial) interno. Sin embargo, esto deja abierta la cuestión de su relación con otras leyes federales. Para evitar cualquier conflicto, los convenios internacionales con potenciales impactos jurídicos internos (como el TLCAN) son acompañados por cambios en las leyes relevantes.

30. Se trata de una aproximación cruda, porque juzgamos estos impactos potenciales únicamente a partir del nombre del convenio internacional. Así, por ejemplo, consideramos que un convenio de cooperación bilateral en el área de turismo no tendría tal impacto, pero un convenio bilateral para el reconocimiento de títulos extranjeros sí.

nos o los tratados de libre comercio) son crecientemente relevantes para los derechos e intereses jurídicos inmediatos de los individuos.

## 3. El "nuevo" modelo de la Constitución mexicana

De los datos proporcionados resulta claro que algo cambio. Los alcances y profundidad de la "transición jurídica" están aún a debate, pero es posible señalar algunas de las grandes líneas del nuevo modelo.

Desde el punto de vista interno, el cambio fundamental apunta hacia la generación de una constitución normativa y el fortalecimiento del Estado de derecho, bajo un nuevo y muy complejo entramado institucional. Por otro lado, hay un viraje en el papel del Estado en la economía. Finalmente, y este es el aspecto que nos interesa subrayar, hay una influencia notable de modelos externos, al mismo tiempo que permanece sin resolverse el dilema del Estado frente al nuevo entorno internacional. Analizaremos cada una de estas cuestiones.

a) La constitución normativa y el Estado de derecho

Es común afirmar en México que la Constitución de 1917 no ha sido una Constitución "normativa", es decir, una Constitución que realmente regule el proceso político y sea aplicada y respetada como ley suprema. Por el contrario, una opinión muy extendida encuentra una distancia considerable entre el texto constitucional y el proceso político y jurídico. Esta distancia se explicaba, en última instancia, por la naturaleza autoritaria del régimen, que había sido capaz de instrumentalizar y cambiar a voluntad la Constitución, en lugar de subordinarse a ella.[31]

Obviamente, la distancia ha existido y sigue existiendo, como en todas partes, pero hay un cambio fundamental en el papel de la Constitución, que comienza a transformarse de un documento político a uno jurídico. Este cambio, que inició en la materia electoral pero que se ha extendido a muchos otros campos, es aún más notable por el papel cada vez más activo de la Suprema Corte de Justicia, que comienza a generar por primera vez una auténtica interpretación constitucional.

---

31. La mayoría de los académicos comparte esta percepción, pero sus opiniones varían en relación con los orígenes y la profundidad de la separación. Algunos constitucioanlistas sitúan completamente la cuestión de la naturaleza normativa de la Constitución en el proceso político. Por lo tanto, su apreciación en este sentido depende directamente de su juicio en relación con las cualidades democráticas de la política mexicana. Otros autores, sin dejar de reconocer las deficiencias democráticas del régimen y la influencia de los factores extraconstitucionales en la vida constitucional, sostienen que la Constitución tiene, en términos generales, un valor normativo que ha contribuido a la estabilidad y el desarrollo de la vida social y política.

Este proceso de transformación del papel de la Constitución tiene varias dimensiones. Desde el punto de vista institucional, es clara la tendencia a fortalecer a los Poderes Legislativo y Judicial frente al otrora poderoso Ejecutivo, al grado que éste parece hoy como un presidente relativamente débil. El cambio político, facilitado y conducido por los cambios constitucionales y legales en materia electoral, han transformado también profundamente la dinámica político constitucional, haciendo de la división de poderes y de los mecanismos de control de poder instrumentos eficaces. Este cambio es quizá el que más ha contribuido a lograr que el papel de la Constitución tenga un pleno valor normativo de la vida político-institucional.

Otros cambios importantes comprenden aspectos como los derechos humanos y la creación de nuevas instituciones encargadas de su protección; la redefinición de la relación del Estado con las Iglesias y las reformas al municipio, en especial la posibilidad de que éste entable controversias constitucionales que equipara a esta estructura de gobierno local con poderes semejantes al federal y al estatal. Esto último anuncia un verdadero reacomodo institucional que redefine los límites de la organización territorial.

Finalmente, deben señalarse las reformas que reconocen a México como una nación pluricultural y la posibilidad que tienen los mexicanos de aspirar a una segunda nacionalidad. Estas reformas juntas reorientan uno de los aspectos más cruciales del Estado mexicano; la nacionalidad (Gonzáles y Caballero 2002, 91).

b) La dimensión económica

Desde el punto de vista económico deben destacarse dos reformas. La primera en 1983 que modificó los artículos 25 al 28 de la Constitución. En el modelo de 1917 el Estado, a través de la Federación, era el responsable de conducir y ejecutar el desarrollo económico. En su punto culminante, este modelo condujo al Estado mexicano a controlar directamente desde los sectores más importantes de la economía (energía, banca, transporte aéreo y marítimo) hasta áreas de menor importancia en que el Estado participaba junto con la iniciativa privada. Los cambios han reorientado el papel de la federación como encargada de impulsar el desarrollo nacional, disminuido la participación del Estado en sectores estratégicos, y propiciando la participación de entidades federativas y municipios en el desarrollo del país.

Otros aspectos clave fueron las reformas de 1992 en materia agraria. El sector agrario, desde la Constitución de 1917, había sido considerado como uno de los pilares de la política mexicana. Las disposiciones que regulaban la propiedad y la organización social en el campo tenía un marcado acento proteccionista, principalmente las restricciones en la posibilidad de enajenarlas o bien en las limitaciones que se imponían al capital para su explotación. Las reformas flexibilizan el marco jurídico y permiten, aunque de manera limitada, principios de economía de mercado en la explotación y propiedad de las tierras.[32]

c) La dimensión internacional

El último aspecto es el relacionado con el papel del derecho y de las instituciones internacionales en el sistema jurídico mexicano; en otras palabras las formas y el grado en que los fenómenos jurídicos internacionales han afectado el cambio jurídico en México durante los últimos treinta años.

Casi hasta fines de los años ochenta, el sistema jurídico mexicano se encontraba relativamente cerrado a las influencias y el escrutinio externos. Esto se hallaba en consonancia con el sistema económico y político, también cerrado. Un sistema jurídico relativamente cerrado promovía, y era a su vez reforzado, por lo que podríamos llamar el "nacionalismo jurídico mexicano", una actitud que todavía se encuentra en algunos sectores de la profesión jurídica hoy en día.

La reinserción de México en los mercados internacionales, así como el creciente escrutinio externo de sus instituciones políticas y jurídicas, ha inducido frecuentemente el cambio jurídico interno. Como ha ocurrido en otros periodos de su historia, el sistema jurídico mexicano se ha modernizado mediante la adopción y adaptación de modelos jurídicos extranjeros.

Desde esta perspectiva, la firma del TLCAN representó una nueva forma de explicar y aplicar el derecho en México. En efecto, el proceso de consolidación del nuevo modelo requería una plena integración de México a la economía mundial, en particular a la de los Estados Unidos. Este proceso, que se había iniciado ya con la entrada de México en el entonces GATT y una serie de medidas unilaterales, tenía necesariamente que encontrar una expresión jurídica más acabada, y esa expresión fue el tratado. Por otro lado, éste fue el detonador y catalizador de una serie de cambios necesarios e inminentes pero cuya ejecución se pospuso para obtener mayores ventajas en su negociación. Así, "para la incorporación de estos instrumentos internacionales fue necesario actualizar la legislación mexicana, decidida-

---

32. La parte medular de la reforma puede sintetizarse en los siguientes elementos: 1) Reconocimiento expreso a la propiedad de ejidos y comunidades; 2) sustitución del sistema tutelar y del carácter supletorio de las disposiciones de la legislación agraria, por un sistema basado en la autonomía de la voluntad de ejidatarios y comuneros; 3) autorización para una circulación restringida de las parcelas ejidales o comunales; 4) regulación de los procesos de asociación entre ejidos y comunidades y entre estos con el Estado o con terceros; 5) posibilidad de ceder los derechos de uso sobre parcelas ejidales. Para una visión completa de la reforma véase (Díaz y Díaz 1994).

mente nacionalista y excluyente de "lo extranjero" en todos los niveles" (Gonzáles y Caballero 2002, 92). Este aspecto será el objeto de el siguiente apartado.

**B. Las implicaciones para la Constitución mexicana**

Aunque la firma del TLCAN marca un hito en la historia jurídica del país, esto no debe verse como un hecho aislado. Como hemos intentado mostrar, el cambio proviene de un movimiento más amplio y relacionado con dinámicas tanto internas como externas. Basta pensar, por ejemplo, que antes de la firma del TLCAN, México había ya ingresado al entonces GATT, hecho que tuvo una indudable repercusión, directa o indirecta, en el derecho interno. Por otro lado, desde 1992, México ha firmado 9 tratados de libre comercio adicionales,[33] así como 18 acuerdos de promoción y protección recíproca de inversión (APRIS's).[34]

La importancia del TLCAN deriva de diversos factores que le dan su singularidad. Uno de ellos son las características propias del acuerdo. Adicionalmente, debe considerarse su lugar en el proceso de cambio tanto nacional como global, que hicieron que el tratado tuviera un papel tan especial. Analizaremos a continuación estas cuestiones.

*1. Las características singulares del TLCAN*

El TLCAN es, por distintas razones, un acuerdo con características políticas y técnicas particulares. Brevemente señalaré algunas de las que me parecen más relevantes.

Desde el punto de vista político, TLCAN fue el primer acuerdo de libre comercio entre dos de las economías más desarrolladas del mundo, Canadá y los Estados Unidos, y un país menos desarrollado, México. Esto fue posible en condiciones políticas singulares, y supuso un cambio importante en la manera en que cada uno de los tres países entendió su papel en las relaciones comerciales y geopolíticas de la región y el mundo. Como un observador ha señalado: "el enfoque del TLCAN, el de una zona de libre comercio tradicional adicionada con disposiciones en materia de inversio-

---

[33] Los tratados se han firmado con los siguientes países: Guatemala, Salvador y Honduras (triangulo del norte), Nicaragua, Costa Rica, Colombia y Venezuela (G3), Bolivia, Chile, Israel, la Unión Europea y la Asociación Europea de Libre Comercio. Actualmente se negocia un tratado de libre comercio con Japón.

[34] De 1995 a la fecha, México ha suscrito 18 APRIS's con diversos países miembros de la Unión Europea (Alemania, Países Bajos, Austria, España, Unión Belgo-Luxemburguesa, Francia, Finlandia, Portugal, Italia, Dinamarca, Grecia y Suecia), además de Suiza, República Checa, Corea, Argentina, Uruguay y Cuba.

nes, servicios y otras muy cuidadosamente delimitadas en materia de entrada temporal (en lugar de completa movilidad laboral), puede demostrar ser más flexible para facilitar la integración económica regional, cuando los países tienen diferentes niveles de ingreso" (Smith 1993, 85).

Típicamente un acuerdo de libre comercio supone la eliminación de los aranceles y otras medidas regulatorias entre dos o más Estados. El TLCAN es mucho más ambicioso. En efecto, tomando principalmente como modelo el Acuerdo de Libre Comercio entre los Estados Unidos y Canadá y una parte del Texto Dunkel de la Ronda Uruguay del GATT, la negociación del TLCAN produjo un acuerdo de una sobresaliente cobertura y complejidad técnica. Veamos por qué.

En primer término, con muy limitadas excepciones,[35] incluye la totalidad de los bienes, incluso los agrícolas,[36] y los servicios. En segundo lugar, el TLCAN contiene un conjunto de extensas y desarrolladas disciplinas internas respecto de los procedimientos internos. Estas incluyen los procedimientos en materia de aduanas,[37] salvaguardas,[38] normas técnicas[39], compras gubernamentales,[40] prácticas desleales de comercio[41] y propiedad intelectual.[42] Incluye además disposiciones especiales en materia de transparencia, competencia y procedimientos administrativos y judiciales.[43]

En tercer lugar, y me parece que poco se ha reflexionado sobre este aspecto, el TLCAN integra por primera vez un acuerdo de inversión a un acuerdo comercial típico. En sentido estricto, el TLCAN es a la vez un acuerdo de comercio y uno de inversión integrados en un instrumento único. Esta característica tiene consecuencias importantes en materia de cier-

---

35. Las principales excepciones son las siguientes: el sector de energía para México (Anexo 602.3), cabotaje marítimo y controles a la exportación de troncos de todas las especies para los Estados Unidos (Anexo 301.3) y las industrias culturales para Canadá (Anexo 2106).
 36. Una excepción a esta regla son los productos lácteos, avícolas y de huevo excluidos del acuerdo bilateral en agricultura entre México y Canadá.
 37. Véase el capítulo V *Procedimientos aduaneros* del TLCAN.
 38. Véase el artículo 803 y el anexo 803.3 *Administración de los procedimientos relativos a medidas de emergencia* del TLCAN.
 39. Véase el capítulo IX *Medidas relativas a normalización* y el capítulo VI sección B *Medidas sanitarias y fitosanitarias* del TLCAN.
 40. Véase el capítulo X sección B *Procedimientos de licitación* y C *Procedimiento des impugnación.*
 41. Véase el artículo 1904.15 y el anexo 1904.15 *Reformas a las disposiciones jurídicas internas* del TLCAN.
 42. Véanse los artículos 718, 909, 1019, 1411, 1604, y el capítulo XVIII *Publicación, Notificación y Administración de leyes* del TLCAN.
 43. Véase el artículo 112.1 del TLCAN que establece: "En caso de incompatibilidad entre este capítulo y otro capítulo, prevalecerá la de este último en la medida de la incompatibilidad".

tos bienes, (e.g. automotriz), pero principalmente en servicios pues, como sabemos, la presencia comercial, forma principal del comercio de servicios, implica inversión. Las consecuencias jurídicas de la inclusión del capítulo de inversión dentro del TLCAN fueron evidentes al momento de redactar el acuerdo.[44] Sin embargo, contiene también un conjunto de complejas y controvertidas reglas de origen aplicables a ciertos sectores, principalmente el automotriz y el textil, que responden, a la vez, a los intereses de algunas industrias nacionales y las características económicas de la región (Palmeter 1993).

Desde el punto de vista institucional, la Comisión de Libre Comercio, de integración ministerial, es un órgano de consulta y seguimiento, pero sus decisiones deben ser adoptadas por las Partes a través de sus procedimientos internos. El acuerdo contiene tres mecanismos de solución de controversias que pretenden asegurar el cumplimiento de las obligaciones del acuerdo (véase *infra*).

Finalmente, aunque de manera incompleta y limitada, el TLCAN y sus acuerdos complementarios incluyen algunos aspectos en materia ambiental, laboral y de competencia.

Más allá de estos aspectos técnicos, el encuentro de sistemas y culturas jurídicas es una causa que explica entre otras, la extensión y detalle del acuerdo. A la desconfianza normal sobre la operación y cumplimiento del acuerdo entre las Partes, se sumó la precisión y gusto por el detalle de la cultura jurídica anglosajona, opuesta a una redacción más general y basada en principios propios a la cultura latina. El resultado fue un texto de más de 2000 páginas, que contrasta notablemente con otros acuerdos de integración regional notablemente menos extensos.

El TLCAN ha sido el modelo con el cual México ha negociado la mayor parte de sus demás acuerdos de integración, y sin duda ha tenido una influencia notable en el proceso de negociación de otros acuerdos regionales, incluido el ALCA (López Ayllón 1997a). Pero su impactos más profundos tuvieron lugar en el ámbito interno.

## 2. El impacto jurídico del TLCAN

A casi diez años de la entrada en vigor del TLCAN, resulta aún difícil hacer una evaluación completa de su impacto jurídico.[45] En efecto, como hemos explicado anteriormente, este instrumento constituyó un punto de llegada del proceso interno de cambio en el modelo de desarrollo. Muchas

---

44. Durante las negociaciones del TLCAN se realizó un esfuerzo importante para crear reglas de origen claras y transparentes.
45. Para una visión inmediata a la firma del tratado puede verse (Witker 1993).

de las medidas jurídicas que siguieron al TLCAN habrían sido adoptadas de cualquier modo, pero eran fichas importantes durante la negociación, por lo cual los cambios se dieron sólo después de la firma del instrumento. El TLCAN sirvió también para asegurar que muchas de estas medidas fueran irreversibles, o al menos para elevar considerablemente el eventual costo de una reversión. Finalmente, el tratado es también un punto de partida para una diversidad cambios en la orientación y posible evolución del derecho en México, pues puso al descubierto muchas de las contradicciones o insuficiencias de la Constitución mexicana en el nuevo entorno "global".

A continuación analizaremos algunos aspectos específicos de impacto en materia de recepción de derecho internacional, el cambio de orientación de la legislación nacional y los mecanismos de solución de controversias.

a) La recepción del derecho internacional

Desde la perspectiva expuesta en la primera parte de esta ponencia, resulta claro que uno de los problemas centrales del proceso de globalización del derecho tiene que ver con los sistemas de recepción del derecho internacional en el derecho interno (Jackson 1992). Los tratados internacionales en materia, por ejemplo, de derechos humanos, comercio o medio ambiente constituyen verdaderos cuerpos normativos que afectan no sólo la esfera externa, sino también la interna de los Estados. En otras palabras, los tratados internacionales regulan, junto con la legislación nacional, aspectos sustantivos cada vez más importantes. Adicionalmente, algunos agentes externos tienen interés en el cumplimiento de las obligaciones internacionales, generando un mayor escrutinio, incluso presión, para asegurar su cumplimiento.

La recepción de los tratados internacionales en el derecho mexicano está regulada fundamentalmente por el artículo 133 de la Constitución,[46] que establece que los tratados internacionales que celebre el Presidente de la República, con aprobación del Senado, y que estén de acuerdo con la Constitución, son la "Ley Suprema de toda la Unión".[47] En otras palabras,

---

46. El texto del artículo 133 establece: "Esta Constitución, las leyes del Congreso de la Unión que emanen de ella y todos los tratados que estén de acuerdo con la misma, celebrados y que se celebren por el Presidente de la República, con aprobación del Senado, serán la Ley Suprema de toda la Unión. Los jueces de cada Estado se arreglarán a dicha Constitución, leyes y tratados, a pesar de las disposiciones en contrario que pueda haber en las Constituciones o leyes de los Estados". Otros artículos constitucionales aplicables en materia de tratados internacionales son los siguientes: 15, 76 fracción I, 89 fracción X, 104, 107 y 117 fracción I.

47. Este artículo, que se introdujo por primera vez en la Constitución mexicana de 1857, está inspirado de manera casi literal en el párrafo segundo del artículo VI de la Constitución de los Estados Unidos de América. Véase (Tena Ramírez 1981, 413 y ss.).

sujetos a las condiciones que establece el mismo artículo 133, los tratados internacionales son "ley" y tienen aplicación directa.[48] Por ello, como regla general, en México no se requiere de un acto legislativo posterior que implemente las obligaciones de los tratados en el derecho interno.

Durante años, cuando la materia de los tratados internacionales tenía una importancia relativamente menor en el orden interno, este sistema de recepción raramente provocó problemas. Claramente establecido el principio de la supremacía constitucional,[49] la aplicación interna de los tratados era poco frecuente.

Sin embargo, la proliferación en el número y, sobre todo, la importancia de los tratados internacionales, así como el interés que los agentes jurídicos internos[50] y externos[51] otorgan a su cumplimiento, han puesto de manifiesto la importancia de estos instrumentos. En una tesis reciente que data de mayo de 1999, la Suprema Corte de Justicia estableció que los tratados internacionales se ubican por encima tanto de las leyes federales como las locales. Esta tesis reavivó un debate, no resuelto aún del todo, sobre el lugar que ocupan estos instrumentos en el orden jurídico interno, en particular los problemas de conflicto entre los tratados y las leyes.[52]

48. La Corte ha reiterado este principio en diversas tesis, por ejemplo en relación con la obligatoriedad del *Convenio de París para la protección de la propiedad industrial*, se determinó que "debe estimarse que de conformidad con el artículo 133 de la Constitución General de la República tiene categoría de Ley Suprema de la Unión, por lo cual las autoridades competentes están obligadas a acatarlo [...]", Apéndice 1985, Segunda Sala, Parte III, contradicción de tesis 421, p. 751.
49. En 1934 una reforma al artículo 133 de la Constitución dejó claramente establecido que los tratados internacionales tienen que estar "de acuerdo" con la Constitución.
50. Por ejemplo, el uso de los Convenios de la Organización Internacional del Trabajo celebrados por México en distintos foros, incluso el judicial. Así, el Sindicato de Solidaridad de los Trabajadores de los Poderes del Estado de Oaxaca y Organismos Descentralizados que presentó un recurso en contra de la resolución de la Junta de Arbitraje para los Empleados al Servicio de los Poderes de ese mismo Estado que les negó el registro como organización sindical violando las garantías del artículo 9 y 123 constitucional y el Convenio 87 de la OIT en la materia. El asunto fue resuelto por el Pleno de la Corte en su sesión del 21 de mayo de 1996, favorablemente a los quejosos.
51. Ejemplo de esto son los procedimientos que por supuestas violaciones a la legislación ambiental y laboral de México han iniciado diversas organizaciones no gubernamentales de conformidad con los Acuerdos de Cooperación Ambiental y Laboral de América del Norte. En materia ambiental se han iniciado diversos procedimientos de conformidad con los artículos 14 y 15 del Acuerdo de Cooperación Ambiental. Véase Comisión de Cooperación Ambiental de América del Norte, www.cec.org. En materia laboral las oficinas nacionales de México y Estados Unidos han iniciado también varios casos por supuestas violaciones a la legislación laboral.
52. La bibliografía sobre esta cuestión es muy extensa. Señalaremos únicamente algunas referencias importantes: (Adame Goddard 1993; Becerra 2002; Carpizo 1969; Cossio Díaz 2000; López Ayllón 2000; Martínez Báez 1946; Pereznieto Castro 1995; Vázquez Pando 1992).

Lo anterior implica que, cada vez con mayor frecuencia, se utilizará a los tratados internacionales como normas de derecho interno. Por ello, vale la pena preguntarse si el sistema de recepción directa es el más conveniente y permite una adecuada articulación entre el orden interno y el orden externo.[53] Los problemas se plantean en varios niveles.

El primero se refiere al tipo y profundidad que debe tener la intervención de los órganos legislativos en la negociación y aprobación de los tratados internacionales (en México, conforme a la Constitución, es exclusivamente el Senado excluyendo a la Cámara de Diputados). El segundo, se refiere a la conveniencia de adoptar un sistema de recepción indirecta, que permita adoptar y adecuar, mediante la intervención legislativa o reglamentaria, el contenido de los tratados al orden jurídico interno. El tercero se refiere a la jerarquía de los tratados. Esta materia admitiría un trato diferencial a cierto tipo de tratados (por ejemplo en materia de derechos humanos o de integración económica), e incluso la conveniencia de un procedimiento especial para su adopción. Un cuarto aspecto, se refiere al procedimiento de negociación y a la intervención de diferentes niveles de gobierno, especialmente los subnacionales.

b) La orientación de la legislación

El TLCAN tuvo un impacto mayor en la orientación de la legislación nacional. En primer lugar modificó una de las características más comunes de la leyes; su marcado acento nacionalista y excluyente de lo "extranjero" en todos los niveles. Los principio de trato nacional y la larga lista de compromisos incluidos en el tratado supuso igualar las condiciones de entrada al mercado en un número importante de actividades. Cierto, en algunos sectores estas prerrogativas se mantuvieron, pero con un carácter excepcional. Aún más lejos, el replanteamiento que llevó a adoptar una reforma constitucional que admite la doble nacionalidad modificó también este carácter excluyente de la legislación nacional. La apertura implicó pues una orientación nueva sobre uno de los pilares del Estado mexicano, la nacionalidad.

Un segundo aspecto tuvo que ver con las modificaciones necesarias para adaptar el marco jurídico a las nuevas condiciones impuestas por el tratado. Ciertamente la Constitución no se modificó como una consecuencia directa del tratado, pero sin duda alguna cambió la orientación de la

53. El 2 de enero de 1992 se publicó en el Diario Oficial de la Federación la Ley sobre la Celebración de Tratados cuya intención era reglamentar la celebración de tratados y asegurar la unidad de la política exterior de México. Este loable esfuerzo nos parece insuficiente pues esta ley apenas resuelve algunos de los múltiples problemas en esta materia, dejando otros en el más completo silencio.

legislación en materia aduanera, de normalización, prácticas desleales de comercio, salvaguardas, propiedad intelectual, compras gubernamentales, competencia económica, expropiación, transparencia, servicios (e.g. telecomunicaciones, transporte aéreo y marítimo, servicios profesionales etc.), servicios financieros e inversión.

Es probablemente en materia de servicios y de inversión en que los cambios fueron más notables y suponen una reorientación completa de la legislación. Estos cambios se manifiestan fundamentalmente en la eliminación de requisitos de nacionalidad o presencia local, en la posibilidad de admitir inversión extranjera en actividades antes reservadas de manera exclusiva para el Estado o los mexicanos, y en las disciplinas de trato a la inversión. En esta última materia incluso se llego a extremos en que sería posible argumentar que los inversionistas extranjeros tiene un mejor trato que los nacionales, y que los mecanismos incluidos en el TLCAN y en el resto de los tratados comerciales constituyen mecanismo de protección de los cuáles no gozan los nacionales.

Desde un punto de vista prospectivo, las obligaciones contenidas en el tratado aseguran que cambio sustantivos en la nueva orientación de la legislación tenga potencialmente un alto costo. Así por ejemplo, en materia de inversión y servicios, las cláusula del "berbiqui" (ratchet) impide jurídicamente que un sector liberalizado pueda volver a la situación anterior.

Existe un tercer aspecto, menos evidente, pero de la mayor importancia en el devenir de la legislación. Aunque el tratado no existen entidades supranacionales encargadas de "armonizar" el derecho, el efecto acumulado de los intercambios y la dinámica propia del mercado tenderá a generar un acercamiento de los órdenes jurídicos de sus países miembro (Kozolchyk 1993). El movimiento hacia un "derecho uniforme" en materia mercantil (e.g. seguros, transporte, quiebras, garantías) ha comenzado ya y, aunque lentamente, irá permeando el panorama de la legislación nacional. Así, el tratado constituyó la reforma "macrojurídica". Ahora estamos comenzando el caminos hacia una reforma "microjurídica" que afectará diversas e importantes materias del derecho privado.

c) Los mecanismos de solución de controversias

Uno de los aspectos más interesantes en los tratados de integración regional lo constituyen los mecanismos de solución de controversias, pues constituyen unas de las piezas fundamentales de su operación. En general, estos mecanismos deben de estar diseñados para resolver de manera efectiva las controversias que se generen por la aplicación o interpretación de un tratado. De lograrse este objetivo, éste tendrá mayores probabilidades de éxito, pues el efecto directo será un mecanismo efectivo para prevenir posibles violaciones.

Generalmente, los mecanismos de solución de controversias de los tratados de integración regional están diseñados conforme a un modelo que admite diversas variantes, pero que conserva en lo esencial las características del arbitraje comercial internacional privado (Redfern y Hunter 1991). El problema más serio se plantea respecto de la ejecución (coercitividad) de las decisiones derivadas de esos mecanismos. Conceptualmente, esta cuestión se plantearía en los mismos términos que aquéllas derivadas del arbitraje comercial privado, es decir, los laudos serían obligatorios para las partes y podrían ser ejecutados mediante su homologación por un tribunal nacional. Sin embargo, las características de los mecanismos incorporados en los tratados comerciales imponen una serie de consideraciones más complejas, pues en ocasiones las decisiones de los tribunales arbitrales pueden tener consecuencias significativas, tanto sobre las políticas públicas de un Estado nacional, como sobre la operación de los sistemas judiciales nacionales. De nuevo se plantea entonces la cuestión de la relación entre el derecho internacional y el nacional, particularmente cuando éste último admite la existencia de tratados con estas características.

En particular, el TLCAN contiene tres mecanismos de solución de controversias. El primero es un mecanismos Estado vs. Estado cuya finalidad es la solución de controversias derivadas de la aplicación o interpretación del tratado.[54] El segundo es un conjunto de mecanismos especiales,[55] cuyo origen se encuentra en el Acuerdo de Libre Comercio entre Canadá y los Estados Unidos, que permite que las personas afectadas por una resolución definitiva de la autoridad en materia de prácticas desleales de comercio puedan optar por la revisión de la decisión ante los tribunales nacionales o bien ante un panel arbitral especialmente constitutito para este fin.[56] Este peculiar mecanismo ha generado una enorme discusión por presenta características únicas en esta materia (Gantz 1998; López Ayllón y Thomas 1995; Vega Cánovas 2001). El tercer mecanismo establece un procedimiento arbitral que permite a los inversionistas de un país demandar al Estado huésped de la inversión por violaciones a las disciplinas de trato a la inversión establecidas en el tratado y que le causen daño pecuniario. El objeto del mecanismo es restituir la propiedad de la inversión al inversionista, o resarcirlo por los daños pecuniarios y los intereses correspondientes.[57]

Adicionalmente a estos mecanismos, los acuerdos paralelos al TLCAN en materia de medio ambiente y trabajo establecen respectivamente dos

---

54. Véase capítulo XX del TLCAN.
55. Los mecanismos son los siguientes: el procedimiento de revisión de resoluciones definitivas de la autoridad investigadora; el procedimiento de impugnación extraordinaria; el procedimiento de salvaguarda del sistema de revisión ante un panel; y el procedimiento de revisión de reformas legislativas.
56. Véase capítulo XIX del TLCAN.
57. Véase la sección B del capítulo XI del TLCAN.

mecanismos sui generis para resolver las controversias que se generen por el incumplimiento de la legislación ambiental o laboral de cualquiera de los países miembros del tratado (Fernández de Castro y Ibargüen 2000). Luego de diez años del vida del tratado, todos los mecanismos se han utilizado, según se muestra en la siguiente tabla:

Tabla 3
Uso de los mecanismos de solución del TLCAN

| Mecanismo | Número de casos |
|---|---|
| Capítulo XX | 4 |
| Capítulo XIX | 75 |
| Capítulo XI | 21 |
| Acuerdo ambiental (a. 14 y 15) | 35 |
| Acuerdo laboral (comunicaciones públicas) | 23 |

Aunque resulta difícil hacer una evaluación de conjunto (Fernández de Castro y Ibargüen 2000; Gantz 1998; Leycegui 2000; Lopez 1997; Vega Cánovas y Winham 2002), en general los diversos autores coinciden en que los tres países han cumplido, no siempre con gusto o prontitud, con las decisiones de los paneles arbitrales. Sin embargo, diversas decisiones han suscitado críticas importantes, pues se considera que estos órganos han intervenido en demasía de sus atribuciones y que han interferido con el desarrollo de políticas nacionales, particularmente en materia de medio ambiente. Este es especialmente el caso del mecanismo inversionista Estado.

En realidad, la existencia de estos mecanismos supone un replanteamiento de las relaciones internacionales bajo supuestos diversos a los de la doctrina tradicional. En efecto, esos mecanismos buscan despolitizar conflictos de naturaleza comercial, pero que pueden tener un alto componente político nacional, para llevarlos ante tribunales en donde las asimetrías de las partes, es decir su poder relativo, no constituyan un determinante de la decisión. Pero al hacer esto mediante mecanismos arbitrales, que suponen el consentimiento de las partes, los Estados se han comprometido a aceptar que su conducta sea juzgada por tribunales arbitrales establecidos con el único de fin de examinar una controversia derivada del tratado, y cuya decisión vincula directamente al Estado, y que escapan al control de la jurisdicción interna. La importancia radica en que, en ocasiones, las decisiones de estos tribunales arbitrales pueden implicar la modificación de la legislación o la política regulatoria de los Estados, y tiene importantes impactos políticos.

## IV. CONCLUSIÓN: CONSTITUCIÓN Y GLOBALIZACIÓN

El panorama general planteado en esta ponencia nos permite volver a considerar algunas de las tesis planteadas inicialmente. La globalización es un fenómeno que tiene efectos jurídicos innegables, los cuáles aún no comprendemos del todo y sobre los cuáles es indispensable reflexionar con mucho mayor detenimiento. Sin embargo algo hemos avanzado en su identificación.

Así, por ejemplo, una de las cuestiones centrales en el trabajo tiene que ver con la articulación del derecho internacional con el derecho interno. Esta es una cuestión toral, pues de su respuesta depende la capacidad del Estado nacional de mantener la unidad del sistema jurídico y en última instancia su soberanía. Es importante no perder de vista que, al final del día, todos los fenómenos se articulan a nivel local, y son en gran medida los tribunales nacionales los que determinan el sentido específico de las normas, sin importar su origen.

La cuestión de la recepción del derecho internacional plantea otras cuestiones importantes a nivel de la teoría de la constitución, entre otras aquellas relacionadas con el sistema de fuentes, con la división de poderes —es decir el papel de los órganos legislativos, ejecutivos y judiciales en la creación y aplicación del derecho- y con las jerarquía normativa.

Desde otro punto de vista, es claro que los acuerdos de integración regional tienen un impacto directo en el diseño constitucional y legal de sus países miembros. Obviamente a mayor grado de integración, el impacto es mayor.

La pregunta crucial en el caso de México es cuál será el futuro del tratado. Como hemos explicado este fue el punto más alto de un proceso de cambio de orientación económica, en gran medida definida por une pequeña élite, que contribuyó y se sumó a cambio más amplios y en las esferas política y social. Bajo las nuevas circunstancias políticas del mundo, ese proyecto no hace la unanimidad. Peor aún, en muchos casos el tratado es acusado de ser el "culpable" de muchos de los males de la economía mexicana. Creo firmemente que una mirada objetiva a sus resultados mostraría que éste tuvo un efecto positivo y saludable sobre la economía. El TLCAN sin embargo no resolvió, ni pretendió resolver, todos los problemas de aquella. El TLCAN, como cualquier otro tratado de integración económica, es un instrumento de política económica, pero sobre todo es un instrumento político. Por ello, es en la arena política donde debe determinarse el uso de los instrumentos de política económica para enfrentar las graves problemas de desigualdad.

Las consecuencias jurídicas del tratado tuvieron un impacto quizá más profundo que el que tuvo sobre la economía. En efecto, hoy el tratado es

Ley, y contiene una serie de salvaguardas que amarran las opciones de decisión en materia de políticas públicas. ¿Serán estas irreversible?. Esta es hoy la cuestión que agita el debate nacional.

## V. BIBLIOGRAFÍA

Abbott, Keneth W. y Gregory W. Bowman (1994). "Economic Integration in the Americas: 'A Work in Progress'". *Northwestern Journal of International Law & Business*, vol. 14, num. 3, 493-527.

Adame Goddard, Jorge (1993). "El Tratado de Libre Comercio en el orden jurídico mexicano". En Jorge Witker (ed.), *El Tratado de Libre Comercio de América del Norte. Análisis, diagnóstico y propuestas jurídicos*. México, UNAM, pp. 79-108.

ALADI (1997). *La situación del proceso de integración en 1996*. Uruguay, Asociación Latinoamericana de Integración.

Badie, Bertrand (1992). *L'Etat importé. L'occidentalisation de l'ordre politique.* Paris, Fayard.

— (1995): *La fin des territoires. Essai sur le désordre international et sur l'utilité sociale du respect*, Paris, Fayard.

Baer, Werner y Melissa Birch (1992). "Privatization and the changing role of the State in Latin America". *New York University Journal of International Law and Politics*, vol. 25, num. 1, 1-25.

Becerra, Manuel (2002). Hacia un nuevo sistema de recepción del derecho internacional en la constitución mexicana. En José María Serna de la Garza, y Antonio Caballero (eds.), *Estado de derecho y transición jurídica*. México, UNAM-IIJ, pp. 141-171.

Bhagwati, Jagdish (2002). *Free Trade Today*. Princeton-Oxford, Princeton University Press.

Bodin, Jean (1973). *Los seis libros de la república*. Tr. de Pedro Bravo, Madrid, Aguilar.

Buhour, Chantal (1996). *Le commerce internationale. Du GATT à l'OMC.* Paris, Le Monde Editions-Marabout.

Caballero, Antonio (1999). "La transición del absolutismo al Estado de derecho". En María del Refugio González, y Sergio López Ayllón (eds.), *Transiciones y diseños institucionales*, México, IIJ-UNAM, pp. 19-47.

Camilleri, Joseph A. y Jim Falk (1992). *The End of Sovereignty. The Politics of a Shrinking and Fragmenting World*. Aldershot (Inglaterra), Edward Elgar.

Carpizo, Jorge (1969). "La interpretación del artículo 133 constitucional", *Boletín Mexicano de Derecho Comparado*, vol. 11, num. 4, 3-33.

Carreau, Dominique y Patrick Juillard (1998). *Droit International Economique*. 4ª ed., Paris, L.G.D.J.

Colas, Bernard (1994). *Global Economic Co-operation. A Guide to Agreements and Organizations*. 2ª ed., Deventer Boston, Kluwer Law & Taxation Publishers-United Nations University Press.

Comisión Económica para América Latina y el Caribe (1996). *Panorama de la inserción internacional de América Latina y el Caribe*. Santiago de Chile, Comisión Económica para América Latina y el Caribe.

Cossio Díaz, José Ramón (2000). "La nueva jerarquía de los tratados internacionales". *Este País*, num. 107, 34-38.

Díaz y Díaz, Martín (1994). "Las reformas al artículo 27 constitucional. La etapa del ejido voluntario". *La modernización del derecho constitucional mexicano. Reformas constitucionales 1990-1993*. México, UNAM-IIJ, pp. 81-109.

_____ (1999). "La transición constitucional (notas sobre las condiciones del reemplazo). En Instituto de Investigaciones Jurídicas (ed.), *Hacia una nueva constitucionalidad*, México, UNAM-IIJ, pp. 167-190.

Dicken, Peter (1998). *Global Shift. Transforming the World Economy*. 3ª ed., New York-London, The Guilford Press.

Durand, Marie-Françoise, Jacques Lévy, y Denis Retaillé (1993). *Le monde: espaces et système*. 2ª, Paris, Presses de la Fondation Nationale des Sciences Politiques-Dalloz.

Elster, Jon, Claus Offe, y Ulrich K. Preuss (eds.) (1998). *Institutional Design in Post-communist Societies*. Cambridge, Cambridge University Press.

Fernández de Castro, Rafael y Claudia Ibargüen (2000). "Las instituciones del TLCAN: una evaluación a cinco años". En Betriz Leycegui Castro, y Rafael Fernández de Castro (eds.), *¿Socios naturales? Cinco años del Tratado de Libre Comercio de América del Norte*. México, ITAM-Miguel Ángel Porrúa, pp. 475-536.

Fix-Fierro, Héctor y Sergio López Ayllón (2002). "Cambio jurídico y autonomía del derecho: un modelo de la transición jurídica en México". En José María Serna de la Garza, y Antonio Caballero (eds.), *Estado de derecho y transición jurídica*. México, UNAM-IIJ, pp. 95-137.

Frankel, Jeffrey A. (1997). *Regional Trading Blocs in the World Economic System*. Washington, Institute for International Economics.

Gantz, David A. (1998). "Resolution of Trade Disputes Under NAFTA's Chapter 19: The Lessons of Extending the Binational Panel Process to Mexico". *Law and Policy in International Business*, vol. 29, num. 3, 297-363.

Giddens, Anthony (1993). *Consecuencias de la modernidad*. Tr. de Ramón, Ana Lizón, Madrid, Alianza Editorial.

Gilpin, Robert (2001). *Global Political Economy. Understanding the International Economic Order*. Princeton-Oxford, Princeton University Press.

Gonzáles, María del Refugio y Antonio Caballero (2002). "El proceso de formación del Estado de derecho en México. Los modelos de Estado en la Constitución de 1917". En José María Serna de la Garza, y Antonio Caballero (eds.), *Estado de derecho y transición jurídica*. México, UNAM-IIJ, pp. 47-93.

González, María del Refugio (1996). "La Nueva España en la Constitución de 1917. Los 'nuevos comienzos' en el constitucionalismo revolucionario". *Homenaje en honor de Alfonso García Gallo*. Madrid, Editorial Complutense, pp. 297-317.

González, María del Refugio y Sergio López-Ayllón (eds.) (1999). *Transiciones y diseños institucionales*. México, IIJ-UNAM.

Grindle, Merilee S. (1996). *Challenging the State. Crisis and innovation in Latin America and Africa*. Cambridge, Cambridge University Press.

Guerra-Borges, Alfredo (1991). *La integración de América Latina y el Caribe*. México, UNAM.

Haggard, Stephan y Robert R. Kaufman (1995). *The Political Economy of Democratic Transitions*. Princeton, NJ, Princeton University Press.

Held, David, Anthony McGrew, David Goldblatt, y Jonathan Perraton (1999). *Global Transformations. Politics, Economics and Culture*. Stanford, Stanford University Press.

Ianni, Octavio (1996). *Teorías de la globalización*. México, Siglo XXI.

Instituto de Investigaciones Jurídicas (ed.) (1999). *Hacia una nueva constitucionalidad*. México, UNAM-IIJ.

Jackson, John (1999). *The World Trading System. Law and Policy of International Economic Relations*. 2ª ed., Cambridge-London, MIT Press.

Jackson, John H. (1992). "Status of Treaties in Domestic Legal Systems; A Policy Analysis". *American Journal of International Law*, vol. 86, num. 2, 310-340.

Kozolchyk, Boris (ed.) (1993). *Making Free Trade Work in the Americas*. Tucson-New York, The National Center for Inter-American Trade-Transnational Juris Publications.

Krueger, Anne O. (ed.) (1998). *The WTO as an International Organization*. Chicago-London, The University of Chicago Press.

Krugman, Paul (1997). *Pop Internationalism*. Cambridge, Mass, MIT Press.

Leycegui, Beatriz (2000). "Acordar para disentir: la solución de controversias en el Tratado de Libre Comercio de América del Norte". En Betriz Leycegui Castro, y Rafael Fernández de Castro (eds.), *¿Socios naturales? Cinco años del Tratado de Libre Comercio de América del Norte*. México, ITAM-Miguel Ángel Porrúa, pp. 537-634.

Linz, Juan J. y Alfred Stepan (1996). *Problems of Democratic Transition and Consolidation. Southern Europe, South America, and Post-Communist Europe*. Baltimore-London, The John Hopkins University Press.

López Ayllón, Sergio (1997a). "El impacto del Tratado de Libre Comercio de América del Norte en los sistemas jurídicos del continente americano". En Sergio López Ayllón (ed.), *El futuro del libre comercio en el continente americano. Análisis y perspectivas*. México, UNAM, pp. 211-232.

_____ (1997b). *Las transformaciones del sistema jurídico y los significados sociales del derecho. La encrucijada entre tradición y modernidad*. México, UNAM.

_____ (1999a). "Globalización y transición del Estado nacional". En María del Refugio González, y Sergio López Ayllón (eds.), *Transiciones y diseños institucionales*. México, IIJ-UNAM, pp. 301-342.

_____ (1999b). "Globalización, Estado Nacional y Derecho. Los problemas normativos de los espacios deslocalizados". *Isonomía. Revista de Teoría y Filosofía del Derecho*, num. 11, 7-21.

_____ (2000). La jerarquía de los tratados internacionales. *Cuestiones Constitucionales*, num. 3, 197-208.

López Ayllón, Sergio y Héctor Fix-Fierro (2000). "¡Tan cerca, tan lejos! Estado de derecho y cambio jurídico en México". *Boletín Mexicano de Derecho Comparado*, vol. XXXIII, num. 97, 155-267.

López Ayllón, Sergio y J. C. Thomas (1995). "NAFTA Dispute Settlement and Mexico: Interpreting Treaties and Reconciling Common Law and Civil Law Systems in a Free Trade Area". *The Canadian Yearbook of International Law*, vol. XXXIII, num. 23, 75-122.

Lopez, David (1997). "Dispute Resolution Under NAFTA: Lesson from the Early Experience". *Texas International Law Journal*, vol. 32, num. 2.

Martínez Báez, Antonio (1946). "La constitución y los tratados internacionales". *Revista de la Escuela Nacional de Jurisprudencia*, vol. VIII, num. 30, 167-181.

Medina Peña, Luis (1995). *Hacia el nuevo Estado. México 1920-1994*, 2ª ed., México, Fondo de Cultura Económica.

Ohmae, Kenich (1995). *The End of the Nation State. The Rise of Regional Economies*. New York, The Free Press.

Organización de los Estados Americanos (1996). *Acuerdos de comercio e integración en las Américas: un compendio analítico*. Cartagena, Colombia.

Ost, François y Michel van de Kerchove (2002). *De la pyramide au réseau? Pour une théorie dialectique du droit*. Bruselas, Publications des Facultés universitaires Saint-Louis.

Palmeter, David (1993). "Rules of origin in customs unions and free trade areas". En Kym Anderson, y Richard Blackhurst (eds.), *Regional Integration and the Global Trading System*. New York-London-Toronto, Harvester Wheatsheaf, pp. 326-343.

Pereznieto Castro, Leonel (1995). "El artículo 133 constitucional: una relectura". *Jurídica*, vol. II, num. 25.

Petrella, Riccardo (1996). "Globalization and Internationalization: The Dynamics of the Emerging World Order". En Robert Boyer, y Daniel Drache (eds.), *States Against Markets: The Limits of Globalization.* London-New York, Routledge, pp. 62-83.

Pizarro, Roberto (1995). "Renovación y dinamismo de la integración latinoamericana en los años noventa". *Estudios internacionales*, vol. XXVIII, num. 110, 198-222.

Poggi, Gianfranco (1978). *The Development of the Modern State.* Stanford, Stanford University Press.

Przeworski, Adam (1995). *Democracia y mercado. Reformas políticas y económicas en la Europa del Este y América Latina.* Tr. de Mireia Bofill Abelló, Cambridge, Cambridge University Press.

Redfern, Alan y Martin Hunter (1991). *Law and Practice of International Commercial Arbitration.* 2ª ed., London, Sweet & Maxwell.

Reich, Simon (1998). *What Is Globalization? Four Possible Answers.* The Helen Kellogg Institute for International Studies.

Senarclens, Pierre de (2002). *La mondialisation. Théories, enjeux et débats.* 3ª ed., Paris, Armand Colin.

Serna de la Garza, José María (1998). *La reforma del Estado en América Latina: los casos de Brasil, Argentina y México.* México, UNAM.

Serna de la Garza, José María y Antonio Caballero (eds.) (2002). *Estado de derecho y transición jurídica*, México, UNAM-IIJ.

Shapiro, Martin (1993). "The Globalization of Law". *Indiana Journal of Global Legal Studies*, vol. I, num. 1, 37-64.

Slaughther, Anne-Marie (2002). "Breaking Out: The Proliferation of Actors in the International System". En Yves Dezalay, y Bryant Garth (eds.), *Global Prescriptions. The Production, Exportation, and Importation of a New Legal Orthodoxy.* Ann Arbor, The University of Michigan Press, pp. 12-36.

Smith, Murray (1993)." The North American Free Trade Agreement: global impacts". En Kym Anderson, y Richard Blackhurst (eds.), *Regional Integration and the Global Trading System.* New York-London-Toronto, Harvester Wheatsheaf, pp. 83-103.

Soberanes, José Luis, Diego Valadés, y Hugo A. Concha (eds.) (1996). *La reforma del Estado. Estudios comparados.* México, UNAM-Dirección General de Asuntos Jurídicos de la Presidencia de la República.

Stiglitz, Joseph E. (2002). *Globalization and Its Discontents.* New York-London, W.W. Norton & Company.

Strange, Susan (1996). *The Retreat of the State. The Diffusion of Power in the World Economy.* Cambridge, Cambridge University Press.

Tena Ramírez, F. (1981). *Derecho constitucional mexicano*. 18ª ed., México, Porrúa.

Trebilcock, Michael J. y Robert Howse (1999). *The Regulation of International Trade*. 2ª ed., London-New York, Routledge.

Vázquez Pando, F. (1992). "Jerarquía del Tratado de Libre Comercio en el sistema constitucional mexicano". *Panorama jurídico del Tratado de Libre Comercio*, Universidad Iberoamericana, pp. 35 y ss.

Vega Cánovas, Gustavo (1987). "México en las nuevas tendencias de la economía y el comercio internacionales", *Foro Internacional*, vol. XXVIII, num. 1, 60-81.

_____ (2001). "Resolución de controversias en materia de prácticas desleales de comercio en el TLCAN: la experiencia del capítulo XIX". En Sergio López Ayllón, y Gustavo Vega Cánovas (eds.), *Las prácticas desleales de comercio en el proceso de integración comercial en el continente americano: la experiencia de América del Norte y Chile*. México, UNAM, pp. 199-218.

Vega Cánovas, Gustavo y Gillbert R. Winham (2002). "The Role of NAFTA Dispute Settlement in the Management of Canadian, Mexican and U.S. Trade and Investment Relations". *Ohio Northern University Law Review*, vol. XXVIII, num. 3, 651-706.

Witker, Jorge (ed.) (1993). *El Tratado de Libre Comercio de América del Norte. Análisis, diagnóstico y propuestas jurídicos*. México, UNAM.

World Bank (2000). *Trade Blocs*. New York, Oxford University Press-World Bank.

Zippelius, Reinhold (1989). *Teoría general del Estado*. Tr. de Héctor Fix Fierro, 2ª ed., México, Porrúa-UNAM.

# AS DIFICULDADES JURÍDICAS PARA A IMPLEMENTAÇÃO DA ALCA

AMÉRICO MASSET LACOMBE

*1. A igualdade entre Estados. 2. O mercado interno como patrimônio nacional. 3. A integração da América Latina como meta preferencial. 4. A questão da soberania.*

## 1. A igualdade entre Estados

*1.1* O art. 4º da nossa Constituição estabelece os seguintes princípios pelos quais o Brasil deverá reger-se em suas relações internacionais:

"Art. 4º. (...): I – *independência nacional*; II – prevalência dos direitos humanos; III – autodeterminação dos povos; IV – não-intervenção; V – *igualdade entre Estados*; VI – defesa da paz; VII – solução pacífica dos conflitos; VIII – repúdio ao terrorismo e ao racismo; IX – cooperação entre os povos para o progresso da humanidade; X – concessão de asilo político."

*1.2* O que chama logo a atenção, quando se trata de discutir a nossa integração em um bloco econômico, ou simplesmente numa associação de mercado livre, são os itens grifados, vale dizer, a *independência nacional* e a *igualdade entre Estados*. Os dois itens estão, a toda evidência, co-relacionados, pois a igualdade entre Estados pressupõe a independência nacional.

*1.3* Assim, qualquer tratado internacional que venha a ser assinado não pode abdicar da independência nacional (inclusive no que concerne à possibilidade de denunciar o tratado e retirar-se da associação) nem desrespeitar a igualdade entre Estados, o que nos levaria a exigir absoluta igualdade de tratamento.

*1.4* A primeira dificuldade, portanto, seria exigir dos Estados Unidos a queda das barreiras referentes aos produtos brasileiros. E isto parece impossível visto que o Congresso Norte-Americano, pela voz de diversos dos seus membros, tem dito que a sua função é proteger os produtores americanos.

*1.5* A inclusão do princípio da igualdade entre os Estados como orientador da política externa brasileira visou a estabelecer uma coerência lógica entre os comportamentos interno e externo dos nossos poderes públicos. Sabemos que a nossa Constituição atual dá uma relevância especial ao princípio da isonomia. Relevância bem maior do que nas anteriores. Nas nossas outras Constituições, a isonomia era apenas um dos modos de implementação dos direitos à vida, à segurança, à liberdade, à propriedade etc.[1] Hoje, figurando o seu enunciado no *caput* do art. 5º, como primeira afirmação a inspirar todos os incisos que se lhe seguem, a igualdade não é mais forma de implementação de diretos e garantias, mas é a *causa* de direitos e garantias. Por conseguinte, tendo o princípio da igualdade como núcleo de toda a nossa principiologia constitucional, e sendo cláusula pétrea (art. 60, IV), a igualdade entre os Estados também terá este *status*, vale dizer, de cláusula pétrea, pois, ainda que não estivesse expresso, decorreria logicamente de todo o nosso sistema constitucional.

*1.6* Portanto, enquanto não caírem as barreiras sobre os nossos produtos de exportação, não haverá possibilidade constitucional de se firmar o tratado da ALCA. E, além disso, as disposições do tratado terão de ser isonômicas. Não poderá haver qualquer limitação para uma parte, sem que haja igual limitação para outra.[2] Havendo, poder-se-á impugnar a cláusula perante o Judiciário brasileiro, uma vez que o tratado ingressa no sistema judiciário nacional de cada Estado parte,[3] e, assim sendo, poderão os juízes garantir-lhe ou negar-lhe vigência, tal qual fazem com as normas jurídicas de produção interna, veiculada por leis, decretos, portarias, instruções normativas etc.

*1.7* O tratado não poderá conter nenhuma cláusula que vede sua apreciação política pelo Congresso Nacional e a sua validade jurídica pelo Judiciário. No que concerne ao Poder Legislativo, está expresso na Constituição vigente (art. 84, VIII), que compete ao Congresso referendar os tratados, convenções e atos internacionais celebrados pelo Presidente da República. No que tange ao Judiciário, não deve ser esquecido o inciso XXXV, do art. 5º, que veda à lei excluir da apreciação do Poder Judiciário lesão ou ameaça a direito – e, se o tratado passa integrar o direito interno, como vimos, poderá ser impugnado. E note-se que as disposições do art. 5º são cláusulas pétreas e não poderão ser modificadas, nem por Emendas Constitucionais, e muito menos por tratados.

*1.8* Deve ainda ser notado que o controle judicial, no caso, pode externar-se não só na forma do controle concentrado, como, ainda, na for-

---

1. Veja-se o nosso *Princípios Constitucionais Tributários*, 2ª edição, São Paulo, Malheiros Editores, 2000, pp. 16 e ss.
2. No tratado do Nafta existe tratamento diferenciado em relação ao México, no que concerne as empresas prestadoras de serviços.
3. Francisco Rezek, *Direito dos Tratados*, Rio de Janeiro, Forense, 1984, p. 382.

ma do controle difuso, pois a aplicação do tratado poderá ferir concretamente direitos e garantias individuais.

## 2. O mercado interno como patrimônio nacional

*2.1* Diz o art. 219 da Constituição que "o mercado interno integra o patrimônio nacional e será incentivado de modo a viabilizar o desenvolvimento cultural e sócio-econômico, o bem-estar da população e a autonomia tecnológica do País, nos termos da lei federal".

*2.2* Patrimônio nacional, no caso, não é o patrimônio da União. É algo bem mais amplo. Se se tratasse de patrimônio da União, estaria arrolado no art. 20. No caso, a Constituição refere-se a patrimônio da Nação.

*2.3* O art. 219, como qualquer outro, não pode ser interpretado isoladamente, mas, sim, dentro do Capítulo em que se insere. Tal artigo está colocado no Capitulo IV ("Da Ciência e Tecnologia"), do Título VIII ("Da Ordem Social"). Isto significa que o mercado interno deve ser prioritariamente favorecido no que diga respeito ao progresso cientifico e tecnológico. Compete à lei federal (referida no artigo) definir o modo de viabilizar o desenvolvimento cultural (cultura ai entendida em seu sentido mais amplo, vale dizer, conjunto de elementos caracterizadores de uma época ou de uma civilização). Não é certo dizer-se que tal artigo é de eficácia limitada pelo simples fato de dizer que será implementado "nos termos da lei federal". O texto está nitidamente dividido em duas partes. A primeira: "o mercado interno integra o patrimônio nacional (...)" revela um comando, uma afirmação peremptória, possuindo eficácia plena. A segunda "(...) e será incentivado de modo a viabilizar o desenvolvimento cultural e sócioeconômico, o bem estar da população e a autonomia tecnológica do País, nos termos da lei federal (...)." possui eficácia limitada, mas a lei limita-se, como vimos, a definir o modo de viabilização do ordenamento contido no texto.

*2.4* O mercado interno é, de conseguinte, um patrimônio inalienável da nação brasileira e é obrigação dos Poderes Públicos incentivar o seu desenvolvimento e conferir-lhe autonomia tecnológica. Com isto, fica vedada qualquer cláusula em tratado que impeça a transferência de tecnologia.

## 3. A integração da América Latina como meta preferencial

*3.1* O fato de o mercado interno ser patrimônio nacional não impede a integração do Brasil com o restante da América Latina. É que o parágrafo único do art. 4º diz claramente que "a República Federativa do Brasil buscará a integração econômica, política, social e cultural dos povos da América Latina, visando à formação de uma comunidade latino-americana de nações".

*3.2* É certo que o texto não específica o tipo de comunidade. Não diz se se trata de uma mera união de mercados, de uma integração econômica mais profunda, ou mesmo de uma Confederação. O que parece vedado é a abdicação da soberania, o que ocorreria no caso de uma federação.

## 4. A questão da soberania

*4.1* Todo Estado é soberano, salvo os Estados-membros de uma federação que abdicam de parte de sua soberania, pois não possuem personalidade de direito internacional. Abdicam também de uma parcela da sua soberania interna, pois estão totalmente submetidos à Constituição Federal. É certo que esta submissão envolve, da mesma forma a União (personalidade de direito interno – ordem jurídica parcial central) como a República Federativa do Brasil (personalidade de direito internacional – ordem jurídica total). Assim sendo, temos de concluir que a soberania está depositada na ordem jurídica total, que se exterioriza em seu grau máximo na Constituição Federal. A soberania decorre, portanto, dos ditames da Lei das leis. E esta é claro ao definir, que entre nós "todo poder emana do povo". Ora se assim é, só o povo pode abdicar da soberania.

*4.2* Na questão presente, sem uma manifestação popular convocada, nos termos do art. 49, XV, da Constituição, seria impossível a assinatura de um tratado com um Estado que não seja latino-americano, a não ser que se trate de meros acordos comerciais, e, ainda assim, com respeito absoluto à igualdade entre as partes.

# DIREITOS HUMANOS E A JURISDIÇÃO CONSTITUCIONAL INTERNACIONAL

FLAVIA PIOVESAN

*1. Introdução. 2. Sistema Internacional de Proteção dos Direitos Humanos. 3. Jurisdicionalização dos Direitos Humanos na Ordem Internacional: Desafios e Perspectivas. 4. Direitos Humanos e a Jurisdição Constitucional Internacional.*

## 1. Introdução

A proposta deste artigo é enfocar o processo de "jurisdicionalização dos direitos humanos", sob o marco do Direito Internacional dos Direitos Humanos, bem como seus reflexos e impacto no âmbito do Direito interno, sob o prisma constitucional.

Em um primeiro momento, será enfocado o movimento internacional de proteção dos direitos humanos, avaliando-se o seu perfil, os seus objetivos, a sua lógica e principiologia. Será examinado o modo pelo qual os direitos humanos têm se projetado, cada vez mais, como tema de legítimo interesse da comunidade internacional. Especial ênfase será dada ao sistema internacional de proteção dos direitos humanos, enquanto legado maior da chamada "Era dos Direitos", que tem permitido a internacionalização dos direitos humanos e a humanização do Direito Internacional contemporâneo, como atenta Thomas Buergenthal.[1]

Em um segundo momento, serão lançadas considerações sobre os desafios e as perspectivas do processo de jurisdicionalização dos direitos humanos na ordem internacional.

---

1. Thomas Buergenthal, "Prólogo" do livro de Antônio Augusto Cançado Trindade, *A Proteção Internacional dos Direitos Humanos: fundamentos jurídicos e instrumentos básicos*, São Paulo, Saraiva, 1991, p. XXXI. No mesmo sentido, afirma Louis Henkin: "O Direito Internacional pode ser classificado como o Direito anterior à Segunda Guerra Mundial e o Direito posterior a ela. Em 1945, a vitória dos aliados introduziu uma nova ordem com importantes transformações no Direito Internacional" (Louis Henkin *et al*, *International Law: Cases and materials*, 3ª edição, Minnesota, West Publishing, 1993, p. 3).

Por fim, serão avaliados o reflexo e o impacto deste processo no plano do Direito interno, sob o prisma do Direito Constitucional contemporâneo.

## 2. Sistema Internacional de Proteção dos Direitos Humanos

No dizer de Hannah Arendt, os direitos humanos não são um dado, mas um construído, uma invenção humana, em constante processo de construção e reconstrução.[2]

Tendo em vista este olhar histórico, adota-se as lições de Norberto Bobbio, que em seu livro *A Era dos Direitos*, sustenta que os direitos humanos nascem como direitos naturais universais, desenvolvem-se como direitos positivos particulares (quando cada Constituição incorpora Declarações de Direito), para finalmente encontrarem sua plena realização como direitos positivos universais.[3]

O movimento de internacionalização dos direitos humanos constitui um movimento extremamente recente na história, surgindo, a partir do pós-guerra, como resposta às atrocidades e aos horrores cometidos durante o nazismo. Se a Segunda Guerra significou a ruptura com os direitos humanos, o pós-guerra deveria significar a sua reconstrução. É neste cenário que se desenha o esforço de reconstrução dos direitos humanos, como paradigma e referencial ético a orientar a ordem internacional contemporânea.

Fortalece-se a idéia de que a proteção dos direitos humanos não deve se reduzir ao domínio reservado do Estado; isto é, não deve se restringir à competência nacional exclusiva ou à jurisdição doméstica exclusiva, porque revela tema de legítimo interesse internacional. Por sua vez, esta concepção inovadora aponta duas importantes conseqüências:

1ª) a revisão da noção tradicional de soberania absoluta do Estado, que passa a sofrer um processo de relativização, na medida em que são admitidas intervenções no plano nacional em prol da proteção dos direitos humanos; permitem-se formas de monitoramento e responsabilização in-

---

2. Hannah Arendt, *As Origens do Totalitarismo*, trad. Roberto Raposo, São Paulo, Cia. das Letras, 1989. A respeito, ver também Celso Lafer, *A Reconstrução dos Direitos Humanos: Um diálogo com o pensamento de Hannah Arendt*, Cia. das Letras, São Paulo, 1988, p. 134. No mesmo sentido, afirma Ignacy Sachs: "Não se insistirá nunca o bastante sobre o fato de que a ascensão dos direitos é fruto de lutas, que os direitos são conquistados, às vezes, com barricadas, em um processo histórico cheio de vicissitudes, por meio do qual as necessidades e as aspirações se articulam em reivindicações e em estandartes de luta antes de serem reconhecidos como direitos" (Ignacy Sachs, "Desenvolvimento, Direitos Humanos e Cidadania", in *Direitos Humanos no Século XXI*, 1998, p. 156).

3. Norberto Bobbio, *A Era dos Direitos*, trad. Carlos Nelson Coutinho, Rio de Janeiro, Ed. Campus, 1988, p. 30.

ternacional, quando os direitos humanos forem violados (transita-se de uma concepção "hobbesiana" de soberania centrada no Estado para uma concepção "kantiana" de soberania centrada na cidadania universal);[4] 2ª) a cristalização da idéia de que o indivíduo deve ter direitos protegidos na esfera internacional, na condição de sujeito de Direito. Prenuncia-se, deste modo, o fim da era em que a forma pela qual o Estado tratava seus nacionais era concebida como um problema de jurisdição doméstica, decorrência de sua soberania.

Inspirada por estas concepções, em 1948, é aprovada a Declaração Universal dos Direitos Humanos, como um código de princípios e valores universais a serem respeitados pelos Estados.

A Declaração de 1948 inova a gramática dos direitos humanos, ao introduzir a chamada concepção contemporânea de direitos humanos, marcada pela universalidade e indivisibilidade destes direitos. Universalidade porque a condição de pessoa é o requisito único e exclusivo para a titularidade de direitos, sendo a dignidade humana o fundamento dos direitos humanos. Indivisibilidade porque, ineditamente, o catálogo dos direitos civis e políticos é conjugado ao catálogo dos direitos econômicos, sociais e culturais. A Declaração de 1948 combina o discurso liberal e o discurso social da cidadania, conjugando o valor da liberdade ao valor da igualdade.

A partir da Declaração de 1948, começa a se desenvolver o Direito Internacional dos Direitos Humanos, mediante a adoção de inúmeros instrumentos internacionais de proteção. A Declaração de 1948 confere lastro axiológico e unidade valorativa a este campo do Direito, com ênfase na universalidade, indivisibilidade e interdependência dos direitos humanos.

O processo de universalização dos direitos humanos permitiu a formação de um sistema internacional de proteção destes direitos. Este sistema é integrado por tratados internacionais de proteção que refletem, sobretudo, a consciência ética contemporânea compartilhada pelos Estados, na medida em que invocam o consenso internacional acerca de temas centrais aos direitos humanos. Neste sentido, cabe destacar que, até junho de 2001, o Pacto Internacional dos Direitos Civis e Políticos contava com 147 Estados-Partes; o Pacto Internacional dos Direitos Econômicos, Sociais e Culturais contava com 145 Estados-Partes; a Convenção contra a Tortura contava com 124 Estados-Partes; a Convenção sobre a Eliminação da Dis-

---

4. Para Celso Lafer, de uma visão *ex parte principe*, fundada nos deveres dos súditos com relação ao Estado passa-se a uma visão *ex parte populi*, fundada na promoção da noção de direitos do cidadão. (*Comércio, Desarmamento, Direitos Humanos: reflexões sobre uma experiência diplomática*, São Paulo, Paz e Terra, 1999, p. 145).

criminação Racial contava com 157 Estados-Partes; a Convenção sobre a Eliminação da Discriminação contra a Mulher contava com 168 Estados-Partes e a Convenção sobre os Direitos da Criança apresentava a mais ampla adesão, com 191 Estados-Partes.[5]

A concepção contemporânea de direitos humanos caracteriza-se pelos processos de universalização e internacionalização destes direitos, compreendidos sob o prisma de sua indivisibilidade.[6] Ressalte-se que a Declaração de Direitos Humanos de Viena, de 1993, reitera a concepção da Declaração de 1948, quando, em seu parágrafo 5º, afirma: "Todos os direitos humanos são universais, interdependentes e inter-relacionados. A comunidade internacional deve tratar os direitos humanos globalmente de forma justa e equitativa, em pé de igualdade e com a mesma ênfase".

Logo, a Declaração de Viena de 1993, subscrita por 171 Estados, endossa a universalidade e a indivisibilidade dos direitos humanos, revigorando o lastro de legitimidade da chamada concepção contemporânea de direitos humanos, introduzida pela Declaração de 1948. Note-se que, enquanto consenso do pós-guerra, a Declaração de 1948 foi adotada por 48 Estados, com 8 abstenções. Assim, a Declaração de Viena de 1993 estende, renova e amplia o consenso sobre a universalidade e indivisibilidade dos direitos humanos.

Ao lado do sistema normativo global, surgem os sistemas regionais de proteção, que buscam internacionalizar os direitos humanos nos planos regionais, particularmente na Europa, América e África. Adicionalmente, há um incipiente sistema árabe e a proposta de criação de um sistema regional asiático. Consolida-se, assim, a convivência do sistema global da ONU com instrumentos do sistema regional, por sua vez, integrado pelos sistemas interamericano, europeu e africano de proteção aos direitos humanos.

Os sistemas global e regional não são dicotômicos, mas complementares. Inspirados pelos valores e princípios da Declaração Universal, compõem o universo instrumental de proteção dos direitos humanos, no plano internacional. Nesta ótica, os diversos sistemas de proteção de direitos humanos interagem em benefício dos indivíduos protegidos. O propósito da coexistência de distintos instrumentos jurídicos – garantindo os mesmos direitos – é, pois, no sentido de ampliar e fortalecer a proteção dos direitos

---

5. A respeito, consultar *Human Development Report 2001*, UNDP, New York-Oxford, Oxford University Press, 2001.
   6. Note-se que a Convenção sobre a Eliminação de todas as formas de Discriminação Racial, a Convenção sobre a Eliminação da Discriminação contra a Mulher e a Convenção sobre os Direitos da Criança contemplam não apenas direitos civis e políticos, mas também direitos sociais, econômicos e culturais, o que vem a endossar a idéia da indivisibilidade dos direitos humanos.

humanos. O que importa é o grau de eficácia da proteção, e, por isso, deve ser aplicada a norma que, no caso concreto, melhor proteja a vítima. Ao adotar o valor da primazia da pessoa humana, estes sistemas se complementam, interagindo com o sistema nacional de proteção, a fim de proporcionar a maior efetividade possível na tutela e promoção de direitos fundamentais. Esta é inclusive a lógica e principiologia próprias do Direito Internacional dos Direitos Humanos.

Feitas essas breves considerações a respeito do sistema internacional de proteção dos direitos humanos, transita-se ao exame do processo de jurisdicionalização do Direito Internacional dos Direitos Humanos.

## 3. Jurisdicionalização dos Direitos Humanos na Ordem Internacional: Desafios e Perspectivas

Para enfrentar esta questão, importa enfatizar que os tratados internacionais de proteção dos direitos humanos envolvem quatro dimensões:

*1.* fixam um consenso internacional sobre a necessidade de adotar parâmetros mínimos de proteção dos direitos humanos (os tratados não são o "teto máximo" de proteção, mas o "piso mínimo" para garantir a dignidade humana, constituindo o "mínimo ético irredutível");

*2.* celebram a relação entre a gramática de direitos e a gramática de deveres – ou seja, os direitos internacionais impõem deveres jurídicos aos Estados (prestações positivas e/ou negativas);

*3.* instituem órgãos de proteção, como meios de proteção dos direitos assegurados (ex: os Comitês, as Comissões e as Cortes); e

*4.* estabelecem mecanismos de monitoramento voltados à implementação dos direitos internacionalmente assegurados. (ex: os relatórios, as comunicações interestatais e as petições individuais[7]).

---

7. No que se refere aos relatórios, devem ser elaborados pelos Estados-Partes dos tratados de proteção de direitos humanos, a fim de esclarecerem, perante os "Comitês", o modo pelo qual estão dando cumprimento às obrigações internacionais assumidas. Os relatórios devem conter as medidas legislativas, administrativas e judiciais adotadas pelo Estado para implementar o tratado, bem como os fatores e dificuldades enfrentadas. Essa sistemática é prevista em todos os tratados de direitos humanos. Por sua vez, através das comunicações interestatais um Estado-Parte pode alegar haver um outro Estado-Parte incorrido em violação aos direitos humanos enunciados no tratado. Este mecanismo vem previsto sob a forma de cláusula facultativa, exigindo que o Estado-Parte faça uma declaração específica admitindo essa sistemática. Vale dizer, tratando-se de cláusula facultativa, as comunicações interestatais só podem ser admitidas se os Estados envolvidos, ambos ("denunciador" e "denunciado"), reconhecerem e aceitarem tal sistemática. Quanto ao direito de petição a organismos internacionais pode-se afirmar que constitui a via mais eficaz dentre os mecanismos de monitoramento. Por ela, na hipótese de violação de direitos humanos, e respeita-

É a partir da feição estrutural dos tratados internacionais de proteção dos direitos humanos, que se faz possível compreender a chamada "justicialização" ou "jurisdicionalização" dos direitos humanos.

O grande desafio do Direito Internacional sempre foi o de adquirir "garras e dentes", ou seja, poder e capacidade sancionatórias. Retomem-se aqui as lições de Ihering, para quem "a espada sem a balança é a força bruta; a balança sem a espada é a impotência do direito. Uma não pode avançar sem a outra, nem haverá ordem jurídica perfeita sem que a energia com que a justiça aplica a espada seja igual à habilidade com que maneja a balança".

Vale dizer, no âmbito internacional o foco se concentra no binômio: direito da força x força do direito. O processo de justicialização do Direito Internacional, em especial dos direitos humanos, celebra, por assim dizer, a passagem do reino do "direito da força" para a "força do direito".

Retomando Norberto Bobbio, as atividades internacionais na área dos direitos humanos podem ser classificadas em três categorias: promoção, controle e garantia. As atividades de promoção correspondem ao conjunto de ações destinadas à introdução e ao aperfeiçoamento do regime de direitos humanos pelos Estados. Já as atividades de controle envolvem as atividades que cobram dos Estados a observância de obrigações de direitos humanos por eles contraídas internacionalmente. Por fim, segundo Bobbio, a garantia dos direitos humanos no plano internacional só será implementada quando uma "jurisdição internacional se impuser concretamente sobre as jurisdições nacionais, deixando de operar dentro dos Estados, mas contra os Estados e em defesa dos cidadãos".[8]

Testemunha-se, hoje, o crescente processo de justicialização dos direitos humanos.

Pela primeira vez na história da humanidade, será instalado um Tribunal Penal Internacional, para julgar os mais graves crimes atentatórios à ordem internacional. Note-se que, desde 1948, a Convenção sobre a Prevenção e Repressão ao Crime de Genocídio, ao afirmar que o genocídio era um crime contra a ordem internacional, estabelecia que o mesmo deveria

dos determinados requisitos de admissibilidade (como o esgotamento prévio dos recursos internos), é possível recorrer a instâncias internacionais competentes, que poderão adotar medidas que restaurem ou reparem os direitos então violados. Enfatize-se que o mecanismo das petições individuais, em geral, também vem sob a forma de cláusula facultativa, exigindo que o Estado expressamente o admita. Com exceção do art. 44 da Convenção Americana, que prevê a qualquer pessoa ou grupo de pessoas o direito de recorrer à Comissão Interamericana (independentemente de declaração especial do Estado), os demais tratados de direitos humanos incluem o direito de petição sob a forma de cláusula facultativa, que exige do Estado um reconhecimento expresso do mecanismo.
8. Norberto Bobbio, *A Era dos Direitos*, cit., pp. 25-47.

ser julgado pelos Tribunais do Estado em cujo território foi o ato cometido ou por uma Corte Penal Internacional. O raciocínio era simples: a gravidade do crime de genocídio poderia implicar o colapso das próprias instituições nacionais, que, assim, não teriam condições para julgar seus perpetradores, restando assegurada a impunidade. Por isso, há mais de cinqüenta anos, já se antevia a necessidade de criação de um Tribunal Penal Internacional, cabendo menção ao legado das experiências dos Tribunais *ad hoc* de Nuremberg, Tóquio, Bósnia e Ruanda.

Em 17 de julho de 1998, em Roma, foi aprovado o Estatuto do Tribunal Penal Internacional, por 120 votos favoráveis, 21 abstenções e 7 votos contrários (EUA, China, Israel, Filipinas, Índia, Sri Lanka e Turquia). A competência do Tribunal atém-se ao julgamento dos mais graves crimes internacionais, compreendendo o crime de genocídio, os crimes contra a humanidade, os crimes de guerra e os crimes de agressão. A jurisdição do Tribunal é adicional e complementar à do Estado, ficando condicionada à incapacidade ou à omissão do sistema judicial interno. O Estado tem o dever de exercer sua jurisdição penal contra os responsáveis por crimes internacionais, tendo a comunidade internacional a responsabilidade subsidiária. O Estatuto consagra ainda o princípio da cooperação, pelo qual os Estados-partes devem cooperar totalmente com o Tribunal na investigação e no processamento de crimes que estejam sob a jurisdição desse. Desta forma, o Estatuto busca equacionar a garantia do direito à justiça, o fim da impunidade e a soberania do Estado, à luz do princípio da complementaridade. A jurisdição do Tribunal Penal Internacional não substitui a jurisdição local, mas é a ela complementar e subsidiária.

Reconhecimento da jurisdição do Tribunal Penal Internacional, em si mesmo, é ato de soberania do Estado brasileiro, não cabendo ao Estado, *a posteriori*, valer-se desta mesma soberania para afastar a jurisdição internacional. Ressalte-se que o conceito tradicional de soberania nacional passa por um processo de redefinição na ordem contemporânea. Com efeito, se o conceito clássico de soberania absoluta do Estado foi criado à luz do processo de formação dos Estados Nacionais (no século XVI), na ordem contemporânea há de se transitar da lente *ex parte principe* (fundada na noção de deveres dos súditos) para a lente *ex parte populi* (fundada na noção de direitos dos cidadãos), como observa Celso Lafer.[9] Isto é, a releitura do conceito tradicional de soberania prima mais pelo eixo democrático "cidadania", que propriamente pelo eixo "Estado", o que vem a ser celebrado com a conquista do Tribunal Penal Internacional.

O Tribunal Penal Internacional permite limitar a seletividade política atualmente existente. Os Tribunais *ad hoc*, criados na década de 1990 para

---

9. Celso Lafer, *Comércio, Desarmamento, Direitos Humanos: reflexões sobre uma experiência diplomática*, cit., p. 145.

julgar os crimes ocorridos na Bósnia e em Ruanda, basearam-se em resoluções do Conselho de Segurança da ONU, para as quais requer-se o consenso dos 5 membros permanentes, com poder de veto, nos termos do artigo 27, § 3º, da Carta da ONU.[10] Ao contrário, o Tribunal Penal Internacional assenta-se no primado da legalidade, mediante uma justiça pré-estabelecida, permanente e independente, aplicável igualmente a todos os Estados que a reconhecem, capaz de assegurar direitos e combater a impunidade, especialmente a dos mais graves crimes internacionais. Consagra-se o princípio da universalidade, na medida em que o Estatuto de Roma aplica-se universalmente a todos os Estados-partes, que são iguais frente ao Tribunal Penal, afastando-se a relação entre "vencedores" e "vencidos". Com isto, o Tribunal Penal Internacional é capaz de reduzir o "darwinismo" no campo das relações internacionais, em que Estados fortes, com elevado poder discricionário, atuam como bem querem em face de Estados fracos – basta mencionar a oposição dos EUA à criação do Tribunal, temendo que norte-americanos sejam processados por crimes de guerra, quando do uso arbitrário da força em território de Estado-Parte do Estatuto.

O Estatuto de Roma aplica-se igualmente a todas as pessoas, sem distinção alguma baseada em cargo oficial. Vale dizer, o cargo oficial de uma pessoa, seja ela chefe de Estado ou de Governo, não eximirá sua responsabilidade penal e nem tampouco importará redução de pena. Isto simboliza um grande avanço do Estatuto com relação ao regime das imunidades, que não mais poderá ser escudo para a atribuição de responsabilização penal.

Observe-se, contudo, que, no sistema da ONU, não há ainda um Tribunal Internacional de Direitos Humanos. Há a Corte Internacional de Justiça (principal órgão jurisdicional da ONU, cuja jurisdição só pode ser acionada por Estados); os Tribunais *ad hoc* para a Bósnia e Ruanda (criados por resolução do Conselho de Segurança da ONU) e o Tribunal Penal Internacional (para o julgamento dos mais graves crimes contra a ordem internacional, como o genocídio, o crime de guerra, os crimes contra a humanidade e os crimes de agressão). Seria fundamental a criação de um Tribunal de Direitos Humanos no âmbito da ONU.

Diversamente, nos sistemas regionais, seja o europeu, seja o interamericano, as Cortes de Direitos Humanos (Cortes Européia e Interamericana) têm assumido extraordinária relevância, como especial *locus* para a proteção de direitos humanos.[11] A jurisprudência de ambas as Cortes, seja no

---

10. De acordo com o art. 27, § 3º, da Carta da ONU, "As decisões do Conselho de Segurança, em todos os outros assuntos, serão tomadas pelo voto afirmativo de nove Membros, inclusive os votos afirmativos de todos os Membros permanentes (...)". Deste modo, para a deliberação de questões materiais faz-se necessário o quórum de 9/15, incluindo o consenso dos 5 membros permanentes. Daí nasce o poder de veto.
11. Observe-se que, no sistema regional africano, nos termos do Protocolo de 1997 à Carta Africana dos Direitos do Homem e dos Povos de 1986, é previsto o estabelecimento

exercício de sua competência contenciosa, seja no de sua competência consultiva, tem consolidado uma importante arena para a proteção de direitos, quando as instituições nacionais se mostram falhas e omissas em fazê-lo.[12] Note-se, inclusive, os avanços dos sistemas regionais europeu e interamericano, no sentido do fortalecimento de sua justicialização. No sistema regional europeu, com o Protocolo n. 11, que entrou em vigor em 1.11.1998, qualquer pessoa física, organização não-governamental ou grupo de indivíduos pode submeter diretamente à Corte Européia demanda veiculando denúncia de violação por Estado-parte de direitos reconhecidos na Convenção (conforme o artigo 34 do Protocolo). Houve, assim, a democratização do sistema europeu, com a previsão de acesso direto de indivíduos e organizações à Corte Européia de Direitos Humanos.

Já no sistema interamericano, de acordo com o artigo 44 do novo Regulamento da Comissão Interamericana, de maio de 2001, se a Comissão considerar que o Estado não cumpriu as recomendações de seu informe, aprovado nos termos do artigo 50 da Convenção Americana, submeterá o caso à Corte Interamericana, salvo decisão fundada da maioria absoluta dos membros da Comissão. Cabe observar, contudo, que o caso só poderá ser submetido à Corte se o Estado-Parte reconhecer, mediante declaração expressa e específica, a competência da Corte no tocante à interpretação e aplicação da Convenção — embora qualquer Estado-Parte possa aceitar a jurisdição da Corte para um determinado caso, nos termos do artigo 62 da Convenção Americana.

O novo Regulamento introduz, assim, a justicialização do sistema interamericano. Se, anteriormente, cabia à Comissão Interamericana, a partir de uma avaliação discricionária, sem parâmetros objetivos, submeter à apreciação da Corte Interamericana caso em que não se obteve solução amistosa, com o novo Regulamento, o encaminhamento à Corte se faz de forma

---

de uma Corte Africana dos Direitos do Homem e dos Povos, a fim de complementar e fortalecer a atuação da Comissão Africana de Direitos do Homem e dos Povos.
12. A respeito da jurisprudência da Corte Interamericana, ver Luiz Flavio Gomes e Flavia Piovesan, *O Sistema Interamericano de Proteção dos Direitos Humanos e o Direito Brasileiro*, São Paulo, Ed. RT, 2000. Ver ainda Flavia Piovesan, *Direitos Humanos e o Direito Constitucional Internacional*, 5ª ed., São Paulo, Max Limonad, 2002, pp. 225-249. Sobre o sistema europeu de proteção dos direitos humanos, ver Kevin Boyle, "Europe: the Council of Europe, the CSCE, and the European Community", in Hurst Hannum, Ed., *Guide to international human rights practice*, 2ª ed., Philadelphia, University of Pennsylvania Press, 1992; Rosalyn Higgins, "The European Convention on Human Rights", in Theodor Meron, Ed., *Human rights in international law: legal and policy issues*, Oxford, Clarendon Press, 1992; Pieter van Dijk e G. J. H. van Hoof, *Theory and practice of the European Convention on Human Rights*, 2ª ed., Deventer, Kluwer, 1990; James E. S. Fawcett, *The application of the European Convention on Human Rights*, Oxford, Clarendon Press, 1987 e Donna Gomien, *Short guide to the European Convention on Human Rights*, Strasbourg, Council of Europe, 1991.

direta e automática. O sistema ganha maior tônica de "juridicidade", reduzindo a seletividade política, que, até então, era realizada pela Comissão Interamericana.

Isto é, a regra passa a ser o envio do caso à jurisdição da Corte, salvo se houver decisão fundada da maioria absoluta dos membros da Comissão. Com isto, estima-se que, via de regra, todo caso não solucionado pela Comissão Interamericana, ou melhor, todo caso em que o Estado-Parte não tenha cumprido as recomendações por ela feitas, será apreciado pela Corte Interamericana.

Diante deste cenário, é necessário que se avance no processo de justicialização dos direitos humanos internacionalmente enunciados. Frise-se, no entanto, que a avaliação do legado dos últimos cinco anos (1998-2002) permite vislumbrar a marca do crescente processo de justicialização do Direito Internacional dos Direitos Humanos. Basta apontar quatro fatores: a) a criação do Tribunal Penal Internacional, mediante a entrada em vigor do Estatuto de Roma em 1 de julho de 2002; b) a intensa justicialização do sistema interamericano, por meio da adoção do novo Regulamento da Comissão Interamericana em 1 de maio de 2001; c) a democratização do acesso à jurisdição da Corte Européia de Direitos, nos termos do Protocolo n. 11 de 1 de novembro de 1998; e d) a adoção da sistemática de petição individual relativamente a tratados que não incorporavam tal sistemática, cabendo menção, a título de exemplo, ao Protocolo Facultativo à Convenção sobre a Eliminação de todas as formas de Discriminação contra a Mulher, cuja entrada em vigor ocorreu em 22 de dezembro de 2000.

Ao tratar da importância da "justicialização" dos direitos humanos, afirma Richard Bilder: "(...) as Cortes simbolizam e fortalecem a idéia de que o sistema internacional de direitos humanos é, de fato, um sistema de direitos legais, que envolve direitos e obrigações juridicamente vinculantes. Associa-se a idéia de Estado de Direito com a existência de Cortes independentes, capazes de proferir decisões obrigatórias e vinculantes".[13]

As Cortes detêm especial legitimidade e constituem um dos instrumentos mais poderosos no sentido de persuadir os Estados a cumprir obrigações concernentes aos direitos humanos. Daí a importância em se avançar no processo de criação de um Tribunal Internacional de Direitos Humanos, no âmbito da ONU.

Em face da sistemática atual, constata-se que no sistema global a justicialização operou-se na esfera penal, mediante a criação de Tribunais

---

13. Richard Bilder, "Possibilities for development of new international judicial mechanisms", in Louis Henkin e John Lawrence Hargrove, Eds., *Human Rights: an agenda for the next century*, Washington, 1994, Studies in Transnational Legal Policy n. 26, pp. 326-327 e p. 334.

*ad hoc* e, posteriormente, do Tribunal Penal Internacional. No âmbito penal, a responsabilização internacional alcança indivíduos, perpetradores dos crimes internacionais. Já nos sistemas regionais, a justicialização operou-se na esfera civil, mediante a atuação das Cortes européia e interamericana. No âmbito civil, a responsabilização internacional alcança Estados perpetradores de violação aos direitos humanos internacionalmente enunciados. Uma vez mais, reitera-se a relevância de instituir um Tribunal Internacional de Direitos Humanos, que permitiria a responsabilização civil de Estados violadores dos direitos humanos, uma vez que o sistema global vê-se limitado à atuação dos Comitês, que têm capacidade de impor sanções morais e políticas aos Estados faltosos, mas não sanções jurídicas.

Se, de um lado, faz-se necessário a justicialização dos direitos humanos, por outro lado, faz-se emergencial ampliar a capacidade processual do indivíduo no sistema internacional, mediante sua democratização. Isto é, a afirmação de instâncias jurisdicionais de proteção internacional dos direitos humanos deve ser conjugada com a consolidação do indivíduo como verdadeiro sujeito de direito no campo internacional. Há que se fortalecer o acesso à justiça internacional.

Se os Estados foram, ao longo de muito tempo, os protagonistas centrais da ordem internacional, testemunha-se hoje a emergência de novos atores internacionais, como as organizações internacionais, os blocos regionais econômicos, os indivíduos e a sociedade civil internacional (ex: organizações não governamentais internacionais). O surgimento de novos atores internacionais demanda a democratização do sistema internacional de proteção dos direitos humanos.

Todavia, vale frisar a resistência de muitos Estados em admitir a democratização do sistema internacional de proteção dos direitos humanos, especialmente no que tange à aceitação da sistemática de petição individual, que cristaliza a capacidade processual do indivíduo no plano internacional, como leciona Antônio Augusto Cançado Trindade.[14]

Com efeito, ainda é grande a resistência de muitos Estados em aceitar, por exemplo, as cláusulas facultativas referentes às petições individuais e comunicações interestatais. Basta destacar que: a) dos 147 Estados-Partes do Pacto Internacional dos Direitos Civis e Políticos, apenas 97 Estados aceitam o mecanismo das petições individuais (tendo ratificado o Protocolo Facultativo para este fim); b) dos 124 Estados-Partes na Convenção contra a Tortura, apenas 43 Estados aceitam o mecanismo das comunicações interestatais e das petições individuais (nos termos dos artigos 21 e 22 da Convenção); c) dos 157 Estados-Partes na Convenção sobre a Eliminação

---

14. Antônio Augusto Cançado Trindade, *A proteção internacional dos direitos humanos: fundamentos jurídicos e instrumentos básicos*, cit., p. 8.

de todas as formas de Discriminação Racial apenas 34 Estados aceitam o mecanismo das petições individuais (nos termos do artigo 14 da Convenção); e, finalmente, d) dos 168 Estados-Partes na Convenção sobre a Eliminação de todas as formas de Discriminação contra a Mulher, apenas 21 Estados aceitam o mecanismo das petições individuais, tendo ratificado o Protocolo Facultativo à Convenção sobre a Eliminação da Discriminação contra a Mulher.

Faz-se ainda fundamental que todos os tratados possam contar com uma eficaz sistemática de monitoramento, prevendo os relatórios, as petições individuais e as comunicações interestatais. Insiste-se na adoção do mecanismo de petição individual por todos os tratados internacionais de proteção de direitos humanos, já que este mecanismo permite o acesso direto de indivíduos aos órgãos internacionais de monitoramento. Seria importante acrescentar ainda a sistemática das investigações *in loco*, apenas prevista na Convenção contra a Tortura e no Protocolo Facultativo à Convenção sobre a Eliminação de todas as formas de Discriminação contra a Mulher.

Além disso, o desejável seria que tais mecanismos fossem veiculados sob a forma de cláusulas obrigatórias e não facultativas – ainda que isto pudesse oferecer como risco a redução do número de Estados-Partes.

Neste cenário, é fundamental encorajar os Estados a aceitar esses mecanismos. Não é mais admissível que Estados aceitem direitos e neguem as garantias de sua proteção.

Para os Estados violadores de direitos humanos estes mecanismos podem gerar situações politicamente delicadas e constrangedoras no âmbito internacional. Estudos e pesquisas demonstram que o risco do constrangimento político e moral do Estado violador (*the power of embarrassment* ou *the power of shame*) no fórum da opinião pública internacional pode servir como significativo fator para a proteção dos direitos humanos. Ao enfrentar a publicidade das violações de direitos humanos, bem como as pressões internacionais, os Estados vêem-se compelidos a apresentar justificativas a respeito de sua prática. A ação internacional e as pressões internacionais podem, assim, contribuir para transformar uma prática governamental específica referente aos direitos humanos, conferindo suporte ou estímulo para reformas internas. Com o intenso envolvimento das organizações não-governamentais, os instrumentos internacionais constituem poderosos mecanismos para a promoção do efetivo fortalecimento do sistema de proteção dos direitos humanos no âmbito nacional.

Ressalte-se que, cada vez mais, o respeito aos direitos humanos se tem tornado um aspecto crucial de legitimidade governamental, tanto no âmbito doméstico, como internacional.

Em síntese, resta enfatizar que o aprimoramento do sistema internacional de proteção dos direitos humanos requer: a) o reforço do sistema sancionatório internacional, mediante a imposição não apenas de sanções políticas ou morais, mas de sanções de natureza jurídica (dotando ao Direito Internacional "garras e dentes", mediante sua justicialização); b) o fortalecimento dos mecanismos internacionais existentes, utilizando-se destes de forma plena; e c) a democratização dos instrumentos internacionais, a fim de que se assegure a indivíduos e a entidades não-governamentais possibilidades ampliadas de atuação e um espaço participativo mais eficaz na ordem internacional.

Transita-se, deste modo, à reflexão final: qual é impacto e o reflexo do processo de jurisdicionalização da proteção internacional dos direitos humanos sob o prisma do Direito Constitucional contemporâneo?

## 4. Direitos Humanos e a Jurisdição Constitucional Internacional

A análise dos direitos humanos sob a perspectiva da jurisdição constitucional internacional demanda, preliminarmente, seja desvendado o perfil do Direito Constitucional contemporâneo.[15]

Como já abordado por este estudo, ao cristalizar a lógica da barbárie, da destruição e da descartabilidade da pessoa humana, a Segunda Guerra Mundial simbolizou a ruptura com relação aos direitos humanos, significando o pós-guerra a esperança de reconstrução destes mesmos direitos.

É justamente sob o prisma da reconstrução dos direitos humanos que é possível compreender, no pós-guerra, de um lado, a emergência do chamado "Direito Internacional dos Direitos Humanos" e, por outro, a nova feição do Direito Constitucional ocidental, tamanho o impacto gerado pelas atrocidades então cometidas.

Vale dizer, no âmbito do Direito Internacional, começa a ser delineado o sistema normativo internacional de proteção dos direitos humanos, como enfocado neste artigo. É como se se projetasse a vertente de um constitucionalismo global, vocacionado a proteger direitos fundamentais e limitar o poder do Estado, mediante a criação de um aparato internacional de proteção de direitos. Note-se que estes eram exatamente os lemas do movimento do constitucionalismo instaurado no final do século XVIII, que fizeram nascer as primeiras Constituições escritas: limitar o poder do Estado e preservar direitos.[16]

15. A respeito do tema e das reflexões desenvolvidas neste tópico, ver Flávia Piovesan e Renato Stanziola Vieira, "Força Normativa dos Princípios Constitucionais Fundamentais: a Dignidade da Pessoa Humana", in Flávia Piovesan, *Temas de Direitos Humanos*, 2ª ed., São Paulo, Max Limonad, 2002, pp. 355-398.
16. A respeito, ver o artigo 16 da Declaração francesa dos Direitos do Homem e do Cidadão de 1789, semente do movimento do constitucionalismo: "Toda sociedade, em que

Por sua vez, no âmbito do Direito Constitucional ocidental, percebe-se a elaboração de textos constitucionais abertos a princípios, dotados de elevada carga axiológica, com destaque ao valor da dignidade humana. Esta será a marca das Constituições européias do pós-guerra. Observa-se, desde logo, que, na experiência brasileira, e mesmo latino-americana, a abertura das Constituições a princípios e a incorporação do valor da dignidade humana demarcarão a feição das Constituições promulgadas ao longo do processo de democratização política – até porque tal feição seria incompatível com a vigência de regimes militares ditatoriais. A respeito, basta acenar com a Constituição Brasileira de 1988, em particular à previsão inédita de princípios fundamentais, dentre eles o princípio da dignidade da pessoa humana (art. 1º, inciso III).

Isto é, conquanto essa radical transformação date já da década de 40 do século passado, no caso brasileiro somente em 1988 é que se erigiu um sistema constitucional consentâneo com a pauta valorativa afeta à proteção do ser humano, em suas mais vastas dimensões, em tom nitidamente principiológico, a partir do reconhecimento de sua dignidade intrínseca. Ressalte-se, ainda, a influência no constitucionalismo brasileiro das Constituições alemã (Lei Fundamental, *Grundgesetz*, de 23.5.1949), portuguesa (de 2.4.1976) e espanhola (de 29.12.1978), na qualidade de Constituições que primam pela gramática dos direitos humanos e da proteção à dignidade humana.

A partir dessa nova racionalidade, passou-se a tomar o Direito Constitucional não só como o tradicional ramo político do sistema jurídico de cada nação, mas, sim, notadamente, como o seu principal referencial de justiça. Cabe também anotar o verdadeiro sentido antropológico[17] constan-

---

a garantia dos direitos não é assegurada, nem a separação dos poderes determinada, não tem Constituição". Nas lições de Canotilho, a Constituição busca a "domesticação do domínio político pelo Direito" e "tem sempre como tarefa a realidade: juridificar constitucionalmente esta tarefa ou abandoná-la à política, é o grande desafio. Todas as Constituições pretendem, implícita ou explicitamente, conformar o político" (José Joaquim Gomes Canotilho, *Direito Constitucional*, Coimbra, Almedina, 1988).

17. No dizer de Canotilho: "A Constituição da República não deixa quaisquer dúvidas sobre a indispensabilidade de uma base antropológica constitucionalmente estruturante do Estado de Direito. (...) pela análise dos direitos fundamentais, constitucionalmente consagrados, deduz-se que a raiz antropológica se reconduz ao homem como pessoa, como cidadão, como trabalhador e como administrado" (*Direito Constitucional e Teoria da Constituição*, 6ª ed., Coimbra, Almedina, 1995, p. 244). Acerca, ainda, do sentido antropológico aqui mencionado, destaca-se a obra de Ana Paula de Barcellos (*A Eficácia Jurídica dos Princípios Constitucionais – O princípio da Dignidade da Pessoa Humana*, Renovar, Rio de Janeiro, 2002), que, dentre outras passagens, asserta: "O Estado e todo o seu aparato, portanto, são meios para o bem-estar do homem e não fins em si mesmos ou meios para outros fins. Este é, bem entendido, o valor fundamental escolhido pelo constituinte originário, o centro do sistema, a decisão política básica do Estado brasileiro" (p. 26).

te de todos esses documentos, por conta do explícito compromisso de proteção ao ser humano e de seus valores coletivos, em suas várias possibilidades. E tal parâmetro tornou o Direito Constitucional mais abrangente, pois através dessa renovada dimensão é que se consolidou seu ápice sobre todas as demais searas jurídicas em cada Estado organizado.[18] Com isso, o Direito Constitucional converteu-se em lastro não só das ações e institutos tipicamente político-estatais, mas também no principal garantidor de direitos fundamentais, em seu sentido holístico, de todos os cidadãos.[19]

Tão densas transformações ensejaram, como conseqüência, uma profunda reformulação na própria base e nos fundamentos do Direito Constitucional. Basta atentar, a título de exemplo, ao rol dos princípios que cada Constituição passou a elencar como fundamentais, com preponderância para o princípio da dignidade da pessoa humana. A título de exemplo, na Carta Brasileira de 1988 a dignidade da pessoa humana é fundamento do Estado Democrático de Direito, sendo consagrada como princípio fundamental do texto (art. 1º, inciso III). Já a Lei Fundamental alemã é inaugurada com a proteção da dignidade da pessoa humana, afirmando-se ser ela inviolável, tendo todas as autoridades públicas o dever de respeitá-la e protegê-la (art. 1º).[20] No mesmo sentido, a Constituição portuguesa de 1976 proclama,

---

18. Sobre tal abrangência, confira-se a disciplina, dada diretamente pela Constituição, acerca de institutos tais como o direito de família; o direito de propriedade de imóveis urbanos e rurais; o chamado direito de antena; o direito ambiental, dentre outros. Reconhecendo esse novo e salutar influxo, veja-se, dentre os civilistas, Gustavo Tepedino, *Temas de Direito Civil*, 2ª ed., Renovar, Rio de Janeiro, 2001.

19. Nas palavras de Ulysses Guimarães a Carta de 1988 é a "Constituição Cidadã". Aliás, para que se confira o intento antropocentrista da Constituição brasileira, veja-se o "Prefácio" da Carta, transcrito na obra de Paulo Bonavides e Paes de Andrade, *História Constitucional do Brasil*, 3ª. ed., Paz e Terra, São Paulo, 1991, pp. 496-497: "O homem é o problema da sociedade brasileira: sem salário, analfabeto, sem saúde, sem casa, portanto, sem cidadania. A Constituição luta contra os bolsões de miséria que envergonham o País. Diferentemente das sete Constituições anteriores, começa com o homem. Geograficamente testemunha a primazia do homem, que foi escrita para o homem, que o homem é seu fim e sua esperança, é a Constituição cidadã. Cidadão é o que ganha, come, mora, sabe, pode se curar. A Constituição nasce do fundo de profunda crise que abala as instituições e convulsiona a sociedade. (...) É a Constituição coragem. Andou, imaginou, inovou, ousou, viu, destroçou tabus, tomou o partido dos que só se salvam pela lei. A Constituição durará com a democracia e só com a democracia sobrevivem para o povo a dignidade, a liberdade e a justiça".

20. Estabelece a Lei Fundamental Alemã: "Art. 1º (Proteção da dignidade da pessoa humana): (1) A dignidade da pessoa humana é inviolável. Todas as autoridades públicas têm o dever de respeitar e a proteger. (2) O povo alemão reconhece, por isso, os direitos invioláveis e inalienáveis da pessoa humana como fundamentos de qualquer comunidade humana, da paz e da justiça no mundo. (3) Os direitos fundamentais a seguir enunciados vinculam, como direito directamente aplicável, os poderes legislativo, executivo e judicial" (*A Lei Fundamental da República Federal da Alemanha*, com um ensaio e anotações de Nuno Rogeiro, Coimbra, Coimbra Editora, 1996).

também em seu artigo 1º, ser Portugal uma República soberana, baseada na dignidade da pessoa humana e na vontade popular.[21] Já a Carta espanhola consagra que a dignidade da pessoa e os direitos invioláveis que lhe são inerentes são fundamento da ordem política e da paz social.[22]

Reafirma-se aqui que o Direito Constitucional contemporâneo, fomentado pelo pós-guerra, é um Direito aberto a princípios e a valores, com ênfase no princípio da dignidade humana. Compartilha-se, assim, das lições de José Joaquim Gomes Canotilho, no sentido de que se "o direito do Estado de Direito do século XIX e da primeira metade do século XX é o direito das regras dos códigos; o direito do Estado Constitucional Democrático e de Direito leva a sério os princípios, é um direito de princípios".[23]

Isto significa que as Constituições do pós-guerra passam a ser dotadas de um perfil renovado, marcado pela abertura aos princípios, pela incorporação dos direitos humanos e pela prevalência do valor da dignidade humana. Tais Constituições encontram-se em absoluta harmonia com a concepção contemporânea de direitos humanos, fundada na universalidade e indivisibilidade destes direitos.

Esta é a vertente contemporânea do Direito do pós-guerra, tanto no âmbito internacional, como no âmbito local. Vale dizer, o pós-guerra demandou o resgate do fundamento ético da experiência jurídica, pautado no valor da dignidade humana, eis que o nazismo operou a barbárie no marco da legalidade.

Ao final da Segunda Guerra Mundial, emerge o repúdio à idéia de um ordenamento jurídico divorciado de valores éticos. Intenta-se a reaproximação da ética e do Direito e, neste esforço, surge a força normativa dos

---

21. A Constituição portuguesa, de 12.4.1976, prescreve: "Art. 1º. (República Portuguesa) Portugal é uma República soberana, baseada na dignidade da pessoa humana e na vontade popular e empenhada na construção de uma sociedade livre, justa e solidária" (*Constituição da República Portuguesa* – 2ª *revisão*, Coimbra, Almedina, 1989). Deve-se notar, inclusive, que a Constituição portuguesa teve a precaução de vedar expressamente emendas constitucionais que maculem os seus princípios fundamentais (art. 288).
22. A respeito, destaca-se a disposição expressa da Carta espanhola de 29.12.1978: "Título Primero – De los derechos y deberes fundamentales" (...) 10.1. La dignidad de la persona, los derechos inviolables que le son inherentes, el libre desarrollo de la personalidad, el respeto a la ley y a los derechos de los demás son fundamento del orden político y de la paz social. 10.2. Las normas relativas a los derechos fundamentales y a las libertades que la Constitución reconoce, se interpretarán de conformidad con la Declaración Universal de Derechos Humanos y los tratados y acuerdos internacionales sobre las mismas materias ratificados por España" (*Constitución Española*, 2ª ed., Ed. Civitas, Madri, 1997).
23. "A 'principialização' da jurisprudência através da Constituição", in *Revista de Processo* 98/84. Para Canotilho: "Estado de direito é democrático e só sendo-o é que é Estado de direito; o Estado democrático é Estado de direito é só sendo-o é que é democrático. (...) O Estado Constitucional só é constitucional se for democrático" (Canotilho, ob. cit., p. 226).

princípios, especialmente, do princípio da dignidade humana. Há um reencontro com o pensamento kantiano, com as idéias de moralidade, dignidade, Direito cosmopolita e paz perpétua. Para Kant as pessoas e, em geral, qualquer espécie racional, devem existir como um fim em si mesmas e jamais como um meio, a ser arbitrariamente usado para este ou aquele propósito. Os objetos têm, por sua vez, um valor condicional, enquanto irracionais, por isso, são chamados "coisas", substituíveis que são por outras equivalente. Os seres racionais, ao revés, são chamados "pessoas", porque constituem um fim em si mesmos, têm um valor intrínseco absoluto, são insubstituíveis e únicos, não devendo ser tomados meramente como meios.[24] As pessoas são dotadas de dignidade, na medida em que têm um valor intrínseco. Deste modo, ressalta Kant, trate a humanidade, na pessoa de cada ser, sempre com um fim mesmo, nunca como um meio. Adiciona Kant que a autonomia[25] é a base da dignidade humana e de qualquer criatura racional. Lembra que a idéia de liberdade é intimamente conectada com a concepção de autonomia, por meio de um princípio universal da moralidade, que, idealmente, é o fundamento de todas as ações de seres racionais[26]. Para Kant, o imperativo categórico universal dispõe: "Aja apenas de forma a que a sua máxima possa converter-se ao mesmo tempo em uma lei universal".[27]

Se no plano internacional, o impacto desta vertente "kantiana" se concretizou com a emergência do "Direito Internacional dos Direitos Humanos" (todo ele fundamentado no valor da dignidade humana, como valor inerente à pessoa), no plano dos constitucionalismos locais, a vertente "kan-

24. A teoria moral kantiana exerceu enorme influência nos fundamentos de diversas teorias sobre direitos. A respeito, consultar Jeremy Waldron (ed.), *Theories of Rights*, Oxford/ New York, Oxford University Press, 1984.

25. Significativas teorias sobre direitos humanos tendem a enfatizar a importância e o valor da autonomia pessoal. Para J. Raz: "Uma pessoa autônoma é aquela que é autora de sua própria vida. Sua vida é que o que ela faz dela. (...) Uma pessoa é autônoma somente se tem uma variedade de escolhas aceitáveis disponíveis para serem feitas e sua vida se torna o resultado das escolhas derivadas destas opções. Uma pessoa que nunca teve uma escolha efetiva, ou, tampouco, teve consciência dela, ou, ainda, nunca exerceu o direito de escolha de forma verdadeira, mas simplesmente se moveu perante a vida não é uma pessoa autônoma" (J. Raz, "Right-Based Moralities", in Jeremy Waldron (ed.), *Theories of Rights*, Oxford/ New York, Oxford University Press, 1984, p. 191.). J. Raz, em crítica ao enfoque moral individualista da autonomia pessoal, acentua que "A existência de diversas escolhas consiste, em parte, na existência de certas condições sociais. (...) O ideal da autonomia pessoal é incompatível com o individualismo moral" (ob. cit. pp. 192-193).

26. A respeito, ver Immanuel Kant, "Fundamental Principles of the Metaphysics of Morals", in *Basic Writings of Kant*, Allen W. Wood ed., New York, The Modern Library, 2001, pp. 185-186; pp. 192-193.

27. A respeito, ver Immanuel Kant, "Fundamental Principles of the Metaphysics of Morals", cit., p. 178.

tiana" se concretizou com a abertura das Constituições à força normativa dos princípios, com ênfase ao princípio da dignidade humana. Pontue-se, ainda, a interação entre o Direito Internacional dos Direitos Humanos e os Direitos locais, na medida em que aquele passa a ser parâmetro e referência ética a inspirar o constitucionalismo ocidental.

Uma vez mais, destacam-se as lições de Canotilho: "Se ontem a conquista territorial, a colonização e o interesse nacional surgiam como categorias referenciais, hoje os fins dos Estados podem e devem ser os da construção de "Estados de Direito Democráticos, Sociais e Ambientais", no plano interno e Estados abertos e internacionalmente amigos e cooperantes no plano externo. Estes parâmetros fortalecem as imbricações do direito constitucional com o direito internacional. (...) Os direitos humanos articulados com o relevante papel das organizações internacionais fornecem um enquadramento razoável para o constitucionalismo global. O constitucionalismo global compreende não apenas o clássico paradigma das relações horizontais entre Estados, mas o novo paradigma centrado nas relações Estado/povo, na emergência de um Direito Internacional dos Direitos Humanos e na tendencial elevação da dignidade humana a pressuposto inelimináveI de todos os constitucionalismos. Por isso, o Poder Constituinte dos Estados e, consequentemente, das respectivas Constituições nacionais, está hoje cada vez mais vinculado a princípios e regras de direito internacional. É como se o Direito Internacional fosse transformado em parâmetro de validade das próprias Constituições nacionais (cujas normas passam a ser consideradas nulas se violadoras das normas do *jus cogens* internacional). O Poder Constituinte soberano criador de Constituições está hoje longe de ser um sistema autônomo que gravita em torno da soberania do Estado. A abertura ao Direito Internacional exige a observância de princípios materiais de política e direito internacional tendencialmente informador do Direito interno".[28]

Reitere-se: os direitos humanos passam a compor um enquadramento razoável para o chamado constitucionalismo global. Delineia-se um novo paradigma centrado na "tendencial elevação da dignidade humana a pressuposto inelimináveI de todos os constitucionalismos". Deste modo, as Constituições contemporâneas estão hoje cada vez mais vinculadas a princípios e regras de Direito Internacional, que se convertem em parâmetro de validade das próprias Constituições nacionais.

Neste sentido, as Constituições ocidentais contemporâneas passam a contemplar não apenas forte densidade principiológica, mas cláusulas abertas, capazes de propiciar o diálogo e a interação entre o Direito Constitucional e o Direito Internacional. Tais cláusulas assumem extraordinária rele-

28. José Joaquim Gomes Canotilho, *Direito Constitucional e Teoria da Constituição*, Coimbra, Almedina, 1998, p. 1.217.

vância na medida em que se testemunha o crescente fortalecimento da proteção internacional dos direitos humanos, com destaque ao processo de sua jurisdicionalização no campo internacional.

Vale dizer, a maior consolidação e jurisdicionalização do Direito Internacional requer sejam intensificadas as relações entre o Direito Internacional e o Direito Interno. Faz-se essencial o enfoque das ordens local, regional e global, a partir da dinâmica de sua interação e impacto, guiados pelo valor da dignidade humana, como superprincípio a inspirar o Direito Interno e Internacional. O sentido maior desta dinâmica é garantir a dignidade humana, enquanto aquele "mínimo ético irredutível", enquanto parâmetro a conferir validade a toda e qualquer norma. Isto é, a gramática de direitos deve ser usada como o "teste" de legalidade de qualquer norma.

Ao processo de constitucionalização do Direito Internacional conjuga-se o processo de internacionalização do Direito Constitucional, mediante a adoção de cláusulas constitucionais abertas, que permitem a integração entre a ordem constitucional e a ordem internacional, especialmente no campo dos direitos humanos. Cabe, a título ilustrativo, a alusão aos artigos 4º e 5º, § 2º, da Constituição Federal de 1988, bem como a alusão a dispositivos similares constantes das Constituições latino-americanas recentes. O artigo 4º consagra os princípios a orientar o Brasil nas relações internacionais, com ênfase na prevalência dos direitos humanos e na cooperação internacional. Já o artigo 5º, § 2º, inclui os direitos internacionais no elenco dos direitos constitucionalmente garantidos.

É necessário ainda adicionar que o aprimoramento do sistema internacional de proteção dos direitos humanos, mediante sua justicialização, requer dos Estados que criem mecanismos internos capazes de implementarem as decisões internacionais no âmbito interno. De nada adiantará a justicialização do Direito Internacional, sem que o Estado implemente, devidamente, as decisões internacionais no seu âmbito interno. Os Estados devem garantir o cumprimento das decisões internacionais, sendo inadmissível sua indiferença e silêncio, sob pena, inclusive, de afronta ao princípio da boa fé a orientar a ordem internacional. Importa frisar que os parâmetros consagrados na ordem internacional, no campo dos direitos humanos, são parâmetros protetivos mínimos, livremente acolhidos pelo Estado, quando da incorporação de instrumentos internacionais, no exercício de sua própria soberania.

Há que se romper com a distância e o divórcio entre o Direito Internacional e o Direito Interno, notadamente quando se trata de direitos fundamentais. Intensifica-se a interação e conjugação do Direito Internacional e do Direito interno contemporâneos, que fortalecem a sistemática de proteção dos direitos fundamentais, com uma principiologia e lógica próprias, fundadas no princípio da primazia dos direitos humanos.

Em um contexto cada vez mais caracterizado pela constitucionalização do Direito Internacional e pela internacionalização do Direito Constitucional, bem como pela necessária interação entre as esferas local, regional e global, vislumbra-se a progressiva elevação do valor da dignidade humana a parâmetro legitimador das ordens jurídicas contemporâneas, tanto no plano constitucional como no internacional. Retomando aqui as lições de Kant, o cosmopolitanismo ou a lei mundial devem ter como condição a idéia de hospitalidade universal. Ao sustentar o direito à hospitalidade universal, de forma visionária, Kant afirma que a humanidade estaria próxima a uma eventual "Constituição mundial", acrescentando que "a idéia de um Direito cosmopolita ou mundial não é um fantástico e utópico modo de compreender o Direito, mas o desenvolvimento necessário de um código constitucional e internacional ainda não escrito, que se converterá no Direito da humanidade. Apenas por esta via, e sob este requisito, é que se alcançará a paz perpétua".[29]

Aos operadores do Direito resta, assim, o desafio de recuperar no Direito seu potencial ético e transformador, doando máxima efetividade aos princípios fundamentais que regem o Direito Internacional e interno, com realce ao princípio da dignidade humana. Que a cultura jurídica seja, portanto, capaz de construir o diálogo entre o Direito Internacional e o Direito Constitucional contemporâneo, sob o primado da centralidade do valor da absoluta prevalência da dignidade humana, porque fonte e sentido de toda experiência jurídica.

---

29. A respeito, ver Immanuel Kant, "To Eternal Peace", in *Basic Writings of Kant*, Allen W. Wood ed., New York, The Modern Library, 2001, pp. 448-450.

# A "POLITIZAÇÃO" DA JURISDIÇÃO CONSTITUCIONAL: UMA ANÁLISE SOB A PERSPECTIVA DA TEORIA DOS SISTEMAS DE NIKLAS LUHMANN[1]

GLAUCO SALOMÃO LEITE[2]

*1. Introdução. 2. Alguns sentidos possíveis para o termo "politização": 2.1 "Politização" e dever de imparcialidade; 2.2 "Politização" e interpretação jurídica; 2.3 "Politização" e representação política tradicional; 2.4 "Politização" e exercício de poder; 2.5 "Politização" e Constituição. 3. A jurisdição constitucional brasileira pós-1988: da redemocratização à "politização". 4. A "politização" da jurisdição constitucional e a teoria dos sistemas de Niklas Luhmann: 4.1 Considerações iniciais sobre a teoria dos sistemas de Niklas Luhmann: a distinção sistema/ambiente; 4.2 O direito como subsistema social e sua autoreferência; 4.3 A abertura cognitiva do sistema jurídico; 4.4 A Constituição como acoplamento estrutural entre o direito e a política; 4.5. A "politização" da jurisdição constitucional e a teoria dos sistemas; 4.6 Teoria dos sistemas nos países periféricos: ausência de autonomia operacional do direito? 5. Conclusões. 6. Referências bibliográficas.*

## 1. Introdução

Tem-se observado, tanto no discurso jurídico quanto no discurso político, uma crescente preocupação em torno de um suposto caráter "político" da função jurisdicional e, em particular, da jurisdição constitucional exercida pelo Supremo Tribunal Federal (STF). O debate já apresenta um lado positivo na medida em que, através dele, o STF vai deixando, paulatinamente, de ser um "desconhecido" perante a população.

Pode-se apontar como um dos motivos desse recente interesse a importância das causas julgadas por esse Tribunal e sua repercussão na coletividade. Vale referir, a título de ilustração, as questões que envolvem as

---

1. Agradeço ao Prof. Dimitri Dimoulis e a Profa. Maria Betânia Silva, bem como aos amigos Adriano Chiari, José Ricardo Varejão e Frederico Seabra, pela leitura dos originais do presente trabalho e pelas críticas e sugestões que fizeram a seu respeito.
2. E-mail: glaucosalomao@uol.com.br

grandes "reformas", como a cobrança da contribuição dos inativos (Reforma da Previdência), os limites do denominado "controle externo" do Judiciário (Reforma do Judiciário); as "guerras fiscais" entre Estados-membros; o delineamento dos poderes das comissões parlamentares de inquérito, e que estiveram na recente ordem do dia, o que envolve digressões sobre o princípio da separação dos poderes; a "verticalização" das coligações de partidos políticos; a redução do número de vereadores nos municípios brasileiros; o monopólio dos serviços de postagem pela Empresa de Correios e Telégrafos; as questões atinentes à concretização de direitos fundamentais, como a possibilidade de interrupção de gravidez de feto anencéfalo (que envolve os limites da autonomia privada e o direito à vida), bem como as que dizem respeito à implementação de políticas públicas para a realização de direitos sociais.

Dessa forma, não é difícil imaginar a possibilidade de que grandes questões sociais ou vários planos ou projetos sustentados por qualquer governo que se encontra no poder sejam levados à jurisdição constitucional para receber desta o seu "selo" de aprovação. Assim, dado que é o STF, órgão máximo da jurisdição constitucional no nosso país, quem profere a última palavra em termos de interpretação da Constituição, quanto maior sua ingerência na atuação dos demais podres, menor será o espaço de atuação destes últimos. A jurisdição constitucional passaria a demarcar as zonas de competências dos demais poderes a partir dos limites que ela própria impuser à sua competência. Diante deste quadro, é no âmbito da jurisdição constitucional que o fenômeno da "politização" assume maiores contornos.

No presente estudo, pretende-se analisar a referida "politização" da jurisdição constitucional a partir de um marco teórico pouco desenvolvido no Brasil, qual seja, a teoria dos sistemas de Niklas Luhmann.[3]

Para tanto, o trabalho será dividido nas seguintes etapas: a) a exposição de alguns sentidos possíveis para o termo "politização", b) verificação da "politização" da jurisdição constitucional no Brasil, c) abordagem da teoria dos sistemas de Niklas Luhmann e sua aplicação ao tratamento da "politização" da jurisdição constitucional.

## 2. Alguns sentidos possíveis para o termo "politização"

Não é tarefa fácil delimitar o conteúdo semântico do signo "politização", haja vista sua derivação de "política", que remonta à *polis* grega,

---

3. No dizer de Willis Santiago Guerra Filho, referindo-se à teoria sistêmica de Luhmann, "Esse tipo de teoria sociológica do Direito representa uma tentativa de escapar da presente 'exaustão de paradigmas' (Abel, 1980, p. 826) nessa área – e, por último, mas não menos

A "POLITIZAÇÃO" DA JURISDIÇÃO CONSTITUCIONAL 147

o que poderia levar a divagações filosóficas sobre a palavra. Nada obstante, na presente discussão pode-se destacar alguns usos freqüentes do referido termo. Assim, as dimensões mais correntes da "politização" estão associadas ao dever de imparcialidade da jurisdição, à interpretação jurídica e à representatividade política tradicional,[4] ao exercício de poder (jurisdição) e à própria natureza da constituição. Como se verificará, os aspectos da "politização" antes referidos, ao contrário de se excluírem, são comumente apontados na práxis jurídica brasileira, isto é, são facilmente identificados, e alguns até mesmo reivindicados, no exercício da jurisdição constitucional. É precisamente sobre tais manifestações da "politização" que se pretende analisar as possíveis respostas que a teoria sistêmica de Niklas Luhmann pode oferecer.

## 2.1 "Politização" e dever de imparcialidade

Neste primeiro sentido, comumente se questiona a parcialidade da jurisdição, pois o juiz deve se colocar como um terceiro distante dos conflitos que deve resolver. Os ataques dirigidos ao caráter político, nessa situação, estão associados ao fato de o juiz ceder diante de pressões de grupos políticos ou de partidos. Tratar-se-ia, na verdade, de uma "partidarização" da jurisdição constitucional. O equívoco consistiria em reduzir a política à atuação partidária. Como se verá mais adiante, a crítica ao caráter político neste significado se robustece quando relacionada à jurisdição constitucional brasileira, em razão da ampla legitimidade ativa conferida a diversos representantes do sistema político, inclusive de qualquer partido com representação no Congresso Nacional, para provocá-la em sede controle concentrado-abstrato perante o STF.

Além disso, não se pode olvidar o impacto de uma suposta opinião pública no exercício da jurisdição e, em particular, no da jurisdição constitucional, uma vez que esta tem tratado de temas que afetam diversos segmentos sociais. Neste sentido, muitas vezes, diante da repercussão social que certo caso provoca, reivindica-se que os juízes "ouçam" a opinião pú-

---

importante, ela proporciona uma abertura para o diálogo interdisciplinar sem precedentes" (*Autopoiese do Direito na sociedade pós-moderna: introdução a uma teoria social sistêmica*, p. 91).
    4. Estas primeiras três acepções são ressaltadas por Celso Campilongo (Cf. *Política, Sistema Jurídico e Decisão Judicial*, p. 57). Embora o autor não se refira especificamente à "politização" da jurisdição constitucional, mas sim à da jurisdição de um modo geral, adverte que é exatamente no controle jurisdicional dos demais Poderes, no qual se insere o controle de constitucionalidade das leis, onde reside o eventual caráter político da decisão judicial. Desse modo, crê-se que as dimensões do caráter político aventadas pelo autor são de todo aplicáveis à jurisdição constitucional. Aliás, pode-se afirmar que tais dimensões são ainda mais acentuadas quando se trata do "juiz constitucional" (cf. ob. cit., p. 42).

blica antes de a decisão ser proferida.⁵ Em última análise, essa opinião pública acaba se transformando em uma espécie de critério legitimador das decisões judiciais, algumas vezes apontando para soluções não permitidas pelo direito. Então, é preciso questionar se, e até que ponto, a mencionada "opinião pública", em sociedades pluralistas e heterogêneas, pode servir de parâmetro para a tomada de decisões judiciais.

## 2.2 "Politização" e interpretação jurídica

A segunda dimensão está vinculada à idéia de completa vinculação do juiz à lei. Assim, haveria o caráter político no momento em que o juiz deixa de decidir com base nos parâmetros legais para se basear em critérios ideológicos e pessoais, tornando sua atuação arbitrária. Neste particular, a crítica parte do pressuposto de que a lei apresenta sempre uma resposta pronta e acabada para os litígios, de modo que a atividade de interpretação/aplicação do juiz se reduz a um silogismo lógico-formal.

A imagem do "juiz vinculado à lei", pressuposto desta crítica à "politização", remonta a uma determinada concepção de direito típico do Estado legalista que apareceu com as revoluções liberais na Europa do séc. XVIII, de que é referência paradigmática a Revolução Francesa. Com efeito, uma vez que órgão legislativo representava a "vontade geral" da coletividade, a lei, fruto deste corpo representativo, refletia o ideário desta coletividade, tornando-se a única forma legítima de restrição dos direitos dos indivíduos. Daí a crença na supremacia do parlamento e a conseqüente limitação da atividade judicial. Em vez de afastar a aplicação da lei inválida, o juiz fica preso aos seus comandos. A limitação da força normativa da constituição,⁶ a crença de que o parlamento representava a "vontade geral" da coletividade e a busca por uma maior limitação dos poderes dos juízes formaram o cenário para a consagração do primado da lei e dos códigos e, conseqüentemente, de sua idolatria. Assim, com a concentração da produção normativa do Estado no legislador, o direito se reduzia à lei, não havendo espaço para construção judicial do direito. O Código Civil francês corporificava exatamente a idéia de um legislador onipotente, cuja obra sistemática é coerente, harmônica e completa.⁷ Nessa medida, a codifica-

---

5. Sobre o tema, cf. Maria Garcia, "Opinião pública e a interpretação da Constituição".

6. Sobre o enfraquecimento da normatividade das constituições no Estado de Direito legalista, cf. Eduardo García de Enterría, *La Constitución como norma y el Tribunal Constitucional*, pp. 40 e ss.

7. Segundo Gustavo Zagrebelsky, "A lei por excelência era então o código, cujo modelo histórico durante todo o século XIX estaria representado pelo Código civil napoleônico. Nos códigos se encontravam reunidas e exaltadas todas as características da lei. Resumin-

A "POLITIZAÇÃO" DA JURISDIÇÃO CONSTITUCIONAL 149

ção se apresentava como uma espécie de "prontuário" para resolver, senão todas, ao menos as principais controvérsias.[8]

Tudo isso repercute na teoria da interpretação jurídica, moldada nesse contexto de submissão do juiz ao legislador e no caráter "neutro" do primeiro. Assim, toma a cena o formalismo jurídico de viés positivista-legalista. Em vez de se falar em *construção* da norma jurídica pelo juiz, fala-se em *declaração* da norma já existente e acabada, adotando, em particular, o critério gramatical de interpretação. A norma jurídica é um *dado* e não um *construído*. Oculta-se o aspecto *volitivo* no processo interpretativo, evidenciando apenas o aspecto *cognitivo* ou de conhecimento. A aplicação do direito se desenvolve através de processos silogístico-formais. Nos casos de dúvida, o juiz deve se valer da interpretação sistemática para *descobrir* a "vontade do legislador", mais uma ficção para encobrir o caráter inventivo/ criativo da interpretação jurídica.[9] A conseqüência desse quadro é a "debilidade da magistratura",[10] limitada basicamente à resolução de conflitos privados. Portanto, o juiz exerce um papel neutro e pouco expressivo na aplicação do direito.

Percebe-se que existe uma verdadeira superioridade da legislação sobre a jurisdição, de sorte que os comandos legais são emanados "de cima para baixo", devendo ser acatados e aplicados pelos juízes.[11] Por tudo isto,

do-as: a vontade positiva do legislador, capaz de se impor indiferentemente em todo o território do Estado e que se endereçava à realização de um projeto jurídico baseado na razão (a razão da burguesia liberal, assumida como ponto de partida); o caráter dedutivo do desenvolvimento das normas, *ex principiis derivationes*; a generalidade e a abstração, a sistematicidade e a plenitude" (*El derecho dúctil: Ley, derechos, justicia*, p. 32). Mais adiante, sintetiza a *força normativa* do Código de Napoleão, ao dizer que este era "não em vão denominado com freqüência a 'Constituição da burguesia' liberal" (ob. cit., p. 53).
    8. Norberto Bobbio, *O Positivismo Jurídico – Lições de Filosofia do Direito*, p. 78.
    9. Como observa Cristina Queiroz, para os filósofos da Ilustração, a melhor lei seria aquela que não precisasse de interpretação, já que, como afirmava Beccaria, a "interpretação não era tarefa dos juízes" e que "interpretar a lei seria o mesmo que corrompê-la", esta última atribuída a Voltaire. Foi essa concepção de que todo o direito estaria contido na lei que levou, na França, vários professores a proclamarem que ensinavam não o Direito Civil, mas o Código de Napoleão (*Interpretação Constitucional e Poder Judicial. Sobre a epistemologia da construção constitucional*, pp. 128-129). "Uma ciência do direito assim concebida não elimina apenas do seu objecto os 'valores' (as valorações subjectivas) e outros 'sistemas de valores' (e, designadamente, a casuística). Elimina também as implicações factuais das normas jurídicas e os seus campos de regulamentação. Conscientemente ou não, permanece prisioneira da ideologia da 'subsunção'" (ob. cit., p. 129).
    10. Mauro Cappelletti, "Necesidad y legitimidad de la Justicia Constitucional", in *Tribunales Constitucionales Europeus y Derechos Fundamentales*, p. 612.
    11. É importante ressaltar que o positivismo jurídico sustentado por Kelsen, no que se refere ao papel do juiz na interpretação jurídica, difere bastante daquele positivismo-legalista da Escola da Exegese. Nas palavras desse autor, "A teoria usual da interpretação quer fazer crer que a lei, aplicada ao caso concreto, poderia fornecer, em todas as hipóteses,

com a concentração da produção normativa do Estado na instância legislativa, a ciência jurídica se reduz a uma *ciência da legislação positiva*.[12] É neste contexto que se insere a crítica de Kirchmann, segundo a qual bastariam três palavras retificadoras do legislador e bibliotecas inteiras se converteriam em papéis inúteis.[13]

Ocorre que, uma vez reconhecidas as falácias apregoadas pelos formalismos jurídicos, em suas várias expressões, que vigeram fortemente até o início do séc. XX, reconhece-se o caráter criativo da atividade interpretativa, incluindo, obviamente, aquela exercida pelo juiz. Em toda interpretação jurídica se verifica a criação de direito em alguma medida. As leis apenas introduzem no ordenamento segmentos de linguagem (textos normativos). Estes enunciados servem de base para a interpretação jurídica. A "norma" propriamente dita é resultado da interpretação do "texto", que, por admitir mais de uma possibilidade semântica, pode servir de base à construção de mais de uma "norma". É criação do intérprete-juiz. Portanto, as leis não são obras completas, mas, sim, *complementáveis*.

Feitas essas considerações, vê-se que a "politização" da jurisdição constitucional, no sentido que se expõe neste tópico, decorreria não da negação da lei, mas do alargamento de possibilidades jurídicas de solução que podem ser tomadas pelo juiz. Ao transportar essa crítica para a jurisdição constitucional, a expressão "submissão à lei" pode ser substituída por "submissão à constituição", sendo precisamente este o alvo das discussões. Isto porque o juiz constitucional, no lugar de submissão, encontra espaçosos horizontes na exegese constitucional, por força da inserção de um vasto elenco de direitos fundamentais, normas principiológicas e programáticas, cujas estruturas normativas apresentam um alto grau de generalidade e abstração. Cuida-se de um traço característico da estrutura normativa das constituições contemporâneas. As constituições, em vez de um código fechado, hermético, revelam-se como um complexo normativo aberto para o futuro, albergando princípios que sintetizam valores antagônicos, muitas vezes concorrentes, reflexo das sociedades pluralistas con-

---

apenas *uma única* solução correta (ajustada), e que a 'justeza' (correção) jurídico-positiva desta decisão é fundada na própria lei. Configura o processo desta interpretação como se se tratasse tão-somente de um ato intelectual de clarificação e de compreensão, como se o órgão aplicador do Direito, apenas tivesse que pôr em ação o seu entendimento (razão), mas não a sua vontade, e como se, através de uma pura atividade de intelecção, pudesse realizar-se, entre as possibilidades que se apresentam, uma escolha que correspondesse ao Direito positivo, uma escolha correta (justa) no sentido do Direito Positivo" (*Teoria Pura do Direito*, p. 391).

12. Gustavo Zagrebelsky, *El derecho dúctil: Ley, derechos, justicia*, p. 33.

13. "El caráter a-científico de la llamada Ciência del Derecho" in *La Ciencia del Derecho*, p. 268.

temporâneas.¹⁴ Com isso, o *poder expansivo* ou *efeito de irradiação* das normas constitucionais encobre todos os quadrantes do sistema jurídico. O sistema jurídico se encontra *impregnado* pelas normas da constituição, que se apresenta *invasora* e *intrometida*.¹⁵ Verifica-se, com isso, a *constitucionalização do direito*.

Diante dessa considerável abertura, o caráter político da jurisdição constitucional estaria associado a um elevado grau de discricionariedade na interpretação constitucional, propiciado pela própria estrutura aberta das constituições.

### 2.3 *"Politização" e representação política tradicional*

A terceira censura à "politização" se dirige à possibilidade de o juiz se substituir aos demais poderes, realizando tarefas que caberiam a estes no âmbito do sistema político. Neste caso, o juiz constitucional atuaria para suprir os déficits da representatividade política tradicional. Cuida-se dos reflexos de uma mudança de paradigmas verificada com o advento do Estado de Bem-Estar Social e que repercute no papel exercido pelos juízes.

De fato, a abstenção do Estado na regulação do mercado, deixando que as relações sejam regidas pela *lex mercatoria*, contribuiu, no liberalismo, para um quadro de fortes desigualdades sociais. A igualdade meramente formal *perante* a lei não atendia mais aos reclamos daqueles que se encontravam à margem de uma proteção legal satisfatória, razão pela qual buscavam também uma igualdade *na* lei. Ao lado dos direitos individuais, particularmente daqueles vinculados à propriedade e à autonomia da vontade, cujo exercício exige do Estado simples inação ou abstenção, surgem os direitos sociais positivos, para cuja fruição se faz necessária a realização de diversas prestações por parte do aparelho estatal. Enquanto os direitos individuais em sua vertente negativa são direitos *contra* o Estado, os direitos sociais positivos são direitos *por meio* do Estado.

Com essas transformações conjunturais, o individualismo característico do Estado Liberal vai cedendo espaço ao coletivismo do Estado Social. As codificações, paulatinamente, passam a ser substituídas por legislações esparsas, na tentativa de atender às diversas exigências de forma específica e tópica. Conseqüentemente, o legislador deixa de representar a "vontade

---

14. Cf. George Salomão Leite; Glauco Salomão Leite, "A abertura da Constituição e sua relação com os princípios constitucionais", in George Salomão Leite (org.), *Dos princípios constitucionais – considerações em torno das normas principiológicas da Constituição*, pp. 160 e ss.

15. Neste sentido, Riccardo Guastini, "La constitucionalización del ordenamiento jurídico: el caso italiano", in Miguel Carbonell (org.), *Neoconstitucionalismo(s)*, p. 49.

geral" de uma coletividade relativamente homogênea, como era a burguesia liberal, para atuar em nome de grupos corporativos com interesses heterogêneos e antagônicos.[16] Desta circunstância surge aquilo que Zagrebelsky denomina "legislações setoriais".[17]

A racionalidade formal do modelo liberal, através da qual, para resolver os casos concretos, o juiz procedia a um mero processo silogístico lógico-formal de subsunção do fato à norma, mostra-se insuficiente com as novas demandas. O modelo social de direito, orientado para o futuro ou prospectivo, atua com uma racionalidade material ou teleológica voltada para os fins que persegue. Ao passo que o modelo liberal de direito preconiza a manutenção do *status quo*, o direito social pretende ser um elemento de transformação social. A lei deixa de ser uma simples reguladora de conflitos intersubjetivos e passa a assumir a feição de um instrumento político de governo. Para atender às várias demandas sociais, a produção normativa do Estado aumenta de forma considerável, acarretando o gigantismo do aparelho estatal e uma "hipertrofia legislativa".[18] Configurava-se uma perda qualitativa das leis, por força da queda de sua capacidade regulatória generalizada.

Essa mudança de paradigmas modifica o papel e a função desempenhada pelo judiciário. Em vez de tratar de conflitos intersubjetivos de menor complexidade, agora tem que resolver litígios coletivos. De fato, com o processo de massificação social, o surgimento de novos direitos (os direitos sociais e coletivos) implica também uma remodelagem no conceito liberal de "direito subjetivo", que deixa de ser atrelado a direitos individuais e passa a exigir uma proteção a direitos coletivos e difusos. Assim, como afirma Tércio Sampaio Ferraz Jr.: "(...) os litígios judiciais passam a admitir e a exigir novas formas de direito de ação (*class action*, ação pública). Altera-se, do mesmo modo, a posição do juiz, cuja neutralidade é afetada, ao ver-se ele posto diante de uma co-responsabilidade no sentido de uma exigência de ação corretiva de desvios na consecução das finalidades a serem atingidas pela política legislativa. Tal responsabilidade, que, pela clássica divisão dos poderes, cabia exclusivamente ao Legislativo e ao Executivo, passa a ser imputada também à Justiça".[19]

---

16. Celso Fernandes Campilongo, *Política, Sistema Jurídico e Decisão Judicial*, pp. 38 e ss. Para um balanço das modificações do sistema jurídico na passagem do Estado liberal ao Estado Social e, posteriormente, ao que se denomina "Estado Pós-Social", cf. do mesmo autor, "Os desafios do Judiciário: um enquadramento teórico", in José Eduardo Faria (org.), *Direitos Humanos, Direitos Sociais e Justiça*, pp. 30-51.
17. Gustavo Zagrebelsky, *El derecho dúctil: Ley, derechos, justicia*, p. 37.
18. Celso Fernandes Campilongo, "Os desafios do Judiciário: um enquadramento teórico", in José Eduardo Faria (org.), *Direitos Humanos, Direitos Sociais e Justiça*, p. 41.
19. "O Judiciário frente à divisão de poderes: um princípio em decadência?", in *Anuário dos Cursos de Pós-Graduação em Direito*, n. 11, p. 355.

Outrossim, na medida em que a Constituição brasileira é marcadamente "programática" ou "compromissória", estabelecendo normas que impõem fins a serem seguidos pelos Poderes estatais, e constatando a baixa efetividade na concretização de tais normas pelo Executivo e pelo Legislativo, a jurisdição constitucional se tornaria uma espécie de "nova arena" para se exigir um controle de políticas públicas insatisfatórias e destoantes dos objetivos constitucionalmente impostos. E este controle se efetuaria, novamente, com base em um texto constitucional caracterizado pela sua abertura e fragmentariedade, o que possibilitaria uma ingerência indevida no sistema político. Neste contexto, o receio é que existam abusos cometidos pela jurisdição constitucional, configurando o indesejável "governo de juízes", de sorte que ela passaria a reescrever em suas decisões o teor da constituição e ditar os rumos políticos do Estado.

Portanto, a "politização", neste caso, dar-se-ia a partir da assunção, pela jurisdição constitucional, de funções que caberiam aos demais órgãos estatais, atuando, assim, para suprir as falhas e deficiências praticadas por estes.

## 2.4 "Politização" e exercício de poder

Além dos sentidos de "política" acima expostos, vale também referir aquele delineado por Lourival Vilanova.[20] Para este autor, são políticos todos os atos de poder, não importando se se trata do Executivo, do Legislativo ou do Judiciário. Da prática de atos no exercício de poder conferido constitucionalmente, é que, em seus âmbitos, manifestam-se atos políticos. Como afirma o autor, "todos os atos de poder, são políticos por definição: são constitucionalmente políticos. Atos de governo em sentido restrito e atos de administração (podendo ser do mesmo órgão ou de órgãos diferentes), atos de legislação e atos jurisdicionais, todos são atos de órgãos *imediatamente* constitucionais e, *eo ipso*, atos políticos".[21]

Apesar de se reconhecer a possibilidade desta acepção para o caráter "político" da jurisdição constitucional, ela não apresenta uma solução satisfatória para o problema que ora se coloca, haja vista que todas as funções previstas pela Constituição teriam, igualmente, um caráter político.

## 2.5 "Politização" e Constituição

Por fim, cabe falar em caráter político da jurisdição constitucional, levando-se em conta as próprias referências normativas com as quais lida

---

20. "A dimensão política nas funções do Supremo Tribunal Federal", in *Revista de Direito Público*, 57-58/47.
21. Idem, Ibidem.

no seu dia-a-dia: as normas da constituição. Neste sentido, Canotilho já apresentava a constituição como o "estatuto jurídico do político".[22] De fato, a jurisdição constitucional, ao solver os conflitos que lhe são apresentados, necessariamente tratará com normas penetradas por matéria política em sua mais nobre expressão.[23] Sob esta perspectiva, ver-se-á como a "politização" da jurisdição constitucional se passa no enlace entre o direito e a política promovido, especialmente, pela Constituição. E sendo o STF, órgão máximo da jurisdição constitucional brasileira, o responsável ou "guardião precípuo" desse vínculo entre direito e política, pode-se afirmar que ele está, mais do que ninguém, suscetível aos impactos da "politização".

Deste último aspecto, ou seja, do entrecruzamento do direito com a política através da Constituição, bem como considerando a estrutura dos textos constitucionais contemporâneos e sua força normativa nos atuais Estados Democráticos de Direito, decorrem as demais manifestações da "politização" da jurisdição constitucional, sendo elas facilmente verificadas nos debates sobre a realidade brasileira. Isto justifica sua análise em conjunto.

## 3. A jurisdição constitucional brasileira pós-1988: da redemocratização à "politização"

O sistema constitucional que se estabelece a partir de 1988 apresenta certas características que acentuam o problema da "politização" da jurisdição constitucional brasileira. Como se afirmou no tópico anterior, ao serem destacados os possíveis sentidos para "politização", no estágio atual do Direito Constitucional, todos eles encontram eco na práxis da jurisdição constitucional, e, em particular, daquela exercida no Brasil. É o que se passa a analisar.

De início, cumpre relembrar que o cenário político do qual brota a Constituição atual é marcado pelo processo de restauração da democracia no país. Como se sabe, a história constitucional brasileira apresenta graves instabilidades políticas, que resultaram em golpes de Estado, regimes ditatoriais e na negação sistemática dos direitos fundamentais dos cidadãos. A sucessão de diversos textos constitucionais pode ser encarada como um reflexo desse quadro de turbulência. Conseqüentemente, algumas dessas Constituições careceram de força normativa, aparecendo apenas para conferir uma roupagem formal de legitimidade ao poder político, deixando, nessa medida, de exercer sua função mais basilar: a disciplina jurídica do poder.

---

22. *Direito Constitucional*, pp. 34-36.
23. Eduardo García de Enterría, *La Constitución como norma y el Tribunal Constitucional*, p. 178.

Na medida em que a Constituição de 1988 é promulgada sob o influxo do processo de redemocratização, trouxe um largo rol de direitos fundamentais e de instrumentos processuais para garantir a proteção desses direitos contra atos do Poder Público. Outrossim, ela contempla várias normas programáticas que estabelecem fins e metas a serem alcançados pelo Estado, caracterizando-a nitidamente como uma "Constituição compromissária". A meta, em última análise, é a concretização dos direitos fundamentais, largamente amparados pela Constituição. Daí a exigência de se assegurar o pleno emprego, a erradicação da pobreza e das desigualdades regionais e sociais, dentre outras metas. Ocorre que, no Brasil, apesar da existência de um texto constitucional pródigo em direitos fundamentais, as *promessas da modernidade* ainda não foram cumpridas e o Estado Social, aqui, não passou de um simulacro, na crítica de Lênio Streck.[24] Via de conseqüência, há uma explosão de litigiosidade por parte da população que busca a efetividade dos direitos constitucionalmente consagrados. Assim, nesse contexto, questiona-se: até que medida as políticas públicas elaboradas para concretizar os comandos constitucionais podem ser controladas judicialmente ou mesmo se esse controle pode recair sobre leis orçamentárias que destinem menos recursos do que seria possível para alguns setores sociais.[25]

Em países que ainda não atingiram graus satisfatórios de fruição de direitos sociais básicos, como é o caso do Brasil, apesar de existir uma Constituição que consagre esses direitos em sintonia com a dignidade da pessoa humana, é comum se exigir uma postura mais ativa da jurisdição constitucional na tentativa de diminuir o fosso que separa a realidade (mundo do "ser") da normatividade constitucional (mundo do "dever-ser"). Daí, não é raro se falar na necessidade de o juiz ter que ser mais "político", no sentido de "progressista", o que representa, na prática, prover aquilo que os demais Poderes deixaram de prover. Ao se referir às possíveis posições assumidas pela jurisdição constitucional nos países da Europa continental, Mauro Cappelletti aponta o dilema: a) permanecer restrito aos limites tradicionais da função judicial do séc. XIX ou b) elevar-se ao nível dos outros poderes, convertendo-se no "terceiro gigante" para controlar o legislador mastodonte e o administrador leviatã.[26] De uma autocontenção a um ativismo

---

24. *Jurisdição Constitucional e Hermenêutica – uma nova crítica ao Direito*, pp. 84 e ss.

25. Admitindo o controle de políticas públicas, Andreas Krell salienta que "onde o processo político (Legislativo e Executivo) falha ou se omite na implementação de Políticas Públicas e dos objetivos sociais nela implicados, cabe ao Poder Judiciário tomar uma atitude ativa na realização da correição da prestação dos serviços sociais básicos" (*Direitos sociais e controle judicial no Brasil e na Alemanha – Os (des)caminhos de um Direito Constitucional "Comparado"*, pp. 90 e ss.).

26. Mauro Cappelletti, "Necesidad e legitimidad de la Justicia Constitucional", in *Tribunales Constitucionales Europeos y Derechos Fundamentales*, p. 608.

judicial, a jurisdição constitucional oscila no desempenho de seu mister na defesa da Constituição.

Todavia, teme-se igualmente o ressurgimento de um "governo de juízes", através da excessiva "politização" da jurisdição constitucional, reaparecendo, assim, as discussões acerca da sua legitimidade democrática.[27]

Esta preocupação se justifica na medida em que, em nome de uma concretização de normas constitucionais como dignidade da pessoa humana, moralidade, eficiência, relevante interesse público, segurança jurídica e tantas outras caracterizadas pelo seu elevado teor axiológico, a jurisdição constitucional poderia se imiscuir nas funções dos demais poderes eleitos democraticamente. E isto se passaria através da elasticidade semântica dos enunciados constitucionais, que acomodam várias interpretações possíveis. Este é sem dúvida, senão o mais importante, um dos aspectos mais controvertidos da propalada "politização" da jurisdição constitucional.

Vale atentar para uma particularidade do direito constitucional brasileiro. Aqui também se verifica a inserção, no texto constitucional, das mais variadas matérias que vão desde a estruturação política do Estado a assuntos ligados à ordem econômica e financeira, à ordem tributária, ao regime jurídico administrativo dos agentes públicos, à previdência social, à seguridade social, ao meio ambiente, à ciência e tecnologia, à política urbanística, ao direito de família, ao direito penal etc. Tudo isso passou a ser considerado, pelo menos formalmente, assunto constitucional. Dessa forma, os diversos ramos do direito tiveram alguns de seus elementos plasmados no texto constitucional. Esta circunstância também incrementa o *poder expansivo* das normas constitucionais sobre os demais ramos do direito (civil, penal, administrativo etc.). Esta *elevação* de matérias, normalmente disciplinadas no âmbito infraconstitucional, à Constituição traz a necessidade de uma mudança na interpretação do direito ordinário através de uma *filtragem constitucional*. Por via de conseqüência, aumentam-se as referências normativas para a jurisdição constitucional no exercício de seu mister, facilitando a justificação de um maior controle em relação aos demais Poderes, já que o campo de "matérias constitucionais" agora é muito amplo.

Outro ponto merece destaque. Como é sabido, ao lado do controle difuso de constitucionalidade exercido por todos os juízes do país, o acesso ao controle concentrado perante o STF era, até 1988, bastante restrito. A iniciativa para provocá-lo diretamente, em sede de controle abstrato-concentrado de constitucionalidade, era privilégio do Procurador-Geral da República, que detinha o monopólio da representação de inconstitucio-

---

27. No Brasil, cf. os trabalhos de André Ramos Tavares, *Teoria da Justiça Constitucional*, e Walber de Moura Agra, *A reconstrução da legitimidade do Supremo Tribunal Federal: densificação da jurisdição constitucional brasileira.*

nalidade. A conseqüência desse dado foi o número reduzido de ações que contestavam a validade das leis, especialmente as elaboradas pela União.

Com a Constituição de 1988, houve uma notável ampliação dos legitimados para provocar o STF, em sede de controle concentrado-abstrato,[28] democratizando o acesso a esta modalidade de controle de constitucionalidade. Alguns indagam a respeito de um possível deslocamento das discussões políticas travadas no Congresso Nacional para o STF, enquanto Corte Constitucional, transformando-o em uma espécie de nova arena política.[29] Saliente-se que, no que diz respeito aos partidos políticos, basta que eles tenham representantes na Casa Legislativa, não importando que seja maioria, minoria ou que possuam pouquíssimas cadeiras. Dessa maneira, discute-se se ao propor uma ação direta de inconstitucionalidade, esses partidos – o que se aplica aos demais representantes da esfera política –, estariam atuando na defesa da Constituição ou, ao contrário, estariam cometendo uma burla à regra majoritária, pois, em caso de declaração de inconstitucionalidade da lei atacada, alcançariam um resultado prático equivalente ao que desejariam ter obtido no Congresso Nacional, ou seja, a não-aprovação da lei. Com isso, estariam tornando o STF uma terceira Casa Legislativa.[30]

Estes aspectos fazem parte da atual conjuntura em que se insere a jurisdição constitucional no contemporâneo Estado Constitucional, marcada pela elevação desse Poder e que tem a aptidão de conferir a última palavra em termos de interpretação e aplicação da constituição. Como afirma Luis Roberto Barroso, "em razão desse conjunto de fatores – constitucionalização, aumento da demanda por justiça e ascensão institucional do Judiciário –, verificou-se no Brasil uma expressiva *judicialização* de questões

---

28. Conjugando o texto da Constituição de 1988 (art. 103) com as modificações trazidas pela EC 45, podem propor tanto a ação direta de inconstitucionalidade, quanto a ação declaratória de constitucionalidade, instrumento criado pela EC 3: o Presidente da República, a Mesa do Senado Federal, a Mesa da Câmara dos Deputados, a Mesa de Assembléia Legislativa ou da Câmara Legislativa do Distrito Federal, Governador de Estado ou do Distrito Federal, Procurador-Geral da República, Conselho Federal da Ordem dos Advogados do Brasil, partido político com representação no Congresso Nacional, confederação sindical ou entidade de classe de âmbito nacional.

29. Neste sentido, Manoel Gonçalves Ferreira Filho (*Aspectos do Direito Constitucional Contemporâneo*, pp. 213-214), ao tratar da judicialização da política ou politização da Justiça, afirma que "(...) os conflitos políticos – como os que ocorrem no andamento dos trabalhos parlamentares – podem tornar-se questões judiciais. Não permite a Constituição o *judicial restraint* da Suprema Corte americana, que lhe permite evitar as questões preponderantemente políticas".

30. Antônio G. Moreira Maués e Analice F. Belém Leitão, "Dimensões da judicialização da política no Brasil – As ADINs dos partidos políticos", in *Revista de Informação Legislativa*, ano 41, n. 163, 2004, p. 32.

políticas e sociais, que passaram a ter nos tribunais a sua instância decisória final".[31]

Os aspectos antes mencionados do sistema de jurisdição constitucional brasileiro servem para indicar alguns focos em que se daria o fenômeno de sua "politização". Resta saber como a jurisdição constitucional, especialmente aquela exercida no âmbito do STF, pode responder a esses enlaces que unem o direito à política, o que se fará a partir do referencial da teoria dos sistemas, de Niklas Luhmann.

## 4. A *"politização" da jurisdição constitucional e a teoria dos sistemas de Niklas Luhmann*

Neste ponto, adotaremos o referencial teórico da teoria dos sistemas desenvolvida por Niklas Luhmann para analisar o fenômeno da "politização" da jurisdição constitucional. Trata-se de um autor ainda pouco estudado no país, apesar de oferecer propostas, no mínimo, originais para se investigar o direito na sociedade complexa atual. De início, será empreendido um esforço com vistas a um esclarecimento dos conceitos e premissas utilizados por Luhmann, para, posteriormente, aplicá-los ao estudo da "politização" da jurisdição constitucional.

### 4.1 *Considerações iniciais sobre a teoria dos sistemas de Niklas Luhmann: a distinção sistema/ambiente*

Antes de analisar particularmente o sistema jurídico, Luhmann parte de uma visão mais ampla e busca desenvolver uma *teoria da sociedade*. Para ele, a sociedade moderna é caracterizada pelo seu elevado grau de complexidade e contingência, proporcionando a sua diferenciação funcional. Por *complexidade*, entende-se um amplo quadro de possibilidades de escolha e alternativas, ao passo que *contingente* significa que a escolha tomada dentro das possibilidades poderia ter sido diferente, optando-se por uma outra alternativa,[32] o que requer uma necessária seleção. Isto significa uma tendência a que o direito, a política, a economia, por exemplo, se diferenciem funcionalmente em razão da elevada complexidade do tecido social. É preciso ressaltar, desde logo, que, por se tratar de uma *teoria da*

---

31. "Neoconstitucionalismo e constitucionalização do Direito. O triunfo tardio do direito constitucional no Brasil", in *Jus Navigandi*, a. 9, n. 851.
32. Niklas Luhmann, *Sociologia do Direito*, pp. 45-46. Como esclarece Campilongo, "Complexidade é o mesmo que pluralidade de alternativas. Contingente significa que se a decisão, hoje, recaiu sobre a hipótese 'x', nada impediria que, legitimamente, tivesse recaído sobre a alternativa 'y' ou que, no futuro, recaia sobre a via 'z'" (*O Direito na Sociedade Complexa*, p. 83).

*sociedade*, Luhmann acabou desenvolvendo uma teoria não menos complexa que seu objeto de estudo. Isto justifica o elevado nível de abstração de sua construção teórica, o que traz como conseqüência a dificuldade de ela oferecer respostas específicas a problemas concretos e particulares. Logo, trata-se de um *modo de observar* a sociedade diferenciada funcionalmente.

Assim, a sociedade se apresenta como um sistema complexo, tendo como seu mundo circundante e exterior o "ambiente". O que separa o sistema de seu ambiente é a circunstância de naquele existirem certas operações fáticas denominadas "comunicações",[33] que se encontram em um processo constante de reprodução. A sociedade, nessa linha de raciocínio, é um conjunto amplo de comunicações, ou, em outras palavras, um sistema "oniabarcador"[34] de todas as comunicações possíveis. São exatamente essas comunicações que permitem separar a sociedade de seu ambiente, de sorte que apenas se pode falar na existência de comunicação no interior da sociedade. Não há, portanto, comunicação no ambiente. Os homens, na concepção de Luhmann, são sistemas orgânicos e psíquicos que se situam no ambiente, ou seja, a partir dos conceitos luhmannianos, os homens não fazem parte *da* sociedade. Sociedade e homem são, reciprocamente, mundo circundante, portanto, complexo e contingente.[35]

Segundo Luhmann, na sociedade moderna, esse conjunto amplo de comunicações denominado "sociedade" é dividido em vários sistemas parciais ou subsistemas diferenciados funcionalmente, que possuem suas próprias redes de comunicação. Os sistemas político, jurídico, econômico, educacional, apenas para citar alguns, são sistemas parciais ou subsistemas da sociedade que se diferenciam funcionalmente. Cada qual se caracteriza por produzir e reproduzir comunicações próprias de acordo com códigos e programas específicos. Por isso que, para Luhmann, não fazem sentido expressões como "direito *e* sociedade", "política *e* sociedade", pois elas podem expressar a idéia de que é possível falar de direito *sem* sociedade ou

---

33. A "comunicação" consiste na síntese entre o ato de comunicar, a informação transmitida e a compreensão dessa informação. Cf. Niklas Luhmann, *El Derecho de la Sociedad*, p. 91.
34. Ibidem, p. 110.
35. Tércio Sampaio Ferraz Jr., *Apresentação*, in Niklas Luhmann, *Legitimação pelo procedimento*, p. 1. Com essa idéia, Luhmann rompe com as teorias sociológicas humanísticas, que punham o homem como o centro da sociedade. Por outro lado, a postura luhmanniana não significa menosprezo em relação à importância do homem na sociedade moderna, pois os sistemas psíquicos atuam como condições materiais necessárias para a reprodução de comunicações. Em outros termos, como a sociedade é composta por comunicações, se não existissem homens não seria possível o processo de comunicação. Portanto, apesar de o homem não se encontrar *na* sociedade, existe uma relação de dependência recíproca entre homem e sociedade. Cf. Giancarlo Corsi *et alli*, *Glosario sobre la teoría social de Niklas Luhmann*, p. 19.

de política *sem* sociedade. Como política e direito são subsistemas sociais, o correto é se referir ao direito e à política *da* sociedade.

Vale ressaltar que a distinção sistema/ambiente também se aplica no âmbito dos subsistemas. Com efeito, do ponto de vista do sistema jurídico, todos os demais subsistemas configuram seu ambiente, ou seja, a política e a economia, por exemplo, constituem ambiente para o direito. E isto ocorre reciprocamente, ou seja, tomando agora o sistema político como referência, o direito e a economia são ambientes para ele. Por essa razão, Luhmann afirma que a distinção entre sistema e ambiente permite que eles possam se designar em *referência recíproca*, ou seja, cada subsistema é precisamente a diferença com o seu ambiente.[36]

Desse modo, cada subsistema mantém sua autonomia perante os demais e todos integram um sistema maior de comunicações designado *sociedade*.

### 4.2 O direito como subsistema social e sua auto-referência

Como visto, na sociedade moderna diferenciada funcionalmente existe um alto grau de complexidade e de contingência. Em uma sociedade com tais características, nos momentos de tomada de decisão, verificam-se várias possibilidades de escolha (complexidade). Nesse contexto de instabilidade e de incertezas, há a necessidade de se realizar reduções dessas complexidades para estabelecer expectativas comportamentais recíprocas que orientem, em certa medida, as condutas sociais. As expectativas têm a função de guiar de modo relativamente estável a comunicação e o pensamento frente à complexidade e à contingência do mundo.[37] De suma importância para a caracterização e função do direito na sociedade moderna é a distinção entre dois tipos de expectativas: as cognitivas e as normativas.

Expectativas cognitivas são aquelas em que existe a alternativa de modificação frente aos desapontamentos, adaptando-se à realidade decepcionante, ou seja, são aquelas dispostas à *aprendizagem*. Esse tipo de expectativa é típico dos sistemas científicos, cujas proposições são alteradas em caso de comprovação de sua discrepância diante da realidade analisada. Desse modo, a ciência se altera (aprende, assimila) quando atesta que suas expectativas foram frustradas (desmentidas) pela realidade dos fatos. As expectativas normativas, por outro lado, são aquelas que se mantêm *a despeito* do desapontamento, ou seja, elas não são abandonadas se alguém as transgride. Assim, a expectativa é assegurada e a discrepância é

---
36. Niklas Luhmann, *El Derecho de la Sociedad*, p. 132.
37. Giancarlo Corsi *et alli*, *Glosario sobre la teoría social de Niklas Luhmann*, p. 79.

atribuída ao ator da conduta dela desviante.[38] São expectativas características dos sistemas que interferem na conduta humana. Com base nessa distinção, Luhmann concebe as normas jurídicas como expectativas de comportamento estabilizadas *contrafaticamente*, desenvolvendo, assim, um conceito funcional de norma, tendo em vista o seu processamento de desilusões: ou se renuncia à expectativa por causa do desengano, ou se mantém a expectativa apesar do desengano.[39]

O direito, nessa medida, tem a função de garantir expectativas normativas estabilizadas que viabilizem interações recíprocas entre indivíduos, diminuindo, dessa forma, a contingência.[40] Esta estabilização se opera através da generalização congruente de três dimensões: temporal, objetiva e material. Na dimensão temporal, as estruturas de expectativas se estabilizam contra frustrações através da *normatização*. Assim, a normatização confere continuidade ou duração a uma dada expectativa, mesmo em se constatando eventuais frustrações a ela. Na dimensão social, essas estruturas podem ser *institucionalizadas*, ou seja, apoiadas sobre o consenso esperado a partir de terceiros. Em razão da elevada complexidade, Luhmann entende que um consenso geral é faticamente impossível de se realizar, exigindo apenas a "suposição fictícia do consenso".[41] Através dessa institucionalização, o consenso é suposto, mesmo havendo reprovação indi-

---

38. Niklas Luhmann, *Sociologia do Direito*, pp. 56-57.
39. Nada obstante, Luhmann aponta para um certo caráter relativo tanto das expectativas normativas, quanto das cognitivas. Com efeito, segundo o autor, as expectativas cognitivas não são abandonadas no primeiro instante em que se verifica uma discrepância, nem as expectativas normativas conseguem resistir indefinidamente diante de várias desilusões. "Mesmo quando se tem expectativas cognitivas, ou seja, quando se esteja disposto à assimilação, nem todo desapontamento leva à adaptação. Em geral, busca-se inicialmente apoio em explicações *ad hoc* e em hipóteses adicionais, que mantêm a expectativa e interpretam o desapontamento como exceção. Especialmente aquelas expectativas comprovadas e centrais na estrutura cognitiva não são abandonadas tão rapidamente assim. (...) No sentido inverso, também as expectativas normativas não estão estadas à sua proclamada resistência à assimilação. A possibilidade de perseverança interna de expectativas repetidamente desapontadas tem seus limites" (*Sociologia do Direito*, p. 63).
40. Tércio Sampaio Ferraz Jr. bem ilustra esta necessidade de se assegurar expectativas contra as incertezas: "(...) podemos imaginar uma situação entre dois indivíduos que trocam entre si, por exemplo, tijolos por madeira. Não é impossível prever-se que esta troca pudesse ser realizada sem que o Direito nela interviesse como estrutura. Quando, porém, começamos a pensar nas contingências que poderiam afetar as expectativas recíprocas dos trocadores, veremos que há uma série de fatores que complicam a situação *ad infinitum*. Para que haja um mínimo de garantia é preciso que as partes possam ter uma relativa certeza de que o combinado agora prevalecerá no futuro. Não só pela mutabilidade de opiniões e desejos, mas também das contingências biofísicas (alguém pode morrer antes de completada a transação) (...)" (Cf. Tércio Sampaio Ferraz Jr., *Apresentação*, do *Legitimação pelo procedimento* de Niklas Luhmann, p. 2).
41. *Sociologia do Direito*, p. 109.

vidual sobre a expectativa. Na dimensão prática, essas estruturas podem ser estabilizadas através de núcleos de sentido, ou seja, de uma identificação generalizada de sentido, compondo uma inter-relação de confirmações e limitações recíprocas. Dessa forma, a generalização assegura uma "imunização simbólica" das expectativas normativas contra os fatos, que podem ser contrários ou conforme a elas.

Na medida em que o direito é uma estrutura particular da sociedade, sua função é orientada para esse todo maior que o circunda, isto é, o direito não exerce uma função para si mesmo, mas, sim, para a sociedade de que faz parte. Nesses termos, a função do direito é estabilizar expectativas normativas congruentemente generalizadas, isto é, a regulação da generalização das dimensões temporal, objetiva e material. Dessa forma, o direito permite saber quais expectativas têm um respaldo social e quais não têm.[42] Essa conceituação funcional do direito implica afirmar que ele não assegura *concretamente* os comportamentos que estipula, apenas garante a manutenção da expectativa normativa contra eventuais atos discrepantes (frustrações). Como afirma Luhmann, "se a função do direito fosse assegurar a execução da ação indicada no programa (norma), o direito seria responsável pela insuficiência dos planos políticos. Por isso, deve-se deslocar o centro do problema da imposição jurídica do comportamento para a expectativa".[43] Assim, o direito sempre pressupõe como possível o desvio de conduta, mas, como as expectativas normativas estão estabilizadas congruentemente, elas são mantidas apesar da frustração.

Luhmann rompe com as teorias jurídicas tradicionais que compreendem o sistema jurídico como um conjunto coerente de normas, dispostas de forma hierárquica. Em sua visão, esse conceito de sistema deve ser abandonado porque ele se baseia apenas em estruturas jurídicas (normas, textos, regras), como se verifica nas teorias positivistas desenvolvidas por Kelsen e Hart. Muito embora as estruturas sejam relevantes na promoção dos enlaces entre as operações, para ele, na conceituação de sistema, deve-se atribuir maior importância às operações fáticas, isto é, às comunicações produzidas pelo sistema. Assim, o direito adquire realidade através das operações fáticas que produzem e reproduzem o sentido específico do sistema jurídico, diferenciando-o de seu ambiente. Uma vez diferenciado de seu ambiente, o sistema jurídico se apresenta como um sistema autopoiético, ou seja, operativamente fechado.

O direito é um sistema autopoiético na medida em que, para a produção de suas operações específicas, ele se remete à rede de suas próprias operações, de tal modo que a variação do sistema jurídico se processa completamente em seu interior.

42. *El Derecho de la Sociedad*, p. 189.
43. *El Derecho de la Sociedad*, p. 210.

As operações estabelecem condições de enlace para outras comunicações subseqüentes, isto é, cada operação no interior do sistema parte da operação anterior e cria condições para as operações futuras. Cuida-se de um processo circular de auto-reprodução do sistema jurídico. O sistema jurídico produz comunicação jurídica através de comunicação jurídica. Dessa maneira, os sistemas autopoiéticos são sempre sistemas *históricos*, que partem do estado imediatamente anterior que eles mesmos haviam criado.[44]

A partir daí surge a questão de saber o que caracteriza uma comunicação como sendo própria do sistema jurídico. Em consonância com Luhmann, cada sistema social possui um código binário composto por valores opostos (positivo/negativo), por meio do qual se reduz a complexidade do ambiente no momento da seleção de informações. Trata-se de um esquema bivalente que permite identificar as operações próprias de um dado sistema social, e, a partir disto, distingui-las das comunicações dos demais sistemas. Cada subsistema social possui um código específico e o emprega de modo exclusivo. Assim, por exemplo, o sistema político se rege pelo código maioria/minoria ou governo/oposição, o sistema econômico utiliza o ter/não-ter, o científico maneja o verdadeiro/falso, etc. No sistema jurídico, este código é o lícito/ilícito ou conforme o direito/não-conforme o direito.[45]

---

44. É importante destacar que a idéia constante na teoria kelseniana de que "o direito regula sua própria criação", o que equivale a dizer que o "direito cria direito por meio do direito", parte de pressupostos bem diferentes daqueles assumidos por Luhmann, quando este afirma o caráter auto-reprodutivo dos sistemas autopoiéticos. Kelsen, como se sabe, situa a auto-regulação do direito na estrutura escalonada do sistema jurídico, em que as normas superiores regulam a criação das normas inferiores. Como se trata de uma *teoria geral do direito positivo*, ela pode ser utilizada para estudar toda e qualquer ordem jurídico-positiva estatal. Cuida-se de uma *metodologia* que sugere um modo de estudar uma dada ordem jurídica. A teoria luhmanniana parte, ao contrário, das próprias operações concretas e fáticas produzidas pelo direito em sua circularidade. É uma teoria evolutiva do direito e da sociedade. O fechamento estrutural do direito, nessa perspectiva, pressupõe certas condições sociais e materiais para se realizar. Neste sentido, Marcelo Neves, "Luhmann, Habermas e o Estado de Direito", in *Lua Nova*, n. 37, p. 99; Celso Fernandes Campilongo, *Política, Sistema Jurídico e Decisão Judicial*, p. 167. Em sentido contrário, sustenta François Ost a aproximação entre Kelsen e a teoria da autopoiese defendida por Luhmann, quando afirma que "We shall content ourselves with maintaining that Kelsen's conception of legal systematics is at many points very close to the view today being developed by way of autopoiesis" (Cf. "Between order and disorder: the game of law" in *Autopoietic Law: a new approach to law and society*, p. 77).
45. Observa Luhmann que não há necessidade de um código próprio para a sociedade, considerada como o conjunto total das comunicações. O seu fechamento operativo e seus limites estruturais estão assegurados a partir da distinção entre comunicação e falta de comunicação. Como visto, não existe comunicação no ambiente, apenas no interior da sociedade (*El Derecho de la Sociedad*, p. 236).

A existência de códigos específicos para os sistemas sociais é uma decorrência da diferenciação funcional da sociedade moderna e evita que, através deles, os sistemas sociais se confundam uns com os outros. Na medida em que cada sistema parcial possui seu código específico, um mesmo fato é processado de formas diferentes por tais sistemas. Por exemplo, a decisão de se elevar o valor da cobrança de determinado tributo provoca diversos impactos nos sistemas jurídico, político e econômico. Portanto, o sistema jurídico utiliza código lícito/ilícito de forma exclusiva. Trata-se de uma especificidade do direito, que lhe assegura, de imediato, uma delimitação perante o ambiente.

Todas as comunicações geradas pelo sistema jurídico são coordenadas pelo código específico do direito. É precisamente este código que garante a reprodução auto-referencial do direito, ou seja, seu fechamento operativo. O código em si mesmo considerado não é uma norma, mas uma estrutura que promove a conexão entre as operações do sistema jurídico, assegurando seu fechamento operativo. No dizer de Luhmann, "o direito é uma história sem fim, um sistema autopoiético que só produz elementos para poder seguir produzindo mais elementos: a codificação binária é a forma estrutural que garante precisamente isto".[46]

Neste sentido, para que uma comunicação seja especificamente jurídica, não basta que ela faça uma simples alusão ao direito, pois isso pode ser realizado por qualquer outro sistema social (política, economia, educação etc.), sem que tal fato converta essa comunicação em uma comunicação jurídica. Para ser caracterizada como jurídica, a comunicação deve subordinar-se ao código exclusivo do direito.

Cumpre observar que o sistema jurídico operativamente fechado não apenas produz operações específicas e concretas em seu interior, mas também é dotado de uma instância responsável pela sua auto-observação. Com efeito, o direito deve ajustar sua observação e sua descrição com as operações do sistema fechado. Isto significa conferir à descrição e à observação um "estatuto normativo", ou seja, elas também se propõem a guiar e aprimorar a auto-reprodução do sistema.[47] Assim, o sistema jurídico se afigura como uma unidade operativa e como descrição de suas próprias operações, mas tudo isso dentro de próprio sistema. Luhmann denomina essa autoobservação do sistema jurídico "reflexão". Para ele, esta instância crítica e reflexiva do sistema jurídico é representada pela teoria jurídica. Dessa maneira, a teoria jurídica, nesse modelo, não é uma *teoria do conhecimento* através da qual se busca apenas descrever seu objeto analiticamente,

---

46. Ibidem, p. 236.
47. Niklas Luhmann, *El Derecho de la Sociedad*, p. 131.

como se fosse uma realidade distinta daquela.[48] Para a teoria dos sistemas, a teoria do direito promove, então, uma reflexão sobre o próprio direito. Cuida-se de um discurso *sobre* o direito e *no* direito.

Segundo Raffaele De Giorgi,[49] "todos os sistemas diferenciam, no seu interior, sistema de reflexividade mediante os quais controlam sua própria auto-referência, evitando que esta seja bloqueada ou que caia no arbítrio". Portanto, o direito auto-observa e autodescreve as próprias operações de um modo "construtivista".

Destarte, o fechamento auto-referencial do sistema jurídico, proporcionado pelo código específico "conforme o direito/não-conforme o direito", ocorre tanto no âmbito das operações concretas, quanto no âmbito da instância reflexiva do sistema jurídico. É através deste fechamento que o sistema se distingue do ambiente contingente e mais complexo.

*4.3 A abertura cognitiva do sistema jurídico*

Segundo Luhmann, fechamento operativo não significa isolamento do sistema, nem desconsideração do ambiente que o circunda, pois a todo o momento ele está se relacionando com o seu ambiente através de trocas recíprocas de informações. Por isso se diz que os sistemas são operativamente fechados e cognitivamente abertos.

O sistema jurídico assimila informações advindas do ambiente, mas essas informações são processadas de acordo com critérios específicos do direito e segundo o código "conforme/não-conforme o direito". Por outras palavras, só é possível a abertura cognitiva, porque o sistema é fechado operacionalmente. Do contrário, isto é, se o sistema jurídico não mantivesse mecanismos próprios de processamento seletivo de informações, ele se diluiria perante a sociedade, não havendo mais distinção entre sistema e ambiente. Portanto, o fechamento é condição para a sua abertura.

É por causa do fechamento operacional que o sistema jurídico se encontra aberto a múltiplas possibilidades do ambiente. Por conta dessa aber-

---

48. É o que se verifica na posição de Kelsen ao estabelecer a diferença entre "proposição" e "norma", entre Ciência do Direito e direito positivo, ponto relevante em seu pensamento. As proposições consistem em juízos hipotéticos que descrevem os elementos do direito positivo. *Sua função é meramente descritiva da ordem jurídica positiva.* Ao contrário, as normas jurídicas não descrevem nada, não são juízos, mas sim mandamentos que regulam (prescrevem) as condutas intersubjetivas, permitindo, proibindo ou obrigando a prática de certo ato. A partir dessa distinção é que se afirma que a Ciência Jurídica se volta a *descrever através de proposições as normas jurídicas positivas. O cientista do direito se coloca na posição de um observador, que apreende o seu objeto de análise e passa a relatá-lo em proposições* (Cf. Teoria Pura do Direito, pp. 79 e ss.).

49. "Luhmann e a teoria jurídica dos anos 70", in Celso Fernandes Campilongo, *O Direito na Sociedade Complexa*, pp. 192-193.

tura, o direito possui a capacidade para captar constantemente informações externas, mas que são processadas internamente através de operações que se submetem ao código específico do direito. Por outras palavras, o sistema jurídico é sensível ao ambiente, "irrita-se" com ele, mas as comunicações que produz são regidas pelo código "conforme/não-conforme o direito", respeitando-se suas limitações estruturais. Logo, o sistema jurídico não se encontra como que "solto no ar".[50]

Ressalte-se que o fechamento operacional não implica também que o direito exista sem sociedade; apenas, que o sistema jurídico produz as relações com o seu ambiente a partir de seus próprios impulsos, ou seja, a partir da produção de suas próprias operações. E a realização dessas operações só se torna possível em razão de uma rede recursiva denominada "fechamento". Reiterando, a abertura só é viável sobre a base do fechamento.

Segundo Luhmann, a tese do fechamento operacional do direito se dirige em primeiro lugar contra a concepção de que a moral tem validade *imediata* dentro do direito. Para o autor, o direito não pode agir como um "regulador de escrúpulos". Em razão da autonomia recíproca entre os sistemas sociais numa sociedade diferenciada funcionalmente, é possível haver uma crítica moral do direito. Todavia, por força da contingência, não há um nexo de *causalidade* entre as irritações no sistema e as respostas ao ambiente. O ambiente não consegue prever a comunicação produzida pelo sistema em resposta às suas demandas e/ou irritações. Pode-se afirmar, com isso, que há um considerável índice de incerteza e imprevisibilidade acerca das conseqüências que os sistemas sociais (política, economia, direito etc.) provocam entre si em uma sociedade complexa. Por isso, embora haja uma troca de informações entre os sistemas da moral e do direito, cada um opera com suas especificidades. O direito não está subordinado ao código da moral e vice-versa.[51]

Certamente que o direito capta informações provenientes da moral, enquanto ambiente, mas elas ingressam no sistema jurídico de acordo com o código específico do direito e não com o da moral. Por isso, a abertura a questões cognitivas depende diretamente do fechamento normativo do sistema. Para Luhmann, a distinção entre fechado operativamente e aberto cognitivamente é realizada dentro do próprio sistema. Assim, a moral não tem nenhuma relevância jurídica como código, nem como valoração. A

---
50. *Sociologia do Direito*, p. 19.
51. A separação entre direito e moral alivia o primeiro "(...) do encargo de ter que formular também as condições da respeitabilidade e da auto-estima pessoais. O direito não pode mais ter como tarefa, principalmente, a constituição da moralidade da conduta, garantindo assim as condições para a respeitabilidade recíproca" (Niklas Luhmann, *Sociologia do Direito*, p. 23).

introdução de informações no sistema jurídico passa por uma filtragem realizada pela especificidade do direito.

Apesar de Luhmann se dirigir diretamente à moral, tentando superar as teorias jurídicas que vinculam o direito a uma certa ordem de valores, o modo de reação do sistema jurídico às irritações dos demais sistemas é o mesmo, isto é, de acordo com seu código específico. Isto já permite uma aproximação do modo como a teoria luhmanniana pode oferecer resposta ao problema da "politização" da jurisdição constitucional. De fato, na sociedade moderna, o direito está constantemente respondendo a demandas do sistema político, econômico etc., mas ele só pode fazê-lo a partir da operacionalização dessas irritações com o código jurídico. Mais concretamente, o direito não responde politicamente ao sistema político, nem economicamente ao sistema econômico. Isso representaria uma corrupção de códigos com a conseqüente *des-diferenciação* do direito.

Neste particular, o código específico do direito assegura seu fechamento operativo, impedindo a dissolução da unidade do sistema perante o ambiente. Nada obstante, apenas o código do sistema jurídico não é suficiente para assegurar a manutenção de expectativas normativas congruentemente generalizadas. Os códigos não existem sozinhos.

Diante das condutas sociais, é preciso saber qual valor do código deve ser aplicado: se o conforme ou não-conforme ao direito. Essa função é desempenhada pelos programas. Os programas são responsáveis pela aplicação do código específico do direito aos fatos sociais. Atuam, neste sentido, como um suplemento do código, direcionando a sua semântica.[52] No sistema jurídico, os programas são representados basicamente pelas normas jurídicas, que estipulam a licitude ou ilicitude de certas condutas.

De acordo com Luhmann, através da distinção código/programa soluciona-se o problema da *invariabilidade temporal* do sistema jurídico e sua capacidade de adequação frente ao ambiente. Os programas do sistema jurídico, ou seja, as normas, podem ser alterados sem que isto provoque a perda de identidade do direito. Por outro lado, o código do direito é invariável e insubstituível, pois a sua modificação acarretaria o esfacelamento da identidade do sistema jurídico.[53]

---

52. Niklas Luhmann, *El Derecho de la Sociedad*, p. 249.
53. O relacionamento do direito com os demais subsistemas sociais constitui, dentre outras, uma importante preocupação em Luhmann, pois ele considera que esta questão não foi respondida satisfatoriamente pelas *teorias jurídicas tradicionais*, como a de Kelsen. Isto porque a Teoria Pura, pautada numa teoria do conhecimento, apenas se limita a afirmar a dissociação do direito com outros sistemas, como a moral, a política etc., mas não descreve como o sistema jurídico se relaciona com estas esferas e o modo como as informações colhidas de outro sistema são processadas pelo direito. Aliás, pode-se apontar quatro interrogações que, segundo Luhmann, restaram sem respostas adequadas por teorias jurídicas

Assim, tem-se que as transformações sociais não determinam diretamente, de forma impositiva, alterações nas estruturas jurídicas do sistema do direito. Da perspectiva interna do sistema, essas mudanças sociais atravessam um filtro do sistema do direito, sendo-lhe incorporadas como cognições e operacionalizadas conforme o código específico do direito. Por força do fechamento operativo, inexiste uma determinação estrutural que provenha do ambiente. Só o direito é que determina o que pertence ou não ao sistema jurídico.[54] É o próprio sistema que estabelece sua alteração através de seu código específico. Em síntese, ao mesmo tempo em que o sistema é invariável em relação ao código, ele permanece aberto – portanto, mutável –, no que tange aos programas.

Assim, embora a capacidade de reciclagem do sistema jurídico, assegurada pela abertura cognitiva, possibilite a modificação do direito perante uma sociedade complexa, essa modificação se faz internamente, no âmbito do próprio sistema jurídico e de acordo com seu código específico.

### 4.4 A Constituição como acoplamento estrutural entre o direito e a política

Como se tem observado até o presente, a diferenciação funcional da sociedade moderna é pressuposto para a autopoiese dos sistemas parciais. Entretanto, o fechamento operativo dos sistemas sociais não significa *isolamento* em relação ao ambiente, nem ausência de contato com os demais subsistemas sociais.

Com efeito, cada subsistema mantém com os demais subsistemas parciais mecanismos que permitem trocas constantes de informações e prestações. Daí se falar em *acoplamentos estruturais*, que são exatamente esses vínculos que viabilizam a influência do ambiente no sistema. É importante repisar que, por força da autopoiese dos sistemas parciais, suas operações são determinadas por suas próprias estruturas internas. Assim, não há uma relação de *causalidade* entre as pressões do ambiente e as respostas do sistema, pois este não funciona como simples transformador de *inputs* em

---

do passado e que ele tenta preencher esse vazio a partir da teoria dos sistemas, quais sejam, a unidade do direito, variabilidade estrutural do direito, a normatividade especificamente jurídica e a relação entre direito e sociedade. Para uma aproximação sobre cada ponto antes mencionado, cf. Raffaele De Giorgi, "Luhmann e a teoria jurídica dos anos 70", in *O Direito na Sociedade Complexa*, pp. 174-195.

54. Não sem razão, afirma Luhmann que "a segurança do direito deve consistir em primeiro lugar, e antes de tudo, na segurança de que os assuntos, se se deseja, sejam tratados exclusivamente de acordo com o código do direito, e não de acordo com o código do poder ou de qualquer outro interesse não contemplado pelo direito" (*El Derecho de la Sociedad*, p. 249).

*outputs*. Por essa razão, os acoplamentos estruturais apenas permitem que o ambiente suscite irritações, perturbações e surpresas no interior dos sistemas parciais.[55]

Outrossim, afirmar que dois sistemas estão acoplados estruturalmente não significa que houve uma *fusão* entre eles ou que há uma coordenação estável das respectivas operações.[56] Cada sistema conserva seu fechamento operativo e cada um continua sendo uma realidade complexa e contingente em relação aos demais. O conceito de acoplamento estrutural não pode eliminar a identidade e autonomia dos sistemas acoplados nem pode tampouco promover uma ordem hierárquico-assimétrica.[57] Portanto, a autonomia operacional é condição para que exista uma acoplagem estrutural entre sistemas sociais.

A diferenciação funcional do direito ocorre com o advento do Estado moderno, que surge com as revoluções burguesas dos sécs. XVII e XVIII, sob o influxo do constitucionalismo liberal. Na sociedade pré-moderna, prevaleciam as relações estamentais, não havendo nenhum acoplamento estrutural entre direito e política, ou seja, existia apenas o reconhecimento jurídico das distinções entre os níveis de estamento. Nessa perspectiva, o direito se encontrava subordinado à política, ou melhor, o código específico do direito estava *sobredeterminado* pelo código específico da política.

É com o aparecimento das constituições no Estado moderno, e a partir do sentido específico que recebem nesse contexto, que se verifica a separação entre direito e política. Concebida como acoplamento estrutural entre esses dois sistemas, a constituição se torna uma via de interpenetração e troca de prestações entre a política e o direito. Por outras palavras, ao estabelecer limites de contato entre esses sistemas, a constituição proporciona um incremento de irritações entre a política e o direito. Com isso, há maiores possibilidades de o sistema jurídico registrar decisões políticas em forma jurídica, ainda que também existam maiores possibilidades de a política utilizar o direito para implementar seus objetivos.[58] A relação entre política e direito deixa de ser vertical-hierárquica e passa a ser horizontal-funcional.[59] Todavia, essa interdependência e mútua interferência só são possíveis com apoio no pressuposto do fechamento operativo e auto-referência dos sistemas sociais.

Além disso, a constituição assume a importante função de conferir ao sistema jurídico critérios internos de aplicação do código lícito/ilícito ao

55. Niklas Luhmann, *El Derecho de la Sociedad*, p. 509.
56. Giancarlo Corsi *et alli*, *Glosario sobre la teoría social de Niklas Luhmann*, p. 21.
57. "La costituzione come acquisizione evolutiva", in *Il futuro della costituzione*, p. 109.
58. Niklas Luhmann, *El Derecho de la Sociedad*, p. 541.
59. Marcelo Neves, *A constitucionalização simbólica*, p. 65.

procedimento legislativo ocorrido no sistema político. Com isso, as irritações advindas do sistema político passam pelo filtro seletivo do sistema jurídico, estruturado, se quiser, sob o código constitucional/inconstitucional. Isto significa que a constituição acaba fechando o sistema jurídico, permitindo-lhe operar com base em suas próprias estruturas, apesar de permanecer aberto cognitivamente ao sistema político, mas não se identificando com este. E certamente as reações do sistema jurídico repercutem no sistema político, como a declaração de inconstitucionalidade de uma lei politicamente importante.[60]

Ressalte-se que a inexistência de uma constituição juridicamente diferenciada leva a uma manipulação política arbitrária do direito, rompendo com a autopoiese deste último. Por isso, a interna hierarquização constituição/lei não tem apenas uma importância técnico-jurídica, mas também é condição da reprodução autopoiética do direito na sociedade moderna, servindo ao seu fechamento operacional.[61]

A despeito de haver uma forte conexão entre a política e o direito eles operam a partir de funções diversas e com uma complexidade também diferente. De fato, a função da política é tomar decisões coletivamente vinculantes e, para tanto, ela atua como um instrumento de agregação do consenso. Como afirma Luhmann, o sistema político trata de condensar a formação das opiniões de tal maneira que seja possível tomar decisões coletivamente vinculantes.[62] Por isso, a política está muito mais disposta à aprendizagem do que o sistema jurídico. Segundo Celso Campilongo, a decisão política pressupõe um leque de comunicações sociais, uma circularidade de informações, uma variabilidade de opiniões e referências cognitivas infinitamente mais detalhada e complexa do que a decisão jurídica.[63] Com efeito, essas referências dizem respeito a aspectos culturais, morais, religiosos, tudo isso na tentativa de obter o necessário *respaldo da opinião pública*, a quem os detentores do poder devem prestar contas. Nesse contexto, diz-se que as decisões políticas são do tipo *programantes*, enquanto as decisões jurídicas são *programadas*, atuando sob a forma condicional do *se-então*. O direito não se predispõe a tomar decisões coletivamente vinculantes. Sua função é assegurar expectativas normativas contrafáticas. Dessa forma, o direito assegura a "despolitização" dos problemas políticos, garantindo que os assuntos sejam tratados sob critérios especificamente jurídicos, mesmo quando a política já se dedique a outros problemas.[64]

60. "La costituzione come acquisizione evolutiva", in *Il futuro della costituzione*, p. 115.
61. Marcelo Neves, *A constitucionalização simbólica*, p. 66.
62. *El Derecho de la Sociedad*, p. 490.
63. *Política, Sistema Jurídico e Decisão Judicial*, p. 91.
64. *El Derecho de la Sociedad*, p. 490.

A partir da acoplagem estrutural entre a política e o direito, enquanto sistemas auto-referenciais, é que cada um observa a constituição sob um prisma diferente. Para o sistema político, a constituição é vista como um instrumento político de modificação ou de conservação de situações, ao passo que para o direito ela é entendida como uma lei superior e fundamental.[65] Conseqüentemente, os conceitos utilizados pela constituição podem ser lidos diferentemente pelos sistemas por ela acoplados, tal como ocorre com "dignidade da pessoa humana", "livre iniciativa", "povo", "propriedade", "liberdade", "trabalho" etc. Em síntese, a interpretação da constituição perturba ambos os sistemas, mas com pressupostos e condições bem diversos.[66]

Percebe-se, com isso, que o sistema jurídico opera em um nível de complexidade já reduzido pelo sistema político. Além disso, as decisões jurídicas devem se pautar unicamente no próprio ordenamento jurídico e não em referências extra-sistêmicas não mediatizadas pelo direito. Por fim, o sistema político dispõe de mecanismos para postergar suas decisões, aguardando um momento mais oportuno. O direito, ao revés, é obrigado a decidir (proibição do *non liquet*). Com isso, em sociedades complexas, o direito deve oferecer respostas sobre temas e assuntos os mais variados, resultantes de irritações do sistema político, econômico, moral, religioso etc. No entanto, para conservar sua própria unidade, o direito só pode processar essas informações de acordo com seu código específico. Portanto, não se trata de evitar ou de se defender de pressões vindas do sistema político, mas, sim, de canalizá-las, no interior do direito, sob o influxo do código lícito-ilícito. Por isso que a "politização" da jurisdição constitucional não corresponde a uma invasão indevida da política no direito, mas, sim, às respostas que o direito oferece, a partir de sua própria recursividade, às demandas do sistema político.

Como bem sintetiza Campilongo, *in verbis*: "(...) as grandes categorias do constitucionalismo moderno constroem as bases estruturais para a autonomia funcional do direito: divisão de poderes, princípio da legalidade, igualdade perante a lei, Estado de direito, personalidade jurídica, garantias das minorias, etc., são exemplos dessas ações. Mas as Constituições, se de um lado fornecem as ferramentas para o fechamento operativo do direito, de outro também são o mecanismo da abertura cognitiva do direito para a política. No Estado de Direito, o sistema jurídico fornece respostas legais aos problemas da política. Isso não representa ignorância ou insensibilidade para a política. Ocorre que os problemas da política são

---

65. Niklas Luhmann, ob. cit., p. 549.
66. Niklas Luhmann, "La costituzione come acquisizione evolutiva", in *Il futuro della costituzione*, p. 126.

traduzidos, deslocados e selecionados pelo sistema jurídico com critérios particulares e internos a esse sistema. Enquanto a política opera num quadro de complexidade elevada e indeterminada, o direito atua num contexto de complexidade já reduzida e determinada por limites estruturais mais rigorosos".[67]

A partir deste arcabouço teórico desenvolvido por Luhmann, particularmente por oferecer um modo de compreensão das relações entre os sistemas sociais, destacando-se, para o presente estudo, os enlaces entre a política e o direito, é possível redescrever as imbricações da "politização" da jurisdição constitucional.

### 4.5 A "politização" da jurisdição constitucional e a teoria dos sistemas

Conforme já se observou no início deste trabalho, é no exercício da jurisdição constitucional que se verifica um maior atrito entre os sistemas jurídico e político. Em se tratando da jurisdição constitucional exercida pelo STF, verifica-se uma acentuação desta problemática. Isto porque, sendo a Constituição o acoplamento estrutural entre direito e política e o STF o seu guardião precípuo, esta Corte acaba figurando como o *órgão* do referido acoplamento. Assim, é inegável que o STF esteja mais suscetível às irritações do sistema político. Ocorre que, ao lidar com matéria política, o Tribunal deve se manter no marco dos limites estruturais do sistema jurídico, subordinando-se ao seu código específico. Dessa forma, decidir sobre temas políticos não significa decidir politicamente.

Como se sabe, ao se efetuar o controle de constitucionalidade das leis, o juiz constitucional assume como parâmetros jurídicos as normas da Constituição. Em linguagem da teoria dos sistemas, é possível vislumbrar duas funções desempenhadas pelas normas constitucionais na fiscalização da validade das leis. De um lado, elas atuam como programas que indicam qual valor do código jurídico deverá ser aplicado à produção legislativa, se lícito (constitucional) ou ilícito (inconstitucional). Por outro, sendo as normas constitucionais também expectativas normativas contra-fáticas, a criação de uma lei inconstitucional representa um "desvio de conduta" do legislador. Nessa perspectiva, quando o juiz constitucional anula uma lei, ele está assegurando a expectativa normativa generalizada congruentemente correspondente à norma constitucional.

Tendo esta observação em mente, não se vislumbra a "partidarização" da jurisdição constitucional com a atribuição da ampla legitimidade ativa conferida a diversos representantes que atuam no sistema político, inclusi-

---
67. *Política, Sistema Jurídico e Decisão Judicial*, p. 24.

ve a qualquer partido com representação no Congresso Nacional, para provocá-la em sede de controle concentrado-abstrato perante o STF. No transcurso do processo de discussão e aprovação das leis, estas pessoas ou agentes se encontram inseridas no sistema político, subordinando-se ao código maioria/minoria. Além disso, pressões de partidos, de líderes e mesmo de *lobbies* são admissíveis na política. Todavia, quando um desses agentes propõe uma representação de inconstitucionalidade de uma lei, cuja aprovação não foi de seu interesse, ele passa a ingressar no âmbito do sistema jurídico, com todas as particularidades que daí decorrem.

De fato, aquelas pressões que eram legítimas no sistema político são ilegítimas no sistema jurídico, pois as decisões judiciais devem se basear exclusivamente no sistema jurídico e não para atender a este ou aquele grupo político-partidário. Daí a importância das garantias da magistratura como vitaliciedade, inamovibilidade, irredutibilidade de vencimentos, pois elas permitem a necessária independência dos juízes como uma forma de imunização diante de injunções externas ao direito. Assim, a representação de inconstitucionalidade proposta por um partido político, por exemplo, não acarreta a "politização", ou, antes, a "partidarização" da jurisdição constitucional, desde que o controle de validade da lei seja efetuado com base no direito constitucional positivo, utilizando-se o código específico do direito. Desse modo, as irritações suscitadas pelo sistema político só podem ser respondidas em termos de adequação ou inadequação com os programas constitucionais. Esse fato é uma decorrência do dever de obediência do sistema político à constituição. Assim, quando o direito, através da jurisdição constitucional, anula uma lei, ele apenas está cumprindo a sua função de manter expectativas normativas, não havendo, portanto, uma sobreposição do direito em relação à política.

O juiz constitucional, dessa forma, deve evitar ceder diante de eventuais pressões, pois, ao revés, dar-se-ia a corrupção sistêmica do direito, com a sua conseqüente des-diferenciação. Isto de fato poderia ocorrer se o direito, representado aqui pela jurisdição constitucional, abrisse mão de seu código específico e se submetesse a grupos político-partidários, com abandono das referências jurídico-constitucionais. Agora, se a decisão de inconstitucionalidade provoca perturbações no sistema político, isso é uma conseqüência que foge ao controle do sistema jurídico, em razão da contingência dos processos comunicacionais, ou seja, o direito não pode antecipar como os outros sistemas reagirão às suas irritações. Basta observar que uma decisão juridicamente consistente pode ser considerada politicamente boa, porém economicamente má, e vice-versa. Esta situação poderia se propagar para outros subsistemas, o que demonstra o grau de incerteza do impacto das comunicações jurídicas nos vários subsistemas. Daí a necessidade de o direito não abrir mão de sua auto-referência sistêmica para resolver problemas de outros subsistemas sociais com racionalidade e códigos diferentes.

Sob esta perspectiva pode ser vista a aderência a uma suposta "opinião pública" no processo jurídico decisório. Em uma sociedade com elevada taxa de complexidade e com diversos grupos com interesses heterogêneos, falar em "opinião pública" se torna algo bastante problemático, o que exige cautela. Em verdade, há várias "opiniões públicas" difusamente manifestadas na sociedade. Nessas situações, não se pode exigir do juiz que, sob o pretexto de seguir uma suposta "opinião pública", construa uma decisão não autorizada pelo direito. É exatamente para permitir sua adesão ao sistema jurídico (o que não significa, diga-se desde logo, *legalismo*) que são tão relevantes as garantias constitucionais da magistratura, assegurando aos juízes, não a indiferença perante a opinião de terceiros, mas a necessária imparcialidade. A segurança jurídica em sociedades complexas não significa adequação à "opinião pública", mas certeza de que assuntos jurídicos serão tratados juridicamente.[68]

Outro problema que a "politização" da jurisdição constitucional suscita diz respeito ao perfil que as constituições contemporâneas ostentam. Conforme já referido, além de promover a organização do Estado, os textos constitucionais estabelecem fins materiais e objetivos a serem seguidos pelo Estado, bem como incorporam um largo rol de valores e direitos fundamentais. Assim, através dessa estrutura aberta das normas constitucionais, poder-se-ia falar em uma "politização" da jurisdição constitucional proporcionada pelas diversas possibilidades interpretativas que o texto constitucional apresenta. A existência de valores na constituição não altera os limites estruturais do direito em uma sociedade hipercomplexa, cuja função é assegurar expectativas normativas congruentemente generalizadas. O direito não passa, por essa razão, a ser um sistema cuja função seja a tomada de *decisões coletivamente programantes* e que busca a agregação de consenso. O direito, como visto, atua em nível de complexidade já reduzido pelo sistema político e suas comunicações se submetem ao código lícito/ilícito e não ao maioria/minoria. A adoção de decisões programantes pelo sistema jurídico poderia trazer as seguintes conseqüências: a) desvir-

---

68. No mesmo sentido parece seguir Tércio Sampaio Ferraz Jr., ao criticar a exploração política da própria neutralidade judicial. Segundo o autor, "sua neutralização (do Judiciário) torna-se, ela mesma política, isto é, ela é politicamente contaminada, passando a sustentar-se por meios políticos, como a busca do apoio da opinião pública, a geração do consenso popular, a manutenção da imagem (o juiz 'progressista'), a busca do prestígio (a decisão de repercussão nacional, a entrevista na TV) etc. O risco, nisto tudo, fica, no entanto, por conta de uma rendição da Justiça à tecnologia do sucesso, com a transformação do direito em simples e corriqueiro objeto de consumo" ("O Judiciário frente à divisão de poderes: um princípio em decadência?", in *Anuário dos Cursos de Pós-Graduação em Direito*, n. 11, p. 358).

tuamento da função do sistema jurídico; b) adoção autoritária de decisão coletivamente vinculante, com a conseqüente, c) quase identificação entre o sistema político e o sistema jurídico; d) transposição dos *déficits* do sistema político para o direito.[69] Vê-se, portanto, que não é uma discricionariedade no momento da interpretação jurídica que desnatura, como em um passe da mágica, o direito como um dos subsistemas sociais.

Vale ressaltar ainda outra questão. A jurisdição constitucional, como se viu, tem se tornado uma nova arena para a discussão de temas que afetam diversos setores da sociedade, incluindo o controle judicial de políticas públicas. Indubitavelmente, esse é um dos pontos mais controvertidos, pois diz respeito aos próprios limites da jurisdição constitucional, o que não é nada fácil de se delimitar. Dado que a função do sistema jurídico é assegurar expectativas normativas contra-fáticas, ele produz decisões programadas e não decisões programantes, que pressupõem uma função agregadora de consenso.

No entanto, isso não importa defender a intocabilidade dos planos e projetos de governo. O sistema jurídico pode efetuar, sim, um controle de políticas públicas, e o faz quase que diariamente, bloqueando e suspendendo certos instrumentos de governo. Mas esse controle deve ser efetuado a partir da função e do código específico do direito, analisando essas políticas públicas em termos de licitude/ilicitude. Indubitavelmente, esse controle tem repercussões políticas inegáveis, mas ele não pode ser equiparado a uma tomada de decisão programante.[70]

Ponto intimamente ligado à questão anterior diz respeito ao controle judicial de leis orçamentárias. Esta possibilidade, por vezes, é aventada tendo em vista uma alocação de recursos aquém do que seria possível em setores prioritários. Crê-se que, ao efetuar uma alteração na distribuição de valores da lei orçamentária, o sistema jurídico estaria, tal como na situação anterior, criando uma decisão programante, com todas as conseqüências já mencionadas. Situação diversa estaria configurada se, diante de uma destinação de recursos já realizada por lei para determinado setor, agentes administrativos utilizassem tais verbas para outros fins. Nesta hipótese, o desvio de conduta pode ser corrigido pelo sistema jurídico – o que seria diferente se, de fato, inexistissem verbas orçamentárias para certo setor. Além disso, é legítimo uma sindicabilidade de leis orçamentárias quando se verificar que foram destinados menos recursos que os percentuais mínimos exigidos pela própria Constituição. Aqui, com apoio em um parâmetro

---

69. Neste sentido, cf. Celso Fernandes Campilongo, *Política, Sistema Jurídico e Decisão Judicial*, p. 106.

70. Celso Fernandes Campilongo, *Política, Sistema Jurídico e Decisão Judicial*, p. 107.

constitucional objetivo, seria reconhecida a ilegitimidade da lei, de forma que o Poder Público deveria refazê-la, ajustando-a às porcentagens mínimas que a Constituição estabelece. Mas a reorganização dos valores ficaria por conta dos representantes políticos e não do Judiciário. Portanto, cabe à política decidir sobre que direito deve ser considerado válido, isto é, como pretende gastar o dinheiro disponível politicamente.

Como se tem exposto ao longo desse trabalho, a jurisdição constitucional tem se convertido em um novo espaço para a efetiva concretização e realização das normas constitucionais, incluindo-se aquelas referentes aos direitos fundamentais. Esse dado se evidencia especialmente em países como o Brasil, onde boa parte dos indivíduos ainda não usufruiu direitos básicos ligados intimamente à dignidade da pessoa humana. Com isso, passa-se a exigir um maior ativismo judicial por parte da jurisdição constitucional. Todavia, a expansão da jurisdição constitucional nos atuais Estados Democráticos não representa, necessariamente, a assunção, por parte do direito, das funções desempenhadas pelo sistema político. É em relação a esta questão que a teoria dos sistemas ora analisada pode oferecer novos subsídios para a construção de respostas mais consistentes na sociedade contemporânea. No entanto, há quem sustente a inaplicabilidade da teoria proposta Luhmann nos chamados "países periféricos", como é caso do Brasil. É o que se passar a analisar.

*4.6 Teoria dos sistemas nos países periféricos:*
*ausência de autonomia operacional do direito?*

Alguns autores defendem uma aplicação restrita da teoria dos sistemas diferenciados aos países da "modernidade periférica".[71] Isto porque, no Brasil, por exemplo, não se pode falar em uma verdadeira autonomia do sistema jurídico. Aqui, a auto-referência do sistema jurídico é bloqueada por injunções destrutivas de outros subsistemas sociais, como a política e a economia. Por essa razão, no processo concretizador da Constituição, estes bloqueios se manifestam, de modo que o direito cede diante dos "donos do poder" ou dos "donos do dinheiro". Sob tal perspectiva, em vez de se falar em *autopoiese* do direito, fala-se em *alopoiese* para designar a ausência de autonomia operacional do sistema jurídico. Segundo Marcelo Neves: "Quando falamos em direito alopoiético, referimo-nos ao próprio direito estatal, territorialmente delimitado. (...) Em nosso caso, pretendemos considerar algo mais radical, a própria falta de autonomia operacional do Direito positivo estatal. Isso significa a sobreposição de outros códigos de comunicação, especialmente do econômico (ter/não-ter) e do político (poder/não-

---

71. Cf. Marcelo Neves, *A constitucionalização simbólica*, e João Maurício Adeodato, *Ética e retórica – para uma teoria da dogmática jurídica*.

poder), sobre o código 'lícito/ilícito', em detrimento da eficiência, funcionalidade e mesmo racionalidade do direito".[72]

Esta falta de autonomia do sistema jurídico se verifica quando o descompasso entre a normatividade constitucional e a realidade atinge as vigas mestras do sistema jurídico-constitucional, quais sejam, os direitos fundamentais (civis, políticos e sociais), a separação de poderes e a eleição democrática, embora amplamente previstos nos textos constitucionais. Assim, tais categorias sofrem deturpações no processo de concretização constitucional, de sorte que ao texto constitucional simbolicamente includente contrapõe-se a realidade constitucional excludente.[73] Este quadro acaba propiciando o surgimento da "sobreintegração/subintegração". Para os subintegrados, generalizam as relações concretas daqueles que não têm acesso aos benefícios assegurados pelo sistema jurídico, notadamente no que diz respeito aos direitos fundamentais. As normas jurídicas teriam, para eles, importância apenas no que tange aos deveres e obrigações impostos, mas não gozariam dos direitos constitucionalmente assegurados. Os sobreintegrados, ao contrário, utilizam corretamente o direito, mas apenas quando ele é favorável ao seu jogo de interesses do momento. Assim, quando as normas constitucionais não mais lhes convierem, elas acabam sendo manipuladas e distorcidas pelos detentores do poder (político e/ou econômico).[74] Em resumo, o sistema jurídico carece de um fechamento operacional suficiente, permanecendo obstruído por outros códigos comunicacionais.

Embora não se negue que em países como no Brasil há um elevado índice de exclusão social, bem como, em certos casos, haja interferências dos jogos de interesses na implementação do direito, isso não significa, necessariamente, ausência absoluta de autonomia do sistema jurídico. Sistemas autopoiéticos não são sistemas *puros* ou *incorruptíveis*, na percuciente

---

72. Ibidem, pp. 128-129. "(...) é intransponível o modelo luhmanniano da autopoiese à realidade jurídica da modernidade periférica, destacadamente no Brasil" (Cf. Marcelo Neves, "Entre a subintegração e a sobreintegração: a cidadania inexistente", in *Revista de Ciências Sociais*, vol. 37, n. 2, 1994, p. 265).
73. Cf. Marcelo Neves, "Constitucionalização simbólica e desconstitucionalização fática: mudança simbólica da Constituição e permanência das estruturas reais de poder", in *Revista Trimestral de Direito Público*, n. 12, pp. 163-164.
74. "Os sobreintegrados utilizam regularmente o texto constitucional democrático – em princípio, desde que isso seja favorável aos seus interesses e/ou para a proteção da 'ordem social'. Tendencialmente, porém, na medida em que a Constituição impõe limites à sua esfera de ação política e econômica, é posta de lado. Ela não atua, pois, como *horizonte* do agir e vivenciar jurídico-político dos 'donos do poder', mas sim como uma oferta que, conforme a eventual constelação de interesses, será usada, desusada e abusada por ele. Assim sendo, a garantia de impunidade é um dos traços mais marcantes da sobrecidadania" (Marcelo Neves, "Entre a subintegração e a sobreintegração: a cidadania inexistente", in *Revista de Ciências Sociais*, vol. 37, n. 2, 1994, p. 261).

observação de Campilongo.[75] Especialmente se considerarmos que as constituições contemporâneas trazem um vasto rol de direitos fundamentais, dificilmente se encontrará uma sociedade cuja realidade fática seja um retrato fiel do texto constitucional. Por tais razões, crê-se que, no lugar de uma absoluta falta de eficácia das vigas mestras do sistema constitucional, há *graus* ou *níveis* de concretização das normas constitucionais. Assim, pode-se afirmar que há impunidade e exclusão social tanto nos países centrais, como nos países periféricos, ainda que em graus variados.

Nessa perspectiva, e ainda considerando o problema da efetividade dos direitos fundamentais, verifica-se que a questão não está tanto na incapacidade de o sistema jurídico operar a partir de suas próprias referências internas, mas, sim, na sua incapacidade em oferecer condições reais e efetivas para a fruição dos benefícios exigidos amplamente.[76] Por essa razão, não vemos como uma falácia a idéia da "reserva do possível",[77] pois existem limitações concretas para a realização plena das normas constitucionais que prevêem prestações por parte do Estado.

Ocorre que, por vezes, em razão de um tratamento inadequado em outro subsistema social (econômico, político etc.), cria-se a expectativa de uma resposta do sistema jurídico sob a forma de uma *suplência funcional*, ou seja, que o direito resolva problemas econômicos e políticos a partir de referências econômicas e políticas – logo, estranhas ao sistema jurídico. A "politização" da jurisdição constitucional não pode significar que o direito passe a atuar com base no sistema político, por força das deficiências deste último. Portanto, acredita-se que também é possível falar em sistemas auto-referenciais nos países periféricos, como o Brasil. Crê-se, demais disso, que é necessário reconhecer os limites estruturais do direito, para que se possam explorar suas potencialidades, seja no Brasil, seja na Alemanha.

Portanto, em um contexto marcado por uma elevada complexidade e contingência, o que conduz à diferenciação funcional da sociedade em vá-

---

75. *Política, Sistema Jurídico e Decisão Judicial*, São Paulo, p. 171.
76. Celso Fernandes Campilongo utiliza o seguinte exemplo para ilustrar essa assertiva. "(...) para uma pequena cidade de um país central, escolher entre a construção de uma escola, um hospital ou um teatro, representa um 'não' às demais hipóteses; uma pequena cidade dos países periféricos, além das alternativas anteriores, ainda deve escolher sobre o saneamento básico, a pavimentação das ruas, os programas de construção de casas populares e uma infinidade de outras necessidades permanentes. É claro que a tendência à produção de 'não' é mais alta e mais trágica. Consequentemente, qualquer que seja a alternativa escolhida, reaparecem rapidamente, e de forma cada vez mais forte, as propostas rejeitadas. (...) Não se trata tanto de uma inacessibilidade ao direito ou a suas vantagens, mas de uma incapacidade de o direito produzir esses benefícios. A escassez não é só de acesso ou inclusão, mas de benefícios reais" (*Política, Sistema Jurídico e Decisão Judicial*, pp. 169-170).
77. Em sentido contrário, Andréas Krell, *Direitos sociais e controle judicial no Brasil e na Alemanha – os (des)caminhos de um Direito Constitucional "Comparado"*, pp. 51 e ss.

rios sistemas autopoiéticos, a "politização" da jurisdição constitucional representa o processamento das irritações do sistema político pelo sistema jurídico, de acordo com o código específico deste.

## 5. Conclusões

A Teoria dos Sistemas de Niklas Luhmann, enquanto uma teoria evolutiva do direito e da sociedade, oferece novos elementos que permitem uma releitura do tema comumente denominado "politização" da jurisdição constitucional. O autor fornece uma construção teórica que viabiliza o estudo das relações que o direito mantém com outros sistemas sociais, sua interdependência, as prestações recíprocas e a função que cada subsistema desempenha em uma sociedade acentuadamente complexa e contingente. Nesta perspectiva, verifica-se como se processa a "politização" da jurisdição constitucional, enquanto um modo de constantes irritações entre a política e o direito, propiciado pelas Constituições, com a manutenção da autonomia operativa de cada subsistema. Não se cuida, como se vê, de uma atuação política da jurisdição constitucional camuflada por procedimentos e argumentação jurídicos. O político e o jurídico, apesar de se relacionarem, atuam sob condições, pressupostos e com finalidades bem diversas.

Acredita-se que a teoria dos sistemas, a despeito das críticas que lhe são dirigidas, é um modelo no mínimo original para a discussão de temas como a "politização" da jurisdição constitucional, que exige um olhar mais amplo para compreender as limitações do direito e seu papel na sociedade complexa. De certo que se cuida de tema complexo, não sendo menos complexa a teoria luhmanniana. Portanto, a abordagem feita neste trabalho está longe de propor uma solução definitiva para os problemas suscitados. A satisfação já será assegurada se ele contribuiu para o avanço das discussões.

## 6. Referências bibliográficas

ADEODATO, João Maurício. *Ética e retórica – Para uma teoria da dogmática jurídica.* São Paulo, Saraiva, 2002.

AGRA, Walber de Moura. *A reconstrução da legitimidade do Supremo Tribunal Federal: densificação da jurisdição constitucional brasileira.* Rio de Janeiro, Forense, 2005.

BARROSO, Luís Roberto. "Neoconstitucionalismo e constitucionalização do Direito. O triunfo tardio do direito constitucional no Brasil". In *Jus Navigandi*, Teresina, a. 9, n. 851,1.11.2005. Disponível em: <http://jus2.uol.com.br/doutrina/texto.asp?id=7547>. Acesso em 18.4. 2006.

BOBBIO, Norberto. *O Positivismo Jurídico – Lições de Filosofia do Direito*. Trad. Márcio Pugliese, Edson Bini e Carlos E. Rodrigues. São Paulo, Ícone, 1999.

CAMPILONGO, Celso Fernandes. *Política, Sistema Jurídico e Decisão Judicial*. São Paulo, Max Limonad, 2002.

_____. "Os desafios do Judiciário: um enquadramento teórico". In FARIA, José Eduardo (org.). *Direitos Humanos, Direitos Sociais e Justiça*. São Paulo, Malheiros Editores, 1994, pp. 31-51.

CANOTILHO, J. J. Gomes. *Direito Constitucional*. 6ª ed., Coimbra, Almedina, 1993.

CAPPELLETTI, Mauro. "Necesidad e legitimidad de la Justicia Constitucional". In VVAA. *Tribunales Constitucionales Europeos y Derechos Fundamentales*. Madrid, Centro de Estudios Constitucionales, 1984, pp. 599-649.

CORSI, Giancarlo, *et alli*. *Glosario sobre la teoría social de Niklas Luhmann*. Trad. Miguel Romero Pérez y Carlos Villalobos, México, Universidad Iberoamericana, 1996.

DE GIORGI, Raffaele. "Luhmann e a teoria jurídica dos anos 70". In CAMPILONGO, Celso Fernandes. *O Direito na Sociedade Complexa*, São Paulo, Max Limonad, 2000, pp. 175-195.

ENTERRÍA, Eduardo García de. *La Constitución como norma y el Tribunal Constitucional*. Madrid: Civitas, 1994.

FERRAZ JR., Tércio Sampaio. "O Judiciário frente à divisão de poderes: um princípio em decadência?". In *Anuário dos Cursos de Pós-Graduação em Direito*, n. 11, Recife, Universidade Federal de Pernambuco, 2000, pp. 345-359.

FERREIRA FILHO, Manoel Gonçalves. *Aspectos do Direito Constitucional Contemporâneo*. São Paulo, Saraiva, 2003.

GARCIA, Maria. "Opinião pública e a interpretação da Constituição". In *Revista de Direito Constitucional e Internacional* 54, jan./março, 2006, pp. 52-61.

GUASTINI, Riccardo. "La constitucionalización del ordenamiento jurídico: el caso italiano". In CARBONELL, Miguel. (org.). *Neoconstitucionalismo(s)*. Madrid, Trotta, 2003, pp. 49-75.

GUERRA FILHO, Willis Santiago. *Autopoiese do Direito na sociedade pós-moderna: introdução a uma teoria social sistêmica*. Porto Alegre, Livraria do Advogado, 1997.

KELSEN, Hans. *Teoria Pura do Direito*. Trad. João Baptista Machado, 4ª ed., São Paulo, Martins Fontes, 1994.

KIRCHMANN, Julio Germán Von. "El carácter a-científico de la llamada Ciencia del Derecho." In SAVIGNY, KIRCHMANN, ZITELMANN, KANTOROWICZ. *La Ciencia del Derecho*. Buenos Aires, Editorial Losada, 1949.

KRELL, Andréas. *Direitos sociais e controle judicial no Brasil e na Alemanha – Os (des)caminhos de um Direito Constitucional "Comparado"*. Porto Alegre, Sergio Antonio Fabris Editor, 2003.

LEITE, George Salomão, e LEITE, Glauco Salomão. "A abertura da Constituição em face dos princípios constitucionais". In LEITE, George Salomão (org.) *Dos princípios constitucionais*. São Paulo, Malheiros, 2003, pp. 136-164.

LUHMANN, Niklas. *Sociologia do Direito*. Trad. Gustavo Bayer, Rio de Janeiro, Edições Tempo Brasileiro, vol. I, 1983.

_____. *Sociologia do Direito*. Trad. Gustavo Bayer, Rio de Janeiro, Edições Tempo Brasileiro, vol. II, 1985.

_____. *Legitimação pelo procedimento*. Trad. Maria da Conceição Corte-Real. Brasília, Ed. UnB, 1980.

_____. *El Derecho de la Sociedad*. Trad. Javier Torres Nafarrate, México, Universidad Iberoamericana, 2002.

_____. "La costituzione come acquisizione evolutiva". In: ZAGREBELSKY, Gustavo; PORTINARO, Píer Paolo; LUTHER, Jörg. (orgs.). *Il futuro della costituzione*. Torino, Einaudi, 1996, pp. 83-128.

MOREIRA MAUÉS, Antônio G., e BELÉM LEITÃO, Analice F. "Dimensões da judicialização da política no Brasil – As ADINs dos partidos políticos". In *Revista de Informação Legislativa*, Brasília, Senado Federal, ano 41, n. 163, julho/set., 2004, pp. 31-51.

NEVES, Marcelo. *A constitucionalização simbólica*. São Paulo, Editora Acadêmica, 1994.

_____. "Luhmann, Habermas e o Estado de Direito". In *Lua Nova*, n. 37, 1996, pp. 93-106.

_____. "Constitucionalização simbólica e desconstitucionalização fática: mudança simbólica da Constituição e permanência das estruturas reais de poder". In *Revista Trimestral de Direito Público* 12, 1995, pp. 156-167.

_____. "Entre a subintegração e a sobreintegração: a cidadania inexistente". In *Revista de Ciências Sociais*, Rio de Janeiro, vol. 37, n. 2, 1994, pp. 253-276.

OST, François. "Between order and disorder: the game of law". In: TEUBNER, Günther (org.). *Autopoietic Law: a new approach to law and society*. Berlin, 1988, pp.70-96.

QUEIROZ, Cristina. *Interpretação Constitucional e Poder Judicial. Sobre a epistemologia da construção constitucional*. Coimbra, Coimbra Editora, 2000.

STRECK, Lênio Luís. *Jurisdição Constitucional e Hermenêutica – Uma nova crítica ao Direito*. 2ª ed., Rio de Janeiro, Forense, 2004.

TAVARES, André Ramos. *Teoria da Justiça Constitucional*, São Paulo, Saraiva, 2005.

VILANOVA, Lourival. "A dimensão política nas funções do Supremo Tribunal Federal". In *Revista de Direito Público*, ano XIV, n. 57-58, jan-junho, 1981, pp. 39-54.

ZAGREBELSKY, Gustavo. *El derecho dúctil: Ley, derechos, justicia.* 5ª ed., Madrid, Trotta, 2003.

# DEMOCRACIA PARTICIPATIVA

JOSÉ AFONSO DA SILVA

*I – TEORIA DA PARTICIPAÇÃO POLÍTICA: 1. Conceito de democracia. 2. Princípios da democracia. 3. Conceito e espécies de participação política. 4. Democracia direta. 5. Democracia representativa. 6. Mandato representativo. 7. Democracia participativa. 8. Iniciativa popular. 9. Referendo popular. 10. Plebiscito. 11. Revocação de mandato. 12. Ação popular. II – PRÁTICA DA DEMOCRACIA PARTICIPATIVA NO DIREITO COMPARADO: 1. Suíça. 2. Itália. 3. EUA. III – DEMOCRACIA PARTICIPATIVA NO BRASIL:. 1. Império. 2. Regimento da Assembléia Constituinte de 1823. 3. República. 4. Emenda parlamentarista. 5. Comissão de estudos constitucionais. 6. Assembléia Nacional Constituinte de 1987-1988. 7. Constituição de 1988: 7.1 Modalidades de participação na Administração Pública; 7.2 Participação direta no processo político. 8. Democracia e direito constitucional brasileiro. IV – O PROCESSO DA DEMOCRACIA PARTICIPATIVA: 1. Regulamentação do art. 14 da Constituição. 2. Plebiscito e referendo. 3. Plebiscitos territoriais: 3.1 Processo dos plebiscitos territoriais; 3.2 Processo do plebiscito territorial municipal. 4. Plebiscito e referendo no âmbito local. 5. Convocação de plebiscito e de referendo. 6. Processo da iniciativa popular.*

## I – TEORIA DA PARTICIPAÇÃO POLÍTICA

### 1. Conceito de democracia

Uma exposição sobre democracia participativa deve começar pela noção de democracia como regime político, que é *um conceito histórico*. Não sendo por si um valor-fim, mas meio e instrumento de realização de valores essenciais de convivência humana, que se traduzem basicamente nos direitos fundamentais do homem, compreende-se que a historicidade destes a envolva na mesma medida, enriquecendo-lhe o conteúdo a cada etapa do evolver social, mantido sempre o princípio básico de que ela revela um regime político em que o poder repousa na vontade do povo. Sob esse aspecto, a democracia não é um mero conceito político abstrato e estático, mas é um *processo* de afirmação do povo e de garantia dos direitos fundamentais que o povo vai conquistando no correr da história.

Essa noção de democracia como processo significa que o conceito de democracia não é absoluto, porque não existe democracia acabada. Talvez seja nesse sentido que Rousseau advertiu que, a tomar o termo no rigor de sua acepção, jamais existiu verdadeira democracia, e não existirá jamais; e. acrescentando que se houvesse um povo de Deus, ele se governaria democraticamente,[1] não deixa de reconhecer ser esse o melhor regime político. Nesse processo vai-se configurando também a noção histórica de *povo*, pois, como adverte Burdeau, "se é verdade que não há democracia sem governo do povo pelo povo, a questão importante está em saber o que é preciso entender por povo e como ele governa".[2] A concepção de povo tem variado com o tempo, "porque, se sempre é o povo que governa, não é sempre o mesmo povo".[3] Por isso é que a democracia da antiguidade grega não é a mesma dos tempos modernos; nem a democracia burguesa capitalista corresponde à democracia popular. Com essas observações, é que podemos aceitar a concepção de Lincoln de que a *democracia*, como regime político, *é governo do povo, pelo povo e para o povo*. Podemos, assim, admitir que *a democracia é um processo de convivência social em que o poder emana do povo, há de ser exercido, direta ou indiretamente, pelo povo e em proveito do povo*. Diz-se que é um *processo de convivência*, primeiramente para conotar sua historicidade, depois para realçar que, além de ser uma relação de poder político, é também um modo de vida, em que, no relacionamento interpessoal, há de verificar-se o respeito e a tolerância entre os conviventes.

## 2. Princípios da democracia

A doutrina afirma que a democracia repousa sobre três princípios fundamentais: o *princípio da maioria*, o *princípio da igualdade* e o *princípio da liberdade*.[4] Aristóteles já dizia que a democracia é o governo onde domina o número,[5] isto é, a maioria, mas também disse que a alma da democracia consiste na liberdade, sendo todos iguais.[6] A igualdade, diz, é o primeiro atributo que os democratas põem como fundamento e fim da de-

---

1. Cf. *Du contrat social*, Paris, Éd. Sociales, 1955, pp. 8 e 9. Rousseau não admitia a democracia representativa.
2. Cf. *Traité de science politique*, t.V/571.
3. Cf. Burdeau, *La democracia*, pp. 29 e 30 (versão portuguesa, *A democracia*, p. 15).
4. Para uma discussão mais ampla sobre tema, cf. Pinto Ferreira, *Princípios gerais do direito constitucional moderno*, t. I/171 e ss. O conceito desse ilustre constitucionalista reflete essa doutrina: "a democracia é a forma constitucional de governo da maioria, que, sobre a base da liberdade e igualdade, assegura às minorias no parlamento o direito de representação, fiscalização e crítica" (p. 189). Conceito de democracia, não como processo de convivência, mas como relação governamental, e, pois, de democracia política.
5. Cf. *Política*, IV, 3, 1290b.
6. Idem, IV, 4, 1292a.

mocracia.[7] E assim ele acaba concluindo que toda democracia se funda no direito de igualdade, e tanto mais pronunciada será a democracia quanto mais se avança na igualdade.[8]

Igualdade e liberdade, também, não são princípios, mas valores democráticos, no sentido de que a democracia constitui instrumento de sua realização no plano prático. A igualdade é o valor fundante da democracia – não a igualdade formal, mas a substancial.

A democracia, em verdade, repousa sobre *dois princípios fundamentais* ou *primários*, que lhe dão a essência conceitual: *(a)* o da *soberania popular*, segundo o qual o *povo é a única fonte do poder*, que se exprime pela regra de que *todo o poder emana do povo*; *(b)* a *participação, direta ou indireta, do povo no poder*, para que este seja efetiva expressão da *vontade popular*. Mas, nos casos em que a participação é indireta, surge um princípio derivado ou secundário: o *da representação*. As técnicas que a democracia usa para concretizar esses princípios têm variado, e certamente continuarão a variar, com a evolução do processo histórico, predominando, no momento, as técnicas eleitorais com suas instituições e o sistema de partidos políticos, como instrumentos de expressão e coordenação da vontade popular.

## 3. Conceito e espécies de participação política

O que dá essência à democracia é o fato de o poder residir no povo. Toda democracia, para ser tal, repousa na vontade popular no que tange à fonte e exercício do poder, em oposição aos regimes autocráticos em que o poder emana do chefe, do caudilho, do ditador.

Vale dizer, portanto, que o conceito de democracia fundamenta-se na existência de um vínculo entre povo e poder.

A forma pela qual o povo participa do poder dá origem a três tipos de democracia. Se a *participação* do povo no processo do poder é direita, tem-se *democracia direta*; se a participação é indireta, tem-se *democracia indireta*,[9] chamada *democracia representativa*; enfim, tem-se *democracia semidireta* que é, na verdade, democracia representativa com alguns institutos de participação direta do povo nas funções de governo, dando origem ao que se chama *democracia participativa*.

---

7. Idem, VI, 1, 1317b.
8. Idem, VI, 1, 1318a.
9. Anote-se, de passagem, que *democracia indireta* é conceito diverso de *eleições indiretas*.

## 4. Democracia direta

É importante ter aqui uma noção de *democracia direta*, para que se possa perceber que a *democracia representativa* não é propriamente um misto de democracia direta e democracia representativa. Nela, o povo atua por si próprio na gestão dos negócios públicos. Suas características são a *instantaneidade*, a *imediatidade* e a *exaustividade*, porque as manifestações de vontade se dão num único ato, sem intermediação e todas as decisões de interesse da *polis* ou *civitas* são tomadas pelo povo, em geral, reunidos em assembléias populares.[10] Significa isso que, na democracia direta, o povo governa a si próprio por uma participação *efetiva* e *imediata*, com exclusão de qualquer idéia de representação ou de delegação decisional.[11]

Cita-se, como exemplo clássico de democracia direta, a democracia grega de Atenas.

Contudo, "não existe acordo entre os historiadores da democracia ateniense *[observa Papadopoulos]*, de sorte que não é justificado fazer da Cidade antiga um ideal de democracia, quanto não seria adequado atirar anátema sobre ela, a partir de nosso ponto de vista historicamente contingente. A democracia ateniense era já um regime passavelmente complexo e elaborado, incluindo diversas instâncias de decisão e contrapeso, assim como numerosos mecanismos de controle e de responsabilidade dos dirigentes".[12]

Observa-se, igualmente, que é de pouca significação o peso específico da democracia ateniense na história dos regimes políticos.[13]

Talvez alguma influência veio a ter a democracia grega em algumas reminiscências de democracia direta existente. Assim, as primeiras formas de democracia direta na Suíça surgiram no século XII, principalmente na parte itálica do território atual. Seus habitantes se reuniam em "concílios" para resolver os problemas coletivos. No século XIII surgiram as *Landsgemeinden* nos três cantões dos Alpes alemães. "Como nas assembléias atenienses, a *Landsgemeinden* era investida de largos poderes: eleger as autoridades políticas e jurídicas, editar leis e regulamentos, declarar a guerra, ratificar os tratados etc." (id., pp. 25, 26 e 27). Como as *Landsgemeinden* se reuniam normalmente apenas uma vez por ano, o poder era repartido entre o "Landammann" – uma espécie de presidente cantonal – e dos conselhos legislativos. Rapidamente aspectos de representação foram introduzidos. Os conselhos legislativos ganharam importância desde o fim da Ida-

---
10. Cf., para pormenores, Adrian Sgarbi, *O referendo*, p. 85.
11. Idem ibidem, p. 85.
12. Yannis Papadopoulos, *Démocratie directe*, pp. 20-21.
13. Id., p. 21.

de Média. Ressalta-se o caráter nobiliário do poder, pois os 148 Ladammänner do cantão de Uri entre 1251 e 1900 eram originários de 49 famílias, e mais da metade dentre eles eram recrutados numa dezena de famílias somente. (id., p. 27). A democracia direta foi suprimida no cantão de Uri em 1928, graças à própria democracia direta, pois foi em seguida a uma iniciativa popular que a *Landsgemeinden*, por si mesma, se dissolveu, por 3.000 votos contra 1.000 (id., p. 31). Igualmente, no cantão de Nidwald, a *Landsgemeinden*, reunida em 1º.12.1996, em sessão extraordinária, aceitou, por larga maioria de votos, o projeto socialista pedindo sua supressão, apesar de o governo e o parlamento cantonal serem contra (id., p. 31). Atualmente a Suíça tem 26 cantões e semicantões; só os semicantões de Appenzell Rhodes-exterior e de Obwald, e o cantão de Glaris conhecem ainda esta venerável instituição. A *Landsgemeinden* de Appenzell Rhodes-interior recusou em 1993 sua própria supressão. (id., p. 310).

Pode ser que daí tenha vindo o sistema de *town meeting* que se desenvolveu em alguns Estados dos EUA: Massachusetts, New Hampshire, Connecticut, Rhode Island, Vermont e Maine. Ainda que não fossem francamente democráticos, alega-se, assim mesmo eram impregnados, desde sua origem, pelo cuidado com a harmonia coletiva e a decisão consensual, de sorte que as disputas davam lugar a discussões repetidas antes de decisões majoritárias suscetíveis de lesar a minoria (id., p. 28). Hoje, no entanto, só os *town meeting* dos Estados de Vermont, Massachusetts e Connecticut desempenham papel importante no governo local. Embora ainda existam muitas cidades que conhecem essa prática, o eleitorado deposita cada vez mais confiança nas comissões permanentes dos cidadãos, que preparam decisões notadamente no domínio financeiro e da planificação, de modo que o *town meeting* não tem mais do que um papel de ratificação, pois a maior parte dos problemas são resolvidos antes da seção plenária (id., p. 28), Apesar disso, onde ainda persiste, o *town meeting* é larga e fortemente apreciado, a despeito de uma participação muito assídua. Em tais casos, se os eleitores delegam seu poder local a representantes, ainda assim reservam-se a possibilidade de assistir ao *town meeting*, como meio de contestar, por via referendaria, as decisões que os representantes tomam (id., p. 29).

*Democracia direta* era a única forma que Rousseau aceitava, porque, segundo ele, a soberania não pode ser representada, pela mesma razão que ela não pode ser alienada; ela consiste essencialmente na vontade geral, e a vontade, absolutamente, não se representa: ela é ela mesma, ou é outra. Não há meio termo, pois os deputados do povo não são nem podem ser seus representantes; eles não são senão seus comissários, não podem concluir nada definitivamente. Toda lei que o povo em pessoa não ratificar é nula; absolutamente não é uma lei.[14] A teoria do governo representativo foi

14. Cf. ob. cit., p. 259.

desenvolvida por Sieyès, no seu famoso *Qu'est-ce que le Tiers État?*, onde, de início diz que a nação é um corpo associado vivendo sob uma lei *comum* e representada pela mesma *legislatura*. Depois, admite uma vontade comum *representativa*, que não é plena e ilimitada no corpo de representantes, porque não é senão uma porção da vontade nacional, e que os delegados não a exercem como um direito próprio, porque é direito alheio, para chegar ao princípio da soberania nacional, pois é a nação que é representada e não o povo, o que se traduziu no art. 3º da Declaração dos Direitos do Homem e do Cidadão: "Le principe de tout souveraineté réside essentiellement dans la Nation". O certo é que, a partir daí, é que se desenvolve o Estado liberal e, com ele, a *democracia representativa*, pela qual o princípio da participação se realiza por meio de representantes eleitos.

## 5. Democracia representativa

De fato, *democracia representativa* é aquela na qual o povo, fonte primária do poder, não podendo dirigir os negócios do Estado diretamente, em face da extensão territorial, da densidade demográfica e da complexidade dos problemas sociais, outorga as funções de governo aos seus representantes, que elege periodicamente. É no regime de democracia representativa que se desenvolvem a *cidadania* e as questões da *representatividade*, que tende a fortalecer-se no regime de democracia participativa. A Constituição combina *representação* e *participação direta*, tendendo, pois, para a democracia participativa. É o que, desde o parágrafo único do art. 1º da CF, já está configurado, quando, aí, se diz que *todo o poder emana do povo, que o exerce por meio de representantes eleitos* (democracia representativa), *ou diretamente* (democracia participativa). Consagram-se, nesse dispositivo, os princípios fundamentais da ordem democrática adotada. Outros preceitos constitucionais oferecem os desdobramentos para seu funcionamento.

É uma temática que merece reflexão crítica. Pois, se toda democracia importa *participação do povo* no *processo do poder*, nem toda democracia é *participativa*, no sentido contemporâneo da expressão.

A *democracia representativa* pressupõe um conjunto de instituições que disciplinam a participação popular no processo político, que vêm a formar os direitos políticos que qualificam a cidadania, tais como as eleições, o sistema eleitoral, os partidos políticos etc., como constam dos arts. 14 a 17 da Constituição.

Na *democracia representativa* a participação popular é indireta, periódica e formal, por via das instituições eleitorais que visam a disciplinar as técnicas de escolha dos *representantes do povo*. A ordem democrática, contudo, não é apenas uma questão de eleições periódicas, em que, por meio do voto, são escolhidas as autoridades governamentais. Por um lado, ela consubstancia um procedimento técnico para a designação de pessoas para o exercício de funções governamentais. Por outro, eleger significa expressar preferência entre alternativas, realizar um ato formal de decisão política. Realmente, nas democracias de partido e sufrágio universal, as eleições tendem a ultrapassar a pura função designatória, para se transformarem num instrumento, pelo qual o povo adere a uma política governamental e confere seu consentimento, e, por conseqüência, legitimidade, às autoridades governamentais. Ela é, assim, o modo pelo qual o povo, nas democracias representativas, participa na formação da vontade do governo e no processo político.

## 6. Mandato representativo

A eleição gera, em favor do eleito, o *mandato político representativo*, que constitui o elemento básico da democracia representativa.

Nela se consubstanciam os *princípios da representação* e *da autoridade legítima*. O primeiro significa que o poder, que reside no povo, é exercido, em seu nome, por seus representantes periodicamente eleitos, pois uma das características do mandato é ser temporário.[15] O segundo consiste em que o mandato realiza a técnica constitucional por meio da qual o Estado, que carece de vontade real e própria, adquire condições de manifestar-se e decidir, porque é pelo mandato que se constituem os órgãos governamentais, dotando-os de titulares e, pois, de vontade humana, mediante os quais a vontade do Estado é formulada, expressada e realizada, ou, por outras palavras, o poder se impõe.

O mandato se diz *político-representativo* porque constitui uma situação jurídico-política com base na qual alguém, designado por via eleitoral, desempenha uma função política na democracia representativa.

O *mandato representativo* é criação do Estado liberal burguês, ainda como um dos meios de manter distintos Estado e sociedade, e mais uma forma de tornar abstrata a relação povo-governo. Segundo a teoria da representação política, que se concretiza no mandato, o representante não fica

---

15. Essas exigências do mandato representativo decorrem de normas expressas da Constituição. Assim, o princípio da forma representativa consta do parágrafo único do art. 1º, quando diz que o *poder é exercido* diretamente ou *em seu nome por representantes eleitos* e no art. 34, VII, *a*, quando destaca a *forma republicana, representativa e democrática* como um dos princípios constitucionais. A temporariedade do mandato é explicitamente fixada em *quatro anos* para Deputados, Governadores, Vice-Governador, Prefeito e Vice-Prefeito (arts. 27, 28, 29, I, 32, §§1º e 2º, 44, parágrafo único), em *oito anos* para Senadores (art. 46, § 1º) e em *quatro anos* para Presidente e Vice-Presidente da República (art. 82).

vinculado aos representados, por não se tratar de uma relação contratual; é *geral, livre, irrevogável* em princípio, e não comporta ratificação dos atos do mandatário. Diz-se *geral*, porque o eleito por uma circunscrição ou mesmo por um distrito não é representante só dela ou dele, mas de *todas as pessoas* que habitam o território nacional. É *livre*, porque o representante não está vinculado aos seus eleitores, de quem não recebe instrução alguma, e se receber não tem obrigação jurídica de atender, e a quem, por tudo isso, não tem que prestar contas, juridicamente falando, ainda que politicamente o faça, tendo em vista o interesse na reeleição. Afirma-se, a propósito, que o exercício do mandato decorre de poderes que a Constituição confere ao representante, que lhe garante a autonomia da vontade, sujeitando-se apenas aos ditames de sua consciência. É *irrevogável*, porque o eleito tem o direito de manter o mandato durante o tempo previsto para sua duração, salvo perda nas hipóteses indicadas na própria Constituição (arts. 55 e 56). Em alguns países é possível a revocação do mandato por certo número de votos dos eleitores; é o caso de *recall* nos EUA. Os constituintes recusaram incluir a destituição de mandatos em certos casos, conforme várias propostas apresentadas. Ficamos, pois, com o princípio do mandato irrevogável.

Há muito de ficção, como se vê, no mandato representativo. Pode-se dizer que não há representação, de tal sorte que a designação de mandatário não passa de simples técnica de formação dos órgãos governamentais. E só a isso se reduziria o princípio da participação popular, o princípio do governo pelo povo na democracia representativa. E, em verdade, não será um governo de expressão da vontade popular, desde que os atos de governo se realizam com base na vontade autônoma do representante. Nesses termos, a democracia representativa acaba fundando-se numa idéia de igualdade abstrata perante a lei, numa consideração de homogeneidade, e assenta-se no princípio individualista que considera a participação, no processo do poder, do eleitor individual no momento da votação, o qual "não dispõe de mais influência sobre a vida política de seu país do que a momentânea de que goza no dia da eleição, por certo relativizada por disciplina ou automatismo partidário e pela pressão dos meios de informação e da desinformação da propaganda; que, uma vez produzida a eleição, os investidos pela representação ficam desligados de seus eleitores, pois não os representam a eles em particular, mas a todo o povo, à nação inteira".[16] A representação é montada sobre o mito da "identidade entre povo e representante popular" que tende "a fundar a crença de que, quando este decide é como se decidisse aquele, que o segundo resolve pelo primeiro, que sua decisão é a decisão do povo; (...) que, em tal suposição, o povo se autogoverna, sem

16. Cf. Luis Carlos Sáchica, *Democracia, representación, participación*, p. 14.

que haja desdobramento, atividade, relação intersubjetiva entre dois entes distintos; o *povo*, destinatário das decisões, e o *representante*, *autor*, *autoridade*, que decide para o povo".[17]

Contudo, a evolução do processo político vem incorporando outros elementos na democracia representativa que promovem uma relação mais estreita entre os mandatários e o povo, especialmente os instrumentos de coordenação e expressão da vontade popular: partidos políticos, sindicatos, associações políticas, comunidades de base, imprensa livre, de tal sorte que a opinião pública – *expressão da cidadania* – acaba exercendo um papel muito importante no sentido de que os eleitos prestem mais atenção às reivindicações do povo, mormente às de suas bases eleitorais

## 7. Democracia participativa

O que se quis acentuar com as considerações supra é que o sistema de partidos, com o sufrágio universal e a representação proporcional, dá à democracia representativa um sentido mais concreto, no qual desponta com mais nitidez a *idéia de participação*, não tanto a individualista e isolada do eleitor no só momento da eleição, mas a coletiva organizada. Mas será ainda participação representativa, que assenta no princípio eleitoral. Ora, qualquer forma de participação que dependa de eleição, não realiza a democracia participativa no sentido atual dessa expressão. A eleição consubstancia o princípio representativo, segundo o qual o eleito pratica atos em nome do povo.

O *princípio participativo* caracteriza-se pela participação direta e pessoal da cidadania na formação dos atos de governo.

As primeiras manifestações da democracia participativa consistiram nos institutos de *democracia semidireta*, que combinam instituições de participação indireta com institutos de participação direta, destacadamente a *iniciativa popular de lei*s, o *referendo*, o *plebiscito*, o *veto popular*, a *revocação de mandatos* e a *ação popular*, dentre ele o *referendo* é que desempenha um papel preponderante, porque, tirando a iniciativa popular, as demais formas de consulta popular têm características referendárias, apesar de assinaladas distinções. Tal é a força do referendo no sistema de democracia participativa que até se fala freqüentemente em *democracia referendária*. Não se trata propriamente de combinar a democracia direta com a democracia representativa. Os institutos de democracia representativa não são usados na democracia direta, em que o povo decide, por si, as questões de governo, reunido num determinado lugar. Na democracia participativa, o povo não decide em reunião coletiva, mas por meio de vo-

17. Idem, p. 15.

tação em algo concreto que é submetido à sua deliberação mediante voto. Por outro lado, não decide sozinho; apenas participa da decisão. Aqui ele é um colaborador no processo decisório, através do exercício do voto. A seguir vamos examinar separadamente esses institutos.

**8. Iniciativa popular**

Comecemos pela iniciativa popular. É um fenômeno do mundo contemporâneo menos difundida do que o referendo. Consiste na outorga ao povo do poder de participar do processo legislativo. A iniciativa popular é uma consulta ao povo de caráter positivo, porque visa à formação de normas jurídicas novas. Admite-se a iniciativa legislativa popular no processo de formação de leis ordinárias como no processo de reforma constitucional. Na Suíça, no nível federal, só se admite a iniciativa popular em matéria de revisão constitucional. No seu art. 120 quando estabelece que se uma das Casas da Assembléia Federal decreta a revisão total da Constituição e a outra não consente nisso, ou quando cinqüenta mil cidadãos suíços pedem a revisão total, a questão de saber se a Constituição Federal deve ser revista é, num caso como noutro, submetida à votação popular. A consulta num caso é feita para solucionar impasse entre o Conselho Nacional e o Conselho dos Estados, que são as duas Casas de que se compõe a Assembléia Federal. No outro caso, a consulta popular é feita para confirmar ou não a proposta de revisão que cinqüenta mil cidadãos apresentaram. Combinam-se aqui a iniciativa popular com uma forma de plebiscito. Mas a reforma parcial da Constituição suíça também pode ter início por meio de iniciativa popular, mediante petição assinada por cinqüenta mil cidadãos, quer para a adição de um novo artigo constitucional, quer para a revogação ou para a modificação de um artigo em vigor (art. 121). Contudo, nos Cantões suíços, a iniciativa popular é admitida sobre qualquer matéria. Existe também nos Municípios, assim também em diversos Estados dos Estados Unidos.

A iniciativa legislativa popular pode ser formal, ou não. No primeiro caso, exige-se que seja formulada por meio de um projeto de lei ou de emenda constitucional, devidamente articulado, de sorte que o povo é chamado a subscrever esse projeto que se quer apresentar ao Poder Legislativo. No segundo caso, tem-se o que se chama de "iniciativa legislativa não formulada", ou seja, não redigida na forma de texto legislativo; é a forma exigida pelo art. 61, § 2º, de nossa Constituição, como também do art. 71 da Constituição italiana; essa forma se revela como simples exercício do direito de petição, pelo qual se pede aos parlamentares a elaboração de normas sobre assuntos especificados.

O exercício da iniciativa popular deve ser devidamente regulado, de modo que não venha contribuir para perturbar o processo legislativo. A doutrina, de fato, observa que a iniciativa popular introduz certa dose de incerteza, que é dificilmente suportável aos poderes, porque ela perturba de modo inopinado a ordem do dia da agenda política.[18] Em verdade, a iniciativa legislativa popular desempenha um papel importante na correção das deficiências da democracia representativa, porque é um mecanismo que constrange as autoridades a levar em conta demandas populares. Por meio dela, se o povo tiver consciência do seu papel, podem-se suprir omissões parlamentares na complementação de normas constitucionais cuja eficácia e aplicabilidade dependem de leis. Ela permite, de algum modo, corrigir os pecados por omissão dos poderes públicos.

## 9. Referendo popular

*Referendo* é um termo muito usado na Constituição com significações diversas. Assim é que se prevê a competência do Presidente da República para celebrar acordos internacionais *a referendo* do Congresso Nacional (art. 84, VIII), declarar guerra ou celebrar a paz autorizado ou *a referendo* do Congresso Nacional (art. 84, XIX e XX); cabe também aos Ministros de Estado referendar os atos e decretos assinados pelo Presidente da República (art. 87, parágrafo único, I). Em geral, o termo *referendo* tem o significado de um ato de ratificação de outro ato. Nesse sentido, é ato de controle que uma autoridade ou um Poder exerce sobre outro. Foi com essa significação estreita que ele surgiu no processo político. Sua origem se prende à antiga organização federal suíça, onde, no início, os delegados à Assembléia só tinha o poder de decidir *ad referendum* do Conselho Cantonal, quer dizer, suas decisões eram submetidas à ratificação do Conselho Cantonal que esses delegados representavam.[19] Daí é que o sistema evoluiu no constitucionalismo suíço, para o referendo popular, ou seja, para um sistema em que o ato legislativo ordinário ou constitucional só adquire valor e eficácia após ter sido ratificado pelo voto dos eleitores populares.

O *referendo popular* é um instrumento de participação do povo no processo de formação de normas jurídicas, como a iniciativa popular, com a diferença de que esta dá início ao processo legislativo, enquanto aquele o encerra; a iniciativa promove a formação do ato legislativo, o referendo confirma ou recusa a formação do ato já praticado pelo legislador ordinário ou constituinte. Enfim, o referendo se caracteriza no fato de que projetos de lei ou emenda constitucional aprovados pelo legislativo devam ser submetidos à vontade popular, atendidas certas exigências, tais como pedido de certo número de eleitores, de certo número de parlamentares ou do próprio chefe do executivo, de sorte que o projeto se terá por aprovado apenas

18. Cf. Yannis Papadopoulos, ob. cit., p. 142.
19. Cf. Pierre Rosanvallon, *La démocratie inachevée*, p. 287.

se receber votação favorável do corpo eleitoral, do contrário, reputar-se-á rejeitado. Está previsto no mesmo art. 14, II, sendo da competência exclusiva do Congresso Nacional autorizá-lo (art. 49, XV), mas a Constituição não estabeleceu as condições de seu exercício. Fica livre o Congresso Nacional de autorizá-lo também em matéria constitucional; ele pode mesmo expedir uma lei definindo critérios e requisitos para seu exercício.

Existem diversas modalidade de referendo popular:

a) *legislativo, constituinte* ou *constitucional*. O primeiro é o que versa sobre um projeto de lei ordinária ou complementar. O segundo é o que se prevê para a votação do povo de um projeto de Constituição aprovado por uma Assembléia Constituinte; assim, foi por exemplo o referendo sobre o projeto de Constituição aprovado pela Assembléia Constituinte francesa de 1946 e que o povo rejeitou em razão de grande oposição de vários partidos políticos; convocou-se então nova Constituinte que elaborou um segundo projeto de Constituição, que o povo francês aprovou pelo referendo de 13 de outubro de 1946. A Constituição francesa de 1958 também foi aprovada mediante referendo popular. O *referendo constitucional* é o que se emprega para consultar o povo sobre um ato de reforma constitucional.

b) *facultativo* ou *obrigatório*. É facultativo, quando a validade do ato não depende de sua utilização, a menos que, atendidas certas exigências, seja pedido pelo povo, pelo Chefe do Poder Executivo ou por certo número de parlamentares. É obrigatório, quando, sem ele, o ato não se aperfeiçoará. O referendo constitucional na Suíça é obrigatório, por força do art. 123 de sua Constituição, segundo o qual a Constituição federal revista ou a parte revista entrará em vigor assim que for aceita pela maioria dos cidadãos suíços que tomaram parte na votação popular e pela maioria dos Estados. Igualmente é obrigatório no sistema de reforma da Constituição francesa, segundo se lê no seu art. 89: o projeto ou a proposta de revisão deve ser votado pelas duas Casas do Parlamento em termos idênticos. A revisão é definitiva após ter sido aprovada por referendo.

c) *deliberativo* ou *consultivo*. O referendo propriamente dito é, em geral, deliberativo, ou seja, porque decide, em definitivo, em sentido positivo ou negativo, sobre o ato submetido à consulta popular. O *referendo consultivo* assimila-se ao plebiscito, como se pode ver pelo art. 92 da Constituição espanhola, segundo o qual as decisões políticas de importância especial poderão ser submetidas a todos os cidadãos pela via do *referendo facultativo*, que será convocado pelo Rei, por proposta do Presidente do Governo, autorizado previamente pela Congresso dos Deputados; aliás, foi a única forma de referendo adotada pela Constituição espanhola

d) *abrogativo* e *veto popular*. São dois institutos que, à vezes, se confundem. São diversos. O *referendo abrogativo* permite aos cidadãos se oporem a uma lei já em vigor, isto é, os cidadãos são chamado a votarem pela revogação de uma lei existente, pouco importando o momento em que ela entrou em vigor; tanto pode ser uma lei que vigora há muito tempo como uma lei que acabou de entrar em vigor. Se o voto for favorável, a lei reputa-se revogada; se for contrário, a lei continua em vigor. A rigor, o referendo abrogativo tem natureza plebiscitária. É o que consta, por exemplo, do art. 75 da Constituição italiana, que declara que tem lugar o referendo popular para estatuir sobre a abrogação, total ou parcial, de uma lei ou de um ato com valor de lei, quando for pedido por 50.000 eleitores ou por cinco Conselhos Regionais. Já o veto popular é uma consulta popular sobre um projeto de lei ainda não sancionado, com o objetivo de impedir que se transforme em lei. Vale dizer, o veto popular permite ao povo exprimir seu desacordo com a entrada em vigor de uma lei. O povo, por meio de uma petição com certo número de assinaturas, durante a elaboração legislativa da lei se opõe ao projeto aprovado, mas ainda não transformado em lei. Em regra, se a petição reúne o número de assinaturas requerido, pode desencadear a organização de um referendo. Na Suíça, o art. 89, 2, declara que as leis federais e os decretos federais de caráter geral e também os tratados internacionais de longa duração devem ser submetidos à adoção ou rejeição do povo, quando o pedido é feito por 30.000 cidadãos ou por oito Cantões, o que é bastante semelhante ao sistema italiano.

e) *de iniciativa oficial* e *de iniciativa popular*. A iniciativa do referendo é de alguma autoridade ou instituição, tais como o Chefe do Poder Executivo, como é o caso do art. 11 da Constituição francesa, ou a maioria parlamentar, com na Grã-Bretanha e na Espanha (art. 92), ou a oposição (Dinamarca), ou pelo povo. Este último é chamado *referendo de iniciativa popular*, expressão que se usa para distinguir os referendos propostos pelo povo daqueles cujo impulso vem dos poderes públicos. Não é expressão feliz, observa-se (Papadopoulos), porque pode gerar confusão com procedimento da iniciativa popular. Esta, como se viu, permite ao povo corrigir, de algum modo, omissões dos legisladores, enquanto o referendo dá possibilidade ao povo de corrigir os pecados positivos de seus governantes. Em outros termos, enquanto o referendo põe termo ao processo de adoção das normas, a iniciativa permite abri-lo. Na prática, os dois procedimentos são cambiáveis: na Califórnia, é possível a abrogação de disposições legislativas por meio da iniciativa. Mas é útil distinguir, para fins de análise entre o *direito de veto referendário*, que permite a um grupo de cidadãos pedir que os eleitores se pronunciem sobre decisões políticas já tomadas, e o direito de iniciativa popular que permite a um grupo de cidadãos fazer *proposições* de decisões a serem submetidas ao corpo eleitoral. No primeiro caso, pode-se falar em voto de controle, no segundo em voto de promoção (p. 40).

## 10. Plebiscito

*Plebiscitum* era, na República Romana, uma decisão soberana da plebe aprovada em *concilium plebis* (assembléia da plebe, do povo), por proposta de um tribuno da plebe sobre alguma medida; inicialmente as decisões plebiscitárias só obrigavam os plebeus (*Lex Valeria Horatia de Plebiscitis*, 449 a.C.); mais tarde tornaram-se obrigatórias também para os patrícios, pela *Lex Hortencia de Plebiscitis*, 287 a.C. (Sgarbi).

O *plebiscito* é uma consulta popular, semelhante ao referendo; difere deste no fato de que visa a decidir previamente uma questão territorial ou político-institucional, antes de sua formulação legislativa, ao passo que o referendo versa sobre aprovação de textos de projetos de lei ou de emenda constitucional, já aprovados; o referendo ratifica (confirma) ou rejeita o projeto aprovado; o plebiscito autoriza a formulação da medida requerida; alguma vez fala-se em *referendo consultivo* no sentido de plebiscito, como vimos.[20] O plebiscito está previsto no art. 14, I, da CF, podendo ser utilizado pelo Congresso Nacional nos casos em que este decidir seja conveniente, mas já também indicado em casos específicos: para a formação de novos Estados e de novos Municípios (art. 18, §§ 3º e 4º).[21]

Sempre se teve muita desconfiança do plebiscito, por lembrar o seu largo emprego para atribuir ou confirmar poder de dirigentes. Os plebiscitos napoleônicos são famosos a esse propósito, como o de 1802 que consagrou Napoleão Bonaparte cônsul vitalício; o de 1804, pelo qual se aprovou o estabelecimento do Império hereditário; o de 1851, que confiou a Napoleão III a presidência da França por 10 anos e lhe outorgou poderes para elaborar uma Constituição; o de 1852, que estabeleceu o Império; o de 1870, de que fez uso para estabelecer a forma parlamentar de governo. O Ato Adicional que instituiu o parlamentarismo no Brasil previu, no seu art. 25, um plebiscito para saber se o povo queria a forma de governo por ele estabelecido ou se queria votar ao presidencialismo. O art. 2º do ADCT de 1988 previu o plebiscito, para que o eleitorado decidisse sobre a forma de governo (república ou monarquia constitucional) e o sistema de governo (parlamentarismo ou presidencialismo) para o país. O povo ficou com a República e o Presidencialismo. A Constituição outorgada por Getúlio Vargas em

---

20. Típico nesse sentido é o referendo consultivo previsto no art. 92 da Constituição Espanhola sobre "decisiones políticas de especial trascendencia", erronia técnica observada por Juan A. Santamaria, em comentário ao referido dispositivo, in Fernando Garrido Falla e outros, *Comentarios a la constitución*, p. 1.317, nota 4.

21. Importante foi o plebiscito fixado para o dia 7.9.1993, pelo qual o eleitorado pronunciou-se sobre a forma de Estado (república ou monarquia constitucional) e o sistema de governo (parlamentarismo ou presidencialismo). Note-se que o *veto popular*, modo de consulta ao eleitorado sobre uma lei existente, visando a revogá-la pela votação direta, aprovado no 1º turno pela Assembléia Nacional Constituinte, não vingou ao final.

1937 previu, no ser art. 187, que ela entraria em vigor na data de sua promulgação e seria submetida ao plebiscito nacional na forma regulada em decreto do Presidente da República. Como o ditador nunca expediu o tal decreto, o plebiscito também nunca se realizou.

## 11. Revocação de mandato

Chamado *recall* nos Estados Unidos, onde nasceu no Estado de Oregon, a revocação permite aos eleitores revocar, isto é, chamar de volta, retomar o mandato do eleito, o que significa retirar o poder de alguém que tenha sido eleito para alguma função pública.

## 12. Ação popular

Lívio Paladini sustentou, a meu ver, com razão, que a atribuição da ação popular corretiva a qualquer cidadão tem por fim, não tanto a atuação do direito objetivo ou melhor a salvaguarda da esfera jurídica da Administração Pública, mas tende, antes, ao reconhecimento de um substancial interesse do cidadão, e enriquece de um novo poder a sua personalidade jurídica. E, conseqüentemente, a ação popular, entendida como meio de participação do povo em certos momentos singulares da atividade da Administração Pública, poderia ser colocada ao lado do *referendum* e da iniciativa legislativa popular, naquela geral figura da democracia direta – e conclui: as ações populares assumem, na mesma natureza e não só no móvel ideológico, o primitivo caráter de uma emanação da soberania popular ou do princípio democrático.[22]

Em livro sobre a ação popular, manifestei-me de acordo com a essência dessa tese, por entender que, de fato, a ação popular constitui um meio de participação do cidadão na vida política do Estado, no que tange à fiscalização da gestão do patrimônio público e agora também dos interesses difusos ambientais e culturais. Essa fiscalização entra na esfera jurídico-política do cidadão, a qual é, em regra, exercida por meio de representantes nas casas legislativas. Pela ação popular, no entanto, o cidadão exerce, por si mesmo, esse direito político de vigilância, que lhe é reconhecido pelo atual parágrafo único do art. 1º da Constituição: "Todo poder emana do povo, que o exerce por meio de representantes eleitos ou diretamente".

Estará, pois, o autor popular em juízo por direito próprio e na defesa de direito próprio, qual seja esse de sua participação na vida pública do país. É verdade que, imediatamente, defende ele um interesse que é da co-

---

22. Cf. "Azione popolare", *Nuovissimo Digesto Italiano*.

letividade toda e da pessoa jurídica ou entidade, cujo patrimônio está em causa. O certo é que esse direito substancial entra na categoria dos direitos políticos e democráticos, e se encontra reconhecido no princípio de que todo poder emana do povo. A ação popular, enfim, constitui um instituto de democracia participativa, e o cidadão, que a intenta, o faz em nome próprio, por direito próprio, na defesa de direito próprio, que é o de sua participação na vida política do Estado, fiscalizando a gestão do patrimônio público e dos interesses difusos.

## *II – Prática da Democracia Participativa no Direito Comparado*

O recurso a instituições da democracia participativa, especialmente do *referendo consultivo* ou *plebiscito*, se expande cada vez mais. Recentemente vários países europeus se serviram dessa forma de consulta popular para decidir sobre seu ingresso na Comunidade Européia, para decidir se aderiam ou não ao Tratado de Maastricht. Papadopoulos dá minuciosa notícia desse movimento. Assim, Áustria, Suécia e Finlândia aderiram à Comunidade Européia por meio de referendo. Pelo mesmo meio, os noruegueses e suíços recusaram autorização para que seus países o fizessem. Os dinamarqueses, por meio de consulta popular, rejeitaram, numa primeira vez, aderir ao Tratado de Maastricht, mas concordaram numa segunda consulta, depois de intensa negociação. Os franceses aderiram por meio também de consulta popular. Observa-se que, "nesse que é sem dúvida a justo título considerado como a mais importante empresa de construção institucional de nosso tempo, a democracia direta é chamada a jogar um papel importante. Assim, uma série de resoluções propostas para o Parlamento europeu consideram que a vontade dos cidadãos a propósito da integração européia se exprime diretamente sob a forma de 'referendo de iniciativa popular'".[23]

É na Suíça que a democracia participativa tem vigência mais acentuada. Nem sempre as decisões referendárias suíças são democráticas. Assim, p. ex., por mais de uma vez a consulta popular rejeitou o direito de voto feminino. Só em 1971 é que, por fim, uma votação popular aceitou a medida. Na verdade, o direito de voto era apenas masculino e, assim, os homens consultados recusaram reconhecer o direito de voto às mulheres. A questão da democracia estava aí na estreiteza da consulta. Para que a consulta fosse efetivamente democrática, deveria incluir também o voto feminino, para saber se as mulheres queriam ou não o direito de voto. Em 1986, o povo suíço rejeitou, por enorme maioria, aderir à ONU.

23. Cf. ob. cit., pp. 1 e 2.

Hoje a maioria dos países europeus e mais de um terço dos países membros da ONU têm alguma forma de democracia participativa. A instituição mais difundida é o *referendo* em suas várias modalidades. No plano nacional só os Estados Unidos e os Países Baixos utilizam qualquer tipo de instituição de democracia direta, mas, nos Estados Unidos, a democracia participativa é muito difundida nos Estados. Os assuntos que são objeto de referendo é variado. Além das consultas já referidas sobre a integração européia, tem-se consulta popular sobre o divórcio e o aborto na Irlanda e na Itália, em favor da República, na Grécia, depois da queda dos coronéis, sobre a OTAN na Espanha, sobre a independência, nas Repúblicas da ex-URSS e de componentes da ex-Iugoslávia, sobre a independência de Quebec (no Canadá). No Uruguai e no Chile o referendo desempenhou papel importante na transição da ditadura militar à democracia, assim como na Polônia e na Hungria na passagem do comunismo ao regime liberal. Na França, houve vinte e dois referendos desde a Revolução de 1789, alguns organizados pelos dois Napoleões e por De Gaulle. Em verdade, esses referendos napoleônicos ou degaulistas tiveram sentido plebiscitário, que geraram grande desconfiança no sentido democrático do plebiscito. Na V[a] República francesa, os franceses votaram sobre a Constituição de 1958, a autodeterminação da Argélia, sobre a eleição do Presidente da República por sufrágio universal, em 1962, sobre a regionalização do Senado em 1969, que gerou a demissão do General De Gaulle, sobre a autodeterminação da Nova Caledônia em 1988 e sobre o Tratado de Maastricht em 1992. (id, pp. 37, 38).

Vale a pena ter em mente o relatório estatístico de Papadopoulos, sobre o referendo na Suíça, na Itália e na Califórnia.

## *1. Suíça*

1) *Referendo*: O referendo foi introduzido nos sistema constitucional suíço através da Constituição federal de 1848, e, até 1993, 414 referendos nacionais tiveram lugar ali sobre um total de 799 referendos em todo o mundo, A partir da Segunda Guerra Municipal, mais de dois terços dos referendos no mundo se realizaram na Suíça. Praticamente a metade das 449 consultas populares na Suíça entre 1848 e 1997 se realizaram somente depois de 1970. É importante assinalar que, de 1874 a 1997, houve lá 248 referendos de iniciativa popular. Depois da Suíça, destaca-se o Principado de Liechtenstein, com 66 referendos de 1919 até 1990, incluindo o referendo que aceitou sua adesão ao Comunidade Econômica Européia, que os suíços recusaram.

2) *Iniciativa*. De 1891 a 1970, houve 102 iniciativas populares, mas, num período bem mais curto, ou seja, de 1970 até 1994, ocorreram 150

iniciativas populares. Durante os anos de 1960 a porcentagem das iniciativas populares representou 19,2% do total de votos, e 1,3 iniciativas em média por ano. De 1970 até 1979 esses números passaram a 34,9% e 3,9 respectivamente, para atingir de 1980 a 1989 respectivamente 42,2% e 4,5. De outro lado, de 1987 a 1994 a quase totalidade das iniciativas (19 sobre 25) polarizou o sistema de partidos em torno da clivagem esquerda-direita.

## 2. Itália

1) *Referendo*: A Itália pratica o referendo de iniciativa popular desde 1970.

2) *Iniciativa*: Na Itália foi só depois de 1970 que foi possível recorrer ao referendo abrogativo das leis. Houve um total de 45 consultas até 1998, todas foram rejeitadas pela votação popular. Apesar disso, tiveram desdobramentos indiretos porque o Parlamento italiano, para evitar o referendo, revogou as leis sobre o aborto, as comissões de inquérito, os asilos de alienados e a justiça militar. Houve 36 iniciativas populares depois de 1987. Em 15 de junho de 1997, os italianos votaram simultaneamente sete assuntos, a maioria foi rejeitada por uma decisão controvertida da Corte Constitucional. Versavam sobre a abolição da ordem dos jornalistas, de certos direitos dos caçadores, dos privilégios estatais em matéria de privatizações, do alargamento do serviço civil, restrições nas funções e nas carreiras dos magistrados. As iniciativas rejeitadas pela Corte Constitucional versavam sobre a desmilitarização da polícia das finanças, a livre escolha de seguro-saúde, a abolição do imposto na fonte, a liberalização das drogas leves, a extensão do imposto sobre valor agregado etc. Houve também nesse período 12 iniciativas dos governos regionais

## 3. EUA

1) *Referendo*. 25 Estados americanos conhecem o referendo facultativo e 23 conhecem a iniciativa popular. 15 Estados, assim como o Distrito Federal de Columbia, conhecem o *recall*, revogação de mandatos; em 36 Estados esse procedimento existe em nível local, mas a revogação é pouco utilizada no plano estadual. De 1798 até 1992 já ocorreram 1.732 iniciativas populares nos Estados americanos; o número de referendos é menor. Na Califórnia, que é o mais importante Estado americano, a democracia participativa é bastante vigorosa, pelo quê esse Estado, na matéria, é conhecido como o "farol" ou o "laboratório". De 1884 até 1990 os californianos votaram em consulta popular 1.098 vezes, incluindo o referendo obrigatório. Desse total, praticamente um terço dessas consultas populares teve lugar depois de 1970. Houve 247 dessas consultas foram mediante referen-

do de iniciativa popular de 1911 (quando entraram em vigor as disposições sobre o referendo) até 1989, contra 209 no mesmo período na Suíça.

2) *Iniciativa*. Na Califórnia houve uma flama de iniciativas: 9 somente submetidas ao voto popular nos anos 1960, 22 nos anos 1970, e 48 nos anos 1980. Seu sucesso aumentou igualmente nos demais Estados: 285 passaram a cabo da votação popular de 1912 a 1976, 43% depois, até 1992. Esta aceleração se encontra mais generalizadamente n os Estados que praticam a democracia participativa de iniciativa popular; nestes se conheceram 1.740 iniciativas populares e referendos no corrente século, dos quais 660 (38%) somente depois dos anos 1970.

## III – DEMOCRACIA PARTICIPATIVA NO BRASIL

### 1. Império

Em 16.2.1822, D. Pedro I, ainda simples Regente, decretou a organização do Conselho de Procuradores-Gerais das Províncias do Brasil, a serem eleitos pelas Paróquias cabeça de Comarcas. Determinou que os Procuradores-Gerais poderiam ser removidos de seus cargos pelas suas respectivas Províncias, no caso de não desempenharem devidamente suas obrigações, se assim o requeressem dois terços das suas Câmaras de Vereadores em sessão ordinária e extraordinária, procedendo, então, a eleição de outros.

Isso era uma forma de *revocação* de mandatos, uma espécie de *recall*, mas não bem igual ao *recall* moderno que se pratica nos Estados Unidos, porque a idéia que estava na base dessa revocação de mandato era a de um vínculo do mandatário com os eleitores, tal como ocorria nos cadernos de encargos que os eleitores passavam a seus eleitos no sistema do antigo regime, antes da Revolução Francesa de 1789. Era uma revocação própria do sistema de mandato imperativo, que vinculava o eleito ao cumprimento de instruções dos eleitores.

### 2. Regimento da Assembléia Constituinte de 1823

Mais característica de participação popular foram disposições do Regimento Interno da Assembléia Geral e Constituinte de 1823 que permitiam que cidadãos participassem dos trabalhos constituintes, mediante representação. A matéria vinha regulamentada em dez artigos daquele Regimento, do art. 69 ao 79, segundo os quais a todo cidadão era lícito representar por meio do Presidente da Assembléia, Secretários, ou outro qualquer Deputado, o que julgasse proveitoso à Nação. As representações tinham que ser assinadas e reconhecidas as firmas por tabelião, mas, curiosamente, não se admitiam representações assinadas por mais de uma pessoa, o que denota o individualismo da época. Recebida a representação, quem a recebesse anunciaria, na sessão imediata, o recebimento, o nome de quem a tinha feito e o seu objeto. Se tivesse algum objeto de lei, seria remetida à Comissão competente, que a examinaria e se não achasse atendível, assim o participaria à Assembléia, que votaria sem prévia discussão, se a rejeitava ou se a reduzia a proposta. Se a Comissão achasse atendível proporia à Assembléia que se reduzisse a proposta, e esta votaria sobre isso sem prévia discussão. Se a representação fosse reduzida a proposta, o seu autor seria convidado à Comissão, para, de comum acordo, se ocuparem desse trabalho. Finalmente, reduzida a proposta, a Assembléia mandaria inseri-la, por meio de seu Presidente, no livro do Registro das propostas, e seguiriam a respeito dela os mesmos trâmites das propostas em geral, depois de aprovadas para deliberação. Se a representação não versasse matéria de lei, depois de anunciada na forma vista antes, a Assembléia determinaria, sem prévia discussão, se haveria de ler-se naquela sessão, ou se haveria de entrar na ordem do dia.

A Constituição do Império não agasalhou nenhuma instituição de democracia semidireta, salvo a ação popular contida em seu art. 157, segundo o qual, "por suborno, peita, peculato e concussão, haverá contra eles [*os juízes de direito e oficiais de justiça*] a *ação popular*, que poderá ser intentada dentro de ano e dia pelo próprio queixoso ou por qualquer do povo, guardada a ordem do processo estabelecida na lei".

## 3. *República*

A Primeira República foi tipicamente representativa. A Constituição calcada no sistema norte-americano não continham nenhuma abertura para instituições de democracia semidireta. Sob o regime de 1934 e 1946, algumas Constituições estaduais admitiam a iniciativa e o referendo popular, mas, na prática, não foram exercidos. Só a ação popular é que figurou nas Constituições de 1934 e 1946, assim como as Constituições de 1967 e 1969, respectivamente nos arts. 113, n. 38, e 141, § 38, 151, § 31 e 153, § 31.

## 4. *Emenda parlamentarista*

A Emenda Constitucional n. 4, de 1961, chamado Ato Adicional, que instituiu o parlamentarismo, previu um plebiscito para que o povo decidisse se mantinha ou não o sistema instituído. O seu art. 25 estatuiu: "A lei votada nos termos do art. 22 poderá dispor sobre a realização de plebiscito que decida da manutenção do sistema parlamentar ou volta ao sistema presidencial, devendo, em tal hipótese, fazer-se a consulta plebiscitária nove meses antes do termo do atual período presidencial". O art. 22 referido previu a elaboração de uma lei complementar do sistema parlamentar adotado, e foi a Lei Complementar n. 1, de 17.7.1962, ao Ato Adicional. Mas não foi ela que disciplinou o plebiscito e, sim, a Lei Complementar n. 2, de 15.9.1962, mas agora como *referendo*, conforme dispôs seu art. 2º:

"Art. 2º. A Emenda Constitucional n. 4, de 2 de setembro de 1961, será submetida a *referendum* popular no dia 6 de janeiro de 1963.

"§ 1º. Proclamado pelo Superior Tribunal Eleitoral o resultado, o Congresso organizará dentro do prazo de 90 (noventa) dias o sistema na base da opção decorrente da consulta.

"§ 2º. Terminado esse prazo, se não estiver promulgada a emenda revisora do parlamentarismo ou instituidora do presidencialismo, continuará em vigor, na sua plenitude, a Constituição de 1946, conforme o resultado da consulta popular.

"§ 3º. Terão direito a votar na consulta os eleitores inscritos até 7 de outubro de 1962, aplicando-se à sua apuração e à proclamação do resultado a lei eleitoral vigente."

Houve, como se vê, uma mudança em relação à consulta popular prevista no art. 25 do Ato Adicional e a que a lei estabeleceu.

A propósito dessa consulta Miguel Reale escreveu o seguinte:

"No direito público constitucional 'plebiscito' e "referendum' são termos muitas vezes empregados como sinônimos, embora tenda a prevalecer o entendimento de que o *referendum* é uma espécie do gênero *plebiscito*; enquanto esta palavra designa toda e qualquer forma de consulta popular direta ou de deliberação direta do eleitorado, qualquer que seja a sua finalidade, aquela é empregada mais propriamente quando o pronunciamento do povo se destina à apreciação de matéria legislativa, quer para converter projetos de lei em leis, quer para revogar leis já aprovadas pelo Parlamento, sejam elas constitucionais ou ordinárias.

"Entra pelos olhos, por conseguinte, que, quando o artigo 22 [*rectius*, 25] do Ato Adicional prevê um plebiscito, 'quer decida da manutenção do sistema parlamentar ou a volta do sistema presidencial', o que está prevendo não é nada mais nada menos do que um referendum, visto como se destina a saber, em última análise, se o povo quer ou não seja revogado o disposto no Ato Adicional, com a volta, pura e simples, à Constituição de 1946."

Nos termos em que pôs a lei, a consulta é mesmo *referendo*, porque o povo foi convocado a decidir sobre um texto, para saber se ele referendava ou não tal texto. E como se tratava já de texto em vigor, a consulta em causa se caracterizava como *referendo ab-rogativo*, tanto que realizado com expressiva maioria contra a manutenção do Ato Adicional, este foi ab-rogado. A consulta plebiscitária teria que ser diferente, porque simplesmente se perguntaria ao povo, para responder *sim* ou *não*, se queria a manutenção do parlamentarismo ("Você mantém o parlamentarismo instituído pela Emenda Constitucional n. 4, de 2 de setembro de 1961?", ou então: "Você quer a volta do sistema presidencialista na forma da Constituição de 1946?").

## 5. Comissão de estudos constitucionais

Sempre defendi a adoção da democracia participativa entre nós. No meu livro *Princípios do Processo de Formação das Leis no Direito Constitucional* (1ª ed., 1964, pp. 296, 298 e 299; 2ª ed., Malheiros Editores, 2006, pp. 161-163), propus a adoção da *iniciativa legislativa popular*, como um fenômeno que se desenvolveu no mundo contemporâneo, assim como o plebiscito e o referendo. Num anteprojeto de Constituição que apresentei perante a Comissão de Estudos Constitucionais, chamada Comissão Afonso Arinos, traduzi num articulado a minha concepção de democracia participativa, no Título II – *Dos Direitos Fundamentais*, Capítulo VI – *Dos Direitos Políticos*, Seção III – *Participação Política do Cidadão e das Organizações de Base*, que assim está redigida:

"Art. 73. **Direito de participação direta**

"1. Fica assegurado o direito de participação direta dos cidadãos e das organizações populares de base na vida política e na ação governamental, mediante a iniciativa legislativa, o referendo popular, o veto popular e a revocação de mandatos legislativos, além de outras formas participativas previstas nesta Constituição.

"2. A lei definirá as organizações populares de base para os fins deste artigo, além das entidades indicadas no artigo seguinte.

"Art. 74. **Iniciativa popular**

"1. A iniciativa legislativa popular pode ser exercida pela apresentação à Assembléia Federal, de projetos de lei, devidamente articulado, subscritos por no mínimo cinqüenta mil eleitores.

"2. Igual iniciativa cabe também aos sindicatos e associações profissionais e culturais que, isolada ou conjuntamente, representem vinte mil associados pelo menos, mediante apresentação de projetos à Assembléia Federal, depois de sua aprovação em assembléia geral dos associados.

"Art. 75. **Referendo popular**

"1. Os projetos de lei aprovados serão submetidos ao referendo popular, se, antes de sua sanção, o Presidente da República ou um quarto dos membros da Assembléia Federal assim o decidir.

"2. Assim também se procederá se o solicitarem no mínimo dez mil eleitores em petição apresentada ao Presidente da Assembléia Federal antes da sanção do projeto.

"3. Os projetos de lei orçamentária e tributária não são suscetíveis de referendo popular.

"4. Cabe ao Tribunal Superior Eleitoral executar o referendo.

"Art. 76. **Veto popular**

"1. A requerimento de pelo menos cinqüenta mil eleitores uma lei em vigor poderá ser submetida à votação popular, reputando-se revogada se a votação lhe for desfavorável.

"2. Não se admitirá veto popular às leis tributárias, orçamentárias, aprovadoras de planos ou de anistia.

"Art. 77. **Revocação de mandatos**

"1. A revocação de mandato de Deputado Federal pode ser requerida por um número de eleitores correspondente ao quociente eleitoral que foi necessário para a eleição à Assembléia Federal na legislatura em que a medida está sendo pedida.

"2. O pedido será dirigido ao Tribunal Superior Eleitoral, que tomará as medidas necessárias à consulta popular no Estado do parlamentar cujo mandato se quer revocar.

"3. Considera-se revocado o mandato se a maioria dos eleitores que comparecerem às urnas em número superior a cinqüenta por cento dos inscrito no Estado votarem em favor da revocação.

"4. Se não se alcançar esse quorum, reputa-se confirmado o mandato, que não mais ficará sujeito à revocação.

"5. Revocado o mandato, o lugar será ocupado definitivamente pelo primeiro suplente da legenda do revocado.

"Art. 78. **Extensão aos Estados e Municípios**

"Os institutos de democracia participativa instituídos nos artigos anteriores serão aplicados nos Estados e Municípios, nos termos das respectivas constituições e leis orgânicas."

O plebiscito só era previsto no art. 84, para incorporação, subdivisão e desmembramento de Estados e de Territórios e no art. 90 para a criação de Municípios.

## 6. Assembléia Nacional Constituinte de 1987-1988

A questão da participação popular na elaboração da Constituição de 1988 começou com a discussão do seu Regimento Interno. Apresentado o projeto de Regimento, de que foi Relator o então Senador Constituinte Fernando Henrique Cardoso, veio o momento de apresentação de emendas. A Emenda n. 001 de Luiz Inácio Lula da Silva propôs nos seus itens 7 a 10 o seguinte:

"7) os Constituinte poderão apresentar Projetos de Dispositivos Constitucionais, os quais, obtido o voto de ¼ dos membros das comissões, irá a votação em plenário. Da mesma forma, a *iniciativa popular* (grifo meu), consubstanciada em petição subscrita por mais de 30 mil cidadãos ou por entidades representativas de igual parcela populacional mínima poderá ensejar a iniciativa de projetos constitucionais;

"8) haverá a consulta popular, nos prazos e condições estabelecidas nos artigos 37 a 43, que embasará a segunda redação do Projeto de Constituição;

"9) publicada a redação final, o Projeto será apreciado e votado, em bloco, durante duas votações, quando a Assembléia deliberará por maioria absoluta, após o que será providenciada, pela Justiça Eleitoral a realização de 'referendum', assegurado o acesso paritário de todos os Partidos aos meios de comunicação;

"10) aprovado, no 'referendum', o Projeto será promulgado, imediatamente pela Assembléia Nacional Constituinte. Rejeitado, tanto pela Assembléia, quanto no 'referendum', o Projeto, convocar-se-á eleições para uma nova Assembléia Nacional Constituinte."

A proposta do Lula instituía, como se nota, *o referendo constituinte* obrigatório.

O Relator Fernando Henrique Cardoso, no seu Relatório, recusou as emendas sobre iniciativa popular, com o seguinte argumento: "Não pudemos, também, acolher emendas sobre 'iniciativa popular' de propostas à Constituinte porque havia tanto as que eliminavam o instituto como as que diminuíam consideravelmente os requisitos para sua apresentação".

No final das contas, o art. 24 do Regimento Interno da Assembléia Nacional Constituinte acolheu a iniciativa legislativa, mas não o referendo, nos termos seguintes:

"Art. 24. Fica assegurada, no prazo estabelecido no § 1º do artigo anterior [*30 dias para apresentação de emendas*] a apresentação de proposta de emenda ao Projeto de Constituição, desde que subscrita por 30.000 (trinta mil) ou mais eleitores brasileiros, em listas organizadas por, no mínimo, 3 (três) entidades associativas, legalmente constituídas, que se responsabilizarão pela idoneidade das assinaturas, obedecidas as seguintes condições:

"I – a assinatura de cada eleitor deverá ser acompanhada de seu nome completo e legível, endereço e dados identificadores de seu título eleitoral;

"II – a proposta será protocolada perante a Comissão de Sistematização, que verificará se foram compridas as exigências estabelecidas neste artigo para sua apresentação;

"III – a Comissão se manifestará sobre o recebimento da proposta, dentro de 48 (quarenta e oito) horas da sua apresentação, cabendo, da decisão denegatória, recurso ao Plenário, se interposto por 56 (cinqüenta e seis) Constituintes, no prazo de 3 (três) sessões, contado da comunicação da decisão à Assembléia;

"IV – a proposta apresentada na forma deste artigo terá a mesma tramitação das demais emendas, integrando sua numeração geral, ressalvado o disposto no inciso V deste artigo

"V – se a proposta receber, unanimemente, parecer contrário da Comissão, será considerada prejudicada e irá ao Arquivo, salvo se for subscrita por um Constituinte, caso em que irá a Plenário no rol das emendas de parecer contrário;

"VI – na Comissão, poderá usar da palavra para discutir a proposta, pelo prazo de 20 (vinte) minutos, um de seus signatários, para esse fim indicado quando da apresentação da proposta;

"VII – cada proposta, apresentada nos termos deste artigo, deverá circunscrever-se a um único assunto, independentemente do número de artigos que contenha;

"VIII – cada eleitor poderá subscrever, no máximo, 3 (três) propostas."

Mais de cem propostas de emendas populares foram apresentadas nos termos desse dispositivo regimental, algumas delas com milhares de assinaturas – houve uma sobre a educação que colheu mais de um milhão de assinaturas –, inclusive emenda com proposta de inclusão de institutos de participação popular no texto constitucional, com 400 mil assinaturas.

Houve intensa campanha durante a elaboração constitucional para que ela acolhesse os institutos de democracia participativa. Três emendas populares foram propostas no sentido de incluir no texto constitucional os institutos de democracia participativa. No primeiro turno de votação do Projeto da Constituição, o referendo, o plebiscito, a iniciativa popular e o veto popular foram aprovados por 360 votos, contra 89 desfavoráveis e 12 abstenções. No segundo turno, cairia o veto popular.[24]

## 7. *Constituição de 1988*

A Constituição acabou por acolher os princípios e institutos de democracia participativa. Os princípios estão no parágrafo único do art. 1º, que

---

24. Cf. Maria Victória de Mesquita Benevides, *A cidadania ativa*, pp. 124 e ss.

traduz três princípios básicos da democracia adotada: 1º) "Todo o poder emana do provo" – que é o princípio fundamental da democracia que assenta na soberania popular, aí configurada: 2º) "que o exerce por meio de representantes eleitos" – que é o princípio básico da democracia representativa; 3º) ou o exerce "diretamente" – que é o princípio da democracia participativa; 4º) "nos termos desta Constituição" – para indicar que todos esses princípios são devidamente configurados em normas constitucionais e na forma nelas previstas.

A Constituição acolhe duas modalidades básicas de participação direta: a) uma, participação na Administração Pública; b) e a outra, mais caracteristicamente de democracia participativa, que consiste na participação direta no processo político.

### 7.1 Modalidades de participação na Administração Pública

Assim, são as seguintes hipóteses:

"Art. 10. É assegurada a participação dos trabalhadores e empregadores nos colegiados dos órgãos públicos em que seus interesses profissionais ou previdenciários sejam objeto de discussão e deliberação.

Art. 29. A lei orgânica dos Municípios tem que observar, entre os seus preceitos: "XII – cooperação das associações representativas no planejamento municipal".

"Art. 31. (...) § 3º. As contas dos municípios ficarão, durante sessenta dias, anualmente, à disposição de qualquer contribuinte, para exame e apreciação, o qual poderá questionar-lhes a legitimidade, nos termos da lei."

"Art. 37, § 3º (EC-19/98). A lei disciplinará as formas de participação do usuário na administração pública direta e indireta, regulando especialmente:

"I – as reclamações relativas à prestação dos serviços públicos em gral, asseguradas a manutenção de serviço de atendimento ao usuário e a avaliação periódica, externa e interna, da qualidade dos serviços;

"II – o acesso dos usuários a registros administrativos e a informações sobre atos de governo, observado o disposto no art. 5º, X e XXXIII;

"III – a disciplina da representação conta o exercício negligente ou abusivo de cargo, emprego ou função na administração pública."

"Art. 74. (...) § 2º. Qualquer cidadão, partido político, associação ou sindicato é parte legítima para, na forma da lei, denunciar irregularidades ou ilegalidades perante o Tribunal de Contas da União."

"Art. 194. (...) Parágrafo único. Compete ao Poder Público, nos termos da lei, organizar a seguridade social, com base nos seguintes objetivos: (...) "VII – caráter democrático e descentralizado da administração, mediante gestão quadripartite, com participação dos trabalhadores, dos empregadores, dos aposentados e do Governo nos órgãos colegiados".

"Art. 198. As ações e serviços públicos de saúde integram uma rede regionalizada e hierarquizada e constituem um sistema único, organizado de acordo com as seguintes diretrizes: (...) III – participação da comunidade".

"Art. 202. (...) § 6º. A lei complementar a que se refere o § 4º deste artigo estabelecerá os requisitos para a designação dos membros das diretorias das entidades fechadas de previdência privada e disciplinará a inserção dos participantes nos colegiados e instâncias de decisão em que seus interesses sejam objeto de discussão e deliberação."

"Art. 204. As ações governamentais na área de assistência social serão (...) organizadas com base nas seguintes diretrizes: (...) II – participação da população, por meio de organizações representativas, na formulação das políticas e no controle das ações em todos os níveis."

## 7.2 Participação direta no processo político

Naturalmente que quando o parágrafo único do art. 1º da Constituição admite o exercício diretamente do poder que emana do povo está-se referindo exatamente a essa participação popular no processo político, especialmente no processo de formação das leis.

A regra matriz dessa participação, que dá conteúdo à democracia participativa, está no art. 14, quando estatui que a soberania popular será exercida pelo sufrágio universal e pelo voto direto e secreto, com valor igual para todos, e, nos termos da lei, mediante: I – plebiscito; II – referendo; III – iniciativa popular.

Esse texto veio de uma proposta de Emenda do Senador Maia, por inspiração do constitucionalista Paulo Lopo Saraiva que era assessor daquele constituinte.

Muitos outros textos da Constituição prevêem institutos da democracia participativa, como:

"Art. 27, § 4º. A lei disporá sobre a iniciativa popular no processo legislativo estadual". (Esse texto parece reducionista, porque dá a impressão de que, no âmbito estadual, só será admissível a iniciativa popular. Parece-me que não é assim, pois o texto do art. 14 possibilita, nos termos da lei, que também o plebiscito e o referendo sejam adotados.)

Art. 29, admite como preceito da lei orgânica do Município: "XIII – a iniciativa popular de projetos de lei de interesse específico do Município, da cidade ou de bairros, através de manifestação de, pelo menos, cinco por cento do eleitorado".

"Art. 49. É da competência exclusiva do Congresso Nacional: (...) XV – autorizar o referendo e convocar plebiscito."

"Art. 62. (...) § 2º. A iniciativa popular pode ser exercida pela apresentação à Câmara dos deputados de projeto de lei subscrito por, no mínimo, um por cento do eleitorado nacional, distribuído pelo menos por cinco Estados, com não menos de três décimos por cento dos eleitores de cada um deles."

Pode se ver que não se adotou o referendo constituinte nem o referendo constitucional nem a iniciativa popular em matéria constitucional, nem o referendo de iniciativa popular, nem o referendo obrigatório. Só se admitiu o referendo facultativo, a ser autorizado pelo Congresso Nacional. A lei referida no art. 14 poderá ampliar? É o que veremos depois.

## 8. Democracia e direito constitucional brasileiro

Podemos concluir este item com a observação de que os constituintes optaram por um modelo de democracia representativa que tem como sujeitos principais os partidos políticos, que vão ser os protagonistas quase exclusivos do jogo político,[25] com temperos de princípios e institutos de participação direta dos cidadãos no processo decisório governamental. Daí decorre que o regime assume uma forma de *democracia participativa*, no qual encontramos *participação por via representativa* (mediante represen tantes eleitos através de partidos políticos, arts. 1º, parágrafo único, 14 e 17; associações, art. 5º, XXI; sindicatos, art. 8º, III; eleição de empregados junto aos empregadores, art. 11) e *participação por via direta do cidadão* (exercício direto do poder, art. 1º, parágrafo único; iniciativa popular, referendo e plebiscito, já indicados; participação de trabalhadores e empregadores na administração, art.10, que, na verdade, vai caracterizar-se como uma forma de participação por representação, já que certamente vai ser eleito algum trabalhador ou empregador para representar as respectivas categorias, e, se assim é, não se dá participação direta, mas por via representativa; participação na administração da justiça pela ação popular; participação da fiscalização financeira municipal, art. 31, § 3º; participação da comunidade na seguridade social, art. 194, VII; participação na administração do ensino, art. 206, VI).[26]

25. Cf., a propósito, em relação à Espanha, Manuel Ramírez, *La participación política*, pp. 54 e 55.
26. Sobre o tema, cf. Manuel Ramírez, ob. cit., pp. 66 e ss.

## IV – O Processo da Democracia Participativa

### 1. Regulamentação do art. 14 da Constituição

Como se viu acima, o art. 14 previu o plebiscito, o referendo e a iniciativa popular, nos termos da lei. Foi a Lei n. 9.709, de 18 de novembro de 1998, que regulou a matéria, tornando assim operativa a democracia participativa prometida naquele dispositivo constitucional. O art. 1º da lei repete o art. 14, incs. I, II e III, da CF.

### 2. Plebiscito e referendo

De acordo com o art. 2º da lei, plebiscito e referendo são consultas formuladas ao povo para que delibere sobre matéria de acentuada relevância, de natureza *constitucional, legislativa* ou *administrativa*. O plebiscito é convocado com anterioridade a ato legislativo ou administrativo, cabendo ao povo, pelo voto, aprovar ou denegar o que lhe tenha sido submetido. O referendo é convocado com posterioridade a ato legislativo ou administrativo, cumprindo ao povo a respectiva ratificação ou rejeição. O referendo e o plebiscito aí previstos são facultativos e de iniciativa oficial, porque depende de convocação, não se prevendo o referendo de iniciativa popular. Admite-se, contudo, o referendo constitucional também facultativo de iniciativa oficial.

O art. 3º da lei dispõe que, nas questões de relevância nacional, de competência do Poder Legislativa ou do Poder Executivo, e no caso do § 3º do art. 18 da Constituição Federal, que cuida da incorporação, subdivisão e desmembramento de Estado, o plebiscito e o referendo serão convocados mediante decreto legislativo, por proposta de um terço, no mínimo, dos membros que compõem qualquer das Casas do Congresso Nacional. Aqui também o plebiscito e o referendo dependem de convocação das Casas do Congresso Nacional, por proposta de um mínimo de um terço de seus membros.

### 3. Plebiscitos territoriais

Os arts. 4º e 5º disciplinam os plebiscitos territoriais, assim considerada a consulta popular sobre incorporação, subdivisão e desmembramento de Estados e sobre criação, incorporação, fusão e desmembramento de Municípios. Na verdade, nesses casos, não se está regulamentando a matéria do art. 14, mas as disposições dos §§ 3º e 4º do art. 18 da CF.

O § 3º do art. 18 da Constituição declara que os Estados podem incorporar-se entre si, subdividir-se ou desmembrar-se para se anexarem a outros, ou formarem novos Estados ou Territórios Federais, mediante aprovação da população diretamente interessada, através de plebiscito, e do Congresso Nacional, por lei complementar, enquanto o § 4º do mesmo artigo constitucional estatui que a criação, a incorporação, a fusão e o desmembramento de Municípios far-se-ão por lei estadual, dentro do período determinado por lei complementar federal, e dependerão de consulta prévia, mediante plebiscito, às populações dos Municípios envolvidos, após divulgação dos Estudos de Viabilidade Municipal, apresentados e publicados na forma da lei. Por população diretamente interessada referida naqueles dispositivos constitucionais, entende-se, segundo o art. 7º da lei, tanto a do território que se pretende desmembrar, quanto a do que sofrerá desmembramento; em caso de fusão ou anexação, tanto a população da área que se quer anexar quanto a da que receberá o acréscimo; e a vontade popular se aferirá pelo percentual que se manifestar em relação ao total da população consultada.

*3.1 Processo dos plebiscitos territoriais*

O plebiscito para incorporação de Estados entre si, subdivisão ou desmembramento para se anexarem a outros, ou formarem novos Estados ou Territórios Federais, depende da aprovação da população diretamente interessada, por meio plebiscito, convocado mediante decreto legislativo, nos termos do art. 3º da lei, e realizado na mesma data e horário em cada um dos Estados; e do Congresso Nacional, por lei complementar, ouvidas as respectivas Assembléias Legislativas. Proclamado o resultado da consulta plebiscitária, sendo favorável à alteração territorial prevista no *caput*, o projeto de lei complementar respectivo será proposto perante qualquer das Casas do Congresso Nacional. Não é uma boa solução essa de determinar a proposição perante qualquer uma das Casas do Congresso Nacional, porque, por princípio, a Casa iniciadora deve ser a Câmara dos Deputados. Também não ficou definido quem deve apresentar a proposta da lei complementar. Pode-se admitir que, nesse silêncio, é à Mesa da Casa que deve tomar a iniciativa. Melhor seria se tudo tivesse ficado devidamente definido. À Casa perante a qual tenha sido apresentado o projeto de lei complementar referido no § 1º do art. 4º da lei compete proceder à audiência das respectivas Assembléias Legislativas. Estas opinarão, sem caráter vinculativo, sobre a matéria, e fornecerão ao Congresso Nacional os detalhamentos técnicos concernentes aos aspectos administrativos, financeiros, sociais e econômicos da área geopolítica afetada. O Congresso Nacional, ao aprovar a lei complementar, diz o § 4º do art. 4º da lei, tomará em conta as informações técnicas a que se acaba de referir. Viu-se que a decisão das Assembléias Legislativas interessadas não é vinculativa para o Congresso Nacional. Pergunta-se: e o resultado do plebiscito é? Essa é uma questão delicada, porque não teria sentido uma consulta popular que não fosse impositiva e que pudesse ser contrariada pelo Congresso Nacional. Parece que, no caso, a função do Congresso é simplesmente a de regular a questão já decidida pelo povo.

## 3.2 Processo do plebiscito territorial municipal

O plebiscito destinado à criação, à incorporação, à fusão e ao desmembramento de Municípios, será convocado pela Assembléia Legislativa, de conformidade com a legislação federal e estadual. É que, como se viu, essas alterações municipais se farão por lei estadual, dentro de período determinado por lei complementar federal, pelo que a lei, sob nossas vistas, não poderia ir mais longe no trato da matéria.

## 4. Plebiscito e referendo no âmbito local

A lei admitiu o plebiscito e o referendo nos Estados, Distrito Federal e Municípios. Não tratou da iniciativa popular porque a Constituição já estabeleceu que a lei (lei estadual) disporá sobre a iniciativa popular no processo legislativo estadual (art. 27, § 4º), assim como determinou que a lei orgânica municipal a institua para o respectivo Município (art. 29, XIII), como já vimos.

## 5. Convocação de plebiscito e de referendo

Vimos que o art. 49, XV, da Constituição declarou que é da competência exclusiva do Congresso Nacional *autorizar* referendo e *convocar* plebiscito. *Autorizar* referendo não significa convocação. Mas a lei simplificou tudo declarando que aprovado o ato convocatório, o Congresso Nacional dará ciência à Justiça Eleitoral, a quem incumbirá, nos limites de sua circunscrição: I – fixar a data da consulta popular; II – tornar pública a cédula respectiva; III – expedir instruções para a realização do plebiscito ou referendo; IV – assegurar a gratuidade nos meios de comunicação de massa concessionários de serviço público, aos partidos políticos e às frentes suprapartidárias organizadas pela sociedade civil em torno da matéria em questão, para a divulgação de seus postulados referentes ao tema sob consulta.

Convocado o plebiscito, o projeto legislativo ou medida administrativa não efetivada, cujas matérias constituam objeto da consulta popular, terá sustada sua tramitação até que o resultado das urnas seja proclamado.

O plebiscito e o referendo, convocados nos termos da lei, serão considerados aprovados ou rejeitados por maioria simples, de acordo com o resultado homologado pelo Tribunal Superior Eleitoral.

O referendo versa sobre matéria legislativa aprovada ou sobre medida administrativa adotada, por isso se torna sempre indispensável fixar um prazo dentro do qual se deve convocá-lo. Essa providência está prevista no art. 11 da lei, que prevê que o referendo pode ser convocado no prazo de trinta dias, a contar da *promulgação de lei* ou adoção de media administrativa, que se relacione de maneira direta com a consulta popular. O dispositivo suscita uma questão de constitucionalidade. Em algum momento desta exposição, afirmei que os Constituintes rejeitaram a proposta de veto popular, de sorte que só aceitou o plebiscito, o referendo e a iniciativa popular. Então, a interpretação do art. 11 há de ser feita conforme a Constituição, quando diz que o referendo deve ser convocado em trinta dias a contar da *promulgação da lei*. Não se deve entender isso como o veto popular, que recai sobre uma lei vigente e não sobre uma lei simplesmente promulgada. O referendo aqui é puramente legislativo, confirmativo ou não do ato legislativo que acaba de ser elaborado.

## 6. Processo da iniciativa popular

A *iniciativa legislativa popular*, como foi visto antes, está regulada no art. 61, § 2º, da Constituição, para o processo legislativo ordinário federal. Não é prevista em matéria constitucional, nem a lei o disse sobre essa possibilidade. Não sobrou muito para a lei disciplinar. Por isso, no art. 13 praticamente reproduzir o conteúdo do art. 61, § 2º, da Constituição, quando diz que a *iniciativa popular* consiste na apresentação de projeto de lei à Câmara dos Deputados, subscrito por, no mínimo, um por cento do eleitorado nacional, distribuído pelo menos por cinco Estados, com não menos de três décimos por cento dos eleitores de cada um deles. Acrescentando-se nos §§ 1º e 2º, que o projeto de lei de iniciativa popular deverá circunscrever-se a um só assunto e que não poderá ser rejeitado por vício de forma, cabendo à Câmara dos Deputados, por seu órgão competente, providenciar a correção de eventuais impropriedades de técnica legislativa. Não diz bem o texto, porque é evidente que o projeto pode ser rejeitado por vício de forma se se trata de inconstitucionalidade. O que o texto parece querer dizer, como o fez no final, é que o projeto não pode ser recusado por impropriedades técnicas.

Enfim, a Câmara dos Deputados, verificando o cumprimento das exigências do art. 61, § 2º, e do art. 13 da lei, dará seguimento à iniciativa popular, consoante as normas do Regimento Interno. Submeter o assunto às normas do Regimento Interno não foi uma boa solução. A má vontade dos parlamentares em relação aos institutos de democracia participativa acaba por protelar a regulamentação regimental da matéria, que assim torna inoperante não só as previsões da lei, mas também as determinações da própria Constituição.

# UM PANORAMA DO CONTROLE DE CONSTITUCIONALIDADE NO BRASIL

MARCELO FIGUEIREDO

*1. Introdução. Características básicas do Estado federal brasileiro. 2. Princípio federativo e tributação, a competência tributária: 2.1. Competência tributária da União; 2.2 Competência tributária dos Estados; 2.3. Competência tributária dos Municípios. 3. Princípios constitucionais e os princípios constitucionais tributários. 4. O controle de constitucionalidade no Brasil: os fundamentos: 4.1 Os sistemas de controle da constitucionalidade. Aspectos gerais; 4.2 O sistema brasileiro de controle de constitucionalidade: breve análise histórica de 1824 a 1969; 4.3 O sistema brasileiro atual (1988) de controle da constitucionalidade das leis – o método difuso de controle da constitucionalidade; 4.4 Os efeitos da decisão no controle difuso da constitucionalidade (via de exceção). 5. A fiscalização abstrata da constitucionalidade no direito brasileiro. 6. O controle de constitucionalidade da norma tributária: uma visão geral.*

## 1. Introdução. Características básicas do Estado federal brasileiro

Nosso objetivo, com o presente artigo, será o de demonstrar, o quanto possível de forma sintética, como se dá, no Brasil, o controle de constitucionalidade e, ainda, trazer alguns exemplos relativos à temática e à norma tributária, como nos foi solicitado.[1] É dizer, que tipo de garantias o contribuinte brasileiro ou a parte inconformada dispõem para questionar a constitucionalidade ou legalidade de imposições tributárias, e quais as suas principais dificuldades. Para isso, teremos de fazer algumas considerações preliminares ao público leitor estrangeiro.

Para cumprir o objetivo anunciado, forçosamente teremos de conhecer como ocorre o controle de constitucionalidade no Brasil e como a matéria está posta em nossa Constituição. Conhecido como se dá o controle, naturalmente os exemplos da realidade tributária podem ser arrolados ao longo da exposição.

1. Roteiro de exposição preparado para conferência proferida na Universidad Castilla-La Mancha, em Toledo, Espanha, em dezembro de 2005.

Assim, nosso foco central será *o controle*, com alguns exemplos, aqui e acolá da questão tributária, como nos foi solicitado.

Preliminarmente parece interessante enunciar como se estrutura o Estado brasileiro, a fim de que o leitor estrangeiro familiarize-se com a nossa realidade.

O Brasil assumiu a forma de *Estado federal*, em 1889, com a proclamação da República, mantido nas constituições posteriores, inclusive na última Constituição brasileira de 1988,[2] em vigor – não obstante a existência de inúmeras emendas que já alcançam o n. 48 (esta última editada em 10.8.2005) e, ainda, emendas constitucionais de revisão, estas últimas alcançando o n. 6, de 7.6.1994.

Portanto, para dizer o mínimo, intensa a produção de alterações no texto original da Constituição de 1988 – tema que não abordaremos, mas que responde, em grandes linhas, pelas alterações por que passou e passa a figura do Estado e seu papel neste início do século XXI.

O Estado federal brasileiro está constitucionalmente estruturado como a união indissolúvel dos Estados, Municípios e do Distrito Federal (art. 1º da CF). Como em todo Estado federal temos no mínimo duas entidades. No caso brasileiro, a União, *soberana*, e as coletividades regionais *autônomas*, os Estados federados, Estados-membros, ou simplesmente Estados, como são usualmente chamados. Digno de nota e registro é a posição dos Municípios nesse quadro constitucional. Os Municípios integram a estrutura político-administrativa da Federação brasileira (arts. 1º e 18 da CF).

Portanto, pode-se concluir com Meirelles Teixeira,[3] para quem, "adotou-se no Brasil uma descentralização política e administrativa total, com uma nota, todavia, que não encontramos nos demais regimes federativos: a *descentralização levada aos municípios como garantia é constitucional, ou melhor, um regime federativo que comporta*, além do poder central e dos poderes regionais, também *poderes municipais, instituídos e garantidos pela Constituição*".

Já vimos portanto que o Brasil é uma Federação. Também é uma República, no que implica a necessidade de legitimação popular do Presidente da República, Governadores de Estado e Prefeitos Municipais. Ademais, a existência de assembléias e câmaras municipais nas três órbitas de governos da República, eleições periódicas por tempo limitado, não vitalicie-

---

2. A Constituição Federal brasileira e suas emendas estão disponíveis em meio eletrônico. Basta o leitor acessar o site www.planalto.gov.br, e passar ao ícone "legislação", o que lhe possibilita o acesso não só à Constituição Federal como às constituições dos Estados-Membros.

3. José Horácio Meirelles Teixeira, *Curso de Direito Constitucional*, São Paulo, Forense Universitária, 1991, p. 652.

dade dos cargos políticos, prestação de contas da administração pública, dentre outras garantias.

Enuncia a Constituição Federal brasileira ser o Brasil um Estado Democrático de Direito. Sem entrar em pormenores de sua composição, basta assinalar a presença dos seguintes princípios em seu conceito:[4]

*a) princípio da constitucionalidade*, que exprime, em primeiro lugar, que o Estado Democrático de Direito se funda na legitimidade de uma Constituição rígida, emanada da vontade popular, que, dotada de supremacia, vincula todos os poderes e os atos deles provenientes, com as garantias de atuação livre de regras da jurisdição constitucional;

*b) princípio democrático*, que, nos termos da Constituição, há de constituir uma democracia representativa e participativa, pluralista, e que seja a garantia geral da vigência e eficácia dos direitos fundamentais;

*c) sistema de direitos fundamentais*, que compreende os individuais, coletivos, sociais e culturais;

*d) princípio da justiça social*, referido no art. 170, *caput*, e no art. 193, como princípio da ordem econômica e da ordem social, abrindo-se, timidamente, para a realização da democracia social e cultural, sem avançar significativamente rumo à democracia econômica;

*e) princípio da igualdade*;

*f) princípio da divisão de poderes* e da *independência do juiz*;

*g) princípio da legalidade*;

*h) princípio da segurança jurídica*.

Ressalte-se ainda que, em termos de repartição de competências a Constituição Federal brasileira adota um sistema no qual se enumeram os poderes da União (arts. 21 e 22), enquanto os Estados-Membros têm poderes remanescentes (art. 25, § 1º) e os Municípios poderes definidos (art. 30). Existe, ainda, a possibilidade de delegação (art. 22, parágrafo único), áreas comuns em que se prevêem atuações paralelas da União, dos Estados e do Distrito Federal, e dos Municípios (art. 23) e setores concorrentes entre União e Estados, em que a competência para estabelecer políticas gerais, diretrizes gerais ou normas gerais cabe à União (art. 21, incs. XX e XXI, art. 22, incs. XXI e XXIV), enquanto aos Estados-membros e Municípios é conferida alguma competência suplementar (arts. 23, 24 e 30).

## 2. *Princípio federativo e tributação, a competência tributária*

Como já observamos, o Brasil é uma República Federativa, formada pela união indissolúvel dos Estados e Municípios e o Distrito Federal. As-

---

[4]. Segundo José Afonso da Silva, *Curso de Direito Constitucional Positivo*, 27ª ed., São Paulo, Malheiros Editores, 2006, p. 122.

sim, sendo um Estado federal, a União e os Estados-Membros ocupam, juridicamente, o mesmo plano hierárquico, e devem, portanto, receber tratamento jurídico-formal isonômico.

Em razão da autonomia que gozam – governo central e governos regionais ou locais –, a Constituição Federal garante, para cada uma destas entidades políticas, campos autônomos e exclusivos, estritamente traçados na Constituição da República Federativa do Brasil.

Com razão Roque Antonio Carrazza,[5] para quem: "Em nome desta autonomia, tanto a União como os Estados-membros podem, nos assuntos de suas competências, estabelecer prioridades. Melhor dizendo, cada pessoa política, no Brasil, tem o direito de decidir quais os problemas que deverão ser solvidos preferencialmente e que destino dar a seus recursos financeiros. É-lhes também permitido exercitar suas competências tributárias, com ampla liberdade. Assim, dependendo da decisão política que vierem a tomar, podem, ou não, criar os tributos que lhe são afetos. Se entenderem de criá-los, poderão fazê-lo de modo mais ou menos intenso, bastando apenas que respeitem os direitos constitucionais dos contribuintes e a regra que veda o confisco (art. 150, IV, da CF)".

A Constituição brasileira não criou propriamente os tributos. Apenas, discriminou competências para que a União, os Estados e os Municípios e o Distrito Federal, por meio de lei, instituam os tributos de sua competência.

Novamente é Roque Carrazza[6] quem afirma: "A Constituição, ao discriminar as competências tributárias, estabeleceu – ainda que, por vezes, de modo implícito e com uma certa margem de liberdade para o legislador – *a norma-padrão de incidência* (o *arquétipo*, a *regra-matriz*) de cada exação. Noutros termos, ela apontou a *hipótese* de *incidência possível*, o *sujeito ativo possível*, o *sujeito passivo possível*, a *base de cálculo possível* e a *alíquota possível*, das várias espécies e subespécies de tributos. Em síntese, o legislador, ao exercer a competência tributária deverá ser fiel à *norma-padrão de incidência* do tributo, pré-traçada na Constituição. O legislador (federal, estadual, municipal ou distrital), enquanto cria o tributo, não pode fugir deste arquétipo constitucional".

Não é o caso de entrar em detalhes das características da competência tributária no Brasil. Basta, para os objetivos anunciados deste trabalho, indicar ao leitor, quais são as espécies tributárias no Brasil e como estão arranjadas no Estado federal brasileiro.

---

5. *Curso de Direito Constitucional Tributário*, 22ª ed., São Paulo, Malheiros Editores, 2006, p. 140.
6. Idem, ibidem, pp. 482-484.

O Brasil é dotado de uma Constituição rígida e analítica. O sistema constitucional tributário brasileiro assenta-se na técnica de discriminação das rendas entre as entidades autônomas da Federação.

A Constituição adotou uma discriminação exaustiva, integral e completa de competências tributárias entre a União, os Estados, o Distrito Federal e os Municípios. A cada uma dessas entidades, conferiu competência expressa para instituir impostos, taxas e contribuição de melhoria. Estabeleceu a *privatividade* tributária e tornou exclusivo de cada esfera o tributo que lhe foi destinado.

Desnecessário dizer que essa atribuição constitucional não pode ser modificada por lei ordinária ou lei complementar. Há exceção. Admite-se a competência residual da União para, havendo necessidade, poder instituir, nos termos do artigo 154: (a) *outros impostos*, mediante lei complementar, desde que não tenham fato gerador, nem base de cálculo idêntico aos discriminados nos artigos 153, 155 e 156 da CF e desde que sejam não cumulativos e, ainda, (b) *impostos extraordinários* na iminência ou no caso de guerra externa.

## 2.1. Competência tributária da União[7]

Vejamos então, de modo didático e panorâmico, como se apresenta a competência tributária da União:

A – *Tributos de competência exclusiva da União*. É da competência exclusiva da União instituir impostos, em seguida indicados com suas características básicas, além do *imposto extraordinário* por motivo de guerra, do *empréstimo compulsório* e as contribuições sociais, de intervenção no domínio econômico e no interesse das categorias profissionais ou econômicas, como instrumento de sua atuação nas respectivas áreas.[8]

*1) Impostos sobre o comércio exterior*. Compreende o imposto sobre a *importação*[9] de produtos estrangeiros e o imposto sobre a *exportação*, para o exterior, de produtos nacionais ou nacionalizados.

---

7. Utilizamos a apresentação e a lição oferecida pelo Prof. José Afonso da Silva (*Curso...*, cit., pp. 722 e ss.). Não entraremos em pormenores acerca da natureza jurídica dos tributos ou de suas espécies. Nosso objetivo aqui é essencialmente pragmático, mostrar ao leitor estrangeiro um panorama da competência tributária no Brasil.
8. Há ainda as contribuições sociais para a Seguridade Social que podem revestir a natureza de imposto ou de taxa, mas delas não cuidaremos nesse artigo.
9. Interessante assinalar que já por diversas vezes foram elevadas alíquotas do imposto de importação e o Fisco cobrou o imposto correspondente mediante aplicação das alíquotas majoradas, mesmo em relação a produtos que se encontravam já no território nacional no momento da majoração. A alíquota do imposto de importação para automóveis foi elevada pelo menos duas vezes recentemente. Na primeira delas, ficou dito expressamente que o

*2) Impostos sobre a renda e proventos de qualquer natureza.* Na sua concepção entram toda disponibilidade econômica ou jurídica proveniente do rendimento do capital, do trabalho ou da combinação de ambos, assim como todo acréscimo patrimonial das pessoas físicas e jurídicas.

*3) Imposto sobre produtos industrializados.* É tributação da produção industrial, no sentido de que recai sobre o resultado do processo produtivo industrial, mas o é também sobre o consumo, porque só alcança o produto no momento em que sai do estabelecimento industrial ou equiparado para integrar o processo consuntivo, embora não seja o ato de consumo a situação geradora da obrigação tributária.

*4) Imposto sobre operações financeiras.* Trata-se de um complexo de incidências tributárias que dá competência à União para instituir imposto sobre operações de crédito, câmbio e seguro, ou relativas a títulos e valores mobiliários.

*5) Imposto sobre a propriedade territorial rural.* É um dos impostos sobre o patrimônio. É de competência da União para funcionar como instrumento auxiliar da política agrícola. É fiscalizado e cobrado pelos Municípios.

*6) Tributação de grandes fortunas.* A depender de lei complementar ainda não editada.

*7) CPMF.* Contribuição provisória sobre movimentação ou transmissão de valores e de créditos e direitos de natureza financeira. De "provisória" só tem o nome, já que vai se eternizando por sucessivas leis.

*B – Tributos de competência comum à União, aos Estados, ao Distrito Federal e aos Municípios.* São as taxas e contribuições de melhoria que veremos logo a seguir.

*1) Taxas.*[10] Todas as entidades tributantes podem instituí-las privativamente e arrecadá-las: a) em razão do exercício do poder de polícia; e b) pela utilização efetiva ou potencial de serviços públicos específicos e divisíveis, prestados ao contribuinte ou postos à sua disposição, e não podem ter base de cálculo própria de impostos.

*2) Contribuição de melhoria.* É possível instituí-la e cobrá-la em razão da valorização da propriedade imóvel decorrente de obras públicas. À

---

aumento seria cobrado apenas em relação às importações que ainda não estivessem em curso. Na segunda, porém, de maior expressão econômica, nenhuma ressalva se fez e a cobrança do aumento alcançou automóveis já desembarcados nos portos brasileiros, simplesmente porque não se dera ainda o respectivo desembaraço aduaneiro. Conforme Hugo de Brito Machado, "A Supremacia Constitucional como Garantia do Contribuinte", *Revista Dialética de Direito Tributário*, vol. 68, p. 53.

10. Para maior aprofundamento sobre o tema das taxas, vide, dentre outros, Sacha Calmon Navarro Coêlho, *Teoria Geral do Tributo e da Exoneração Tributária*, São Paulo, Ed. RT, 1982.

União, aos Estados, ao Distrito Federal e aos Municípios compete instituir contribuição de melhoria, decorrente de obras públicas.

*C – Tributos de competência residual.* Àqueles de competência exclusiva da União instituir, mediante lei complementar, outros impostos que não tenham fato gerador nem base de cálculo idênticos aos impostos expressamente discriminados na Constituição.

### 2.2 Competência tributária dos Estados[11]

*A – Tributos de competência exclusiva dos Estados e do Distrito Federal.*

*1) Tributos da herança e das doações.* Trata-se de imposto sobre transmissão *causa mortis* e doação, de quaisquer bens ou direitos. Suas alíquotas máximas serão fixadas pelo Senado Federal.

*2) Tributação da circulação de mercadorias* (ICMS). De competência dos Estados e do Distrito Federal instituir o imposto sobre operações relativas à circulação de mercadorias e sobre prestações de serviços de transporte interestadual e intermunicipal e de comunicação, ainda que as operações e as prestações se iniciem no exterior. Trata-se de imposto complexo, com inúmeras regras, que não poderiam ser discutidas no presente trabalho.

*3) Tributação de veículo automotor.* Compete aos Estados instituir imposto sobre a propriedade de veículos automotores. Terá alíquotas mínimas fixadas pelo Senado Federal, e poderá ter alíquotas diferenciadas em função do tipo e utilização do veículo.

*B – Tributos Comuns.* São as taxas e contribuições de melhoria que podem ser cobradas também pelos Estados e Distrito Federal, tal como a União e os Municípios.

### 2.3. Competência tributária dos Municípios[12]

*A – Compete* exclusivamente *aos Municípios instituir os seguintes impostos*:

*1) Tributação da propriedade urbana.* É o imposto sobre a propriedade predial e territorial urbana, sobre a propriedade imóvel, com ou sem edificação, localizada na zona urbana ou com destinação urbana.

*2) Tributação das transmissões de bens imóveis.* Uma forma de transmissão de bens (imóveis ou móveis), por herança ou doação, é tributada

---

11. Continuamos a seguir a apresentação oferecida por José Afonso da Silva integralmente.
12. Ainda conforme José Afonso da Silva.

por imposto estadual. Aqui, temos o imposto sobre as transmissões de bens *inter vivos*, a qualquer título, por ato oneroso, de bens imóveis, por natureza ou por acessão física, e de direitos reais sobre imóveis, exceto os de garantia (hipoteca), bem como cessão de direitos a sua aquisição.

*3) Tributação dos serviços.* Trata-se do imposto sobre serviços de qualquer natureza, definidos em lei complementar. Há uma lista de serviços definidos em lei complementar. Também a ela cabe fixar suas alíquotas máximas e mínimas e excluir de sua incidência as exportações de serviços para o exterior, dentre outros aspectos.

*B – Tributos comuns.* Taxas e contribuições de melhoria.

*C – Contribuição de iluminação pública.* Podem ser instituídas por lei, as contribuições para o custeio dos serviços de iluminação pública, observados os princípios constitucionais. Tem natureza de taxa.

O leitor, agora, pode ter uma idéia geral dos tributos no Brasil e o que compete a cada uma das pessoas políticas da Federação brasileira. Parece oportuno ainda, como segundo movimento desse artigo, tecer algumas considerações acerca dos princípios constitucionais tributários, a fim de demonstrar o plexo de garantias oferecidas em face do poder tributário no Brasil.

## 3. Princípios constitucionais e os princípios constitucionais tributários

É inegável, sobretudo a partir da segunda metade do século XX, o grande avanço, ou, se quisermos, a *renovada dimensão* que assumem os princípios jurídicos na ciência do Direito, em especial no campo de aplicação do direito constitucional.

Passam a ser não só a síntese dos valores abrigados no ordenamento jurídico, espelhando a ideologia social, mas conferindo, outrossim, unidade e harmonia ao sistema, integrando suas diferentes partes e atenuando tensões normativas.

Na trajetória que os conduziu ao centro do sistema, os princípios tiveram de conquistar o *status* de norma jurídica, superando a crença de que teriam uma dimensão puramente axiológica, ética, sem eficácia jurídica ou aplicabilidade direta e imediata.[13]

Parece claro que dentre inúmeras funções que desempenham, os princípios condensam valores, dão unidade ao sistema e condicionam a atividade do intérprete.

---

13. Conforme Luís Roberto Barroso que apresenta ampla bibliografia sobre a matéria, "Fundamentos Teóricos e Filosóficos do Novo Direito Constitucional Brasileiro (Pós-Modernidade, Teoria Crítica e Pós-Positivismo)", na obra *A Nova Interpretação Constitucional*, Rio de Janeiro, Renovar, 2003.

Em sendo assim, parece útil referir, de passagem, quais são os princípios constitucionais gerais e quais são os princípios constitucionais *tributários*. A matéria recebe classificação diversa conforme os critérios adotados. Partimos da indicação apresentada pelo Prof. Paulo de Barros Carvalho.[14]

Para o eminente Professor: "Princípios são linhas diretivas que informam e iluminam a compreensão de segmentos normativos, imprimindo-lhes um caráter de unidade relativa e servindo de fator de agregação num dado feixe de normas. Exercem os princípios uma reação centrípeta, atraindo em torno de si regras jurídicas que caem sob seu raio de influência e manifestam a força de sua presença. Algumas vezes constam de preceito expresso, logrando o legislador constitucional enunciá-los com clareza e determinação. Noutras, porém, ficam subjacentes à dicção do produto legislado, suscitando um esforço indutivo para percebê-los e isolá-los. São os princípios implícitos. Entre eles e os expressos não se pode falar em supremacia, com uma única exceção: o princípio da certeza do direito, para o qual trabalham todos os demais princípios, almejando realizá-lo.

"Há muitos princípios constitucionais gerais, válidos, para a plenitude do ordenamento e que, por isso, influem, decisivamente, no setor dos fenômenos jurídico-tributários. Consideremos, um a um, os de maior expressividade."

Tentaremos simplificar e reduzir a exposição original do mestre, aludindo, a breve passo, a cada um deles, pois nosso objetivo é chegar, logo a seguir, aos princípios seguintes, os constitucionais *tributários*:

*1) Princípio da certeza do direito*: Sobreprincípio que está acima de todos os primados e rege toda e qualquer porção da ordem jurídica. A certeza do direito se situa na própria raiz do *dever-ser*, é ínsita ao deôntico, sendo incompatível imaginá-lo sem determinação específica. O princípio da certeza do direito é implícito, mas todas as magnas diretrizes operam no sentido de realizá-lo, diz o mestre Paulo.

*2) Princípio da segurança jurídica*: Não se confunde com o primeiro. O princípio da segurança jurídica é decorrência de fatores sistêmicos que utilizam o primeiro (certeza do direito) de modo racional e objetivo, mas dirigido à implantação de um valor específico, qual seja o de coordenar o fluxo de interações inter-humanas, no sentido de propagar no seio da comunidade social o sentimento de previsibilidade quanto aos efeitos jurídicos da regulação da conduta. Tal sentimento tranqüiliza os cidadãos, abrindo espaço para o planejamento de ações futuras, cuja disciplina jurídica conhecem, confiantes que estão no modo pelo qual a aplicação das normas do Direito se realiza. Concomitantemente, a certeza do tratamento normativo

14. *Curso de Direito Tributário*, São Paulo, Saraiva, 1991, pp. 90 e ss.

dos fatos já consumados, dos direitos adquiridos e da força da coisa julgada, lhes dá a garantia do passado. Essa bidirecionalidade passado/futuro é fundamental para que se estabeleça o clima de segurança das relações jurídicas.

*3) Princípio da igualdade* – Contido no artigo 5º, I da Constituição, reflete as tendências axiológicas de extraordinária importância. Seu destinatário é o legislador.

*4) Princípio da legalidade* – Também explícito em nosso sistema, art. 5º, II, essa máxima assume o papel de absoluta preponderância.

*5) Princípio da irretroatividade das leis* – As leis não podem retroagir, alcançando o direito adquirido, o ato jurídico perfeito e a coisa julgada, conforme o artigo 5º, XXXVI.

*6) Princípio da universalidade da jurisdição* – Previsto no artigo 5º, XXXV de nossa Constituição: "A lei não excluirá da apreciação do Poder Judiciário lesão ou ameaça a direito".

*7) Princípio que consagra o direito de ampla defesa e o devido processo legal* – garante que em todos os processos, judiciais ou administrativos, inclusive aqueles relativos à matéria tributária, a cláusula seja aplicada e respeitada. Instrumento para preservar direitos e assegurar garantias no aspecto formal e material (substancial), de grande desenvolvimento no Brasil, inclusive por força de construção jurisprudencial.

*8) Princípio de isonomia das pessoas constitucionais* – A União, os Estados e os Municípios (e o Distrito Federal) são isônomas. Não há hicrarquia entre as pessoas políticas da federação, como já vimos, mas uma relação de autonomia e igualdade. Cada uma delas detém competências e autonomia legislativa, administrativa e judiciária, derivadas da própria Constituição da República.

*9) Princípio que afirma o direito de propriedade* – Garantia constitucional. A propriedade é um direito, mas com função social, como previsto no artigo 5º, incisos XXII e XXIV de nossa Constituição.

*10) Princípio da liberdade de trabalho* – Livre o exercício de qualquer trabalho, ofício ou profissão, atendidas as qualificações profissionais que a lei estabelecer.

*11) Princípio que prestigia o direito de petição* – De grande importância, esse antigo direito constitucional, que remonta à velha Inglaterra, está também previsto em nossa Constituição (art. 5º, XXXIV, "a" e "b").

*12) Princípio da supremacia do interesse público ao do particular* – Viga mestra do direito público brasileiro, postulado essencial para edificação do regime jurídico-administrativo, exalta a superioridade dos interesses coletivos sobre os do indivíduo ou particular.

*13) Princípio da indisponibilidade dos interesses públicos* – Segunda coluna ou viga mestra do edifício do direito público. Diz o mestre Paulo: "os interesses públicos são inapropriáveis. O titular do órgão administrativo incumbido de representá-los não tem poder de disposição, havendo de geri-los na mais estreita conformidade do que preceitua a lei... Corolário desse princípio, no terreno dos tributos, é a premência absoluta de lei, em toda a circunstância em que ao administrador tributário cabe remitir débitos, transigir, efetuar compensações ou lidar, de algum modo, com a titularidade de bens ou interesses do Erário".

A seguir, já é possível verificar os Princípios Constitucionais *Tributários*, continuando, na seqüência, a lição de Paulo de Barros Carvalho.[15]

*1) Princípio da estrita legalidade* – Além da previsão genérica da legalidade, que já vimos acima, a Constituição brasileira reforçou a garantia e determinou sua aplicação ao campo tributário, consoante se vê no artigo 150, I: "Sem prejuízo de outras garantias asseguradas ao contribuinte, é vedado à União, aos Estados, ao Distrito Federal e aos Municípios: I – exigir ou aumentar tributos sem lei que o estabeleça".

Em outras palavras, qualquer das pessoas políticas de direito constitucional interno somente poderá instituir tributos, isto é, descrever a regra-matriz de incidência, ou aumentar os existentes, majorando a base de cálculo ou a alíquota, mediante a expedição de lei. É o mestre Paulo quem afirma ainda: "o veículo introdutor da regra tributária no ordenamento há de ser sempre a lei (sentido *lato*) porém o princípio da estrita legalidade diz mais do que isso, estabelecendo a necessidade de que a lei adventícia traga em seu bojo os elementos descritores do fato jurídico e os dados prescritores da relação obrigacional. Esse *plus* caracteriza a tipicidade tributária".

*2) Princípio da anterioridade* – Vide o artigo 165, §§ 5º e 8º, que determina a obrigatoriedade da inclusão de todas as receitas no orçamento anual. Complementado pelo artigo 150, III, "b": "Sem prejuízo de outras garantias asseguradas ao contribuinte, é vedado à União, aos Estados, ao Distrito Federal e aos Municípios:... III – cobrar tributos:... b) no mesmo exercício financeiro em que haja sido publicada a lei que os instituiu ou aumentou".

Pelo princípio da anterioridade nenhum tributo será cobrado, em cada exercício financeiro, sem que a lei que o instituiu ou aumentou tenha sido publicada.

*3) Princípio da irretroatividade da lei tributária* – Entre as *limitações do poder de tributar* inscreveu o constituinte o princípio da irretroatividade (CF, art. 150, III, "a"). Diz o mestre Paulo: "Com efeito, o enunciado nor-

15. Idem, ibidem, pp. 97 e ss.

mativo que protege o direito adquirido, o ato jurídico perfeito e a coisa julgada, conhecido como *princípio da irretroatividade das leis*, não vinha sendo, é bom que se reconheça, impedimento suficientemente forte para obstar certas iniciativas de entidades tributantes, em especial da União, no sentido de atingir fatos passados, já consumados no tempo, debaixo de plexos normativos segundo os quais os administrados orientaram a direção de seus negócios".

*4) Princípio da tipologia tributária* – No direito positivo brasileiro, o tipo tributário é definido pela integração lógica de dois fatores: hipótese de incidência e base de cálculo. Ao binômio o legislador constitucional outorgou a propriedade de diferençar as espécies tributárias entre si, sendo também operativo dentro das próprias subespécies. Adequadamente isolados os dois fatores, estaremos credenciados a dizer, sem hesitações e perplexidades, se um tributo é imposto, taxa ou contribuição de melhoria, bem como enunciar que tipo de imposto ou que modalidade de taxa.[16]

*5) Princípio da proibição de tributo com efeito de confisco* – Previsto no artigo 150, IV da Constituição Federal. De difícil demarcação doutrinária e jurisprudencial, seus limites são sempre nebulosos e subjetivos.

*6) Princípio da vinculabilidade da tributação* – Diz o Mestre Paulo a respeito do tema: "A atividade impositiva do Poder Público está toda ela regulada por prescrições jurídicas que lhe permitem exercer, concretamente, os direitos e deveres que a legislação tributária estabelece, desenvolvendo sua função administrativa mediante a expedição de atos discricionários e atos vinculados. O magistério dominante inclina-se por entender que, nos confins da estância tributária, hão de existir somente atos vinculados, fundamento sobre o qual exaltam o chamado princípio. Entretanto, as coisas não se passam bem assim. O exercício da atividade administrativa, nesse setor, se opera também por meio de atos discricionários, que são, aliás, mais freqüentes e numerosos. O que acontece é que os expedientes de maior importância, aqueles que dizem mais de perto aos fins últimos da pretensão tributária, são pautados por uma estrita vinculabilidade, caráter que, certamente, influenciou a doutrina no sentido de chegar à radical generalização.

*7) Princípio da uniformidade geográfica* – Previsto no artigo 151, I, da Constituição Federal. Traduz-se na determinação de que os tributos instituídos pela União sejam uniformes em todo o território nacional. Trata-se da reafirmação dos princípios federativos e da reafirmação da isonomia das entidades federadas. É vedado estabelecer distinção ou preferência entre Estados, Municípios e o Distrito Federal, em prejuízo dos demais.

*1) Princípio da não-discriminação tributária, em razão da procedência ou do destino dos bens* – Significa que as pessoas tributantes estão

16. Ainda segundo Paulo de Barros Carvalho, p. 100.

impedidas de graduar seus tributos, levando em conta a região de origem dos bens ou o local para onde se destinem. Em consonância com essa regra constitucional (art. 152), a procedência e o destino são índices inidôneos para efeito de manipulação das alíquotas e da base de cálculo pelos legisladores dos Estados, dos Municípios e do Distrito Federal. E o dispositivo se refere a *bens e serviços de qualquer natureza*.[17]

*2) Princípio da territorialidade da tributação* – É decorrência do sistema constitucional tributário. O poder vinculante de uma lei ensejará os efeitos jurídicos de estilo até os limites geográficos da pessoa política que o editou.

*3) Princípio da indelegabilidade da competência tributária* – A faculdade legislativa de instituir tributos e sobre eles dispor, inaugurando a ordem jurídica, não pode ser delegada, devendo permanecer no corpo das prerrogativas constitucionais da pessoa que a recolher do texto superior. O artigo 7º do Código Tributário Nacional dispõe: "A competência tributária é indelegável, salvo atribuição das funções de arrecadar ou fiscalizar tributos, ou de executar leis, serviços, atos ou decisões administrativas em matéria tributária conferida por uma pessoa jurídica a outra".

Examinados os principais princípios constitucionais tributários vigentes no Brasil e oferecido um panorama *básico* de nossa Constituição Federal referente à temática proposta, passamos, imediatamente, a examinar o tema do controle da constitucionalidade no Brasil e suas peculiaridades.

## 4. O controle de constitucionalidade no Brasil: os fundamentos

O controle de constitucionalidade das leis e demais atos normativos consiste no exame da *adequação* desse conjunto de atos à Constituição, tanto de um ponto de vista formal quanto material, para o efeito de recusar-se obediência a seu mandamento, ou mesmo para o efeito de declarar-lhe a nulidade.

A Constituição, a lei das leis, a *lex legum*, é a mais alta expressão jurídica da soberania do Estado, como é de amplo conhecimento.[18]

O *princípio da constitucionalidade* significa que, no *Estado Democrático de Direito*, é a Constituição que dirige o caminhar da sociedade e vincula, positiva e negativamente, todos os atos do Poder Público além de regular e proteger, em grande medida, todos os atores sociais, individuais ou coletivos.

---

17. Ainda segundo Paulo de Barros Carvalho.
18. Não discutiremos aqui os mecanismos de integração do direito nacional com o direito comunitário ou internacional por não ser o nosso foco de atenção.

Consectário essencial da superioridade que se atribuiu às normas constitucionais sobre as demais foi a prescrição de um *processo especial* para sua elaboração.

Essa circunstância de serem as leis constitucionais elaboradas segundo um processo mais dificultoso que aquele previsto para as leis comuns constitui a denominada *rigidez constitucional*. Dela decorre, como primordial conseqüência, o princípio da *supremacia constitucional*, princípio fundamental do direito constitucional.

Como sabemos, em essência, isso significa que a Constituição se coloca no vértice, no ápice do sistema jurídico de um determinado país, ao qual confere validade, e que todos os poderes estatais só são legítimos na medida em que ela os reconheça e na proporção em que por ela distribuídos. Nisso se consubstancia o *princípio da conformidade* dos atos do Poder Público às normas e princípios constitucionais.

Ao examinarmos a Constituição de 1988, chegaremos à conclusão de que essas clássicas lições de direito constitucional são plenamente aplicáveis. De fato, a Constituição brasileira é *rígida e suprema*, como se verifica da simples leitura de seu artigo 60, senão vejamos:

"Art. 60. A Constituição poderá ser emendada mediante proposta:

"I – de um terço, no mínimo dos membros da Câmara dos Deputados ou do Senado Federal;

"II – do Presidente da República;

"III – de mais da metade das Assembléias Legislativas das unidades da Federação, manifestando-se, cada uma delas, pela maioria relativa de seus membros.

"§ 1º. A Constituição não poderá ser emendada na vigência de intervenção federal, de estado de defesa ou de estado de sítio.

"§ 2º. A proposta será discutida e votada *em cada Casa* do Congresso Nacional, *em dois turnos*, considerando-se aprovada se obtiver, *em ambos*, *três quintos dos votos* dos respectivos membros.

"§ 3º. A emenda à Constituição será promulgada pelas Mesas da Câmara dos Deputados e do Senado Federal, com o respectivo número de ordem.

"§ 4º. *Não será objeto de deliberação* a proposta de emenda tendente a abolir:

"I – a forma federativa de Estado;

"II – o voto direto, secreto, universal e periódico;

"III – a separação dos Poderes;

"IV – os direitos e garantias individuais.

"§ 5º A matéria constante de proposta de emenda rejeitada ou havida por prejudicada não pode ser objeto de nova proposta na mesma sessão legislativa."

Nesse artigo estão as hipóteses em que é possível a sua própria alteração ou modificação.[19] A Constituição quis proteger-se da ação nociva do legislador comum, evitar que as leis ordinárias, complementares ou delegadas, ou mesmo as medidas provisórias[20] pudessem contrariar suas disposições direta ou indiretamente, expressa ou implicitamente.

Em síntese, todas as manifestações normativas infraconstitucionais devem, obrigatoriamente, manter-se respeitosas aos princípios e regras constitucionais, sob pena de invalidade.

Pois bem, para proteger a Constituição, para defendê-la, para que o princípio da constitucionalidade permaneça íntegro, existem os sistemas de controle de constitucionalidade.

19. Há evidentemente limitações ao poder de reforma constitucional, a saber: a) limitações formais, o órgão do poder de reforma – o Congresso Nacional – há de proceder nos estritos termos expressamente estatuídos na Constituição; b) limitações temporais: não comumente presentes na história constitucional brasileira, porém existentes na Constituição do Império (1824), que previa que tão-só após quatro anos de sua vigência poderia ser reformada; c) limitações circunstanciais: são as que decorrem de certas circunstâncias que impedem, durante sua existência, o processo de emendas à Constituição (vide art. 60, § 1º acima transcrito); d) limitações materiais: ponto mais sensível – aqui se coloca, a saber, se o poder de reforma constitucional pode atingir qualquer dispositivo da Constituição, ou se, ao contrário, há certas regras que sejam irreformáveis. Para solucionar essa dificílima questão há que distinguir entre *limitações materiais explícitas* e *limitações materiais implícitas*. Em relação às primeiras, as Constituições brasileiras sempre contiveram um núcleo imodificável, o que a doutrina chama de núcleo duro ou cláusulas pétreas, preservando a Federação e a República. Vide o § 4º, do artigo 60 acima transcrito. Em relação às limitações materiais implícitas ou inerentes, a doutrina brasileira admite sua existência, no mínimo em três situações: a) as concernentes ao titular do poder reformador, pois seria despautério que o legislador ordinário estabelecesse novo titular de um poder derivado só da vontade do constituinte originário; b) as relativas ao processo da própria emenda, distinguindo-se quanto à natureza da reforma, para admiti-la quando se tratar de tornar mais difícil seu processo, não a aceitando quando vise a atenuá-lo. A chamada dupla revisão é ilógica e destrutiva. A reforma constitucional nunca pode ser forma de destruir a Constituição. Conforme Nelson de Sousa Sampaio, *O Poder de Reforma Constitucional*, 3ª ed., Nova Alvorada, 1995, pp. 95 e ss.

20. As medidas provisórias, previstas no artigo 62 da atual Constituição Federal, substitutas dos antigos "decretos-leis" presentes na constituição anterior, de 1967/1969, são instrumentos normativos, *com força de lei*, adotados pelo Presidente da República em caso de "relevância" *e* "urgência". Com o uso e abuso do instrumento por sucessivos Chefes do Poder Executivo, sobreveio a Emenda Constitucional n. 32/2001 que, ao alterar o dispositivo, atenuou o problema, inserindo algumas vedações à sua edição. Dentre elas, é vedada sua edição em matérias reservadas à lei complementar, como, também, sobre planos plurianuais, diretrizes orçamentárias, orçamento e créditos adicionais e suplementares. Sobre o tema das medidas provisórias, vide o nosso trabalho intitulado, *A Medida Provisória na Constituição*, doutrina e decisões judiciais, publicado pela editora Atlas, São Paulo, 1991.

## 4.1 Os sistemas de controle da constitucionalidade. Aspectos gerais

É vasta a literatura jurídica disponível acerca do tema em foco, quer em relação aos sistemas de controle, quer no que diz respeito às características de cada um dos modelos.[21] Não vamos descer a detalhes da evolução dos sistemas de controle de constitucionalidade nos diversos países. Basta assinalar o que há de essencial na matéria para, imediatamente, entrar na realidade brasileira.

Como muito bem aponta Mauro Cappelletti,[22] apesar da inegável contribuição dos norte-americanos na construção do chamado *judicial review of legislation*,[23] posto em prática a primeira vez no século XVIII, difundida depois, no curso do século XIX, em outros países das duas Américas e, posteriormente, em outras partes do mundo, a tese merece um reparo histórico.

Verdadeiro é, de fato, que antes de ter sido posto em prática o sistema norte-americano de *judicial review (of the constitutionality of legislation)*, nos outros Estados – e refiro-me, em particular, aos Estados da Europa – nada de semelhante tinha sido criado. A razão disto é, de resto, facilmente compreensível se se pensa que, precisamente, com a Constituição norte-americana, teve verdadeiramente início a época do "constitucionalismo", com a concepção da *supremacy of the Constitution* em relação às leis ordinárias. A Constituição norte-americana representou, em síntese, o arquétipo das assim chamadas constituições "rígidas", contrapostas às constituições "flexíveis", ou seja, o arquétipo daquelas constituições que não podem ser mudadas ou derrogadas, através de leis ordinárias, mas, eventualmente, apenas através de procedimentos especiais de revisão constitucional.

É famosa, a esse respeito, e sempre citada, a sentença da Suprema Corte – redigida por seu Chief Justice, John Marshall, na causa Marbury *versus* Madison, de 1803, na qual a alternativa entre constituições rígidas e

---

21. É possível, por exemplo, sistematizar as características de cada uma das modalidades de controle de constitucionalidade, levando em conta diversos aspectos, como os subjetivos, objetivos e processuais. Assim, *v.g.*, quanto à natureza do órgão de controle: a) político ou judicial; b) quanto ao momento de exercício do controle, preventivo ou repressivo; c) quanto ao órgão judicial que exerce o controle, difuso ou concentrado; d) quanto à forma ou ao modo de controle judicial, por via incidental ou por via principal. Enfim, são várias as possibilidades de análise da temática.
22. *O Controle Judicial de Constitucionalidade das Leis no Direito Comparado*, 2ª ed., Porto Alegre, Sérgio Antônio Fabris, 1992, pp. 209 e ss.
23. O Autor comenta frase atribuída a James A. C. Grant: "en verdad, se puede decir que la confianza en los tribunales para hacer cumplir la Constitución como norma superior a las leyes establecidas por la legislatura nacional es una contribución de las Américas a la ciencia política". Antes, de fato, nunca teria acontecido que um sistema de controle de validade das leis fosse confiado à obra dos *tribunais* e que tivesse, portanto, caráter *judicial*.

constituições flexíveis e a necessidade de uma escolha entre uma e outra das duas soluções encontra-se enunciada com insuperável clareza. É evidente – que ou a constituição prepondera sobre os atos legislativos que com ela contrastam ou o poder legislativo pode mudar a constituição através de lei ordinária. Não há meio termo entre estas duas alternativas. Ou a Constituição é uma lei fundamental, superior e não mutável pelos meios ordinários, ou ela é colocada no mesmo nível dos atos legislativos ordinários e, como estes, pode ser alterada ao gosto do poder legislativo.[24]

Mas pondera Cappelletti, com inegável acerto, que muito antes, a grande civilização ateniense já formulava esse conceito, ou a semente dessa idéia. O Direito ateniense distinguia-se, entre o *nómos*, isto é, a *lei em sentido estrito*, e o *pséfisma*, ou seja, para usar um termo moderno, *o decreto*. Na realidade, os *nómoi*, ou seja, as leis, tinham um caráter que, sob certos aspectos, poderia se aproximar das modernas leis constitucionais, e isto não somente porque diziam respeito à organização do Estado, mas ainda porque modificações das leis (*nómoi*) vigentes não poderiam ser feitas a não ser através *de um procedimento especial*, com características que, sem dúvida, podem trazer à mente do jurista contemporâneo o procedimento de *revisão constitucional*. E, ademais, era princípio fundamental já na época, que o decreto (*pséfisma*), qualquer que fosse o seu conteúdo, devia ser legal, seja na forma seja na substância. Isto é, ele devia ser *constitucional*, ou seja, não podia estar em contraste com os *nómoi* vigentes – com as *leis constitucionais* vigentes.

É também Mauro Cappelletti, na mesma obra, quem advertiu que o poder de mudar as leis já era retirado dos caprichos da Assembléia Popular (*Ecclesía*) e que já em Platão encontramos a idéia segundo a qual a lei deve reproduzir a ordem divina, superior e imutável, e não já se apresentar segundo os interesses mutáveis dos homens ou das classes e, em Aristóteles, que considerava a lei como norma acima das paixões humanas e, significativamente, formulava já então a doutrina da "supremacia da lei" e da ilegitimidade da lei injusta.

De qualquer forma, pode-se dizer que, *historicamente*, ainda é possível aludir-se à clássica contraposição dos *dois* sistemas de *jurisdição constitucional*: o sistema norte-americano e o sistema europeu-kelseniano.[25]

24. Ainda segundo Mauro Cappelletti.
25. Também é corretíssima a advertência de Francisco Fernández Segado, que analisa amplamente o tema, para quem: "Esta bipolaridad ya quedó sustancialmente afectada a raíz de los originales modelos de justicia constitucional creados tras la segunda posguerra en Italia y Alemania, en cuanto que los mismos partieron de una idea de Constitución muy próxima a la norteamericana, configuraron a sus respectivos Tribunales Constitucionales como una jurisdicción más que como un 'legislador negativo' en la línea kelseniana, aunque esta idea-fuerza siguiera estando presente y a la misma se anudaran ciertas consecuencias jurídicas, y, finalmente, introdujeron un elemento difuso en un modelo de estructura y

Por essa classificação histórica, os sistemas de controle de constitucionalidade são três: o *político*, o *jurisdicional* e o *misto*.

O *controle político* é o que entrega a verificação da inconstitucionalidade a órgãos de natureza política, tais como: o próprio Poder Legislativo, solução predominante na Europa no século passado; ou um *órgão especial*, como o *Presidium* do *Soviet Supremo* da ex-União Soviética, e o *Conseil Constitutionnel* da vigente Constituição francesa de 1958.

O *controle jurisdicional*, generalizado hoje em dia, denominado *judicial review* nos Estados Unidos da América do Norte, é a faculdade que as constituições outorgam ao Poder Judiciário de declarar a inconstitucionalidade de lei e de outros atos do Poder Público que contrariem, formal ou materialmente, preceitos ou princípios constitucionais.

Por fim, o *controle misto* realiza-se quando a constituição submete certas categorias de leis ao controle político e outras ao controle jurisdicional, como ocorre na Suíça, onde as leis federais ficam sob controle político da Assembléia Nacional, e as leis locais sob o controle jurisdicional.[26]

Já os sistemas constitucionais conhecem dois critérios de controle da constitucionalidade: o *controle difuso* (ou jurisdição constitucional difusa) e o *controle concentrado* (ou jurisdição constitucional concentrada). Verifica-se o primeiro quando se reconhece o seu exercício a todos os componentes do Poder Judiciário, e o segundo, se só for deferido ao Tribunal de cúpula do Poder Judiciário ou a uma corte especial.[27]

Deve-se entretanto ressaltar um fato pouco conhecido pela doutrina européia – supõe-se por seu desconhecimento – segundo o qual, na América Latina, muito antes da concepção kelseniana,[28] como bem ressalta Allan

organización concentrada, como consecuencia de la constitucionalización... La enorme expansión de la justicia constitucional ha propiciado una mixtura e hibridación de modelos, que se ha unido al proceso preexistente de progresiva convergencia entre los elementos, supuestamente contrapuestos antaño, de los dos tradicionales sistemas de control de constitucionalidad de los actos del poder... Como dice Rubio Llorente, hablar hoy de un sistema europeo carece de sentido porque hay más diferencias entre los sistemas de justicia constitucional existentes en Europa que entre algunos de ellos y el norteamericano" ("La Justicia Constitucional ante el Signo XXI: la Progresiva Convergencia de los Sistemas Americano y Europeu-Kelseniano", na obra *The Spanish Constitution in the European Constitutional Context*, Francisco Fernández Segado, publicado por Dykinson, Madrid, 2003, pp. 855 e ss.).

26. Conforme lição de José Afonso da Silva, *Curso...*, cit., pp. 49 e ss.
27. Ainda segundo José Afonso da Silva.
28. Recorde-se que é assente a noção de que foi o gênio de Kelsen, quem concebeu o denominado "sistema concentrado de controle de constitucionalidade", e que foi a Tchecoslováquia o primeiro país europeu a adotar o sistema de controle de constitucionalidade, em sua Constituição de 29 de fevereiro de 1920. Do mesmo modo, ocorreu na Áustria, depois, na Alemanha e na Itália.

R. Brewer-Carias:[29] "En efecto, desde mediados del signo pasado, muchos países latino-americanos habían adoptado un sistema concentrado de control de la constitucionalidad confiriendo a la Corte Suprema del país el poder para decidir la nulidad de las leyes. Debe señalarse los casos de Colombia y Venezuela que poseen un verdadero sistema concentrado de control de la constitucionalidad *desde 1850*, en el cual la Corte Suprema ha tenido el monopolio de la anulación de las leyes. En Colombia, en 1991, este poder ha sido trasferido a una Corte Constitucional. Debe señalarse que, por lo general, los sistemas de control de la constitucionalidad que se han desarrollado en América Latina durante los últimos 140 anos se han ido orientando progresivamente hacia sistemas mixtos de control de la constitucionalidad, en los cuales coexisten el sistema difuso y el sistema concentrado. Este es el caso de Venezuela, Colombia y Guatemala, tal como se explicará más adelante. No obstante, algunos sistemas de América Latina permanecieron concentrados, como por ejemplo el de Uruguay y Paraguay donde la Corte Suprema de Justicia tiene una jurisdicción exclusiva y original para declarar la inconstitucionalidad de las leyes".

E mais adiante, doutrina o mestre: "En todo caso, es evidentemente erróneo identificar el sistema concentrado de control de la constitucionalidad de las leyes con el 'modelo europeo', ya que un sistema en el cual la jurisdicción exclusiva y original para anular las leyes y otros actos del Estado se confiere a la Corte Suprema de Justicia existente en un país dado y ubicada en la cúspide de la organización judicial, también debe ser considerado como un sistema concentrado de control de la constitucionalidad. Por esta razón, el segundo aspecto de la racionalidad del sistema concentrado de control de la constitucionalidad es el otorgamiento, a un órgano constitucional particular, sea la Corte Suprema o una Corte, un Consejo o un Tribunal Constitucional especialmente creado, del papel de juez constitucional con el fin de anular leyes con efectos *erga omnes*".

Feitas essas advertências preliminares, podemos passar diretamente à realidade brasileira.

### 4.2 O sistema brasileiro de controle de constitucionalidade: breve análise histórica de 1824 a 1969

Pode-se afirmar que no Brasil, ao longo de sua história, o sistema adotado é o *jurisdicional*, instituído com a Constituição de 1891[30] que, sob

---

29. Vide o notável trabalho do grande jurista venezuelano, "El Control Concentrado de la Constitucionalidad de las Leyes (Estudio de Derecho Comparado)", *Cuadernos de la Cátedra Fundacional Allan Brewer-Carias de Derecho Público – Universidad Católica del Táchira*, n. 2, Caracas, Editorial Jurídica Venezolana, 1994, pp. 22 e 27.

30. Primeira Constituição Republicana do Brasil, segunda Constituição de sua história. A primeira foi a de 1824, quando ainda éramos um Império.

a influência do constitucionalismo norte-americano, acolhera o *critério de controle difuso*, também denominado *via de exceção*, ou *via de defesa*, que perdurou nas constituições seguintes até nossos dias.

Atualmente a situação é diferente como teremos a oportunidade de verificar logo a seguir. Vejamos antes, rapidamente, as notas principais do controle ao longo da história constitucional brasileira.

No Brasil do século XVIII, embora o projeto da Constituição de Antônio Carlos admitisse implicitamente, em seu artigo 226, o controle de constitucionalidade das leis, a Constituição do Império, de 1824, não aceitou tal controle, uma vez que a sanção imperial completava formalmente sua legalidade.

A Constituição do Império do Brasil teve longa duração. Ao ser revogada pelo Governo Republicano, de 1889, depois de 65 anos, era a segunda Constituição escrita mais antiga do mundo, superada, àquela ocasião, apenas, pela dos Estados Unidos da América.

Caracterizou-se por uma vigorosa centralização política e administrativa. Pouca relevância, ou sequer independência, tinha o Poder Judiciário àquela época. Dentre outras razões, a Constituição prescrevia em seu artigo 10 que "os poderes políticos reconhecidos pela Constituição do Império do Brasil são quatro: o Poder Legislativo, o Poder Moderador (do Imperador), o Poder Executivo e o Poder Judicial".

Ademais, como a Constituição Imperial tinha uma parte rígida e outra flexível, nem todas as normas eram de natureza constitucional, circunstância que também afetava o tema do controle. Entretanto, não há negar que em seu texto não se encontrava competência do Poder Judiciário, ou de qualquer outro órgão político, expressamente, a faculdade de declarar inconstitucionalidade de atos do Poder Público.

Passemos à República. Foi de fato com a proclamação da República e a instituição da Federação, sob forte influência do sistema norte-americano, que *surge o controle de constitucionalidade no Brasil*, previsto no artigo 59, n. 2, e § 1º, da Constituição de 1891.

É possível dizer que neste período acolheu-se a jurisdição constitucional, que era exercida pelo *método difuso*, perante qualquer juiz ou tribunal da jurisdição ordinária, de acordo com o critério de controle difuso.

Aos poucos, vamos verificar que, embora o método difuso permaneça como uma realidade no Brasil, ao perdurar nas sucessivas Constituições, ao longo do tempo foram introduzidos novos elementos, de maneira que o sistema de controle de constitucionalidade, como veremos posteriormente, afasta-se do puro critério difuso com a adoção de aspectos *do critério concentrado*, sem que com isso haja uma perfeita identificação com o sistema europeu.

Vamos seguir examinando as Constituições e seu controle ao longo da história constitucional brasileira. Ainda estamos na Primeira República, portanto, em 1891.

Por influência de Rui Barbosa,[31] foi introduzido um controle judicial moderado com a Constituição de 1891 (art. 59, § 1º, "b"), pois as leis estaduais podiam ser declaradas inconstitucionais. Logo em seguida, a Lei n. 221, de 1894, art. 13, § 10, completou esta orientação, atribuindo aos tribunais o poder de não aplicar as leis inconstitucionais.

À ocasião Rui Barbosa, inspirado nas Constituições dos Estados Unidos da América, Argentina e Suíça, influenciou fortemente a concepção da Constituição de 1891. Esta Carta estabeleceu um regime presidencialista do tipo norte-americano: o Poder Executivo não poderia dissolver a Câmara de Deputados e nem era obrigado a escolher os Ministros de confiança desta.

Passemos ao momento constitucional imediatamente posterior.

A Constituição de *1934* foi inspirada pelo modelo de Weimar, de 1919, e na Constituição republicana espanhola de 1931. Tinha como nota essencial, marcantes avanços na legislação social, e a incorporação desse tema em seu texto.

A Constituição de *1934*[32] manteve o *controle difuso de constitucionalidade* em seu artigo 76, "a" e "b". Entretanto, trouxe três inovações importantes para a ocasião, a saber: *a ação direta de inconstitucionalidade interventiva*, prevista no artigo 7º, I, "a" e "b". Ademais, em seu artigo 169, estabelecia: "Só por maioria absoluta de votos da totalidade dos seus juízes, poderão os tribunais declarar a inconstitucionalidade de lei ou de ato do poder público". Finalmente, atribuía a competência ao Senado Federal para suspender a execução, no todo ou em parte, de lei ou ato declarado inconstitucional em decisão definitiva do Supremo Tribunal Federal.

Em seguida, chegamos em 1937, sempre seguindo o critério de mudança constitucional formal.

A Constituição de *1937* foi um retrocesso no aspecto político e institucional. Inspirada na Constituição polonesa de abril de 1935, instituiu um regime político extremamente centralizado no Poder Executivo.

---

31. Rui Barbosa foi um notável jurista brasileiro do século XIX, que grande influência teve na concepção dos modelos jurídicos de sua época.
32. Registre-se que o Brasil, ao longo de sua história constitucional, teve as seguintes constituições: a Constituição Imperial de 1824, a Republicana de 1891, a Constituição de 1934, a Constituição de 1937, a Constituição de 1946, a Constituição de 1967. Esta última sofreu tantas emendas, que é correto falar na Constituição de 1969. Finalmente, a Constituição em vigor é a Constituição de 1988, com várias emendas incorporadas em seu texto, como já vimos anteriormente.

No tema objeto de nossa análise, recorde-se que também admitiu a Constituição a declaração da inconstitucionalidade, embora de certo modo artificial, porque o Presidente da República podia submeter o reexame do Parlamento a lei declarada inconstitucional, e, como nunca funcionou o Parlamento *nesse período*, aconteceu que o ditador da ocasião, Getúlio Vargas, chegou algumas vezes a anular decisões do Supremo Tribunal Federal.

A Constituição de *1946* caracterizou-se pela tendência restauradora das linhas de 1891, com as inovações aproveitáveis de 1934, tais como, disposições de proteção aos trabalhadores, à ordem econômica, à educação, à família. Foi uma Constituição liberal e bem equilibrada, restaurando as liberdades e o Estado de Direito, se comparada com sua antecessora imediata.

A Constituição de *1946*, sofrendo os influxos do pós-guerra com a redemocratização de várias nações, retornou à técnica da Constituição social-democrata de 1934, permitindo a declaração da inconstitucionalidade das leis pelo voto da maioria absoluta da Corte.

Introduziu ainda duas novidades, através da Emenda Constitucional n. 16, de 6.12.1965: criou uma nova modalidade de *ação direta de inconstitucionalidade*, de caráter *genérico*, atribuindo competência ao Supremo Tribunal Federal[33] para processar e julgar originariamente a representação de inconstitucionalidade de lei ou ato normativo, federal ou estadual, apresentada pelo Procurador-Geral da República (art. 2ª, "k"), e também estabeleceu que a lei poderia estabelecer processo, de competência originária do Tribunal de Justiça, para declarar a inconstitucionalidade de lei ou ato municipal, em conflito com a constituição estadual (art. 19).

A Constituição de *1967* reflete novamente o fortalecimento do Poder Executivo. Ampliou-se o seu poder de iniciativa de leis, da limitação de tempo para aprovação, pelo Congresso, dos projetos do Governo, na dele-

---

33. Historicamente, recordamos que a primeira Constituição brasileira, de 1824 instituiu o Supremo Tribunal de Justiça, que foi sucedido pelo Supremo Tribunal Federal, organizado em 1890. Atualmente, o Supremo Tribunal Federal é, pela Constituição de 1988, composto de 11 juízes, designados de "Ministros", nomeados pelo Presidente da República, dentre cidadãos, brasileiros natos, com mais de 35 anos e menos de 65 anos de idade, de "notável saber jurídico" e "reputação ilibada", conceitos presentes na Constituição, depois de aprovada a escolha pela maioria absoluta do Senado Federal. O Supremo Tribunal Federal tem jurisdição em todo o território nacional. O Supremo Tribunal Federal exerce competência originária e recursal, tendo também como relevante função a *guarda da Constituição*; como veremos, *não privativa*, já que remanesce a competência constitucional pelo controle difuso, mas como veremos mais adiante, cada dia mais comprimida pelos mecanismos do controle *concentrado*, este sim, exercidos privativamente, pelo Supremo Tribunal Federal.

gação legislativa, na restrição a emendas aos projetos governamentais, e na faculdade, dada ao Presidente da República, de expedir decretos-leis.

A Constituição de *1967*,[34] em seu artigo 111, cuida do nosso tema sem grandes novidades, se compararmos o momento imediatamente anterior. Posteriormente, tivemos a Emenda Constitucional n. 1, de *1969*, que também denominamos Constituição, porque de Emenda só tem o nome, já que teve por efeito alterar (desfigurar), completamente a Constituição de 1967.

Finalmente chegamos a *1988* que inaugura uma nova fase no constitucionalismo brasileiro, é dizer, rompe com o *status quo* anterior, e estabelece um Estado Democrático de Direito.

*4.3 O sistema brasileiro atual (1988) de controle da constitucionalidade das leis – o método difuso de controle da constitucionalidade*

O Brasil partiu do sistema norte-americano, evoluindo para um sistema misto e peculiar de controle de constitucionalidade que combina, *essencialmente*, como veremos, o critério de controle difuso por via de exceção com o critério de controle concentrado por via de ação direta de inconstitucionalidade.

Desde logo deixamos uma nota. Não vamos tratar do controle de inconstitucionalidade exercido pelo Poder Legislativo,[35] ou mesmo da possibilidade de descumprimento de lei inconstitucional pelo Poder Executivo, temas muito interessantes, mas que escapam à nossa proposta de trabalho.

Nosso foco de análise, com alertamos desde o princípio, é o controle *judicial ou jurisdicional* no Brasil. Comecemos pelo controle de constitucionalidade por via *incidental, ou pelo método difuso, como usualmente o denominamos no Brasil*.

O controle judicial *incidental (ou via de exceção)*[36] de constitucionalidade, como vimos, integra a tradição constitucional brasileira.

---

34. Recorde-se que no Brasil, por força do movimento militar, de 31 de março de 1964, vivemos por quase vinte anos, um período de exceção que se estendeu até meados da década de 1980, quando paulatinamente foi restaurado o Estado de Direito. Evidentemente que este período, foi marcado por abuso e desrespeito das liberdades públicas, dos direitos fundamentais, o que sói acontecer em períodos negros da história de todos os povos, lamentavelmente.

35. Trata-se do controle exercido no âmbito do Parlamento, por suas Casas ou Comissões, ou ainda por intermédio da análise do veto, ou ainda, pelo mecanismo de sustação de ato normativo do Executivo, pelo Congresso Nacional, quando os atos daquele Poder exorbitem do poder regulamentar ou dos limites da delegação legislativa. Também recorde-se da análise da constitucionalidade que faz o Congresso ao apreciar medidas provisórias, atos com força de lei, editadas pelo Presidente da República. São temas que não discutiremos.

36. "Via de exceção", porque *excepciona só ao interessado* do cumprimento da regra tida por inconstitucional.

A apreciação de inconstitucionalidade de uma lei ou de um ato do Poder Público e sua decretação ou não, segundo se apure ou não o atrito com a Constituição, pode-se verificar ou em um processo comum, em que a argüição é feita dentro de uma controvérsia jurídica, *entre partes* e para decidir determinada relação de direito, ou por meio de argüição direta, visando à apreciação específica da inconstitucionalidade. Esta última possibilidade veremos em outro momento.

O primeiro caminho, com origem no sistema norte-americano, é no Brasil denominado *argüição incidental de inconstitucionalidade* ou *via de defesa* ou *via de exceção* porque, originalmente, era reconhecido como argumento a ser deduzido pelo *réu*, como fundamento para desobrigar-se do cumprimento de uma norma inconstitucional.

Posteriormente, passou-se a admitir também o mecanismo para o *autor* de uma ação que, igualmente, pode postular, em seu pedido inicial ou em algum momento do processo, a declaração incidental de inconstitucionalidade de uma norma, para que não tenha de se sujeitar a seus efeitos.

Com a evolução do controle difuso, admite-se hoje pacificamente que, a questão da inconstitucionalidade deverá ser suscitada por meio de incidente, cuja iniciativa cabe a *qualquer das partes*, ao Ministério Público ou aos membros do órgão fracionário[37] até mesmo de ofício, em feitos de competência originária ou recursal.

Hoje se pode dizer que a argüição de inconstitucionalidade, pela via difusa ou de exceção, é efetivada não só como defesa, mas também por meio de diversas ações de natureza constitucional, como em *habeas corpus*, mandados de segurança, ações civis públicas ou outras ações de procedimento ordinário.

A inconstitucionalidade pode ser suscitada pelas partes, pelo Ministério Público, podendo ainda vir a ser reconhecida de ofício pelo juiz (por

---

37. Se a questão constitucional for suscitada nos Tribunais, forma-se um incidente, e o órgão fracionário do Tribunal remete a questão ao Pleno do Tribunal ou ao seu órgão especial, por força da regra da reserva do plenário (*full bench*) que também tem origem no direito norte-americano. Decidida a questão da constitucionalidade no Pleno ou no órgão especial, o processo retorna ao órgão fracionário, em que foi suscitado o incidente de argüição de inconstitucionalidade, para o julgamento do caso concreto à luz do entendimento firmado pelo Pleno relativamente à questão constitucional, à qual o órgão fracionário fica vinculado, e se incorpora ao julgamento do recurso ou da causa. Esta vinculação estende-se a todos os órgãos fracionários do Tribunal, extravasando os autos em que foi proferida, e passa a valer para todos os processos subseqüentes em tramitação no Tribunal, que envolvam a mesma questão constitucional. É também chamada de vinculação horizontal, já que, a despeito do Pleno transcender o caso concreto, ela não vincula outros Tribunais, mas somente o Tribunal julgador. Observe-se, finalmente, que caso a questão já tenha sido decidida pelo Supremo Tribunal Federal, o órgão fracionário do Tribunal de origem não necessita remeter a matéria a seu Pleno ou ao seu órgão especial, o que se justifica não só pela aplicação do princípio da economia processual, como também com o da segurança jurídica.

qualquer juiz) ou Tribunal.[38] Nos Tribunais, depende do voto da maioria absoluta de seus membros, ou do respectivo órgão especial, como está previsto no artigo 97 de nossa Constituição Federal – maioria que também se aplica no controle concentrado, como veremos mais adiante –, independentemente da alegação da parte.

A primeira nota que caracteriza o método difuso ou a argüição incidental de inconstitucionalidade (*incidenter tantum*), prejudicial ao exame de mérito, é exatamente a necessidade do caso concreto.

O procedimento judicial, a controvérsia, a decisão devem ser determinadas quanto a pessoas, ao objeto, à relação jurídica a ser examinada, aos fatos. O Poder Judiciário, neste caso, não decide em abstrato, é preciso o caso concreto.[39]

Pouco importa o tipo de processo ou de ação em que a parte está a litigar. O que se exige é que haja um conflito de interesses, uma pretensão resistida ou um ato concreto de uma autoridade que esteja a ameaçar ou lesar direitos da parte. O objeto do pedido não é o ataque à lei em si mesma, mas a proteção de um direito que seria por ela afetado.[40]

Luís Roberto Barroso[41] oferece-nos um exemplo da inconstitucionalidade de *norma tributária* e o método difuso de controle: "Suponha-se que um Município haja instituído um tributo sem observância do princípio da legalidade, e que um contribuinte se tenha recusado a pagá-lo. A autoridade municipal irá, então, autuá-lo, inscrever a dívida e instaurar um processo de execução de seu crédito tributário. O contribuinte, em sua defesa, poderá oferecer embargos de devedor, ou à execução, argumentando que a cobrança é fundada em lei inconstitucional. O objeto dessa ação de embargos é determinar se o tributo é devido ou não. Todavia, para formar sua convicção, o julgador terá de decidir, previamente, se a lei que criou o tributo é ou não constitucional. Esta é a questão prejudicial que subordina o raciocínio que ele precisa desenvolver. Estabelecida a premissa lógica da

---

38. Observe-se que, a cláusula de reserva de plenário apenas atinge os órgãos colegiados do Poder Judiciário, não impedindo, portanto, que o juiz monocrático, qualquer juiz, ainda que independentemente de provocação das partes litigantes, tenha competência para conhecer e declarar a inconstitucionalidade incidental da norma jurídica onde se funda a pretensão do autor ou do réu.
39. Conforme Themístocles Brandão Cavalcanti, *Do Controle da Constitucionalidade*, Rio de Janeiro, Forense, 1966.
40. O Supremo Tribunal Federal já inclusive sumulou a questão afirmando que não é possível, por intermédio de mandado de segurança impugnar uma "*lei em tese*". É preciso que haja, por exemplo, um ato administrativo de execução da lei que a parte repute inconstitucional. Em síntese, se a impugnação disser respeito à lei, deve-se utilizar outro caminho, que é a ação direta, com diversos legitimados e com outro *modus operandi*.
41. *O Controle de Constitucionalidade no Direito Brasileiro*, São Paulo, Saraiva, 2004, pp. 72 e 75.

decisão, ele julgará o mérito, condenando o contribuinte ao pagamento ou exonerando-o de fazê-lo, consoante tenha considerado a lei válida ou inválida".

E mais adiante observa: "Fazem parte da rotina forense, por exemplo, mandados de segurança nos quais o contribuinte procura preventivamente eximir-se do recolhimento de um tributo instituído por lei cuja constitucionalidade é questionável. Ou de *habeas-corpus* impetrado sob o fundamento de que a autoridade baseia a persecução penal em dispositivo (ou em interpretação que a ele se dá) inconstitucional".

A segunda nota que caracteriza o controle diz respeito aos *efeitos da decisão*. Como regra geral, os efeitos de qualquer sentença valem *somente para as partes* que litigam em juízo, não extrapolando os limites estabelecidos na demanda.

Outra questão diz respeito a que tipos de normas podem ser objeto de controle incidental de constitucionalidade. Ele pode ocorrer em relação a normas emanadas dos três níveis de poder, de qualquer hierarquia, inclusive anteriores à Constituição.

O Poder Judiciário, federal ou estadual, já que não existe poder judicial municipal no Brasil, poderá deixar de aplicar, se considerar a norma incompatível com a Constituição, lei federal, estadual ou municipal, bem como quaisquer atos normativos, ainda que secundários, como o regulamento, a resolução ou a portaria. É portanto bem ampla a possibilidade de controle nessa via, o que não ocorre com a mesma intensidade no controle concentrado, que tem suas especificidades, como veremos mais adiante.

Como afirmamos, qualquer juiz ou Tribunal pode conhecer da alegação de inconstitucionalidade em qualquer grau de jurisdição e em qualquer ação, mas é interessante observar como a matéria constitucional, *no controle difuso*, chega aos Tribunais Superiores, ou mesmo ao Supremo Tribunal Federal.

Pela estrutura constitucional de competências, no Brasil, a parte pode percorrer todo o Poder Judiciário e sua ação chegará, mediante recurso voluntário, ao Supremo Tribunal Federal. Nessa via, a parte lá chegará, se interpuser o competente *recurso extraordinário*[42] previsto no (art.102, III), da Constituição brasileira.

---

42. O art.102, III, da CF dispõe: "Compete ao Supremo Tribunal Federal, *precipuamente*, a guarda da Constituição, cabendo-lhe:... III – julgar, mediante *recurso extraordinário*, as causas decididas em única ou última instância, quando a decisão recorrida: a) contrariar dispositivo desta Constituição; b) declarar a inconstitucionalidade de tratado ou lei federal; c) julgar válida lei ou ato de governo local contestado em face desta Constituição; d) julgar válida lei local contestada em face de lei federal. Observa-se que o Supremo Tribunal Federal, tem competência originária e recursal". No caso desta última, trata-se da "última instância" para a parte, pois o Supremo é o órgão de cúpula do Poder Judiciário brasileiro.

Também pela sistemática processual brasileira é possível que a parte tenha de se valer – para chegar ao Supremo Tribunal Federal – de outros caminhos. Assim, por exemplo, pode ocorrer que a questão constitucional e, portanto, a violação à Constituição seja detectada em algum momento no curso da ação. Ocorrida esta hipótese, é preciso verificar que tipo de recurso detém a parte para fazer sua impugnação de modo a que a matéria possa chegar inclusive ao Supremo Tribunal Federal.

Chegando a causa ao Supremo Tribunal Federal, *pelo controle difuso*, este Tribunal, ao julgá-la, trata de reconhecer, ou não, a inconstitucionalidade do tema, fato que, por si só, não determina a expulsão da norma do sistema, pois, no caso, a coisa julgada restringe-se às partes do processo em que a inconstitucionalidade foi argüida.

Contudo, o Supremo Tribunal Federal deve comunicar a decisão ao Senado Federal que, no sistema brasileiro, é o órgão competente (art. 52, X da CF), para, por intermédio de uma resolução, suspender, no todo ou em parte, a execução da norma declarada inconstitucional pelo Supremo Tribunal Federal.

No momento em que a sentença declara que a lei é inconstitucional, no controle difuso realizado incidentalmente, produz efeitos pretéritos, atingindo a lei desde a sua edição, tornando-a nula de pleno direito. Produz, portanto, de regra, efeitos retroativos.

A pronúncia de nulidade da norma deve colhê-la desde o seu nascimento (natureza declaratória), limitando-se a reconhecer um vício preexistente. Ao reconhecer a norma como inconstitucional, deve o juiz eficácia retroativa à decisão, portanto, *ex tunc*.

Vejamos mais detidamente a questão dos efeitos da decisão na via incidental.

## 4.4 Os efeitos da decisão no controle difuso da constitucionalidade (via de exceção)

Como vimos, o controle incidental de constitucionalidade é exercido no desempenho regular da função jurisdicional. Instaurado um processo, por iniciativa do autor, e após a citação do réu, cabe ao juiz ouvir os argumentos das partes e, observado o devido processo legal, produzir uma sentença que ponha termo ao litígio. Um processo de conhecimento típico resultará na prolação de uma sentença de mérito, por via da qual o órgão judicial acolherá ou rejeitará, no todo ou em parte, o pedido formulado.[43]

---

43. Conforme Luís Roberto Barroso, ob. cit., pp. 86 e ss.

Transitada em julgado a decisão, isto é, não sendo mais impugnável por via de recurso, reveste-se ela da autoridade da coisa julgada. Sua eficácia subjetiva, no entanto, é limitada às partes do processo, sem afetar terceiros (CPC, art. 472). Por outro lado, o objeto da causa é demarcado pelo pedido formulado, não podendo o pronunciamento judicial estender-se além dele. Portanto, a eficácia objetiva da coisa julgada é limitada ao que foi pedido e decidido, sendo certo que é a parte dispositiva da sentença (CPC, art. 458), na qual se contém a resolução das questões postas, que recebe a autoridade da coisa julgada.

O direito brasileiro sempre situou a norma inconstitucional no campo da nulidade, inclusive por influência da doutrina norte-americana (*is as though it never existed*). Lei inconstitucional é lei nula, é lei írrita, nula e não apenas anulável.[44]

Desse modo, tanto no direito brasileiro, como no americano, neste particular aspecto da declaração incidental de inconstitucionalidade decorre, para o caso concreto, a nulidade do ato e, por isso, a decisão judicial fulmina a relação jurídica fundada no ato viciado desde o seu nascimento, continuando, todavia, a lei a vigorar e a produzir efeitos em relação a outras situações, a menos que, do mesmo modo, haja a provocação da tutela judicial pelos interessados.[45]

Julgada a ação, nesta *via incidental*, pelo Supremo Tribunal Federal[46] e reconhecida a inconstitucionalidade pelo Poder Judiciário, surge um outro ator nesse cenário. Como vimos, o artigo 52, X, da Constituição Federal, dispõe que compete privativamente ao Senado Federal suspender a execução, no todo ou em parte, de lei declarada inconstitucional por decisão definitiva do Supremo Tribunal Federal, por meio de resolução.

---

44. Alfredo Buzaid, *Da Ação Direta de Inconstitucionalidade no Direito Brasileiro*, São Paulo, Saraiva, 1958, p. 128.

45. Conforme Clèmerson Merlin Clève, *A Fiscalização Abstrata da Constitucionalidade no Direito Brasileiro*, 2ª ed., São Paulo, Ed. RT, 2000, pp. 113 e ss.

46. Ressalte-se que o artigo 97 da Constituição Federal brasileira exige para a declaração de inconstitucionalidade de lei ou ato normativo um *quorum* especial, também denominado de "reserva do plenário", a exigir, a presença na sessão de pelo menos oito (8) Ministros, sendo que proclamar-se-á a constitucionalidade ou a inconstitucionalidade em um ou em outro sentido se tiverem manifestado pelo menos seis (6) Ministros, que é a maioria absoluta do Supremo Tribunal Federal, composto de onze (11) Ministros. A Lei n. 9.868, de 10.11.1999, que dispõe sobre o processo e julgamento da ação direta de inconstitucionalidade e da ação declaratória de constitucionalidade perante o Supremo Tribunal Federal, *controle concentrado* portanto, repete a regra acima referida em seus artigos 22 e 23. De outra parte, o Regimento Interno do Supremo Tribunal Federal, em seu artigo 143 dispõe que "o Plenário, que se reúne com a presença mínima de seis Ministros, é dirigido pelo Presidente do Tribunal", e em seu parágrafo único, que se exige "*quorum* para votação de matéria constitucional e para a eleição do Presidente e do Vice-Presidente, dos membros do Conselho Nacional da Magistratura e do Tribunal Superior Eleitoral é de oito (8) Ministros".

Qual a razão dessa competência? A explicação lógica de sua participação nesse processo diz respeito à extensão dos efeitos da decisão. Como a decisão no *controle difuso só alcança as partes*, o mecanismo teve o objetivo histórico, desde 1934, de prevenir a reprodução de demandas idênticas ou similares.[47] Desse modo, justificar-se-ia a participação do Senado Federal no controle difuso, pois a finalidade da suspensão da lei declarada inconstitucional visa a conferir efeitos *erga omnes* a uma decisão que vale apenas para as partes litigantes.[48]

Há diversas controvérsias doutrinárias acerca da natureza e do alcance dessa competência do Senado Federal. Discute-se quanto ao caráter vinculado ou discricionário do ato praticado pelo Senado; se há prazo para o exercício dessa competência; a extensão de sua competência; que tipos de atos normativos podem ou devem ser suspensos pela resolução; e, finalmente, quais são os efeitos dessa decisão.

Não é o caso de entrar a fundo em cada uma dessas polêmicas questões. Basta assinalar a posição que adotamos e porque a defendemos.

Preliminarmente, em relação ao caráter vinculado ou discricionário da decisão do Senado Federal. Há quem entenda, como Celso Ribeiro Bastos, que cabe ao Senado Federal examinar *apenas* se ocorreram os pressupostos constitucionais da declaração de inconstitucionalidade, não podendo, contudo, se furtar à suspensão da lei declarada inconstitucional pelo Supremo, desde que verificados os requisitos para tanto.[49]

Já para corrente diversa, não pode o Senado ter um papel de mero chancelador das decisões do Supremo Tribunal Federal, cabendo-lhe avaliar, política e juridicamente – critério de conveniência e oportunidade –

---

47. A razão histórica dessa competência é explicada por Barroso (ob. cit.), para quem transplantamos do direito norte-americano o modelo incidental e difuso, mas lá as decisões dos tribunais são vinculantes para os demais órgãos judiciais sujeitos à sua competência revisional. Isso é válido inclusive, e especialmente, para os julgados da Suprema Corte. Desse modo, o juízo de constitucionalidade por ela formulado, embora relativo a um caso concreto, produz efeitos gerais. Não assim, porém, no caso brasileiro, onde a tradição romano-germânica vigorante não atribui eficácia vinculante às decisões judiciais, nem mesmo às do Supremo Tribunal Federal. Isso tudo, remarque-se, no controle difuso e incidental, já que no controle concentrado, diversa é a solução da questão, como teremos oportunidade de observar.

48. O que não ocorre no controle concentrado ou abstrato, pois neste último, a decisão do Supremo Tribunal Federal tem eficácia contra todos (*erga omnes*) e, em alguns casos, como veremos, ainda, efeitos vinculantes.

49. *Revista de Direito Público*, vol. 22. Há quem professe opinião divergente, entendendo presente o caráter discricionário da atividade do Senado. Para esta corrente, o Senado avalia a conveniência e a oportunidade da suspensão da eficácia do ato normativo tachado de inconstitucional pelo Supremo Tribunal Federal. Pode assim, deixar de determinar, ou mesmo postergar, a seu exclusivo critério e a sua suspensão.

portanto, de discricionariedade – se e quando suspende a norma julgada inconstitucional pelo Supremo Tribunal Federal.

Acreditamos que qualquer interpretação constitucional não pode ser feita de modo a esvaziar o conteúdo de qualquer de suas prescrições. Dúvidas não pairam acerca do papel do Supremo Tribunal Federal, enquanto guardião principal (não exclusivo), da Constituição. Assim, há que prestigiar-se a *jurisdição constitucional*, conferindo-lhe valor e eficácia às suas decisões.

Entretanto, é a mesma Constituição que atribui competência ao Senado Federal para: "suspender a *execução*, no todo ou em parte, de lei declarada inconstitucional por decisão definitiva do Supremo Tribunal Federal". Parece-nos que o Senado não está obrigado a suspender a execução da lei na mesma extensão da declaração efetivada pelo Supremo Tribunal Federal.

Entendemos que existe discrição do Senado ao exercitar essa competência. Trata-se sim de ato discricionário – não arbitrário. O Senado avalia a conveniência e a oportunidade da suspensão da eficácia do ato normativo tachado de inconstitucional pelo Supremo Tribunal Federal. Assim sendo, pode deixar de determinar, ou mesmo postergar, a seu exclusivo critério, a sua suspensão.

Aliás, os exemplos existem nesse sentido. Por ocasião do julgamento pelo Supremo Tribunal Federal da inconstitucionalidade do FINSOCIAL, no RE 150.764-1, entendeu o Senado, que a suspensão acarretaria "profunda repercussão na vida econômica do país, notadamente em momento de acentuada crise do Tesouro Nacional e da congregação de esforços no sentido da recuperação da economia nacional", postergando a suspensão da decisão e, portanto, do pretendido efeito *erga omnes*.[50]

Quanto às outras questões remanescentes, parece não haver tanta polêmica. Apesar do termo "lei" previsto no artigo 52, X, a interpretação do

---

50. Por outro lado, reconhecemos que a ausência de um prazo fixo para que o Senado exerça essa competência constitucional vem causando sérios transtornos à jurisdição constitucional no Brasil. Lamentavelmente, aquele órgão legislativo, no exercício dessa relevante função, não raras vezes, leva anos e anos para suspender os efeitos e, assim, a execução de normas declaradas inconstitucionais pelo Supremo Tribunal Federal. Evidentemente, a ausência do exercício dessa competência, na prática, significa que uma lei já declarada inconstitucional pelo Supremo Tribunal Federal pode continuar a ser aplicada pelos demais Tribunais do país, acarretando o congestionamento e a litigiosidade da matéria constitucional. Também é verdade que o problema é minorado quando os mecanismos de controle concentrado são fortalecidos, na medida em que, naquelas hipóteses, o Supremo prescinde da manifestação do Senado, podendo inclusive – como veremos – decidir com efeito vinculante, em dadas circunstâncias, ou até mesmo com efeito *erga omnes*, não enviando sua decisão ao Senado.

dispositivo tem sido extensiva, para incluir todos os atos normativos de quaisquer dos três níveis de poder, o Senado também suspende, portanto, atos estaduais e municipais julgados inconstitucionais pelo Supremo Tribunal Federal em sede de controle difuso.

Finalmente, em relação à *atribuição de efeitos* à suspensão do ato normativo *pelo Senado*, também há forte polêmica doutrinária. Entendemos que a partir da suspensão realizada pelo Senado é que a *lei* perde a sua eficácia, o que nos leva a admitir o seu caráter constitutivo. A lei, até aquele momento, existiu e, portanto, obrigou, criou direitos, deveres, com toda a sua carga obrigacional. Deste modo, a decisão tem efeitos *ex nunc*, já que a decisão do Senado implica suspensão da eficácia do ato normativo e não sua revogação.[51]

Entretanto, e para finalizar esse tópico, é preciso reconhecer, como o faz com acerto Luís Roberto Barroso, que toda essa discussão do papel do Senado no controle difuso perdeu muito sua força. Isso porque, com a criação da ação genérica de inconstitucionalidade, a partir de 1965 e com as sucessivas alterações no controle de constitucionalidade, operadas a partir de 1988, com a Constituição, e posteriormente, com suas diversas Emendas Constitucionais, uma decisão do Supremo Tribunal Federal, seja em controle incidental, seja no controle abstrato (concentrado), deve ter, na prática, "o mesmo alcance e produzir os mesmos efeitos".

É dizer, ainda que possamos reconhecer a manutenção e a subsistência formal do método difuso de controle da constitucionalidade no Brasil, com a introdução e o fortalecimento do controle concentrado – que veremos a seguir –, feita essa opção legislativa, parece lógico que as decisões do Supremo Tribunal Federal acabem prevalecendo no tema da inconstitucionalidade e que operem com a máxima eficácia no sistema.[52]

Afirma Luís Roberto Barroso:[53] "Uma decisão do Pleno do Supremo Tribunal Federal, seja em controle incidental ou em ação direta, deve ter o mesmo alcance e produzir os mesmos efeitos. Respeitada a razão histórica

51. Em sentido contrário, *v.g.*, Luís Roberto Barroso, para quem, a atribuição dos efeitos dá-se *ex-tunc*, pelo ato normativo do Senado.
52. Com isso, não estamos a afirmar que essa opção foi a mais acertada para a defesa da Constituição brasileira e dos direitos fundamentais dos indivíduos. Muito ao contrário, no passado e até hoje, sempre nos posicionamos criticamente na matéria. Afirmamos, em mais de uma oportunidade, que a adoção de um *critério misto* de controle de constitucionalidade, com *preponderância notória* para o controle concentrado e abstrato, causaria perplexidades e anacronismos no sistema de controle de constitucionalidade. Não há, até de uma perspectiva puramente lógica, como fortalecer e prestigiar um método (concentrado) e ter a ilusão de gozar das vantagens integrais do outro (difuso). Foi o que desenvolvemos com mais profundidade no artigo intitulado: "A Ação Declaratória de Constitucionalidade – Inovação Infeliz", *Revista da Procuradoria Geral do Estado de São Paulo*, vol. 39, 1993.
53. Ob. cit., p. 92.

da previsão constitucional quando de sua instituição em 1934, já não há mais razão lógica razoável em sua manutenção. Também não parece razoável e lógica, com a vênia devida aos ilustres autores que professam entendimento diverso, a negativa de efeitos retroativos à decisão plenária do Supremo Tribunal Federal que reconheça a inconstitucionalidade de uma lei. Seria uma demasia, uma violação ao princípio da economia processual, obrigar um dos legitimados do artigo 103 a propor ação direta para produzir uma decisão que já se sabe qual é!

"Por evidente, o reconhecimento da inconstitucionalidade – seja em controle abstrato, seja pela extensão dos efeitos da decisão em concreto – não afeta, direta e automaticamente, todas as situações preexistentes. Em nome da segurança jurídica, da justiça ou de outros valores constitucionais, haverá hipóteses protegidas pela coisa julgada, pela boa-fé, pela prescrição ou decadência ou outros bens e interesses que imponham ponderação, como já admitido pela jurisprudência do Supremo Tribunal mesmo antes das inovações legislativas que permitiram a declaração de inconstitucionalidade sem a pronúncia de nulidade."

Mas o leitor, sobretudo estrangeiro, deve estar se perguntando. Afinal, como decide o Poder Judiciário, em especial o Supremo Tribunal Federal brasileiro quando, *no controle difuso*, julga uma norma inconstitucional, afastando-a da aplicação para as partes litigantes?

A resposta é clara. Como regra geral, aplica-se integralmente a teoria tradicional. A decisão, via de regra, tem eficácia *retroativa*, colhendo a lei no seu nascedouro, é dizer, os efeitos são *ex tunc*.

É o que se vê de vários julgados. Ilustrativamente vejamos algumas ementas:

1) No RE 431.996-AgR-AM, relator o Min. Carlos Velloso, julgado em 30.8.2005, 2ª Turma, reconheceu-se a inconstitucionalidade de uma gratificação concedida com base em uma lei estadual. Disse o Relator na ementa do julgado: "*A lei inconstitucional nasce morta. Em certos casos*, entretanto, os efeitos devem ser mantidos, em obséquio, sobretudo ao princípio da boa-fé, viram-se convalidados pela CF/88".

2) No AI 533.800-AgR-RJ, relator o Min. Eros Grau, julgado em 16.8.2005, 1ª Turma, reconheceu-se a inconstitucionalidade da alíquota progressiva do IPTU,[54] afirmando o Relator da decisão: "a jurisprudência da Corte é firme em reconhecer a inconstitucionalidade *retroativa* dos preceitos atacados, impondo-se, conseqüentemente, a repetição dos valores pagos indevidamente".

---

54. Vide item *2.3 Competência tributária dos Municípios*, A – "1) Tributação da propriedade urbana", neste trabalho.

3) No *Habeas Corpus* 77.734-SC, relator o Min. Néri da Silveira, julgado em 4.11.1998, Tribunal Pleno, foi reconhecida a inconstitucionalidade *incidenter tantum*, do parágrafo único do artigo 11 da Lei n. 9.636/ 1998, que tratava de anistia de delitos de omissão de repasse de contribuições previdenciárias, por vício formal, com eficácia *ex tunc*.

4) Na Ação Cautelar 661-MG, relator o Min. Celso de Mello, julgado em 8.3.2005, 2ª Turma, foi reconhecida a inconstitucionalidade da incidência do ISS – Imposto sobre Serviços na locação de veículos automotores.

5) Na AgR 474.335-RJ, relator o Min. Eros Grau, julgado em 30.11.2004, foi reconhecida a inconstitucionalidade da taxa de iluminação pública por ter fato gerador um serviço inespecífico, não mensurável, indivisível e insuscetível de ser referido a determinado contribuinte, a ser custeado por meio do produto da arrecadação dos impostos gerais. Efeitos *ex-tunc*.

Ressalte-se que em determinadas hipóteses, marcadas por excepcionalidade, ainda no controle *difuso* de constitucionalidade, é possível dar efeitos *ex nunc* (*pro futuro*) à declaração incidental de inconstitucionalidade.

Foi o que ocorreu, por exemplo, no Supremo Tribunal Federal, que no RE 266.994-SP, relator o Min. Maurício Corrêa, julgado em 31.3.2004, reconheceu-se *excesso do poder de legislar* em um determinado Município, para declarar determinada norma municipal inconstitucional – por violação ao princípio da razoabilidade e da isonomia. No caso em exame, reconheceu-se a presença de uma excepcionalidade "em que a declaração de nulidade, com seus efeitos normais *ex tunc*, resultaria em grave ameaça a todo o sistema legislativo vigente. Prevalência do interesse público para assegurar, *em caráter de exceção, efeitos 'pro futuro'* à declaração de inconstitucionalidade".

Por fim, registre-se que a Lei n. 9.868, de 10.11.1999, que dispõe sobre o processo e julgamento da *ação direta de inconstitucionalidade* e da *ação declaratória de constitucionalidade* perante o Supremo Tribunal Federal, portanto, *controle concentrado, abstrato de constitucionalidade*,[55] prevê, em seu artigo 27, um comando genérico ao dispor: "Art. 27. Ao declarar a inconstitucionalidade de lei ou ato normativo e tendo em vista razões de *segurança jurídica* ou *de excepcional interesse social*, poderá o Supremo Tribunal Federal, por maioria de dois terços de seus membros, *restringir os efeitos daquela declaração ou decidir que ela só tenha eficácia a partir de seu trânsito em julgado ou de outro momento que venha a ser fixado*".

Como vimos, o Supremo Tribunal Federal, no controle difuso de constitucionalidade, continua a afirmar a tese da nulidade da lei inconstitucional, abrindo exceções quanto à limitação dos efeitos.

---

55. Assunto que cuidaremos logo a seguir.

Esse tema é muito delicado e de difícil equacionamento em um sistema como o brasileiro que adota um sistema misto de controle da constitucionalidade no qual convivem – não sem conflitos ou problemas – ambos os sistemas – o difuso e o concentrado.

Aqueles que defendem a mitigação dos efeitos da declaração de inconstitucionalidade recordam que mesmo o sistema norte-americano, o modelo referência da nulidade da lei inconstitucional admite, em casos determinados, até mesmo a pura declaração de inconstitucionalidade com efeitos exclusivamente *pro futuro*.

Durante décadas o Supremo Tribunal Federal não admitia – salvo raríssimas hipóteses – limitar os efeitos da inconstitucionalidade no controle difuso. Mais recentemente, seja em razão de alguns casos emblemáticos, seja em razão da previsão da Lei n. 9.868 que não cuida do controle difuso, mas que enfrenta o problema de frente; é certo que começa a esboçar-se, senão uma doutrina, uma jurisprudência incipiente que pretende institucionalizar essas excepcionalidades.

É o que se vê, por exemplo, do longo voto proferido na Petição de Medida Cautelar 2.859-MC-SP, julgado em 6.4.2004, do Supremo Tribunal Federal, no qual o relator, Min. Gilmar Mendes, tece longas considerações acerca do problema, lembrando que mesmo o direito norte-americano admite tais limitações.

Chega, no essencial, às seguintes conclusões:

1) o sistema difuso ou incidental mais tradicional do mundo passou a admitir a mitigação dos efeitos da declaração de inconstitucionalidade e, em casos determinados, acolheu até mesmo a pura declaração de inconstitucionalidade com efeitos exclusivamente *pro futuro*;

2) o modelo difuso não se mostra incompatível com a doutrina da limitação de efeitos;

3) se o sistema constitucional legitima a declaração de inconstitucionalidade restrita no controle abstrato, esta decisão poderá afetar, igualmente, os processos do modelo concreto ou incidental de normas;

4) é possível de ser adotada a orientação do direito português. O Supremo Tribunal Federal, tendo em vista os próprios fundamentos legitimadores da restrição de efeitos, poderá declarar a inconstitucionalidade com efeitos limitados, fazendo, porém, a ressalva dos casos já decididos ou dos casos pendentes até um determinado momento. É o que ocorre no sistema português, onde o TC ressalva, freqüentemente, os efeitos produzidos até a data da publicação da declaração de inconstitucionalidade no Diário da República ou, ainda, acrescenta no dispositivo que são excetuadas aquelas situações que estejam pendentes de impugnação contenciosa;

5) é possível o Supremo Tribunal Federal, ao apreciar o recurso extraordinário, declarar a inconstitucionalidade com efeitos limitados. Tal limitação seria uma conseqüência inerente ao controle judicial de constitucionalidade;[56]

6) havendo eventual conflito entre o princípio da nulidade e o princípio da segurança jurídica, que entre nós tem *status constitucional*, a solução da questão há de ser, igualmente, levada a efeito em um processo de complexa ponderação;

7) o direito brasileiro jamais aceitou a idéia de que a nulidade da lei importa na eventual nulidade de todos os atos que com base nela viessem a ser praticados;

8) concede-se proteção ao ato singular, em homenagem ao princípio da segurança jurídica, procedendo-se à diferenciação entre o efeito da decisão no plano normativo e no plano do ato singular mediante a utilização das chamadas fórmulas de preclusão. Assim, os atos praticados com base na lei inconstitucional que não mais se afigurem suscetíveis de revisão não são afetados pela declaração de inconstitucionalidade;

9) razões de segurança jurídica podem obstar à revisão do ato praticado com base na lei declarada inconstitucional;

10) o princípio da segurança jurídica encontra expressão no próprio princípio do Estado de Direito.

Por fim, afirma o Ministro em seu voto: "O que importa assinalar é que, consoante a interpretação aqui preconizada, o princípio da nulidade somente há de ser afastado se se puder demonstrar, com base numa ponderação concreta, que a declaração de inconstitucionalidade ortodoxa envolveria o sacrifício da segurança jurídica ou de outro valor constitucional materializável sob a forma de interesse social. Portanto, o princípio da nulidade continua a ser a regra também no direito brasileiro. O afastamento de sua incidência dependerá de um severo juízo de ponderação que, tendo em vista análise fundada no princípio da proporcionalidade, faça prevalecer a idéia de segurança jurídica ou outro princípio constitucional relevante manifestado sob a forma de interesse social relevante".

Para o leitor estrangeiro parece interessante ainda lembrar – de passagem – que no sistema difuso de controle de constitucionalidade no Brasil, diversas são as possibilidades para a parte discutir o tema.

Como já alertamos, o tema pode ser suscitado por qualquer parte, em qualquer grau de jurisdição, perante qualquer juiz, em qualquer ação. En-

---

56. Recorde-se por oportuno, que no direito norte-americano, as decisões não são proferidas para que possam servir de precedentes para o futuro, mas antes, para solver as disputas entre os litigantes. A utilização do *precedent* em casos posteriores é uma decorrência incidental. Os *precedents* não são lá aplicados de forma automática.

tretanto, há algumas ações em que essa defesa é mais comum. São ações mais propícias à defesa de direitos, nas quais de um lado encontramos a autoridade pública, praticando uma ilegalidade ou um abuso de poder.

Assim, é de ser lembrado, o *mandado de segurança*[57] e o *mandado de injunção*,[58] ambas ações de natureza constitucional. Os dois instrumentos estão destinados à garantia de direitos subjetivos, concretamente considerados, sejam eles individuais ou coletivos.

Por meio do mandado de segurança, o impetrante busca proteção contra ato ou ameaça de ato ilegal de autoridade, lesivo de direito assegurado por norma auto-aplicável, mas que, no seu entender, está sendo desrespeitada pelo Poder Público.[59]

No mandado de injunção cabe ao impetrante demonstrar que a Constituição Federal lhe deferiu direito, cujo exercício está sendo obstado pela falta de norma que o regulamente. Se o direito provém de artigo da Constituição auto-aplicável, ou pode ser inferido com recurso à analogia, não cabe mandado de injunção, mas mandado de segurança.

57. O artigo 5º, inciso LXIX, da CF afirma: "conceder-se-á mandado de segurança para proteger direito líquido e certo, não amparado por *habeas corpus* ou *habeas data*, quando o responsável pela ilegalidade ou abuso de poder for autoridade pública ou agente de pessoa jurídica no exercício de atribuições do Poder Público". E o inciso LXX: "o mandado de segurança *coletivo* pode ser impetrado por: a) partido político com representação no Congresso Nacional; b) organização sindical, entidade de classe ou associação legalmente constituída e em funcionamento há pelo menos 1 ano, em defesa dos interesses de seus membros ou associados".

58. O artigo 5º, inciso LXXI dispõe: "conceder-se-á mandado de injunção sempre que a falta de norma regulamentadora torne inviável o exercício dos direitos e liberdades constitucionais e das prerrogativas inerentes à nacionalidade, à soberania e à cidadania". Criado com o objetivo de minorar o grave problema da omissão do legislador para tornar eficazes os direitos constitucionais assegurados, lamentavelmente o Supremo Tribunal Federal interpretando e aplicando essa garantia foi extremamente tímido, o que contribuiu decisivamente para o seu desprestígio. Para aprofundamentos, vide o nosso trabalho *O Mandado de Injunção e a Inconstitucionalidade por Omissão*, São Paulo, Ed. RT, 1991 (esgotado).

59. Dissertando a respeito do mandado de segurança em matéria tributária, Lúcia Valle Figueiredo, expõe que a sentença concessiva, no mandado de segurança, faz coisa julgada material. Todavia, se denegatória, pode fazer ou não. Afirma ainda, a ilustre professora, em relação à *inconstitucionalidade* o seguinte: "se o devedor, pólo passivo da relação jurídica, não deve pagar o tributo, uma vez que o mesmo é desconforme com a Constituição, isso implica a prestação judicial negar a relação jurídica instaurada por força de lei inconstitucional. Embora a declaração de inconstitucionalidade, feita pela via de exceção, seja apenas *incidenter tantum*, atinge ela a relação jurídica instaurada entre o Fisco e contribuinte ou contribuintes que se encontrarem no pólo passivo. Não seria crível que a ordem judicial fosse limitada a um mês, ou mesmo a um exercício. Isso seria retirar toda a força da garantia constitucional e possibilitar ao mesmo agente público a renovação da constrição. Inclusive com desrespeito à coisa julgada". Na obra, *Estudos de Direito Tributário*, São Paulo, Malheiros Editores, 1996, p. 71.

Ressalte-se ainda que o mandado de segurança *coletivo* foi uma conquista da Constituição de 1988. Por seu intermédio, já interpretado segundo a visão da jurisprudência do Supremo Tribunal Federal e do Superior Tribunal de Justiça,[60] os interesses defendidos – pelas entidades de classe – devem ser típicos da coletividade que compõe a entidade de classe.

Assim, *v.g.*, a Ordem dos Advogados do Brasil não teria legitimidade para ajuizar mandado de segurança coletivo postulando eximir todos os advogados de pagar imposto de renda – obrigação que não é específica da classe –, mas poderia contestar a validade de taxa hipoteticamente incidente sobre a retirada dos autos de cartório.

Também em relação aos partidos políticos, entende a jurisprudência dos Tribunais brasileiros estendido o requisito da pertinência. Neste sentido, o STJ decidiu, ao julgar partido político carente de legitimidade para impetrar mandado de segurança coletivo em favor de titulares de benefícios previdenciários. Os interesses a serem defendidos – segundo o entendimento jurisprudencial – devem ser atinentes a finalidades político-partidárias.

Não compactuamos com tal entendimento. Como os partidos políticos são peças fundamentais na defesa da democracia, a jurisprudência poderia ter sido mais abrangente e generosa para reconhecer neles um maior espectro de legitimidade na defesa dos chamados interesses difusos da sociedade.

Há ainda casos mais raros, nos quais são utilizadas a *ação popular*,[61] também ação de natureza constitucional para impugnar, em casos concretos, matérias *com reflexo constitucional*. Lembramos um caso de um contribuinte que ajuizou ação popular visando anular ato do Governador do Estado de São Paulo, em que este havia contemplado exclusivamente o setor de bares e restaurantes com anistia fiscal referente à sua dívida tributária. Tendo o cidadão reputado este ato anti-isonômico, ilegal portanto, e causador de dano ao erário público, propôs ação popular em matéria tributária com o objetivo de anular tal ato de anistia fiscal.

Finalmente no âmbito do controle difuso, lembramos a utilização da ação civil pública,[62] de natureza infraconstitucional, como instrumento

---

60. O Superior Tribunal de Justiça, constituído pelo artigo 104 da CF é o mais elevado Tribunal jurisdicional do País no que toca à interpretação do direito federal em brevíssima síntese, com ampla competência para resolver conflitos e uniformizar os temas federais. Não se confunde com o Supremo Tribunal Federal, órgão de cúpula do Poder Judiciário, guardião precípuo da Constituição.
61. A ação popular, prevista no artigo 5º, inciso LXXIII, da CF dispõe: "qualquer cidadão é parte legítima para propor ação popular que vise a anular ato lesivo ao patrimônio público ou de entidade de que o Estado participe, à moralidade administrativa, ao meio ambiente e ao patrimônio histórico e cultural, ficando o autor, salvo comprovada má-fé, isento de custas judiciais e do ônus da sucumbência".
62. A ação civil pública, prevista na Lei n. 7.347/1985, disciplina a responsabilidade por danos causados ao meio ambiente, ao consumidor, a bens e direitos de valor artístico,

adequado e idôneo de controle incidental de constitucionalidade, pela via difusa, de quaisquer leis ou atos do Poder Público, mesmo quando contestados em face da Constituição da República.[63]

Passamos agora a verificar o controle concentrado (abstrato) de constitucionalidade no Brasil.

## 5. A fiscalização abstrata da constitucionalidade no direito brasileiro

Partiremos da Constituição de 1988 para analisar o tema da fiscalização abstrata da constitucionalidade no direito brasileiro.

Em comparação com o regime anterior (Constituição de 1967/1969), o tema sofreu grande evolução.

Como vimos, a Constituição de 1988 manteve o controle difuso e concentrado de constitucionalidade, reforçando paulatinamente este último, ampliou a lista de entes e órgãos legitimados a provocar e propor a ação direta de inconstitucionalidade, anteriormente competência privativa do Procurador-Geral da República. Ademais, previu a instituição, no âmbito estadual, da representação de inconstitucionalidade de leis ou atos normativos estaduais ou municipais em face da Constituição estadual (art. 125).

Já mais recentemente, em razão da aprovação da Emenda Constitucional n. 45 de 2004,[64] passou a considerar como legitimados para a ação declaratória de constitucionalidade os mesmos sujeitos que detêm legitimação para a ação direta de inconstitucionalidade.

Recordando, temos no conjunto:

a) ação direta de inconstitucionalidade (por ação ou omissão);[65]

---

estético, histórico, turístico e paisagístico e, em seu artigo 21, estabelece: "aplicam-se à defesa dos direitos e interesses difusos, coletivos e individuais, no que for cabível, os dispositivos do Código de Defesa do Consumidor".

63. Nesse sentido, *inter-plures*, *Informativo* 212 do Supremo Tribunal Federal (RCL 1.733), rel. Min. Celso de Mello.

64. Por força da EC n. 45/2004, as decisões definitivas de mérito, proferidas pelo Supremo Tribunal Federal, nas ações diretas de inconstitucionalidade e nas ações declaratórias de constitucionalidade produzirão eficácia contra todos e *efeito vinculante*, relativamente aos demais órgãos do Poder Judiciário e à administração pública direta e indireta, nas esferas estadual e municipal.

65. Há ainda a ação direta *interventiva*, prevista no artigo 36, III, mas dela não cuidaremos porque se trata muito mais de um mecanismo para preservação, mediante intervenção, dos princípios sensíveis da Constituição, violados por entidades federadas, que uma forma de inconstitucionalidade genérica. Basta assinalar que a intervenção federal consiste em mecanismo excepcional de limitação da autonomia do Estado-membro. Destina-se ela à preservação da soberania nacional, do pacto federativo e dos princípios constitucionais sobre os quais se erige o Estado Democrático de Direito. Trata-se de uma ação anômala e especial. Não se encarta como um meio de controle abstrato de constitucionalidade. Versa um litígio constitucional, de uma relação processual contraditória, contrapondo a União e

b) ação declaratória de constitucionalidade (introduzida pela Emenda Constitucional n. 3, de 17.3.1993);
   c) a argüição de descumprimento de preceito fundamental (ADPF), decorrente da Constituição.
   Vejamos isoladamente cada uma das hipóteses.

   *1) Inconstitucionalidade por ação* que ocorre com a produção de atos legislativos ou administrativos que contrariem normas ou princípios da Constituição Federal ou das Constituições estaduais. É o que encontramos nos artigos 102, I, "a"; 103, § 3º; 125, § 2º, todos da Constituição, sendo atacada mediante *ação direta de inconstitucionalidade* (ADI) por ação, federal ou estadual.

   São legitimados para a propositura da ação direta de inconstitucionalidade: o Presidente da República, a Mesa do Senado Federal, a Mesa da Câmara dos Deputados, a Mesa de Assembléia Legislativa, o Governador do Estado, o Procurador-Geral da República, o Conselho Federal da Ordem dos Advogados do Brasil, partido político com representação no Congresso Nacional, confederação sindical ou entidade de classe de âmbito nacional, a Mesa da Câmara Legislativa e o Governador do Distrito Federal.

   O Supremo Tribunal Federal, ao analisar e interpretar o tema da legitimação dos interessados nesta ação direta, firmou o entendimento que alguns deles devem demonstrar *interesse* na aludida ação, em relação à sua *finalidade institucional*. São eles: a) confederação sindical ou entidade de classe de âmbito nacional; b) Mesa da Assembléia Legislativa e Governador do Estado. Considera o STF esses autores interessados especiais, que devem demonstrar o interesse na propositura da ação relacionado à sua finalidade institucional.[66] Já os demais são legitimados universais e não necessitam demonstrar pertinência temática.[67]

---

Estado-membro, cujo desfecho pode resultar em intervenção federal. Vide os artigos 34 e 36 da CF brasileira.
   66. Firmou o STF a jurisprudência no sentido de que entidade de classe é toda entidade que é constituída por associados, isto é, por pessoas físicas que integram a classe e não pelas chamadas "associações de associações". Estas são associações federais e são integradas por associações estaduais. Então, neste caso, não entidade de classe, porque essas associações estaduais se associam de forma confederativa compondo uma associação federal. Ademais, com referência ao problema de que estas entidades deverão ter âmbito nacional, fixou-se, pelo princípio da analogia, que, à semelhança do que ocorre com os partidos políticos, essas entidades de classe terão que ter como membros entidades estaduais que pertençam a pelo menos nove Estados. Em julgado mais recente, contudo alterou-se o entendimento para admitir a "associação de associação", ADI 3.153 AGR-DF. Também aceita o STF que por "entidade de classe" deve ser entendido, de regra, categoria profissional. Já em relação às entidades sindicais, dá-se legitimação às confederações, que são compostas de associações.
   67. O objeto da ação direta de inconstitucionalidade deve guardar relação de pertinência com a atividade de representação da confederação ou da entidade de classe de

Trata-se da clássica *ação direta de inconstitucionalidade*. Ação direta genérica, meio especial de provocação da jurisdição constitucional. Afirma Clèmerson Merlin Clève,[68] monografista do tema: "Trata-se, porém, de ação que inaugura um 'processo objetivo'. Um 'processo' que se materializa do mesmo modo que os demais, como instrumento da jurisdição (constitucional concentrada); por meio dele será solucionada uma questão constitucional. Não pode ser tomado, entretanto, como meio para a composição de uma lide. É que, sendo 'objetivo', inexiste lide no processo inaugurado pela ação direta genérica de inconstitucionalidade. Não há, afinal, pretensão resistida...

"Em vista disso, em geral, os legitimados ativos da ação direta não buscam, precipuamente, com a provocação do órgão exercente da jurisdição constitucional concentrada, a tutela de um direito subjetivo, mas sim a defesa da ordem constitucional objetiva (interesse genérico de toda a coletividade)."

O que se busca através da ação direta de inconstitucionalidade genérica é o controle de constitucionalidade de ato normativo em tese, *abstrato*, marcado pela *generalidade, impessoalidade e abstração*, ao contrário do que ocorre no controle difuso, como já vimos.

Na ação direta, cabe ao autor apontar os atos infraconstitucionais que considera inconstitucionais, incompatíveis com a Constituição e as normas constitucionais em face das quais estão sendo questionados, com as respectivas razões.

Anota Barroso[69] que, como regra geral, o Supremo Tribunal Federal adota o entendimento de que não pode estender a declaração de inconstitucionalidade a dispositivos que não tenham sido impugnados, ainda que os fundamentos sejam os mesmos. Não obstante, o Tribunal não está adstrito aos argumentos invocados pelo autor, podendo declarar a inconstitucionalidade por fundamentos diversos dos invocados na petição inicial.

Quanto aos limites do papel a ser desempenhado pelo Tribunal, o conhecimento convencional é no sentido de que ele só pode atuar como legislador *negativo* – paralisando a eficácia de uma norma existente – mas não como legislador *positivo*, inovando no ordenamento jurídico pela cria-

---

âmbito nacional e com as funções exercidas pelos demais legitimados especiais, o Governador do Estado e do Distrito Federal, Mesa da Assembléia Legislativa e Mesa da Câmara Legislativa, inexigindo-se tal relação quando se trata dos demais legitimados universais, o Presidente da República, Mesas do Senado e da Câmara dos Deputados, Procurador Geral da República, Conselho Federal da OAB e partidos políticos, com representação no Congresso Nacional.

68. *A Fiscalização Abstrata da Constitucionalidade no Direito Brasileiro*, 2ª ed., São Paulo, Ed. RT, 2000, pp. 142 e ss.

69. Ob. cit., pp. 114 e ss.

ção de norma anteriormente inexistente. Por essa razão, (Barroso) informa que o Supremo Tribunal Federal não admite declarar a inconstitucionalidade de trechos de norma legal, quando disso puder resultar a subversão da regulamentação que o legislador pretendia dar à matéria.

Busca-se, no controle concentrado, atacar leis e atos normativos que se mostrem incompatíveis com o sistema constitucional: leis de toda espécie, tomado o termo em seu sentido amplo (emendas à Constituição,[70] leis complementares, ordinárias, delegadas, medidas provisórias, decretos-legislativos e resoluções), atos normativos, deliberações administrativas, deliberações do Poder Judiciário, resoluções do Poder Público etc.[71]

Em relação ao tratado internacional, a regra brasileira em matéria de integração de tratados ao direito interno – esculpida fundamentalmente na jurisprudência do STF – vinha consagrando, até o advento da Emenda Constitucional n. 45, e apesar dos questionamentos da doutrina, o entendimento de que, à exceção dos denominados *acordos executivos*, o tratado, que deve ser necessariamente aprovado pelo Congresso Nacional por via de edição de decreto-legislativo, produz efeitos internamente a partir da vigência assinalada no decreto de promulgação da lavra do Presidente da República e que, uma vez em vigor no território nacional, incorpora-se automaticamente ao direito brasileiro, equiparando-se, no plano da hierarquia das normas jurídicas, *à lei interna*, tomada em seu sentido estrito, sem a necessidade de edição de nova lei interna destinada a reproduzir-lhe o conteúdo, e não se verificando qualquer distinção hierárquica entre diferentes tipos de tratado.[72]

Sendo assim, os tratados e convenções internacionais são incorporados ao ordenamento jurídico interno com o *status* de lei ordinária. Conseqüentemente, sujeitam-se ao princípio da supremacia da Constituição e à eventual declaração de inconstitucionalidade, que recairá, em verdade, sobre os *decretos de aprovação e promulgação*. O tratado e a convenção, em si mesmos, por serem atos de natureza internacional, não deixam de viger nem são considerados nulos.

---

70. O exemplo mais eloqüente de controle de constitucionalidade de Emenda Constitucional ocorreu por ocasião da instituição do tributo denominado IPMF, cuja vigência seria imediata. O STF entendeu que a Emenda Constitucional n. 3/1993 era inconstitucional, por violação de normas ou cláusulas pétreas da Constituição, como o princípio da anterioridade, que é garantia individual do contribuinte, o princípio da imunidade tributária recíproca, que é garantia da federação.
71. Os decretos ou regulamentos do Executivo excepcionalmente podem ser questionados no âmbito do controle concentrado quando não regulamentam a lei (decreto autônomo). Nesse caso, haverá a possibilidade de análise da compatibilidade diretamente com a Constituição Federal. Mas, via de regra, como os decretos não são dotados de autonomia jurídica não afrontam diretamente a Constituição. A questão girará no plano da legalidade.
72. Conforme Pedro Dallari, *Tratados Internacionais na EC 45*, Ed. Método, p. 88.

Essa realidade, *em parte*, veio a ser modificada com a Emenda Constitucional n. 45, que alterou o § 3º do artigo 5º da Constituição brasileira.[73] Estabelece-se a clara possibilidade de que tratados em matéria de direitos humanos tenham equivalência com emenda constitucional, podendo doravante acarretar a agregação de novas normas ao sistema da Constituição, ou mesmo a derrogação de normas que nele figurem.

Nessas hipóteses passa a haver um contencioso constitucional que não era, de regra, possível no regime anterior nesta extensão e grau. Os tratados e convenções internacionais sobre direitos humanos equivalem às emendas constitucionais e podem, portanto, ser objeto de controle de constitucionalidade.

*2) Inconstitucionalidade por omissão legislativa* ocorre pela falta de medida para tornar efetiva norma constitucional, prevista no artigo 103, § 2º, da Constituição, sendo atacada pela *ação direta de inconstitucionalidade* (ADI) por omissão, também federal ou estadual.

Trata-se de ação trazida pela Constituição de 1988, inspirada claramente na Constituição Portuguesa (art. 283). A idéia força que anima a inconstitucionalidade por omissão é a conhecida ineficiência do legislador infraconstitucional que por inércia também pode cometer inconstitucionalidade. Pretende o remédio corrigir a grave deficiência, por todos conhecida da falta de eficácia das normas constitucionais. Pretendia encurtar as distâncias entre as normas constitucionais e seus destinatários finais – o povo em última instância.

Lamentavelmente, também como já observamos em relação ao mandado de injunção,[74] o Supremo Tribunal Federal, muito preso a uma visão ortodoxa e estanque do princípio da separação de poderes, sempre compreendeu e aplicou mal esta ação, esvaziando-a em todas as suas reais potencialidades.[75]

Ressaltamos que a omissão referida pela Constituição é a omissão tradicional, também dita total, quando é nenhuma a providência adotada. Além dela, entende também o Supremo Tribunal Federal que ocorre inconstitucionalidade por omissão quando houver cumprimento insatisfatório ou

---

73. Art. 5º, § 3º: "Os tratados e convenções internacionais sobre direitos humanos que forem aprovados, em cada Casa do Congresso Nacional, em dois turnos, por três quintos dos votos dos respectivos membros, serão equivalentes às emendas constitucionais".

74. Que para nós é o remédio para, *no caso concreto*, cuidar da omissão legislativa ou administrativa.

75. A procedência da ação direta de inconstitucionalidade por omissão, importando em reconhecimento judicial do estado de inércia do Poder Público, confere ao STF, unicamente, o poder de cientificar o legislador inadimplemente, para que este adote as medidas necessárias à concretização do texto constitucional.

imperfeito das tarefas designadas pelo constituinte originário ao legislador, enquadrando-se aí a existência de norma imperfeita, isto é, a norma existe, foi criada, mas o foi de modo incompatível, insuficiente, deficiente, inadequado.

*3) A ação declaratória de constitucionalidade* foi trazida pela Emenda Constitucional n. 3, de 17.3.1993 e causou grande celeuma na doutrina à época em que incorporada à Constituição de 1988.[76]

Segundo Luis Roberto Barroso, sua criação se deveu à constatação de que, sem embargo da presunção de constitucionalidade que acompanha os atos normativos do Poder Público, essa questão se torna controvertida em uma variedade de situações. Previu-se, assim, um mecanismo pelo qual se postula ao Supremo Tribunal Federal o reconhecimento expresso da compatibilidade entre determinada norma infraconstitucional e a Constituição, em hipóteses nas quais esse ponto tenha se tornado objeto de interpretações judiciais conflitantes. Trata-se de uma ratificação da presunção.[77]

Recorda Ricardo Lobo Torres[78] que a ação declaratória de constitucionalidade, que não encontra paralelo de monta no direito comparado, tem endereço inequivocamente tributário, como se pode concluir da observação de que até hoje o único caso a que se aplicou foi o da legitimidade da cobrança da Cofins. Diz o jurista: "Essa preocupação com a questão tributária surgiu exatamente do caos vivido pelo Judiciário nos anos imediatamente posteriores a 1988, com o acúmulo de ações sobre a inconstitucionalidade de diversas contribuições sociais, quase todas precedidas de depósito judicial para assegurar os mesmos efeitos econômicos da restituição, com incalculável prejuízo para a Fazenda Pública. Ao revés de se buscar a solução na via da definição da eficácia no tempo da declaração de

---

76. Nós mesmos, à ocasião, produzimos um texto questionando a constitucionalidade da medida e sua necessidade no sistema constitucional brasileiro. O tempo veio a demonstrar, passados mais de 12 anos de sua instituição, que foi muito pouco acionado o mecanismo perante o Supremo Tribunal Federal. À ocasião afirmávamos: "atritou-se o princípio da separação de poderes, e, via de conseqüência, a competência do Legislativo. A nova previsão desfigura a idéia e função do Poder Legislativo, órgão naturalmente vocacionado a apreciar previamente a constitucionalidade. Em uma palavra, tal como vazada a ação declaratória, é autorizado o intérprete a obter a seguinte leitura global da ação: declarar a constitucionalidade, nos moldes previstos na ação, é, em última análise, legislar. Instaurase uma espécie de 'dependência' entre Legislativo e Judiciário, pois o mesmo fará a lei sob condição; aguarda-se a chancela, o crivo do Judiciário. Acaso a possibilidade não fere o equilíbrio de Poderes?" (*A Ação Declaratória de Constitucionalidade. Inovação Infeliz e Inconstitucional*, São Paulo, Saraiva, 1994).
77. Ob. cit., pp. 176 e ss.
78. "A Declaração de Inconstitucionalidade e a Restituição de Tributos", *Revista Dialética de Direito Tributário*, vol. 8/109 e ss.

inconstitucionalidade, que inexiste no direito positivo brasileiro,[79] preferiu-se a criação do esdrúxulo instrumento". Tanto é assim, que o Min. Sepúlveda Pertence, no julgamento que declarou a inconstitucionalidade da contribuição social dos autônomos, observou: "Por outro lado, para situações como a desta lei, cuja constitucionalidade foi objeto de discussão judicial desde o início, a Emenda Constitucional n. 3 já dotou o Executivo de um mecanismo hábil a não ser o Fisco surpreendido, muito tempo depois, por uma declaração de sua validade ou invalidade com eficácia *erga omnes*: é a ação declaratória de constitucionalidade".

Continuamos a vislumbrar na ação declaratória de constitucionalidade um instrumento perigoso e anacrônico. Aliás, a bem da verdade, com honrosas exceções, o problema naturalmente não está *exclusivamente* na ação, e em seus sinais trocados, ou até na tentação de dar efeito vinculado imediato a todas as ações em que os interesses do *Tesouro* estejam em disputa ou "ameaçados", mas no momento em que ele é oferecido e, de outro lado, em quem o ampara e julga, o Supremo Tribunal Federal. O nosso temor é de ser identificado no Tribunal julgador. E aqui, é preciso dizer sem ressaibos: o risco é inerente à paulatina opção e reforço do controle concentrado de constitucionalidade.

Já se disse com razão que a responsabilidade de um Tribunal Constitucional ou de um Tribunal de cúpula do Poder Judiciário que detenha as mesmas competências de um verdadeiro Tribunal Constitucional – nos moldes europeus – é imensa. O erro judicial ou a interpretação infeliz da Constituição tem, evidentemente, um preço muito elevado.[80]

Não se sabe se por mera coincidência ou não, mas o fato é que toda as raras vezes em que acionado o mecanismo da ação declaratória de constitucionalidade – que supõe exatamente dúvida, divergência de interpretações em todo o País acerca de uma lei e inúmeros processos tratando do mesmo tema,[81] à exceção da primeira vez, todos os demais julgamentos

---

79. Recorde-se que quando o Autor escreveu seu artigo ainda não havia sido editada a Lei n. 9.868/1999 que regula a matéria de modo explícito no controle concentrado.
80. Por isso sempre nos pareceu em princípio muito mais acertada a opção pelo controle difuso com ajustes ou a adoção corajosa por um Tribunal Constitucional, como um intérprete supremo da Constituição, mas como órgão independente dos demais órgãos constitucionais e somente subordinado à Constituição e à sua lei orgânica, como é o caso da Espanha, Alemanha e outros países.
81. O Min. Moreira Alves, por ocasião do julgamento da primeira ação declaratória de constitucionalidade assinalou: "Levando-se em conta apenas os efeitos das ações judiciais, os registros da Procuradoria-Geral da Fazenda Nacional já indicam um volume de 9.000 ações, questionando a constitucionalidade da Lei Complementar n. 70/1991, com decisões diferentes, o que vem a evidenciar a controvérsia jurídica a respeito da matéria...". E mais adiante, em seu voto aceito pela maioria, averbou que uma das condições desta ação deve ser: "a necessidade da demonstração da existência de *controvérsia judicial séria sobre a norma ou as normas cuja declaração de constitucionalidade é pretendida*". Já o

foram, de algum modo e extensão, mais favoráveis às pretensões do Poder Executivo[82] e em detrimento da cidadania.[83]

Como muito bem alertou o jurista Lenio Luiz Streck,[84] "muito embora a Lei n. 9.868/99 estabeleça a ambivalência da ADC com a ADI, existem nítidas diferenças entre as ações. Tal exigência se impõe, sob pena da ação declaratória de constitucionalidade transformar-se em uma ação de controle preventivo de constitucionalidade, mecanismo não previsto pelo legislador constituinte de 1988, e que, nas Constituições da Espanha e de Portugal é reservada para situações especiais. Agregue-se, por relevante, que, em face do caráter avocatório que a ADC assume, como se verá mais adiante, a não exigência de controvérsia anterior acabaria por descaracterizar o sistema de controle de constitucionalidade brasileiro".

Mais do que um problema atinente a um tipo de ação genérica de controle de constitucionalidade, a matéria diz respeito à crise do sistema híbrido de controle de constitucionalidade das leis no Brasil.

O hibridismo de nossa jurisdição constitucional apresenta um alto grau de complexidade, sofisticação e originalidade, na medida em que autoriza a todo e qualquer magistrado exercer, num caso concreto, o juízo de censu-

---

Min. Sepúlveda Pertence afirmou: "Como já deixei claro, um postulado firmado por unanimidade na Corte me tranquilizou quanto a algumas objeções mais sérias feitas à própria constitucionalidade da criação da ação declaratória de constitucionalidade. É a unanimidade firmada em torno de que, para que se admita essa demanda declaratória será necessário demonstrar uma situação de *incerteza objetiva sobre a validade de determinada lei*, revelada pela pendência *de múltiplos processos sobre a questão morments*, se tem tido *soluções divergentes*. A ação declaratória tira a sua legitimidade, não só constitucional, mas só estritamente jurídica, mas também política, como tentativa de solução deste problema das demandas múltiplas; e só na extensão em que existir esta situação objetiva de insegurança em torno da validade de uma lei, é que creio deva ser conhecida a ação".

82. Também no julgamento da contribuição de seguridade social devida pelos servidores públicos, o STF reconheceu-a constitucional, suspendendo, em todo o país a prolação de decisões liminares cautelares ou de mérito e a concessão de tutela antecipada, sustando, ainda, os efeitos futuros inerentes às decisões anteriores.

83. Na ADC 4, proposta pelo Presidente da República, pela Mesa do Senado e pela Mesa da Câmara dos Deputados, em que se questionava a Lei n. 9.494, de 10.9.1997, por maioria de votos, o Plenário do STF deferiu, em parte, o pedido de medida cautelar, para suspender, com eficácia *ex nunc* e com *efeito vinculante*, até final julgamento da ação, a prolação *de qualquer decisão* sobre pedido de tutela antecipada (um tipo de cautelar), contra a Fazenda Pública, que tenha por pressuposto a constitucionalidade ou inconstitucionalidade do artigo 1º, da Lei n. 9.494/1997, *sustando, ainda, a mesma eficácia, os efeitos futuros dessas decisões antecipatórias já proferidas (por outros juízes) contra a Fazenda Pública*. Com essa possibilidade de efeito vinculante não raro com *uma simples decisão liminar* em sede de cautelar, o Supremo Tribunal Federal poderá paralisar, senão inviabilizar, toda e qualquer concessão de outras liminares por qualquer juiz em todo o país. Dir-se-á que isto é um apanágio natural do controle concentrado. Não cremos.

84. Na obra, *Jurisdição Constitucional e Hermenêutica*, 2ª ed., Rio de Janeiro, Forense, pp. 754 e ss.

ra àqueles que violarem a Constituição, ao mesmo tempo em que permite a um largo leque de autoridades, partidos políticos e entidades da sociedade civil buscar, junto a um órgão especial, o controle abstrato da constitucionalidade das leis.

Há, porém, problemas decorrentes dessa conjugação, como bem alerta Oscar Vilhena Vieira,[85] "pois não contando o sistema jurídico brasileiro com o princípio do *stare decisis*, existente no mundo do *common law*, fica muito vulnerabilizada a autoridade dos tribunais superiores, especialmente a do Supremo Tribunal Federal. Ao declarar a constitucionalidade de uma lei, numa ação direta de inconstitucionalidade, ou num recurso extraordinário, o Supremo Tribunal Federal não conta com a fidelidade dos demais órgãos do Judiciário, como ocorre, por exemplo nos Estados Unidos. O que leva o Supremo Tribunal Federal a uma sobrecarga de demanda recursal. Agregue-se a isso o fato de que no atual sistema as condições de admissibilidade de um recurso são objetivas. Desta forma, todos aqueles recursos que preencherem os requisitos legais deverão ser apreciados independentemente de sua relevância. Essas dificuldades mecânicas, no entanto, não devem esconder um problema estrutural ao qual se submete o nosso sistema de controle de constitucionalidade, que é a quantidade despropositada de agressões ao texto constitucional. Não haveria sobrecarga de demandas de nossa jurisdição constitucional, se não houvesse excesso de produção de medidas inconstitucionais... Todos esses fatores: arbítrio legislativo, falta de autoridade dos tribunais superiores e falta de seletividade por parte do Supremo Tribunal Federal a respeito do que será ou não por ele julgado – liberdade que não lhe é dada pela própria Constituição –, contribuem sensivelmente para uma situação de crise de nossa jurisdição constitucional, o que impede o Supremo de desempenhar de forma mais adequada as suas atribuições propriamente constitucionais...". E mais adiante diz: "As propostas para a solução dessa crise, infelizmente, não parecem as mais adequadas, pois, na maior parte das vezes, buscam aumentar o grau de concentração da jurisdição constitucional nas mãos do Supremo Tribunal Federal, estrangulando uma das mais democráticas e vitais instituições de nosso direito constitucional, que é o controle difuso, exercido por todos os órgãos do Judiciário brasileiro. Num país que prima pelo desrespeito sistemático à Constituição, suprimir instâncias de controle de poder não parece algo sensato, a não ser que o objetivo seja exatamente libertar as instâncias governamentais do julgo da Constituição".[86]

---

85. Na obra *Supremo Tribunal Federal – Jurisprudência Política*, 2ª ed., São Paulo, Malheiros Editores, 2002, pp. 218-222.
86. Ressalte-se que a obra é anterior à Reforma do Judiciário levada a efeito pela Emenda Constitucional n. 45/2004, mas acreditamos que as críticas do Autor – apesar da reforma – permanecem atuais.

CONTROLE DE CONSTITUCIONALIDADE NO BRASIL 261

Continuamos a defender nosso ponto de vista, segundo o qual, a opção por um reforço paulatino do método concentrado, no Supremo Tribunal Federal, vem sendo feito em detrimento, ou melhor, do *aniquilamento* de nossa vasta experiência histórica de controladores difusos da Constituição. Teria sido menos traumática a opção pela continuidade do controle concentrado com efeitos *erga omnes*, às decisões do Supremo Tribunal Federal e, no controle difuso, a opção pela atribuição de mera eficácia *inter partes* aos julgamentos com apenas alguns ajustes. Embora no plano formal as coisas pareçam continuar dessa forma, a introdução do efeito *vinculante*, que já vem sendo interpretado como uma opção que pode ser acessada, em algum momento – seja no controle difuso, seja no concentrado –, acaba por sufocar toda nossa história constitucional, bem sucedida e original na temática.[87]

Ao contrário da tradição européia que fez uma opção clara por Tribunais Constitucionais, no Brasil, qualquer juiz de direito de primeiro grau de jurisdição pode deixar de aplicar uma lei, se entendê-la inconstitucional. As críticas que ao longo do tempo vêm sendo feitas ao controle difuso, no Brasil, dizem respeito à sua existência desacompanhada de qualquer mecanismo de extensão dos efeitos das decisões. Toda e qualquer solução, pare-

---

87. Até porque já há quem sustente que a partir da edição da Lei n. 9.868/1999, além da eficácia *erga omnes*, seu artigo 28, como prevê o efeito vinculante na ação declaratória de *constitucionalidade*, estaria autorizado o STF a estender tal efeito também às ações diretas de inconstitucionalidade. Nesse sentido, *v.g.*, o posicionamento do Min. Sepúlveda Pertence, para quem a vinculação seria possível somente nos casos em que, em tese, também fosse cabível a ação declaratória de constitucionalidade (ADECON), devendo o STF assim se pronunciar, sob pena de se dizer mais do que a Constituição estabeleceu. Preferimos a doutrina que sustenta tese oposta e mais restritiva. Apenas caberia tal efeito, excepcional, nos casos de ação declaratória de constitucionalidade e, mesmo assim, diante de pressuposto especial previstos em lei, não fosse a lei, neste particular aspecto inconstitucional. Entendemos que razão assiste a Lenio Luiz Streck, quando a esse respeito se manifesta: "O Supremo Tribunal Federal não alcançou unanimidade na apreciação da matéria do dúplice efeito e do efeito vinculante. Votaram pela inconstitucionalidade os Ministros Marco Aurélio, Moreira Alves e Ilmar Galvão, considerando que a previsão legislativa de efeito vinculante ofendia a separação de poderes. Com razão os Ministros que votaram vencidos. Se o efeito vinculante já por si só é problemático, devendo ser admitido apenas para decisões que declaram a inconstitucionalidade de um texto jurídico (porque nulificam/nadificam aquela disposição legal), a conjugação do efeito vinculante com o efeito reverso ou dúplice nas ações diretas de inconstitucionalidade (ADI) e nas ações declaratórias de constitucionalidade (ADC), a rejeição de uma ação direta de inconstitucionalidade transforma-se em uma ação declaratória de constitucionalidade e a rejeição de uma ação declaratória de constitucionalidade transforma-se em uma ação direta de inconstitucionalidade é ainda mais grave...". E mais adiante: "Tão séria é a questão, que a comunidade jurídica brasileira deveria, além de não aceitar o efeito vinculante de decisões de rejeição em sede de ADI e o efeito vinculante às decisões com fundamento na interpretação conforme, (re)discutir o problema da constitucionalidade da própria ADC (ação declaratória de constitucionalidade)". Na obra, *Jurisdição Constitucional e Hermenêutica*, 2ª ed., Rio de Janeiro, Forense, pp. 768 e 771.

ce-nos, não pode (ou não deveria), prescindir da experiência do controle difuso que é riquíssima. É através dele que se permite chegar a um processo de "filtragem constitucional" (Streck).

Nossa história constitucional, nesse particular aspecto, estaria mais próxima do modelo português, no qual o controle difuso é mantido até hoje, e que não confere um monopólio de fato às decisões de cúpula do Poder Judiciário, temperando, o quanto possível, ambos os sistemas.

José Afonso da Silva[88] também nos oferece um posicionamento crítico a respeito da matéria. Afirma o renomado professor:

"O Brasil seguiu o sistema norte-americano, evoluindo para um sistema misto e peculiar que combina o critério de controle difuso por via de defesa com o critério de controle concentrado por via de ação direta de inconstitucionalidade, incorporando também agora timidamente a ação de inconstitucionalidade por omissão. A outra novidade está em ter reduzido a competência do Supremo Tribunal Federal à matéria constitucional. Isso não o converte em Corte Constitucional. Primeiro porque não é o único órgão jurisdicional competente para o exercício da jurisdição constitucional, já que o sistema perdura fundado no critério difuso, que autoriza qualquer tribunal e juiz a conhecer da prejudicial de inconstitucionalidade, por via de exceção. Segundo, porque a forma de recrutamento de seus membros denuncia que continuará a ser um Tribunal que examinará a questão constitucional com critérios puramente técnico-jurídico, mormente porque, como Tribunal, que ainda será, do recurso extraordinário, o modo de levar a seu conhecimento e julgamento as questões constitucionais nos casos concretos, sua preocupação, como é regra no sistema difuso, será dar primazia à solução do caso e, se possível, sem declarar inconstitucionalidades.

"É certo que o art. 102 diz que a ele compete, *precipuamente*, a *guarda da Constituição*. Mas não será fácil conciliar uma função típica de guarda de valores constitucionais (pois, guardar a forma ou apenas tecnicamente é falsear a realidade constitucional) com sua função de julgar, mediante recurso extraordinário, as causas decididas em única ou última instância (base do critério de controle difuso), quando ocorrer uma das questões constitucionais enumeradas nas alíneas do inc. III do art. 102, que o mantém como Tribunal de julgamento do caso concreto que sempre conduz à preferência pela decisão da lide, e não pelos valores da Constituição, como nossa história comprova. Não será, note-se bem, por culpa do Colendo Tribunal, se não vier a realizar-se plenamente como guardião da Constituição, mas do sistema que esta própria manteve, praticamente sem alteração, salvo a inconstitucionalidade por omissão e a ampliação da legitimação para a ação direta de inconstitucionalidade. Reduzir a competência do STF à ma-

---

88. Na obra citada, *Curso*..., pp. 558-557 e 566-567.

téria constitucional não constitui mudança alguma no sistema de controle de constitucionalidade no Brasil."

E mais adiante, acerca do efeito vinculante, diz:

"Está previsto no § 2º, do art. 102 acrescido pela EC-45/2004, segundo o qual, 'as decisões definitivas de mérito, proferidas pelo Supremo Tribunal Federal, nas ações diretas de inconstitucionalidade e nas ações declaratórias de constitucionalidade produzirão eficácia contra todos e efeito vinculante, relativamente aos demais órgãos do Poder Judiciário e à administração pública direta e indireta, nas esferas federal, estadual e municipal'. Essa é uma providência aceitável e conveniente. De certo modo, ela só explicita uma situação que é inerente à declaração de inconstitucionalidade abstrata, porque esta declaração, uma vez publicada, já tem, por natureza, o efeito de retirar a eficácia da lei ou ato normativo por ela fulminado. A declaração de constitucionalidade já era assim.

"Uma providência que a reforma deveria ter adotado, porque racional, seria declarar, numa disposição simples, que leis e atos normativos perderiam a eficácia a partir do dia seguinte ao da publicação da decisão definitiva que os tenha declarado inconstitucionais. Isso tanto para a declaração de inconstitucionalidade em ação direta como na via incidental, dando, dessa forma, efeito vinculante *erga omnes* a essa declaração só por si, suprimindo-se, em conseqüência, o disposto no inciso X, do art. 52 da Constituição. Talvez aqui as súmulas vinculantes tenham alguma coisa que fazer, se vierem antes da suspensão, pelo Senado Federal, da eficácia da lei ou ato normativo declarado inconstitucional pelo STF, porque, depois da suspensão, será chover no molhado, já que esta tem o efeito, precisamente, de dar efeito geral e vinculante às declarações de inconstitucionalidade na via incidental. Por todas essas razões, percebe-se que esse 'bicho papão' acaba não sendo assim tão feio, porque vai fazer aquilo que já decorre do próprio julgamento de inconstitucionalidade."

O que certamente a doutrina não esperava, é que o Supremo Tribunal Federal, por meio de *medida liminar em cautelar* – providência portanto de natureza provisória tomada em juízo de mera probabilidade – afrontando à Constituição da República, *pudesse suspender, com efeito vinculante*, decisões tomadas por todos os juízes e Tribunais do País, em clara afronta ao artigo 97 da Constituição que estabelece: "Somente pelo voto da maioria absoluta de seus membros, ou dos membros do respectivo órgão especial poderão os Tribunais (inclusive o STF, por óbvio) declarar a inconstitucionalidade de lei ou ato normativo do Poder Público".

Recorde-se, ainda o § 2º, do artigo 102, que também estabelece: "As decisões *definitivas de mérito*, proferidas pelo Supremo Tribunal Federal, nas ações... produzirão efeito vinculante, relativamente aos demais órgãos do Poder Judiciário e à administração pública...".

É bem verdade que o artigo 21 da Lei n. 9.868, estabelece que o Supremo Tribunal Federal, por decisão da maioria absoluta de seus membros, poderá deferir pedido de medida cautelar na ação declaratória de constitucionalidade, consistente na determinação de que os juízes e Tribunais suspendam o julgamento dos processos que envolvam a aplicação da lei ou do ato normativo objeto da ação até seu julgamento definitivo.

Contudo, entendemos, aqui acompanhando o jurista Lenio Luiz Streck, que a possibilidade de medida cautelar em ação declaratória de constitucionalidade não encontra guarida no texto da Constituição. Somente decisão de mérito poderia vincular o sistema. Como diz Streck: "Se o texto constitucional não previu a possibilidade de concessão de liminar, interpretação que exsurge facilmente a contrario *sensu*, não poderia o legislador ordinário ir além do texto".

Inúmeras seriam as observações ainda acerca dessa polêmica ação, mas acreditamos ter trazido ao leitor estrangeiro os principais problemas, podendo imediatamente passar a outra ação.

*4) A argüição de descumprimento de preceito fundamental.* A Constituição de 1988 prevê, em seu artigo 102, § 1º, que a argüição de descumprimento de preceito fundamental dela decorrente será apreciada pelo Supremo Tribunal Federal, na forma da lei.

Parece tratar-se de uma ação autônoma, ínsita ao modelo concentrado de constitucionalidade das leis, ainda que nela esteja também prevista uma via secundária de controle, destinada a reparar lesão a "preceito fundamental" resultante de ato do Poder Público.[89]

De fato, adveio a Lei n. 9.882, de 3.12.1999, que regulamentou a previsão constitucional. Examinando seu texto, vamos verificar que tem por objeto evitar ou reparar lesão a *preceito fundamental* resultante de ato do Poder Público.

Prevê ainda a Lei duas modalidades de argüição, a saber: a) a denominada argüição autônoma, que constitui processo objetivo, devendo ser utilizada quando as ações constitucionais não forem cabíveis ou se revelarem inidôneas para afastar ou impedir a lesão a preceitos fundamentais, sem qualquer outro processo judicial anterior; b) a argüição incidental, paralela a um processo judicial já instaurado, e que surge em razão desse mesmo processo. Representa um mecanismo destinado a provocar a apreciação do Supremo Tribunal Federal sobre controvérsia constitucional relevante que

---

89. Para alguns essa extensão ou equiparação legal, procurando um espaço no modelo difuso não procede, porque a Constituição não a autorizaria. Argumentam ainda que o veto aposto ao inciso II, do artigo 2º da Lei que a regulamentou indicaria essa interpretação porquanto os legitimados ativos são os mesmos do controle concentrado.

esteja sendo discutida no âmbito de qualquer juízo ou tribunal, quando inexistir outro meio idôneo para sanar a lesividade ao preceito fundamental.

Afirma Gilmar Ferreira Mendes[90] sobre o novo e inexplorado instituto que: "introduz profundas alterações no sistema brasileiro de controle de constitucionalidade. Em primeiro lugar, porque permite a antecipação de decisões sobre controvérsias constitucionais relevantes, evitando que elas venham a ter um desfecho definitivo após longos anos, quando muitas situações já se consolidaram ao arrepio da 'interpretação autêntica' do Supremo Tribunal Federal. Em segundo lugar, porque poderá ser utilizado para – de forma definitiva e com eficácia geral – solver controvérsia relevante sobre a legitimidade do direito ordinário pré-constitucional em face da nova Constituição que, até o momento, somente poderia ver veiculada mediante a utilização do recurso extraordinário. Em terceiro, porque as decisões proferidas pelo Supremo Tribunal Federal nesses processos, haja vista a eficácia *erga omnes* e o efeito vinculante, fornecerão a diretriz segura para o juízo sobre a legitimidade ou a ilegitimidade de atos de teor idêntico, editados pelas diversas entidades municipais".

A Lei que regulamenta a argüição de descumprimento de preceito fundamental estabelece pressupostos gerais para o conhecimento desta ação. Preliminarmente afirma já a Constituição que a argüição é cabível e tem, por objetivo, evitar ou reparar lesão a *preceito fundamental*.[91]

Surge a primeira grande dificuldade em pré-fixar esse conceito que não é extraível quer da Constituição (expressamente), quer da legislação que regulamentou o instrumento.

Para alguns autores a expressão "preceitos fundamentais", não obstante poder estar categorizado como conceitos amplos, abrangeria desde logo os chamados "princípios fundamentais" expressos nos artigos 1º a 4º da Constituição Federal. É a posição de José Afonso da Silva, para quem a expressão "preceitos fundamentais", abrangeria aqueles princípios e outros: "todas as prescrições que dão o sentido básico do regime constitucional, como são, por exemplo, as que apontam para a autonomia dos Estados, do Distri-

---

90. *A Argüição de Descumprimento de Preceito Fundamental, Parâmetro de Controle e Objeto*, Atlas, 2001.
91. Até o momento o STF não definiu o que entende por "preceito fundamental". Em alguns casos, apenas afirmou o que não pode ser compreendido com a expressão. Qualquer fixação do conceito seria precipitado. Para nós, ainda sem maiores meditações sobre o tema, parece que o conceito transcende os direitos fundamentais. Arriscaríamos dizer que o conceito estaria conectado não só à dignidade da pessoa humana, como aos direitos sociais, aos direitos da nacionalidade, aos direitos políticos e aos direitos do contribuinte, bem assim os princípios estruturantes do Estado Democrático de Direito, nos quais se incluem as chamadas cláusulas pétreas ou princípios sensíveis que, se violados, dão ensejo à intervenção federal.

to Federal e especialmente as designativas de *direitos e garantias fundamentais*".[92]

A verdade é que a argüição de descumprimento de preceito fundamental (ADPF), ainda não encontrou a sua identidade no sistema de controle da constitucionalidade das leis no Brasil.

O máximo que podemos dizer sobre ela, nesse momento, pode ser sumulado nas seguintes idéias ou conceitos assentados pelo *Supremo Tribunal Federal*, Tribunal a quem cabe conferir o alcance desse novo instituto de controle:

"É que a ADPF visa a impugnar ato do Poder Público, a fim de evitar ou reparar lesão a preceito fundamental previsto na Constituição Federal. O manejo desta ação, porém, apenas se mostra possível, se não houver nenhum outro meio eficaz de sanar a lesividade (§ 1º do art. 4º da Lei n. 9.882/1999).

"Ela ostenta uma multifuncionalidade legal que me parece de duvidosa constitucionalidade. Entretanto, como se encontra pendente de julgamento a ADI 2.231, proposta, especificamente, contra a lei instituidora dela própria, ADPF (Lei n. 9.982/1999), e tomando em linha de conta o fato de que há decisões plenárias a prestigiar os desígnios da mesma Lei n. 9.882/1999, que tenho feito? Tenho me rendido ao princípio constitucional da presunção de validade dos atos legislativos, de modo a, num primeiro instante, acatar o instituto da ADPF tal como positivamente gizado. Logo, a ADPF como mecanismo processual apto a ensejar tanto a abertura do processo de controle concentrado de constitucionalidade quanto à instauração do processo de controle desconcentrado (comumente designado por 'difuso' e em caráter 'incidental'), ambos de índole jurisdicional. Alcançando, no mesmo tom, os atos do Poder Público editados anteriormente à Constituição como os de edição a ela posterior. Mais ainda, quer os atos procedentes da União e dos Estados, quer os originários dos Municípios brasileiros. E com a força ambivalente, enfim, de reparar ou até mesmo prevenir lesão ao tipo de enunciado normativo-constitucional a que ela, ADPF, se destina salvaguardar.

"Assim, tendo em vista o caráter acentuadamente objetivo da argüição de descumprimento, o juízo de subsidiariedade há de ter em vista, especialmente, os demais processos objetivos já consolidados no sistema constitucional. Nesse caso, cabível a ação direta de inconstitucionalidade ou de constitucionalidade, não será admissível a argüição de descumprimento" (ADPF, rel. Min. Carlos Ayres Britto, 14.9.2005).

Não é nosso objetivo nesse trabalho dissertar a propósito das *técnicas de declaração de inconstitucionalidade*. Basta assinalar, para não deixar o

---

92. *Curso...*, cit., p. 562.

ponto sem qualquer referência, que basicamente o Supremo Tribunal Federal pode:

a) declarar a inconstitucionalidade sem redução de texto. Trata-se de uma modalidade de decisão que pode proferir o Tribunal, sem eliminação ou alteração da expressão literal da lei. O texto continua o mesmo, mas o Tribunal limita ou restringe a sua aplicação, não permitindo que ela incida nas situações determinadas, porque, nestas há a inconstitucionalidade. Noutras não. O exemplo mais elementar pode ser extraído de uma lei que preveja a cobrança de um imposto no mesmo exercício financeiro e nos seguintes. A inconstitucionalidade desta lei estaria na violação ao princípio da anterioridade, apenas relativamente à cobrança do tributo no mesmo exercício financeiro em que haja sido publicada a lei que o instituiu, não quanto à sua cobrança nos exercícios posteriores.

b) interpretar conforme a constituição, ou interpretação conforme: consiste em declarar o Tribunal qual das possíveis interpretações se revela compatível com a Constituição, sempre que determinada lei ofereça diferentes possibilidades de interpretação, sendo algumas delas incompatíveis com a própria Constituição. Ela somente é cabível se não configurar violência contra a expressão literal do texto e não alterar o significado do texto normativo, com mudança radical da própria concepção original do legislador. Ela se aproxima da declaração de inconstitucionalidade sem redução de texto;

c) por fim, há casos em que o Supremo Tribunal Federal, no juízo de constitucionalidade, é dizer, em sede de controle, não afirma que a norma é inconstitucional ou que é constitucional, mas considera-a, "ainda constitucional" ou em trânsito para a inconstitucionalidade, às vezes sinalizando ao legislador as providências que deve adotar para que determinada situação seja alterada sob pena de um julgamento pela inconstitucionalidade no futuro.[93]

## 6. O controle de constitucionalidade da norma tributária: uma visão geral

Já vimos como ocorre o controle da constitucionalidade no Brasil, ao menos em grandes linhas. Assim, o controle de constitucionalidade da nor-

---

[93]. Foi o que ocorreu no RE 147.776-SP, no qual o Relator Sepúlveda Pertence afirmou: "A alternativa radical da jurisdição constitucional ortodoxa entre a constitucionalidade plena e a declaração de inconstitucionalidade ou revogação por inconstitucionalidade da lei com fulminante eficácia *ex tunc* faz abstração da evidência de que a implementação de uma nova ordem constitucional não é um fato instantâneo, mas um processo, no qual a possibilidade de realização da norma da Constituição – ainda quando teoricamente não se cuide de preceito de eficácia limitada – subordina-se muitas vezes a alterações na realidade fática que a viabilizem".

ma tributária, forçosamente, terá que se adaptar às normas que presidem o funcionamento do controle da constitucionalidade em geral.

A restituição de qualquer tributo repousa, em geral, em três pressupostos, quais sejam: a) que se trate de pagamento indevido; b) que não esteja decaído o direito de pleitear a restituição; c) que o requerente tenha legítimo interesse econômico-jurídico para pleitear a restituição.

Na prática, consumado o lançamento – entendido este como ato final do procedimento administrativo de verificação da ocorrência do ato gerador da obrigação pecuniária para com o Poder Público, identificação do sujeito passivo e cálculo do montante do débito – ou mesmo antes deste, necessitando o contribuinte ou o administrado, de um modo geral (no caso de dívida não tributária), ver declarada a inexistência ou modo de ser de relação jurídica de débito, há ensejo à discussão judicial em torno da dívida fiscal.[94]

As ações mais utilizadas, em tais hipóteses, são a declaratória, a anulatória de débito fiscal, a ação de consignação em pagamento e o mandado de segurança. É evidente que outras são possíveis, como já aludimos em tópicos acima mencionados.

Não vamos examinar essas ações, mas tentar conectar com o quanto se afirmou acerca do controle da constitucionalidade.

Como já é possível concluir, não pode o contribuinte *isoladamente* propor *ação direta de inconstitucionalidade*. Isto porque estaríamos no método concentrado e abstrato de controle da constitucionalidade das leis e não é o contribuinte individualmente considerado, legitimado a propor aludida ação.[95]

É claro que ao contribuinte individual são abertas inúmeras possibilidades como já vimos anteriormente, no controle difuso de constitucionalidade das leis. A questão mais intrincada diz respeito à conexão deste último com o controle concentrado. É dizer, como este último pode afetar o primeiro.

Entretanto, é evidente que, se algum daqueles legitimados do controle *concentrado* questionar alguma lei tributária haverá certamente efeitos sobre os contribuintes individualmente considerados, ou poderá haver. Isso porque, conquanto a ação direta não constitua uma ação posta à disposição do indivíduo, a eficácia *erga omnes* da decisão, ou até o seu eventual efeito vinculante, poderá atingir a situação jurídica individual do contribuinte "x" ou "y" que não participou daquela relação.

---

94. Para maiores aprofundamentos vide, por todos, Estevão Horvath, *Lançamento Tributário e "Autolançamento"*, São Paulo, Dialética, 1997.
95. Mas sim aqueles arrolados no artigo 103 da Constituição Federal. Vide os comentários que fizemos anteriormente sobre esse tópico.

Em geral, é possível que a decisão do Supremo Tribunal Federal possa retirar da norma tributária: a) somente sua validade; b) a sua validade e sua vigência futura; ou c) somente sua vigência futura. Assim, haverá uma variedade de situações possíveis.[96]

Desse modo – ainda estamos no controle concentrado –, concedida medida liminar, suspendendo a eficácia de dispositivos legais acoimados de inconstitucionais, os efeitos *ex nunc* da medida tornam inviável, a partir de sua concessão, o lançamento de crédito com base na norma *sub judice*, relativamente a fatos geradores ocorridos a partir de então. Já a execução fiscal dos créditos, cujos fatos geradores sejam anteriores à suspensão liminar da eficácia da norma atacada, não restará obstada.

Evidentemente, julgada procedente a *ação direta de inconstitucionalidade* de norma tributária, sua conseqüência natural será, não só obstar a constituição de novos créditos fundada na norma declarada inconstitucional, como atingirá os lançamentos já consumados, bem como o próprio título executivo eventualmente já formado, impedindo a propositura ou o seguimento da correspondente execução.

O julgamento da ação direta de inconstitucionalidade ou da ação declaratória de constitucionalidade pode ser pela constitucionalidade ou pela inconstitucionalidade da exação tributária, do tributo, ou da regra matriz de incidência tributária, para usar a linguagem mais técnica.

Caso a decisão for pela constitucionalidade, considerando os créditos tributários já constituídos, não há maiores dificuldades, pois não há obstáculo à proposição e regular andamento da execução fiscal.

---

96. Recordem-se os três planos possíveis de análise do tema: a) a existência; b) a validade, e c) a eficácia dos atos jurídicos e das leis. A ausência, deficiência ou insuficiência dos elementos que constituem pressupostos materiais de incidência da norma impedem o ingresso do ato no mundo jurídico. Será, por via de conseqüência, um ato inexistente do qual o Direito só se ocupará para repeli-lo adequadamente, se necessário. Seria inexistente, por exemplo, uma "lei" que não houvesse resultado de aprovação da casa legislativa, por ausente a manifestação de vontade apta a fazê-la ingressar no mundo jurídico. Existindo o ato, pela presença de seus elementos constitutivos, sujeita-se ele a um segundo momento de apreciação, que é a verificação de sua validade. Aqui se cuida de constatar se os elementos do ato preenchem os atributos, os requisitos que a lei lhes acostou para que sejam recebidos como atos dotados de perfeição. Não basta, por exemplo, para a prática de um ato administrativo, que exista o elemento agente público. De tal agente exige-se algo mais, um atributo: que seja competente. Por igual, exteriorizado o ato, estará presente a forma. Mas esta há de subsumir-se à prescrição legal: verbal ou escrita, pública ou privada conforme o caso. E ainda, não é suficiente que o ato tenha um determinado objeto, pois este tem de ser lícito e possível. A eficácia dos atos jurídicos consiste em sua aptidão para a produção de efeitos, para a irradiação das conseqüências que lhe são próprias. Eficaz é o ato idôneo para atingir a finalidade para a qual foi gerado. Tratando-se de uma norma, a eficácia jurídica designa a qualidade de produzir, em maior ou menor grau, seu efeito típico, que é o de regular as situações nela indicadas. Eficácia diz respeito, assim, à aplicabilidade, exigibilidade ou executoriedade da norma. Conforme Barroso, ob. cit, p. 14.

Quando se tratar de decisão de inconstitucionalidade, e considerando insertos no sistema créditos tributários, a questão se resolve pelo exame das possibilidades e alcance dos efeitos da declaração de inconstitucionalidade.

Quem tratou, e muito bem do tema, foi Robson Maia Lins.[97] Procuraremos sumular o pensamento do Autor no que se nos apresenta de mais relevante para o nosso foco.

Quando o Supremo Tribunal Federal decide com *efeito vinculante* e com eficácia *erga omnes*, decidindo o mérito da ação, no controle concentrado e abstrato de constitucionalidade das leis, problema maior não ocorre, pois, a decisão retira a vigência futura (ou vigor) e, em algumas hipóteses a validade da norma, fazendo com que todos os órgãos do Poder (Executivo e Judiciário), devam pleno acatamento à decisão.

Em suma, tudo é de ser desfeito, desde que não operadas a decadência ou a prescrição.

Caso o Supremo decida que a norma é constitucional, nenhum órgão do Executivo ou do Judiciário pode deixar de aplicar a norma tributária sob o fundamento de sua inconstitucionalidade.

De outro lado, quando declarada inconstitucional, duas possibilidades são factíveis: a) que sejam mantidos todos (ou alguns) efeitos do tributo postos ou a serem postos no sistema cujos eventos tenham ocorrido até o seu trânsito em julgado ou de outro momento que venha a ser fixado; ou b) que todos os efeitos gerados pelo tributo declarado inconstitucional sejam retirados do sistema jurídico positivo.

Na primeira hipótese, o STF, ao declarar a inconstitucionalidade, retirou a vigência futura (ou vigor) do tributo; na segunda, retirou também sua validade.

De outro lado, quando o STF permitir que alguns ou todos os efeitos derivados do tributo permaneçam no ordenamento jurídico, aí temos que redimensionar o alcance do efeito vinculante da decisão, já que alguns (ou todos) atos normativos permaneceram no sistema jurídico, mesmo diante de uma declaração de inconstitucionalidade com ou sem pronúncia de nulidade.

Em geral, se o STF nada diz sobre os efeitos, ou melhor, não disciplina os efeitos expressamente, a regra é que durante a vigência da norma inconstitucional, em princípio, não devem ser mantidos no sistema jurídico. É a força da teoria da *nulidade absoluta* que incide na hipótese com força máxima.

---

97. *Controle de Constitucionalidade da Norma Tributária*, São Paulo, Quartier Latin, 2005, pp. 177 e ss.

Entretanto, quando houver, *ex vi legis*, "excepcional interesse social" ou "razões de segurança jurídica", o Supremo Tribunal Federal poderá calibrar esses efeitos fixando-os em cada caso concreto.

Recorda, o mesmo Autor, que há outros limites impostos pela Constituição Federal que também são invocáveis a tais hipóteses, como o ato jurídico perfeito, o direito adquirido e a coisa julgada.[98]

Muitas outras considerações poderiam ser feitas, mas não é nossa proposta verificar analiticamente todas elas, o que demandaria um novo trabalho.

Para finalizar, achamos interessante colacionar dois tópicos, intimamente ligados à temática da inconstitucionalidade da norma jurídica, no que tange à questão tributária.

98. No Direito Constitucional Brasileiro, *a relação entre Constituição e direito adquirido* conduz às seguintes conclusões: "1. a Constituição é fonte e protetora do direito adquirido; 2. só é recusável o direito adquirido incompatível com preceito da Constituição; 3. o constituinte originário não tem exercitado, com freqüência, a competência para negar e desfazer o direito adquirido; 4. a competência desconstitutiva do direito adquirido pelo constituinte de revisão, se aquele resultou de decisão do constituinte originário ou de sua compatibilidade com a Constituição, é passível de argüição de inconstitucionalidade, por violação de decisão fundamental do constituinte originário; 5. o princípio constitucional que protege o direito adquirido contra lei prejudicial é irreformável, por se tratar de direito e garantia individual, não podendo a sua abolição constituir objeto de proposta de emenda à Constituição; 6. a proteção constitucional ao direito adquirido, que despontou de forma expressa, na Constituição Federal de 1934, corresponde a valor incorporado à estrutura do regime político e do Estado Democrático Brasileiro; 7. as mudanças constitucionais operadas pelas sucessivas constituições brasileiras, mesmo no período de ruptura com o regime antigo, como na queda do Império, em 1889, e na interrupção da legalidade da Primeira República, em 1930, se distanciou das mudanças radicais comandadas por revoluções portadoras de nova ideologia e de novo ordenamento social, político e econômico; 8. a evolução constitucional brasileira, ao invés de opor Constituição e direito adquirido como valores antitéticos, vem promovendo a acomodação e o convívio entre Constituição e direito adquirido, que perdura até os nossos dias". Conforme Raul Machado Horta, *Estudos de Direito Constitucional*, Belo Horizonte, Del Rey, 1995, p. 283. O direito adquirido é, em breve síntese, o que já se incorporou definitivamente ao patrimônio e à personalidade de seu titular, de modo que nem lei nem fato posterior possa alterar tal situação jurídica, pois há direito concreto, ou seja, direito subjetivo e não direito potencial ou abstrato. Ato jurídico perfeito é o já consumado, segundo a norma vigente, ao tempo em que se efetuou, produzindo efeitos jurídicos, uma vez que o direito gerado foi exercido. É o que já se tornou apto para produzir os seus efeitos. A segurança do ato jurídico perfeito é um modo de garantir o direito adquirido pela proteção que se concede ao seu elemento gerador, pois se a nova norma considerasse como inexistente, ou inadequado, ato já consumado sob o amparo da norma precedente, o direito adquirido dele decorrente desapareceria por falta de fundamento. E, por fim, a coisa julgada, ou caso julgado, é uma qualidade dos efeitos do julgamento. É fenômeno processual consistente na imutabilidade e indiscutibilidade da sentença, posta ao abrigo dos recursos, então definitivamente preclusos, e dos efeitos por ela produzidos porque os consolida. A *res judicata* é um princípio jurídico-positivo constitucional. Tudo conforme Maria Helena Diniz, *Lei de Introdução ao Código Civil Brasileiro Interpretada*, São Paulo, Saraiva, 1994, p. 187.

O primeiro deles diz respeito à regra do *solve et repete* e à legalidade tributária.

Como é de amplo conhecimento, o contribuinte só pode contestar a legitimidade de um tributo após havê-lo pago. Essa idéia, como bem ressalta Roque Antonio Carrazza,[99] é medieval, e só se justificava quando se entendia que o Fisco, na relação tributária, ocupava uma posição de preeminência em face do contribuinte.

Hoje, diz o mestre, pelo contrário, é pacífico, inclusive no Brasil, que, na relação jurídica tributária, Fisco e contribuinte estão em pé de igualdade, pela idêntica subordinação de ambos à lei. Não fosse por essa razão, aduz Carrazza, a regra *solve et repete* fere o princípio da universalidade da jurisdição, por, muitas vezes, inviabilizar ou dificultar o livre acesso ao Poder Judiciário (art. 5º, XXXV, da CF).

E o Poder Público no Brasil é réu contumaz, reconheça-se, em criar norma jurídica tributária procurando ressuscitar, a regra do *solve et repete*. Não faltam leis ou medidas provisórias que procuram – esquecendo-se da Constituição – aplicar a regra.

Ainda parece oportuno recordar que a tributação deve, no ângulo constitucional, ser vista a partir da perspectiva dos contribuintes. É o mesmo professor quem adverte: "apesar de não ter voga o princípio *in dúbio pro fiscum*, o fato é que a Fazenda Pública, até hoje, com a desculpa de que precisa obter recursos e evitar fraudes, não se peja de atropelar direitos dos contribuintes".[100]

Por isso, vê Carrazza um "*direito de resistência à tributação indevida*" que defluiria do § 2º do artigo 5º,[101] da Constituição, a conferir aos contribuintes o direito de não pagarem tributos criados ou lançados em desacordo com os ditames constitucionais.

Por fim, e por último, permitimo-nos registrar que se é verdade que o poder tributário sempre teve em todo o tempo e lugar um apetite feroz, não é desprezível o arsenal constitucional erigido ao longo deste último século em defesa do contribuinte.

O *devido processo legal*, em seu sentido processual e substancial, com toda a sua densidade histórica é princípio constitucional (art. 5º, LV); o contraditório e a ampla defesa também se apresentam com o mesmo *status*.

Em suma, para a concretização do Estado Democrático de Direito, devem estar presentes e eficazes, no mínimo, os seguintes princípios: o

---

99. *Curso...*, cit., p. 261.
100. Idem, ibidem, pp. 462 e s.
101. Art. 5º, § 2º, da CF: "Os direitos e garantias expressos nesta Constituição não excluem outros decorrentes do regime e dos princípios por ela adotados, ou dos tratados internacionais em que a República Federativa do Brasil seja parte".

princípio da constitucionalidade, o princípio democrático, o princípio da justiça social, o sistema de direitos fundamentais, o princípio da igualdade, o princípio da divisão de poderes, o princípio da legalidade e o princípio da segurança jurídica.

Já demos o primeiro passo incorporando-os à nossa Constituição e, em nosso dia a dia, procuramos não só respeitá-los, mas efetivá-los com toda a nossa força e criatividade.

# *CONSIDERAÇÕES SOBRE A PROTEÇÃO CONSTITUCIONAL DO DIREITO ADQUIRIDO*

Márcio Cammarosano

O Supremo Tribunal Federal, em decisão recente, concedeu parcialmente mandado de segurança impetrado por Ministros aposentados daquela mesma Corte, contra ato do Presidente do próprio STF que havia determinado redução dos proventos de aposentadoria dos impetrantes ao limite estabelecido no art. 37, XI, da Constituição da República, com a redação dada pela Emenda Constitucional n. 41, de 2003.

Ao ensejo do referido julgamento foram levantadas e discutidas questões relevantíssimas, a respeito das quais não houve consenso sequer entre Ministros que votaram, a final, pela concessão parcial da segurança pleiteada, pois nem todos professaram a mesma opinião a respeito de algumas das teses que igualmente poderiam supedanear a decisão proferida.

Não houve, por exemplo, consenso quanto ao reconhecimento da existência de direitos adquiridos em favor dos impetrantes. O próprio Ministro Ricardo Lewandowski decidiu-se por equacionar a questão não à luz da preservação dos direitos adquiridos, mas, sim, sob o prisma da irredutibilidade de vencimentos, sob o argumento de que é "firme o entendimento do Supremo no sentido de que não há como invocar tal garantia em face de regime jurídico modificado por legislação superveniente".

Por outro lado, foram alentadas as considerações que culminaram com os votos a final proferidos, como o de desempate, da lavra do mesmo eminente Ministro Ricardo Lewandowski, cuja adequada compreensão requer leitura atenta, mesmo para operadores do Direito com conhecimento das matérias versadas.

São essas, pois, algumas das razões que nos animam a desenvolver as considerações que seguem, fruto também de estudos e meditação crítica propiciada por nossa atuação acadêmica e advocatícia, com o que pensamos poder dar nossa contribuição pessoal, conquanto modesta, ao deslinde de algumas questões jurídicas tormentosas e fundamentais num Estado de Direito Democrático, e que voltarão em breve a ser submetidas à apreciação dos nossos Juízes e Tribunais, inclusive do STF.

Com efeito, temas como o *direito adquirido*, relacionado ou não com remuneração de agentes públicos e proventos de aposentadoria – especialmente quando levados à mais alta Corte de Justiça – o STF –, são daqueles que podem conduzir à cristalização de entendimentos passíveis de orientar decisões a respeito de matérias pertinentes a outros ramos do direito, inclusive do direito privado.

Afinal, falar em *direito adquirido*, em *regime jurídico*, em *legislação superveniente*, é tratar de categorias jurídicas fundamentais de todo o ordenamento jurídico.

São exatamente esses temas que passamos a ferir, sem a pretensão de esgotá-los, seja em extensão seja em profundidade.

Pois bem.

No que concerne a *direito adquirido* ninguém ignora o teor do art. 5º, inciso XXXVI, da Constituição da República, que prescreve: "a lei não prejudicará o direito adquirido, o ato jurídico perfeito e a coisa julgada".

Desvendar o sentido e alcance dessa disposição constitucional, norma de eficácia plena,[1] reclama algumas considerações quanto à *segurança*, que está significativamente referida no preâmbulo da nossa Lei Maior e também no seu art. 5º, *caput*.

*Segurança* é expressão que, tomada em sentido amplo, compreende a *segurança jurídica*, princípio proclamado à saciedade pelos cultores do Direito, e que se constitui na sua própria razão de ser. A segurança jurídica é evidenciada, dentre outros, pelos institutos da prescrição, da preclusão processual e da coisa julgada. E, consoante lição preciosa de Almiro do Couto e Silva,[2] princípios como "o da proteção da boa-fé ou da confiança dos administrados que acreditaram na legalidade dos atos administrativos que os favoreceram com vantagens consideradas posteriormente indevidas por ilegais" podem ter, perante o ordenamento jurídico, conforme as situações, mais peso que o próprio princípio da legalidade.

Ademais, *segurança* e *certeza* jurídicas são indissociáveis da noção de Estado de Direito Democrático, que se alimenta da *predeterminação formal do direito*, exigência essa que encontra na lei sua expressão máxima, o que explica, diz Reale,[3] o êxito do direito em confronto com os usos e costumes. E professa o mestre: "A certeza do direito vai até o ponto de exigir a constituição de um poder do Estado, cuja finalidade precípua é

---

1. V. José Afonso da Silva, *Aplicabilidade das Normas Constitucionais*, 6ª ed., 3ª tir, São Paulo, Malheiros Editores, 2004, p. 101
2. "Princípios da Legalidade da Administração Pública e da segurança jurídica no Estado de Direito Contemporâneo", *RDP* 84/46-63.
3. Miguel Reale, *Filosofia do Direito*, 16ª ed., São Paulo, Saraiva, 1994, p. 709.

ditar, em concreto, o sentido exato das normas. Ligada, portanto, ao princípio da certeza do direito, temos a compreensão mesma da função jurisdicional".

Certeza e segurança jurídicas implicam também estabilidade de certas relações jurídicas, e do conteúdo delas, nos termos em que consagrada no ordenamento jurídico, pois sem ela ninguém poderia programar-se, estabelecendo objetivos a serem alcançados ao longo da vida, vencendo etapas, como se os direitos que se fossem obtendo, atendendo às prescrições constitucionais e legais então vigentes, pudessem todos, ao sabor de produções normativas ulteriores, serem amesquinhados, ignorados, reduzidos ou suprimidos pura e simplesmente.

Evidentemente a ordem jurídica nacional, instituída nos termos da Constituição da República de 1988, não se compadece com a ausência de previsibilidade e permanência dos efeitos jurídicos, direitos e obrigações decorrentes de fatos e atos que se subsumem a hipóteses normativas as mais diversas, não obstante seja também certo que as normas disciplinadoras coercitivamente da vida em sociedade – a que todos se submetem, inclusive o próprio Estado – são passíveis, em tese, de alterações ou supressões, de sorte que não se pode obstar a paulatina modificação do ordenamento jurídico, mas sempre de acordo com regras nele mesmo estabelecidas, algumas das quais imutáveis, salvo ruptura do próprio ordenamento, como ocorre, por exemplo, ao ensejo de um processo revolucionário.

Destarte, previsibilidade e permanência de efeitos jurídicos, direitos e obrigações, e alterabilidade da ordem normativa, de sorte a conferir *segurança jurídica* de um lado, e atendimento às necessidades supervenientes de *adequação do direito às transformações sociais* de outro, convivem em estado, digamos assim, de permanente tensão, a reclamar mecanismos de harmonização.

O direito nacional dispõe, a respeito, de mecanismos que propiciam solução equilibrada e harmoniosa para as exigências entre princípio conflitantes de *estabilidade das relações jurídicas* e *alterabilidade das normas jurídicas*, entre *segurança* e o que passa a entender como sendo mais conveniente, oportuno, adequado, *justo* enfim.

O exame do Constituição da República revela a existência de dois sistemas de equilíbrio: sistema limitador do exercício de competências voltadas à modificação da própria Constituição, que pode ser levada a efeito mediante *emendas* a ela; sistema limitador do exercício de competências normativas em sentido amplo, compreendidas as voltadas à produção inclusive das leis em geral.

Destarte, reconhece-se a existência de limites formais, materiais e temporais à produção de emendas constitucionais, explícitos e implícitos, bem como a existência de limites à produção normativa em geral.

Dentre todos os limites à produção normativa em geral, compreendendo todas as espécies, importa considerar aqui os concernentes aos direitos e garantias individuais e, mais especificamente, o que coloca a salvo, inclusive da incidência imediata de lei nova, o *direito adquirido*, o *ato jurídico perfeito*, e a *coisa julgada*.

Em rigor, importa-nos considerar, neste estudo, apenas algumas questões pertinentes ao *direito adquirido*, que já são mais do que tormentosas.

Nesse sentido cabe ressaltar que a proteção ao direito adquirido é tão cara ao direito brasileiro que não bastou estar prescrita no art. 6º da Lei de Introdução ao Código Civil Brasileiro. A própria Constituição de 1988, na esteira do que já prescrevera a Constituição de 1934, assim como as de 1946 e de 1967, dispõe em seu art. 5º, inciso XXXVI, que "a lei não prejudicará o direito adquirido, o ato jurídico perfeito e a coisa julgada". E, na redação da Lei de Introdução ao Código Civil, "a lei em vigor terá efeito imediato e geral, respeitados o ato jurídico perfeito, o direito adquirido e a coisa julgada" (art. 6º, *caput*), reputando-se "adquiridos assim os direitos que o seu titular, ou alguém por ele, possa exercer, como aqueles cujo começo do exercício tenha termo pré-fixo, ou condição preestabelecida inalterável, a arbítrio de outrem" (§ 2º).

Assim protegido, o conceito de *direito adquirido*, que inicialmente implicava vedação apenas a leis retroativas, evoluiu e alargou-se para, a final, impedir que leis novas atinjam direitos adquiridos nos termos das leis que se tenham revogado, consoante lição de Limongi França.[4] Vale dizer, direitos adquiridos estão protegidos não apenas em face de leis que se queira fazer retroativas, mas também estão imunes à incidência imediata de lei nova, mesmo porque *retroação* e *incidência imediata* não se confundem.

É bem verdade que a definição legal de *direito adquirido* não é o suficiente para dar respostas a inúmeras questões e, por si só, não nos permite, sem mais, identificar concretamente quando é ou não de se reconhecer a sua existência para efeito de invocação das normas que o protegem.

Sem embargo, não são poucos os autores que se esforçaram em construir definições que melhor espelhassem as notas características do objeto em estudo, cujo conhecimento é sempre útil.

Clovis Bevilaqua, no seu *Código Civil Comentado*[5] assim converteu a definição de direito adquirido: "é um bem jurídico, criado por um fato capaz de produzi-lo, segundo as prescrições da lei então vigente, e que de acordo com os preceitos da mesma lei, entrou para o patrimônio do titular".

De qualquer forma, não obstante as dificuldades de se definir, satisfatoriamente, o que seja direito adquirido, bem como as de identificar certas

4. *Direito Intertemporal Brasileiro*, 2ª ed., São Paulo, Ed. RT, 1968, p. 399.
5. Vol. I, São Paulo, Ed. Paulo de Azevedo Ltda., 1959, p. 76.

situações em que se possa reconhecer o ingresso de direitos no patrimônio jurídico de alguma pessoa, de sorte que se possa reputá-lo como *adquirido*, é certo que se podem identificar direitos adquiridos tanto ao ensejo de relações sob regime de direito privado como sob regime de direito publico.[6] Com efeito, professa Celso Ribeiro Bastos[7] que "(...) são múltiplas as situações em que o Poder Público se engaja em compromissos com os particulares, dos quais não pode se esquivar, sob o fundamento da mutabilidade permanente da lei".

E continua o autor: "A nosso ver são dois os critérios que podem fornecer resposta quanto à configuração ou não do direito adquirido nas relações de direito público: em primeiro lugar, a referência expressa que a lei possa fazer a esta circunstancia. Isto se dá toda vez que a própria lei instituidora da vantagem deixa claro o caráter perpétuo ou vitalício da mesma ou se utiliza da expressão incorporação para tornar certo que se trata de vantagem ou benefício não mais submetido à força cambiante da lei. O segundo critério é o que poderíamos chamar de teleológico. Aqui trata-se de examinar não a literalidade da norma, mas a sua racionalidade ou sua finalidade. A pergunta a fazer-se é a seguinte: teria sentido esta norma sem admitirmos o caráter de perdurabilidade do benefício por ela criado? Se a resposta for negativa, estaremos diante de um direito adquirido. Figuremos como exemplo uma lei em que o Estado outorgasse uma pensão mensal para praticantes de ato de bravura em guerra. Seria uma profunda deslealdade, incongruente com o sentido de justiça próprio do direito, admitirmos que, três meses após sua instituição, esta vantagem viesse a ser cassada em virtude de uma suposta revogação da lei que a criou".[8]

Em verdade o eminente Celso Antônio Bandeira de Mello já havia, com inexcedível acuidade, enfrentado esse tema. E mais recentemente a ele voltou, exatamente em face da Emenda Constitucional n. 41/2003, ao ensejo da emissão de parecer, ainda não publicado, professando: "Com efeito, dado que os direitos nascem da Constituição, de uma lei (ou de ato na forma dela praticado) tudo se resume em verificar, a partir da dicção da norma – de seu espírito – se o conteúdo do dispositivo gerador do direito cumpre ou não a função lógica de consolidar uma situação que é, de per si, como soem ser as relações de direito público, basicamente mutável (...) Tomem-se alguns exemplos para aclarar. Paradigmático é o caso da estabilidade. Se a Constituição confere estabilidade a quem preencher dados requisitos, é da mais acaciana obviedade que o sentido lógico desta norma é

---

6. Ver, nesse sentido, dentre outros, José Sérgio Monte Alegre, "Estabilidade e certeza das relações jurídicas", *RDP* 53-54/160; Celso Ribeiro Bastos, *Curso de Direito Constitucional*, Celso Bastos Editor, 2002, pp. 373-377.
   7. Ob. cit., p. 376.
   8. Ob. cit., pp. 376 e 377.

– e só pode ser – o de estratificar tal situação, posto que estabilizar significa precisamente "garantir continuidade". Se não fora para elidir o atributo de precariedade, cristalizando um estado, até então mutável, seria um sem-sentido atribuir estabilidade. Do mesmo modo, evidencia-se esta consolidação quando a lei declara incorporados aos vencimentos de alguém dadas vantagens, benefícios etc. Com efeito, não faria sentido algum proceder a esta incorporação se não fora para colocá-los a salvo de mutações futuras. Pois é obvio que enquanto persistisse a mesma situação (normativa e fática) em vista da qual o servidor os vinha fruindo, continuaria a fruí-los sem necessidade de lei alguma que os incorporasse. É claríssimo, pois, que a função lógica da lei que declara ou reconhece algo como incorporado só pode ser a de prevenir dada situação contra os eventos cambiantes do futuro. Em suma: seu alcance é consolidar uma situação, incorporando-a ao patrimônio de alguém, afim de que fique a salvo de mutações ulteriores. É evidente, pois, que uma vez preenchidos os requisitos supostos para sua aquisição, como, 'exempli gratia' o da estabilidade, o da investidura em cargo ou emprego público, o servidor ganha um 'status' consolidado, defendido contra quaisquer alterações normativas posteriores".

A este passo, verificado o que seja, em tese, direito adquirido, garantido constitucionalmente como imune à produção normativa superveniente, considerados os critérios para seu reconhecimento, inclusive ao ensejo de relações sob regime de direito público, cuidemos agora de enfrentar questões outras, como: a relevância ou não de se estar em face de direitos adquiridos por força de disposição constitucional ou infraconstitucional, para efeito de reconhecimento de sua proteção; direitos adquiridos e emendas constitucionais supervenientes; direito adquirido e mutabilidade de regime jurídico de agentes públicos.

O Direito, considerado como sistema de normas disciplinadoras da vida em sociedade, no que concerne às pessoas físicas e jurídicas, de direito público ou privado, compreende disposições em face das quais pessoas podem exigir de outras cumprimento de deveres. Nesse sentido, ter direito significa dispor do poder jurídico de exigir de outrem o comportamento prescrito em norma jurídica, inclusive, se necessário, mediante propositura de ação que assegure a satisfação do correspondente interesse, ou mesmo a aplicação de uma sanção.

Há também os que consideram como direito de que alguém seja titular – direito subjetivo – *o interesse juridicamente protegido.*

Seja como for, o inquestionável é que a titularidade de direitos só se pode reconhecer em face de atos, fatos ou situações que se subsumam a hipóteses normativas que os prescrevam. Assim, é de se reconhecer titularidade de direitos em face de normas constitucionais e infraconstitucionais. Portanto, verificada a criação, o nascimento, a aquisição ou a outorga de um direito, fundado diretamente na Constituição ou na legislação, cabe indagar se se trata ou não de direito insusceptível de ser prejudicado por disposições normativas supervenientes, isto é, se se trata ou não de direito adquirido para fins da especial proteção estabelecida não apenas pela lei de introdução ao Código Civil, mas também pela Constituição da República.

A proteção constitucional ao direito adquirido não pode ser considerada restrita a direitos adquiridos direta e imediatamente por força da própria Constituição. Qualquer interpretação assim acanhada do art. 5º, inciso XXXVI, da Constituição, não estaria a prestigiar a finalidade da norma, a ser desvendada à luz do sistema, que prestigia a segurança jurídica, a estabilidade das relações, que são constituídas sobretudo em face de atos e fatos previstos nas normas infraconstitucionais, tais como os acordos de vontade da mais variada natureza.

Fatos, como a morte de alguém, já deflagram efeitos, extinguem e criam direitos. O fato morte implica, por força direta e imediata da lei (Código Civil, art. 1.784), transmissão da herança aos herdeiros, que assim já a têm incorporada aos respectivos patrimônios como direito adquirido.

Mais não é preciso dizer para que se reconheça que direitos podem ser adquiridos tanto por força direta e imediata de normas constitucionais como de normas infraconstitucionais, estando todos igualmente resguardados em face de disposições normativas supervenientes, que não podem prejudicá-los a título de incidência retroativa ou imediata.

Outra questão é a concernente à relevância ou não da distinção entre emendas à Constituição e outras espécies normativas para efeito de se concluir pela intangibilidade ou não de direitos adquiridos.

Ora, só mesmo uma interpretação demasiadamente literal e pedestre do art. 5º, inciso XXXVI, da Constituição da República, é que poderia levar alguém menos avisado a concluir que direitos adquiridos poderiam sucumbir por força de emenda constitucional, já que nossa Lei Maior usa apenas o termo *lei,* e não *emenda!*

Por amor à brevidade cabe invocar, desde logo, o magistério de Carlos Ayres Britto, hoje Ministro do Supremo Tribunal Federal, nos seguintes termos: "se a referência constitucional apenas à lei, em tema de direito adquirido, ato jurídico perfeito e coisa julgada, fosse um abre-te sézamo para a edição das emendas, cairíamos todos numa contradição grotesca. É que a nossa Constituição também só mencionou a lei, não a emenda, enquanto veículo de imposição de deveres de conteúdo positivo, ou negativo ('ninguém será obrigado a fazer ou deixar de fazer alguma coisa senão em virtude de lei'). E a falta de menção às emendas significaria imprestabilidade delas para obrigar alguém a fazer ou deixar de fazer alguma coisa? A toda evidencia, não! Diga-se o mesmo da norma que proíbe excluir da apreciação do Poder Judiciário 'lesão ou ameaça a direito' (art. 5º, inciso XXXV), que, nem por silenciar quanto às emendas, está liberando qualquer delas para interditar o acesso de toda pessoa privada às instâncias judicantes, na matéria"[9].

Por outro lado, considerando que no mesmo dispositivo constitucional faz-se referencia também ao *ato jurídico perfeito* e à *coisa julgada*, como imunes à incidência da *lei* nova, se a proteção ao direito adquirido estivesse restrita à *lei* em sentido estrito, seria imperioso concluir que emendas à Constituição, não sendo leis, poderiam prejudicar também o ato jurídico perfeito e a própria coisa julgada! Seria a falência total da segurança jurídica.

Destarte, se direitos adquiridos estão imunes também à incidência de emendas constitucionais, fruto de produção normativa não do Poder Constituinte, mas do Poder Constituído, segue-se que emendas à Constituição não podem estabelecer qualquer prescrição contrária ou enfraquecedora da garantia estabelecida na Constituição por decisão do Poder Constituinte, originário por definição.

Resta, pois, finalmente, apreciar a relação entre direito adquirido e mutabilidade do regime jurídico de agentes públicos.

Tem sido freqüente a invocação da tese de que *não há direito adquirido a regime jurídico*, consoante entendimento que já se teria sedimentado no Supremo Tribunal Federal. E invoca-se, como foram invocados quando da decisão do mandado de segurança referido no início deste estudo – dentre outros, os seguintes julgados: RE 92.511-SC, 2ª Turma, Rel. Min. Moreira Alves, *DJU* 7.10.1980; RE 228.080-SC, Tribunal Pleno, Rel. Min. Sepúlveda Pertence, *DJU* 21.8.1998.

Cabe observar, de início, que a noção de *regime jurídico*, tomada no seu sentido mais amplo, é designativa de conjunto de normas jurídicas. Não um amontoado de normas, mas um conjunto *sistematizado*, informado por princípios que lhe conferem uma fisionomia própria, uma identidade, um denominador comum.

Regime jurídico, assim entendido, é sinônimo de *sistema*, que Geraldo Ataliba, em síntese admirável, anota como sendo "composição de elementos sob perspectiva unitária".[10]

Fala-se assim, por exemplo, em regime jurídico administrativo, regime jurídico tributário, regime jurídico previdenciário.

Reportado às normas que conformam a relação jurídica que tem como sujeitos o Estado e um seu servidor, titular de cargo público, fala-se em

---

9. *Teoria da Constituição*, Rio de Janeiro, Forense, 2003, p. 119.
10. *Sistema Constitucional Tributário Brasileiro*, São Paulo, Ed. RT, 1968, p. 4.

regime jurídico estatutário, para diferenciá-lo de regimes jurídicos de outra natureza, como o contratual, a que se submetem os admitidos sob o regime da Consolidação das Leis do Trabalho.

E é certo que, em se falando de relação jurídico-funcional, é de se distinguir a *natureza* dessa relação, que é *estatutária* – em oposição às relações de natureza *contratual* – do seu *conteúdo*, isto é, dos direitos, deveres e responsabilidades que as normas jurídicas assinalam às partes dessa relação.

É certo também que as normas que prescrevem os direitos, deveres e responsabilidades do Estado e de seu servidor são passiveis de alterações ao longo do tempo. Não são imutáveis, observadas sempre as disposições constitucionais pertinentes.

Destarte, tratando-se de uma relação estatutária, "o funcionário se encontra debaixo de uma situação legal, estatutária, que não é produzida mediante um acordo de vontades, mas imposta unilateralmente pelo Estado e, por isso mesmo, suscetível de ser, a qualquer tempo, alterada por ele sem que o funcionário possa se opor à mudança das condições de prestação de serviço, de sistema de retribuição, de direitos e vantagens, de deveres e limitações, em uma palavra, de regime jurídico".[11]

Todavia, professa Celso Antônio, a inexistência em favor do funcionário de "direito adquirido à persistência das condições de prestação de serviço ou de direitos e deveres existentes ao tempo da formação do vínculo, isto é, vigentes à época de sua investidura no cargo (...) não significa, todavia, que da relação de função pública jamais surjam direitos adquiridos para o funcionário em face do Estado. As próprias normas estatutárias podem figurar e figuram inúmeras vezes situações que se concretizam em favor do funcionário, consolidando direitos que se integram em seu patrimônio. Formularemos alguns exemplos para aclarar a questão. Se a lei estabelece que após um ano de exercício surge o direito ao gozo de 30 dias de férias, decorridos estes, está implementado o fato ao qual a ordem jurídica atribui o efeito de deflagrar o concreto desfecho da hipótese legal. A previsão abstrata incide sobre o funcionário que completou o prazo estatuído, conferindo-lhe direito adquirido à fruição daquelas férias nos termos previstos à época em que se consolidou o direito. Inversamente se a dilação contemplada na lei ainda não houver transcorrido para um dado funcionário, e as normas sobre a matéria se modificarem, passando a conferir apenas 25 dias de férias, este é colhido de imediato pela nova situação e não poderá pretender o gozo de 30 dias de repouso".[12]

---

11. Celso Antônio Bandeira de Mello, *Regime Constitucional dos Servidores da Administração Direita e Indireta*, São Paulo, Ed. RT, 1991, p. 19.
12. Ob. cit., p. 21.

Resulta, pois, que quando se diz que não há direito adquirido a regime jurídico o que se quer dizer é que o servidor público não pode opor-se à produção legislativa superveniente que introduza modificações quanto ao conteúdo da relação jurídica a que está submetido. Mas não que alterações supervenientes possam prejudicar quaisquer direitos seus. Aqueles que já estiverem regularmente incorporados ao seu patrimônio jurídico, como direitos adquiridos, estão imunes á incidência de lei nova.

Não há direito adquirido à inalterabilidade do conteúdo do regime jurídico, mas há direitos que se possa haver adquirido antes das alterações introduzidas.

Esse entendimento, sim, é o que ficou consignado no julgamento dos REs referidos, de n. 92.511 e 228.080.

Com efeito, ao ensejo do julgamento do RE 92.511 foi dado provimento ao recurso, por unanimidade, reconhecendo, como consta da ementa do Acórdão, que "o aposentado tem direito adquirido ao *quantum* de seus proventos calculado com base na legislação vigente ao tempo da aposentadoria, mas não aos critérios legais com base em que esse *quantum* foi estabelecido, pois não há direito adquirido a regime jurídico".

Na espécie, e como constou do voto do relator, a lei mandou *incorporar* a gratificação que suprimia, não implicando redução do *quantum* da aposentadoria. Por essa razão não se vislumbrou ofensa a direito adquirido.

Já no que concerne ao RE 228.080, em que se discutiu exatamente questão de redução de limite remuneratório, decidiu-se, como consta da ementa do Acórdão, que inexiste direito adquirido à manutenção do limite previsto na legislação revogada, pois não há direito adquirido a regime jurídico. Mas acrescentou-se: "Lícita a anterior fixação do teto local na remuneração dos Secretários de Estado e dada a garantia constitucional da irredutibilidade dos vencimentos, têm os impetrantes direito a que, da incidência imediata da LC 43/92, não poderá resultar o decréscimo da quantia que licitamente percebessem, até o montante do teto anterior".

Conquanto à luz da ementa acima, parcialmente transcrita, e do voto do Ministro Sepúlveda Pertence, relator, possa haver alguma dúvida quanto a saber se o que prevaleceu foi ou não apenas a garantia da irredutibilidade de vencimentos, o fato é que não se pode aceitar que a tese da *inexistência de direito adquirido a regime jurídico* esteja a significar que os submetidos a regime jurídico estatutário não adquirem direitos que se incorporem definitivamente ao seu patrimônio jurídico. Adquirem sim. E quando os adquirirem validamente, em absoluta conformidade com as normas então vigentes, ficam sob a proteção também do art. 5º, inciso XXXVI, da Constituição da República.

Como já havíamos ponderado no início deste trabalho, não nos animou pretensão alguma de desenvolver estudo mais alentado, como convém, trazendo à colação e discutindo opiniões variadas de juristas da maior expressão, sequer mencionados, bem como repertório jurisprudencial merecedor de especial atenção. Não se nos afigura este o espaço mais apropriado a esforço dessa envergadura.

Acreditamos, todavia, que o quanto ponderado já é o suficiente ao menos para provocar rediscussão dos temas jurídicos que apenas tangenciamos, de transcendental importância em termos de direito e exercício da cidadania.

# O ESTADO LAICO E A DEFESA DOS DIREITOS FUNDAMENTAIS:
## democracia, liberdade de crença e consciência e o direito à vida[1]

MÔNICA DE MELO

*1. Introdução. 2. O Estado laico como conseqüência do Estado Democrático Participativo: 2.1 Democracia Participativa – Modelo adotado pela Constituição Federal de 1988; 2.2 Democracia como princípio da maioria e a proteção do pluralismo de crença e diversidade religiosa. 3. O Estado laico e o direito fundamental da liberdade de crença e de consciência. 4. Análise de um caso concreto: aborto por anencefalia – Julgamento da liminar pelo STF na ADPF 54. 5. Conclusão. 6. Bibliografia.*

## 1. Introdução

O objetivo deste trabalho é demonstrar que a Constituição Federal de 1988 consagra um modelo de Estado laico, ou seja, desvinculado de quaisquer confissões religiosas. E que esse modelo é imprescindível para a defesa dos direitos humanos fundamentais e de um Estado Democrático, plural e respeitador da diversidade.

A história constitucional do Brasil demonstra que nem sempre foi assim, pois até a proclamação da República, em 1889, e a nova Constituição de 1891, vivia-se num Estado Monárquico e Confessional, que adotava a religião católica como oficial.

Ora quando o Estado resolve adotar uma religião oficialmente, ainda que seja a de um grupo majoritariamente dominante ou hegemônico, é inevitável o seu comprometimento com crenças, princípios morais, ideologias de um determinado grupo em detrimento de outros, ainda que possam ser considerados minoritários.

---

1. Este trabalho contou com a preciosa colaboração da acadêmica de Direito Daniela Sobral Rodrigues na pesquisa de doutrina e jurisprudência e foi apresentado originariamente como tese no XXX Congresso Nacional de Procuradores de Estado.

Um Estado que se assenta no princípio democrático e na defesa de direitos fundamentais para todos, indistintamente, de forma universal, não pode patrocinar ou assumir uma determinada religião.

É inegável que as religiões constituem forças sociais e políticas que se organizam no sentido de formar seus adeptos e de conseguir novas adesões a partir de um determinado programa de valores, que contém regras morais, ritos e liturgias. Um Estado Democrático deve conceber a liberdade de religião, crença e consciência e protegê-la como direito fundamental. Isso significa não aceitar como próprio do Estado nenhuma religião específica para que todos sejam protegidos em sua liberdade, inclusive os que não professam religião alguma.

Entretanto, tem sido cada vez mais comum a organização dos grupos religiosos no sentido de transpor e impor seu código de valores morais para toda a comunidade, pressionando as instituições do Estado, das mais diversas formas, para assumirem valores particulares em detrimento da coletividade.

Não se ignora que as religiões possuem códigos de valores que encontram respaldo na comunidade e que estão entranhados na cultura e vivência da comunidade e que, por muitas vezes, o próprio Direito, nas suas mais diversas expressões – lei, doutrina e decisão judicial – assume e reconhece. Porém, sempre há de haver um limite para as decisões da maioria, ou seja, ainda que tenhamos uma maioria religiosa, expressiva numericamente, bem organizada e que elege representantes no Parlamento e no Executivo, entre outras instâncias, capaz, de forma legítima, de fazer predominar sua orientação moral, a minoria tem que encontrar na Constituição proteção para a defesa de seus direitos e de sua liberdade e a possibilidade de resistir a padrões morais de uma maioria eventual.

Enfim, com este trabalho pretende-se demonstrar que a Constituição Federal de 1988, ao constituir o Brasil como Estado laico, assegurou a liberdade de crença e consciência para todas as pessoas sem distinção, possibilitando proteção para as minorias, que, também sendo parte do elemento humano que forma o Estado, não estão obrigadas a seguir padrões morais específicos de uma determinada religião.

Dessa forma as manifestações do Estado através de quaisquer dos três Poderes devem observar o princípio do Estado laico. A Advocacia Pública, em sua atividade consultiva e contenciosa, deve orientar a Administração Pública para comportar-se segundo os parâmetros do pluralismo e do respeito à liberdade de crença, de religião e de consciência.

## 2. O Estado laico como conseqüência do Estado Democrático Participativo

### 2.1 Democracia Participativa – Modelo adotado pela Constituição Federal de 1988

A Constituição do Brasil de 1988 significou um importante marco para a transição democrática brasileira. Após um período de vinte anos de governos militares, tivemos em 1984 um expressivo movimento nacional por eleições diretas ("Diretas Já")[2] que, embora não vitorioso, gerou frutos nos anos seguintes, com o nascimento dos plenários, comitês e movimentos pró-participação popular na Constituinte, em todo o Brasil. No início de 1985, surgiu o "Projeto Educação Popular Constituinte", houve o lançamento do "Movimento Nacional pela Participação Popular na Constituinte" e as pessoas passaram a se articular para garantir sua participação naquele processo.[3]

Conquista fundamental das diversas organizações envolvidas foram as chamadas "emendas populares", incluídas no Regimento Interno da Constituinte, cuja proposta deveria ser subscrita por, no mínimo, trinta mil eleitores, em lista organizada por, no mínimo, três entidades associativas, legalmente constituídas.[4] Foram propostas mais de cem emendas populares. O Regimento ainda previa a possibilidade de apresentação de sugestões e audiências públicas.

Reflexos desse processo intensamente participativo permeiam todo o texto de 1988, que consagra no Título I – "Dos Princípios Fundamentais", como fundamento do Estado Brasileiro, a Democracia Participativa: "Todo o poder emana do povo, que o exerce por meio de representantes eleitos ou diretamente, nos termos desta Constituição".

A democracia participativa é um novo modelo de arranjo democrático, introduzido pela Constituição de 1988, que não é sinônimo de democracia direta, nem tampouco exclui a democracia representativa, pois permite sua convivência com mecanismos de participação direta no poder. A democracia participativa viabiliza a conjugação dos mecanismos de participação direta com o sistema representativo.

Em razão de nossa pouca tradição democrática, enfrentamos ainda sérios problemas quanto ao sistema democrático representativo, no que diz respeito à proporcionalidade, ao arranjo partidário, às políticas clientelistas,

---

2. Emenda "Dante de Oliveira", votada em 25.4.1984.
3. Sobre todo o processo de formação dos plenários, comitês, movimentos, e a participação direta no processo constituinte, v. Carlos Michiles *et alii*, *Cidadão constituinte: a saga das emendas populares*.
4. Conforme o art. 24 do Regimento Interno da Assembléia Constituinte.

associados a uma descrença generalizada nos parlamentares, mas não na democracia.[5]

Consola-nos ser, como bem observou Francisco Weffort,[6] uma nova democracia: "(...) as novas democracias são democracias em construção, nas condições políticas de um processo de transição que tornou inevitável uma mistura com importantes heranças do passado autoritário. Estão em construção também nas circunstâncias criadas por uma época de crise social e econômica que acentua a influência de situações de desigualdade social".

A discussão acerca da participação no processo de tomada de decisões remonta à democracia grega (clássica), entre os séculos VI e IV a.C., em Atenas. A palavra democracia tem origem grega: *demokratía*, em que *demos*, significa "muitos" e *kratía*, "governo". A democracia clássica grega é caracterizada por uma intensa participação dos cidadãos nos assuntos públicos.

<small>5. Pode parecer contraditório, mas pesquisas revelam que a população, não obstante o descrédito nos parlamentares, ainda acredita na democracia como o melhor regime. O jornal *Folha de S. Paulo* publicou no Caderno "Mais", de 11.7.1993, uma pesquisa realizada pelo Datafolha em conjunto com a USP e o CEDEC, sobre a democracia, revelando que a preferência dos eleitores pelo regime democrático *per se* cresceu mais de 15 pontos percentuais nos últimos quatro anos, atingindo pela primeira vez 60% em março daquele ano, em contraposição a 14% de eleitores que ainda preferem uma "ditadura" e outros 14% que acham que "tanto faz uma democracia ou uma ditadura". Por outro lado, a matéria apontou que o Legislativo vem enfrentando críticas constantes à sua atuação. Manchetes recentes acusam o Congresso de imobilismo. Aponta-se que em 470 dias de governo o Presidente já editou e reeditou mais de 559 medidas provisórias. Ou seja, praticamente todas as iniciativas legislativas partem do Executivo. É o Executivo quem vem pautando o Parlamento Nacional. Há Projetos importantes que tramitam ou tramitaram no Congresso por 20 anos (como foi o caso do projeto de Código Civil). É importante notar que não se trata de uma tendência verificada exclusivamente no Brasil. Segundo reportagem publicada na revista inglesa *The Economist* (July 17th-23rd, 1999, p. 49), em países como EUA, Alemanha, Japão, Grã-Bretanha, Itália, Canadá, entre outros, verifica-se uma contínua queda nos índices de confiança política, desde o início das pesquisas, nos anos 1950 e 1960, até nossos dias, sem que haja um correspondente descrédito nos valores democráticos.
6. "Novas Democracias. Que Democracias?", p. 6. Também Héctor Gros Espiell, no verbete "Democracia", observa que o fenômeno é comum à América Latina: "Superado el período de predominio de dictaduras militares que caracterizó la década de los 70, sin perjuicio de la permanencia, todavía hay algunas, el caso de Cuba y el fenómeno especialísimo de Nicaragua, todo el resto de América Latina se afilia a la concepción de la democracia pluralista y representativa, basada en la existencia de un Estado Social de Derecho, respetuoso de los derechos humanos. Pero esta homogeneidad teórica no puede ocultar la realidad de las grandes carencias de la democracia real, por la existencia, en muchos casos, de un tradicional y desbordado predominio del Poder Ejecutivo, por el caudillismo y las consecuencias de um militarismo difícilmente compatible con el concepto del Estado democrático, por el analfabetismo, la injusticia social, y el subdesarrollo y la explotación económica y social que impiden la existencia de los presupuestos necesarios para que la democracia funcione y viva" (*Diccionario electoral*, p. 206).</small>

David Held[7] ressalta, com propriedade, os principais aspectos institucionais da democracia ateniense: o conjunto de cidadãos formava uma Assembléia que se reunia mais de 40 vezes por ano e tinha um quorum de seis mil cidadãos. Todas as questões importantes eram submetidas à Assembléia. Havia ainda um Conselho de 500 cidadãos que assumia a responsabilidade pela organização e proposição de decisões públicas, o qual era auxiliado por um Comitê mais bem estruturado de 50 cidadãos, com um Presidente que só podia ocupar o cargo por um dia. As funções executivas da cidade eram realizadas por "magistrados", cujo poder era difuso, uma vez que esses postos eram ocupados por uma mesa de dez cidadãos. Quase todos os "servidores públicos" eram eleitos por um período não renovável de um ano, tudo de modo a evitar os perigos de políticas autocráticas. Vários métodos de seleção eram criados, tais como a rotatividade de tarefas, o sorteio e a eleição direta.

Quem era o cidadão ativo da democracia grega? Apenas os homens atenienses com mais de 20 anos. Dessa forma, eram excluídos as mulheres, os estrangeiros e os escravos. Segundo Held, a maior categoria de pessoas politicamente marginalizadas era a população escrava.[8]

O que podemos observar é que a democracia grega possuía uma estrutura relativamente complexa, não se resumindo a um "bando de indivíduos" decidindo sobre tudo em praça pública. Havia uma organização que previa determinadas instituições: o Conselho de 500 (Comitê Executivo e geral dos trabalhos da Assembléia, composto de homens com mais de 30 anos), o Comitê de 50 (para guiar e fazer propostas ao Conselho), os Magistrados (posto ocupado por uma mesa de 10), as Cortes (com grandes júris populares de mais de 201 pessoas e, muitas vezes, mais de 501 cidadãos), os 10 Generais Militares, e a Assembléia (corpo soberano principal, com um mínimo de 40 sessões por ano e um quorum de 6.000 cidadãos para sessões plenárias), à qual eram atribuídas as questões fundamentais da cidade. Ou seja, havia um órgão principal e este não decidia a respeito de tudo. Portanto, um regime de *"todos"* decidindo sobre *tudo"*, nunca existiu, nem mesmo na Grécia Antiga.

Até mesmo o "todos" da Grécia sofria limitações. Na verdade, a maior parte da população grega estava totalmente excluída da cidadania. É inquestionável que o sistema proporcionava um altíssimo grau de partici-

---

7. *Modelos de democracia*, p. 20.
8. Ibidem, p. 21. "Estima-se que a proporção entre escravos e cidadãos livres na Atenas de Péricles fosse, pelo menos, de 3 para 2 (...). A escravatura e a democracia atenienses parecem ter sido indivisíveis. O hiato entre a base formal e real da vida política de Atenas é notável; a igualdade política era uma forma de igualdade para aqueles com o mesmo *status* (homem e nascido em Atenas). (...) A lendária democracia era intimamente conectada ao que poder-se-ia chamar de tirania dos cidadãos".

pação na gestão da cidade, mas apenas para os "privilegiados", o que resultava em uma minoria que preservava os seus direitos, com exclusão da cidadania das mulheres, dos estrangeiros e dos escravos. Com os parâmetros atuais que universalizaram o sufrágio, jamais poderíamos chamar tal sistema de democrático. O que fica daquele modelo é a referência a um sistema com intensidade de participação, no qual não se conheceu a delegação de poderes de decisão a representantes eleitos, ao contrário do que acontece com as democracias modernas representativas, nas quais foi sensivelmente diminuída a participação direta e o poder de decisão transferido, mas quem o transfere é um número significativo de pessoas (sufrágio universal), com aumento real de cidadania, possibilitando maior igualdade política.

A limitação da cidadania não é a única crítica à democracia grega. Alguns autores[9] ressaltam a inteira absorção do indivíduo pelo Estado, fator caracterizador que acabou contribuindo para o próprio declínio do sistema. Não havia tempo para a esfera privada, cidadão era quem participava nos assuntos públicos[10]. Giovanni Sartori[11] argumenta que a hipertrofia política gerava uma atrofia econômica, na medida em que o indivíduo, cidadão-total, não cuidava mais da produção econômica – portanto a democracia da Antiguidade estava fadada a ser destruída pela luta de classes entre ricos e pobres.

Leslie Lipson,[12] a respeito do declínio da democracia ateniense, assinala que "os pobres usam seu poder de maioria para espoliar os ricos, confiscando suas propriedades por meio de tributos exorbitantes". Ressalta ainda que depois de Péricles a liderança de Atenas baixou para níveis inferiores e medíocres de talento e caráter.

Desde essa época muitos séculos se passaram, antes que se voltasse à discussão teórica sobre a democracia. Entretanto, o que os gregos escreveram tornou-se referência e o debate acerca da democracia partiu do que os historiadores Heródoto e Tucídides, e os filósofos Sócrates, Platão e Aristóteles escreveram. Embora, como bem adverte Leslie Lipson,[13] o saldo literário grego não seja muito favorável à democracia: Heródoto foi um

---

9. Cf. David Held, *Modelos de democracia*, p. 23 e ss., e Giovanni Sartori, *A teoria da democracia revisitada*, vol. 2, pp. 34 e ss.

10. Ainda conforme Giovanni Sartori, "Um autogoverno real, como os gregos o praticavam, requeria que o cidadão se dedicasse completamente ao serviço público. Governar a si mesmo significava passar a vida governando" (*A teoria da democracia revisitada*, vol. 2, p. 39). No famoso discurso de Péricles, proferido nos funerais de Estado em honra dos mortos, relatado por Tucídides, aquele menciona que o povo ateniense é capaz de cuidar, ao mesmo tempo, de seus interesses pessoais e cívicos e que só condena como inútil a pessoa que não participa de seu Governo.

11. Ibidem, vol. 2, p. 39.

12. *A civilização democrática*, vol. 1, p. 41.

13. Ibidem, p. 57.

admirador do sistema democrático grego, mas não testemunhou a queda ateniense. Tucídides viu com azedume o sistema que perdeu a guerra do Peloponeso. Platão era contra o regime democrático ateniense, que no seu entender não garantia a unidade, gerava o "caos" e igualava desiguais, não diferenciando os possuidores de virtudes, conhecimentos e capacidades. Aristóteles, ao estabelecer uma tipologia do poder (monarquia, aristocracia e comunidade política – nas quais uma, poucas ou muitas pessoas governam no interesse de todos –, e os seus desvios: tirania, oligarquia e democracia), classificou a democracia como um desvio, já que previa o domínio de uma classe: os pobres, que compunham a maioria.

Norberto Bobbio,[14] ao distinguir três tradições históricas na teoria da democracia, atribui a Aristóteles uma delas: a teoria clássica, aristotélica, das três formas de governo, conforme o governo seja exercido por um, por poucos, ou por muitos. Mas também ressalta que o nome *democracia* é atribuído a uma de suas formas corruptas, pois nesta hipótese o povo (detentor do poder) não governaria no interesse geral, mas no interesse próprio.

Ainda segundo Bobbio,[15] a tipologia aristotélica foi acolhida em toda a tradição do pensamento ocidental, tornando-se um dos lugares comuns na tratadística política.

Continuando nossa incursão pelo debate democrático, as referências seguintes sobre a teoria da democracia saltam quase dois mil anos. Ainda assim, têm como ponto de partida os escritos da tradição clássica.

As discussões trazidas pelos autores clássicos dos séculos XVII e XVIII, Hobbes, Locke, Montesquieu e Rousseau, também têm sua parcela de contribuição para a democracia participativa.

Hobbes, a respeito da aquisição do poder soberano, diz no *Leviatã*[16] que uma de suas possibilidades se dá "quando os homens concordam entre si em submeterem-se a um homem, ou a uma assembléia de homens, voluntariamente, com a esperança de serem protegidos por ele contra todos os outros". É o que ele denomina de Estado Político, ou um Estado por instituição, não diferindo muito dos clássicos gregos, quando utiliza os mesmos critérios em função de quantos detêm o poder: um, ou uma assembléia, sendo que na assembléia todos têm o direito de participar, ou nem todos, mas apenas certos homens distintos dos restantes.[17] Dessa forma, estabeleceu três espécies de governo: monarquia, democracia e aristocracia (atribuída à parte da Assembléia).

14. "Democracia", ob. cit., p. 319.
15. Ibidem, p. 320.
16. Thomas Hobbes, *Leviatã*, p. 110.
17. Ibidem, p. 118.

O autor demonstra-se, ainda, favorável à monarquia, argumentando que uma das causas mais freqüentes da rebelião contra ela é a leitura de livros de política e de história dos antigos gregos e romanos, pois se passa a julgar que a prosperidade daqueles povos procedeu da virtude de sua forma popular de governo, não atentando para as freqüentes guerras ocasionadas pela imperfeição de sua política.[18]

Locke[19] não inova muito em relação aos gregos. No capítulo "Das formas de uma comunidade", caracteriza o sistema conforme quantos detiverem o poder de fazer as leis. Caso a maioria, a partir da primeira união dos homens em sociedade, detiver o poder e empregá-lo de tempos em tempos para fazer as leis destinadas à comunidade e que se executam por intermédio de funcionários que ela própria nomeia, se estará diante de uma democracia. Se o poder de fazer as leis é atribuído a alguns homens escolhidos, seus herdeiros e sucessores, ter-se-ia uma oligarquia e, por fim, se o poder concentra-se nas mãos de um único homem, estar-se-ia diante de uma monarquia, sendo que a comunidade poderia estabelecer formas mistas de governo.

Montesquieu[20] distingue três espécies de governo: republicano, monárquico e despótico. Governo republicano sendo aquele em que o povo, como um todo, ou somente uma parcela do povo, possui o poder soberano; monarquia, aquele em que um só governa, mas de acordo com leis fixas e estabelecidas, enquanto que no governo despótico uma só pessoa, sem obedecer a leis e regras, realiza tudo por sua vontade e seus caprichos. Como se vê, Montesquieu trabalha com alguns tipos estabelecidos por Aristóteles.

Rousseau, apenas alguns anos mais tarde, tornar-se-ia uma referência para os estudos da democracia direta, como aquela exercida pelo povo, em pessoa, isto é a verdadeira democracia, já que não acreditava na representação. Dizia ele a respeito da idéia de representação: "A soberania não pode ser representada, pela mesma razão que não pode ser alienada; ela consiste essencialmente na vontade geral e a vontade não se representa: ou é a mesma, ou é outra; não há meio termo. Os deputados do povo não são, pois nem podem ser seus representantes; são apenas seus comissários, nada podem concluir em definitivo. É nula toda a lei que o povo não tenha ratificado pessoalmente; não é uma lei. O povo inglês pensa que é livre; engana-se profundamente, ele somente o é durante as eleições dos membros do parlamento; logo que estes sejam eleitos, torna-se escravo, nada é. Nos curtos momentos de sua liberdade, o uso que dela faz, bem merece que a perca".[21]

18. Ibidem, p. 199.
19. John Locke, *Segundo tratado sobre o governo*, p. 91.
20. *Do espírito das leis,* pp. 39 e ss.
21. Jean Jacques Rousseau, *O contrato social,* p. 182.

Por outro lado, Rousseau, em sua obra, não deixa de considerar as dificuldades de um regime de democracia direta: "Se se tomar o termo no rigor da acepção, jamais existiu verdadeira democracia, e jamais existirá. É contrário à ordem natural que o grande número governe e que o pequeno seja governado. Não se pode imaginar que o povo fique continuamente reunido para cuidar dos negócios públicos (...) Ademais, quantas coisas difíceis de reunir supõe esse governo? Primeiro, um pequeno Estado, em que seja fácil reunir o povo e em que cada cidadão possa facilmente conhecer os demais; em segundo lugar, uma grande simplicidade de costumes, que antecipe uma infinidade de negócios e as discussões espinhosas; segue-se bastante igualdade nas classes e nas riquezas, sem o que a igualdade não subsistiria por muito tempo nos direitos e na autoridade; enfim pouco, ou nenhum luxo; porque, ou o luxo é o efeito das riquezas, ou as faz necessárias; corrompe ao mesmo tempo o rico e o pobre, um pela posse, e o outro, pela cobiça (...) "Se houvesse um povo de deuses, ele se governaria democraticamente. Não convém a homens um governo tão perfeito".[22]

Rousseau é sempre lembrado quando se discute a democracia participativa, já que esta inclui a participação direta no poder, embora não possa ser confundida com a democracia direta nos moldes rousseaunianos.

Finalmente, nesse período, temos Madison, nos Estados Unidos da América, que traria inovações relativamente à tipologia aristotélica. Nas discussões em torno da democracia na fundação dos EUA, a palavra democracia teve que ser contornada. O termo estava associado à democracia direta, com carga valorativa negativa, de geradora de caos, desordem, de instabilidade etc. Madison, a fim de que a Constituição americana fosse aprovada, sabiamente introduziu a diferença entre República e Democracia. O que os EUA iriam introduzir na União das treze colônias era a República e não uma Democracia.

Nos *Artigos Federalistas* de n. 10, Madison[23] definiu república como um governo em que está presente o esquema da representação e uma democracia por uma sociedade formada por um pequeno número de cidadãos que se unem e administram pessoalmente o governo. De forma que no artigo 4º da Constituição Americana ficou assegurada a forma republicana de governo.

Para terminar nosso breve passeio pelas teorias a respeito da democracia, falemos do debate contemporâneo.

No início do século XX, vários teóricos[24] declaram-se preocupados em construir teorias sobre a democracia a partir da realidade, de como ela

---
22. Ibidem, p. 152.
23. James Madison, *et alii. Os artigos federalistas: 1787-1788*, pp. 136 e 137.
24. Mosca, Michels, Max Weber, Schumpeter. Cf., a respeito, David Held, *Modelos de democracia*, pp. 133 e ss.; Carole Pateman, *Participação e teoria democrática*, pp. 12 e ss. e Giovanni Sartori, *A teoria democrática revisitada*, vol. 1, pp. 72 e ss.

se apresenta, em contraposição às teorias anteriores de cunho normativo, mais preocupadas em como a democracia deveria ser ou prescrever.

Uma dessas teorias ficou conhecida como "elitismo competitivo". A partir dela a democracia é entendida como método competitivo de escolha das elites pelo voto dos eleitores.

A democracia é descrita por Schumpeter como um método político, como arranjo institucional para se chegar às decisões políticas – legislativas e administrativas.[25] Os indivíduos adquirem o poder de decidir utilizando uma luta competitiva pelo voto do povo, de forma que os únicos meios de participação abertos ao povo são o voto para o líder e a discussão.

Para que possa haver essa competição, se fazem necessárias eleições livres com liberdades civis asseguradas para que as escolhas possam ser livres e para que floresçam diversas ofertas.

A teoria democrática de Schumpeter teve bastante importância para as teorias democráticas posteriores. O papel atribuído por ele à participação influenciou vários outros autores.[26]

Após esse sucinto relato histórico das teorias e modelos democráticos, é possível tecer algumas considerações sobre as implicações que esse debate traz para a democracia participativa.

Observamos que a democracia direta e a democracia representativa sempre se antagonizaram.

Depois da Grécia Antiga, experiência concreta de democracia direta, há poucas notícias de que o mesmo regime tenha se dado em outros países, com exceção da Suíça. O próprio Rousseau, árduo defensor da democracia direta, ressaltou as dificuldades em se implementar tal regime. A democracia assumida pela humanidade é a democracia representativa.

Isso não quer dizer que no transcorrer da história não surgisse a possibilidade e a necessidade de se introduzirem mecanismos que possibilitassem participação direta nas decisões, seja por razões principiológicas, de resgate da soberania popular (no sentido atribuído por Rousseau de que a soberania nunca se delega), seja por razões pragmáticas de se conferir maior legitimidade, consenso e efetividade às decisões estatais, seja, por fim, por considerá-los corretivos das democracias representativa – que não implica a adoção de uma democracia direta.

Portanto, rejeitamos a identificação da democracia participativa com a democracia direta. Cremos ser possível e desejável uma articulação e

---

25. *Capitalism, socialism and democracy*, apud Carole Pateman, *Participação e teoria democrática*, p. 12.

26. Para um aprofundamento, consultar Carole Pateman, *Participação e teoria democrática*, pp. 14 e ss., na qual a autora faz uma análise das obras de Berelson, Dahl, Sartori e Eckstein, a partir da teoria de Schumpeter.

convivência entre o regime de democracia representativa e instrumentos de participação direta no poder. A democracia participativa é um tipo de democracia representativa em que se conjuga a possibilidade de participação direta nas decisões, podendo haver gradações, na medida em que há modelos que possibilitam mais ou menos participação. Por isso julgamos ser um falso dilema aquele que contrapõe participação e representação.

José Afonso da Silva resume muito bem a democracia participativa constitucionalizada: "A democracia que o Estado Democrático de Direito realiza há de ser um processo de convivência social numa sociedade livre, justa e solidária (art. 3º, I), em que o poder emana do povo (...) diretamente ou por representantes eleitos (art. 1º, parágrafo único); participativa, porque envolve a participação crescente do povo no processo decisório e na formação dos atos de governo; pluralista, porque respeita a pluralidade de idéias, culturas e etnias e pressupõe assim o diálogo entre opiniões e pensamentos divergentes e a possibilidade de convivência de formas de organização e interesses diferentes da sociedade; há de ser um processo de liberação da pessoa humana das formas de opressão que não depende apenas do reconhecimento formal de certos direitos individuais, políticos e sociais, mas especialmente da vigência de condições econômicas suscetíveis de favorecer o seu pleno exercício".[27]

Naturalmente um Estado Confessional que assumisse uma determinada religião não seria mais um Estado Democrático de Direito, um Estado pluralista que respeita a diversidade de idéias e valores morais.

## 2.2 Democracia como princípio da maioria e a proteção do pluralismo de crença e diversidade religiosa

Questão fundamental é saber se o regime democrático participativo, visto sob o prisma de respeito ao princípio da maioria, pode deliberar de forma ilimitada.

É democrático estabelecer limites ao exercício da soberania popular? Afinal, o poder emana ou não do povo? Ou seja, os grupos religiosos, na medida em que cada vez mais se tornam presentes na vida política do Estado, especialmente no Parlamento, com a constituição de bancadas e grupos organizados para defender princípios religiosos e alçá-los ao status de norma jurídica com obrigatoriedade para toda a comunidade, podem sofrer limitações em sua atuação?

A existência ou não de limites nas decisões majoritárias só pode ser compreendida à luz do modelo democrático adotado e de como se conjuga a "regra da maioria" no sistema.

---

27. José Afonso da Silva, *Curso de direito constitucional positivo*, 27ª ed., Malheiros Editores, 2006, pp. 119-120.

Na análise dos teóricos da democracia contemporânea, é possível vislumbrar enfoques distintos sobre a democracia. Enfoques centrados no caráter *procedimental/formal* e no caráter *substancial/material* da democracia. Na *democracia material*, há uma preocupação que ultrapassa o procedimento majoritário, conforme regras estabelecidas, para a tomada de decisões políticas coletivas. Os defensores de uma *democracia substancial* levantam a questão dos fins a serem atingidos pelas decisões. Assim, uma decisão tomada por um *procedimento* democrático pode não ser em si mesma uma decisão democrática. A regra da maioria não é sinônima de democracia, embora nela esteja contida. É uma condição necessária, mas não suficiente. Celso Campilongo,[28] em excelente trabalho a respeito da regra da maioria, assinala que "a regra da maioria é apontada pela doutrina como necessária, em algumas situações, para a democracia. Não é indicada como regra aplicável a todas questões ou situações. Muito menos é condição suficiente da democracia".

Norberto Bobbio, por exemplo, é um dos cientistas políticos contemporâneos que nos fornece uma definição mínima/procedimental de democracia:

"Afirmo preliminarmente que um único modo de se chegar a um acordo quando se fala de democracia, entendida como contraproposta a todas as formas de governo autocrático, é o de considerá-la caracterizada por um conjunto de regras (primárias ou fundamentais) que estabelecem quem está autorizado a tomar decisões coletivas e com quais procedimentos. (...)

"No que diz respeito aos sujeitos chamados a tomar (ou a colaborar para a tomada de) decisões coletivas, um regime democrático caracteriza-se por atribuir este poder (que estando autorizado por lei fundamental torna-se um direito) a um número muito elevado de membros do grupo. (...)

"No que diz respeito às modalidades de decisão, a regra fundamental da democracia é a regra da maioria, ou seja, a regra à base da qual são consideradas decisões coletivas – e, portanto, vinculatórias para todo o grupo – as decisões aprovadas ao menos pela maioria daqueles a quem compete tomar a decisão. (...)

"É indispensável uma terceira condição: é preciso que aqueles que são chamados a decidir ou a eleger os que deverão decidir sejam colocados diante de alternativas reais e postos em condição de poder escolher entre uma e outra. Para que se realize esta condição é necessário que aos chamados a decidir sejam garantidos os assim denominados direitos de liberdade, de opinião, de expressão das próprias opiniões, de reunião, de associação etc."[29]

---

28. *Direito e democracia: a regra da maioria como critério de legitimação política*, p. 24.

29. Norberto Bobbio, *O futuro da democracia: uma defesa das regras do jogo*, p. 18.

Essa definição de Bobbio, como ele próprio admite, é essencialmente *procedimental*. Não há preocupação com a finalidade, ou o conteúdo das decisões. Atinge-se a democracia na medida em que são obedecidos os procedimentos por uma maioria, sem se indagar da justiça das decisões.

O critério da maioria não pode ser entendido de forma absoluta e nem como sinônimo da democracia. O poder da maioria tem que ser limitado, para que se possa respeitar os direitos das minorias, a quem deverá estar sempre assegurada a possibilidade de se constituir em maioria.

Segundo Sartori,[30] se uma maioria faz uso excessivo de seu direito, o sistema não funciona mais como uma democracia. E a democracia concebida como poder da maioria limitado pelos direitos da minoria corresponde ao povo todo, à soma da maioria com a minoria.

Tal compreensão dos limites procedimentais (regra da maioria) é que nos leva à preocupação com os fins a serem atingidos pela decisão conforme as regras do jogo. A democracia, para sua própria sobrevivência, encontra limites nas decisões possíveis de serem tomadas pela maioria.

Sob esse aspecto, a democracia entendida como decisões majoritárias, deve encontrar limites, os quais possibilitarão assegurar os direitos das minorias, a continuidade do regime democrático que, nesse sentido, também estarão assegurando as próprias maiorias.[31]

São por estas razões que as propostas legislativas sofrem controle de constitucionalidade *a posteriori* e a própria Constituição traz limites à atuação parlamentar.[32]

No regime constitucional brasileiro, circunstâncias temporais, procedimentais e materiais (art. 60 da Constituição Federal de 1988) impõem limites à tomada de decisões, no que toca à reforma do texto constitucional.

---

30. *A teoria da democracia revisitada*, vol. 1, p. 55.

31. Celso Campilongo, aduz que é "ridículo submeter os direitos fundamentais ao escrutínio do maior número. A regra da maioria tem um limite claro: não é legítima – nem ela nem nenhuma outra –, para condicionar, suprimir ou reduzir os direitos essenciais da pessoa humana" (*Direito e democracia: a regra da maioria como critério de legitimação política*, p. 38).

32. No início de 2000, foi submetido a plebiscito, simultâneo às primárias democrata e republicana (Proposições 21 e 22), no Estado da Califórnia, EUA, o reconhecimento legal do casamento apenas entre homem e mulher, não reconhecendo o casamento entre pessoas do mesmo sexo, e a possibilidade de menores, a partir de 14 anos, serem julgados como adultos, caso tivessem cometido homicídio e crimes sexuais, podendo com isso serem condenados à pena de morte. A primeira proposição foi aprovada por 60% a 40%, significando uma vitória para os grupos religiosos mórmons e católicos, republicanos conservadores e sindicatos hispânicos. A segunda medida, igualmente controversa, foi aprovada por 61% contra 39%. Portanto, a grande preocupação, com as medidas tomadas pela maioria é a garantia de proteção dos direitos da minoria. As decisões tomadas mostram a importância de se pensar em controles para as decisões majoritárias.

Nas decisões tomadas mediante leis infraconstitucionais, a Constituição constitui um limite. Assim, aqueles parâmetros podem servir de ponto de partida para estabelecermos limites à imposição de regras morais que desvirtuem um Estado laico.

É necessário, portanto, estabelecer limites ao exercício da democracia enquanto tomada de decisões pela regra da maioria.

O que queremos ressaltar é que o limite máximo das decisões é a continuidade do próprio sistema democrático. Decisões que ponham em risco o próprio sistema não devem ser admitidas. Assim, a supressão dos direitos fundamentais deve estar fora do alcance das decisões majoritárias diretas, pois, até mesmo os que defendem uma democracia procedimental concordam que os direitos de liberdade, reunião, associação, expressão das opiniões devem estar garantidos para que o jogo democrático possa continuar. Ou seja, há que se proteger as minorias, para que a oposição possa existir e eventualmente constituir-se em maioria. Essa proteção é a necessária do ponto de vista de uma teoria democrática procedimental.

Quando se adota um conceito substancial de democracia, surge a preocupação com a finalidade das decisões, paralelamente aos procedimentos adotados. Aqui surge a necessidade de os limites serem ampliados, para proteger determinadas finalidades.

Nesse caso, o rol de limites tende a ser ampliado, de forma que não há um padrão único de limites materiais para as decisões diretas populares, os quais variarão em função do que se entenda por democracia, do regime democrático adotado constitucionalmente e da interpretação que se dê ao conteúdo de limites materiais expressos, problema que ocorre hoje quando da interpretação do conteúdo do § 4º do artigo 60 da Constituição brasileira.

De todo modo, parece-nos que o inciso VI do artigo 5º, ao estabelecer a liberdade de consciência e de crença e o fato de ninguém poder ser privado de direitos por motivo de crença religiosa ou de convicção filosófica ou política (inciso VIII do artigo 5º) são entraves suficientes à adoção de quaisquer confissões religiosas por parte do Estado e limite expresso para a ação parlamentar, ainda que represente anseios de uma maioria religiosa. Ou seja, a constituição de eventual maioria parlamentar religiosa não poderá impor suas convicções morais e religiosas a todos, através da elaboração das leis.

Também o Poder Executivo, circunscrito em sua ação pela Constituição e pelas leis, sofre as mesmas limitações impostas à atuação legislativa.

Mariano Lopez Alarcon[33] ressalta que vivemos em sociedades muito diversificadas, do ponto de vista religioso e ideológico, e que o Estado se

---

33. "Valores religiosos y constitución en una sociedad secularizada", in *Secularización y laicidad en la experiencia democrática moderna*, p. 71.

desconfessionalizou para atuar de forma laica, de modo que as crenças e práticas religiosas tendem a se desvincular do institucional e que, portanto, a conseqüência primária da secularização é o pluralismo, que abarca todos os campos (religioso, ideológico, político, ético, científico, cultural etc.) e que constitui, mais que um princípio, a nova realidade do mundo moderno.[34]

Continuando, o autor destaca que viver em pluralismo religioso e ideológico constitui uma experiência que requer uma constante prática da tolerância, uma vigilância permanente para impedir que exclusivismos religiosos ou ideológicos desemboquem em posições monistas ou fundamentalistas, que seriam inconstitucionais. Decorre daí a existência de mecanismos jurídicos de obstrução de monismos, inclusive a proibição de confessionalização do Estado.[35]

## 3. O Estado laico
### e o direito fundamental da liberdade de crença e de consciência

A Constituição Federal de 1988 em seu artigo 5º, inciso VI, estabelece que é inviolável a liberdade de consciência e de crença e assegura o livre exercício dos cultos religiosos, protegendo os locais de culto bem como as suas liturgias. No inciso VIII do artigo 5º diz que ninguém será privado de direitos por motivo de crença religiosa ou de convicção filosófica ou política.

Ao tratar da organização do Estado, do ponto de vista político e administrativo, veda à União, aos Estados, ao Distrito Federal e aos Municípios a possibilidade de estabelecer cultos religiosos ou igrejas, de subvencioná-los, embaraçar-lhes o funcionamento ou manter com eles ou seus representantes relações de dependência ou aliança. Ressalva que, na forma da lei, poderá haver colaboração de interesse público (art. 19, I).

Portanto, a relação Estado-Religião, na Constituição, se assenta de um lado no reconhecimento de um direito fundamental à liberdade de crença e consciência, liberdade de convicção filosófica ou política, ou seja, "na liberdade de crença entra a *liberdade de escolha* da religião, a *liberdade de aderir* a qualquer seita religiosa, a *liberdade* (ou o direito) *de mudar de religião*, mas também compreende a *liberdade de não aderir a religião alguma*, assim como *a liberdade de descrença*, a *liberdade de ser ateu* e de exprimir o agnosticismo. Mas não compreende a liberdade de embaraçar o livre exercício de qualquer religião, de qualquer crença, pois aqui também a liberdade de alguém vai até onde não prejudique a liberdade dos outros".[36] Portanto, além de respeitar essas liberdades ensejadoras de direitos

---

34. Tradução nossa.
35. Ob. cit., p. 75, tradução nossa.
36. José Afonso da Silva, ob. cit., p. 249.

fundamentais, a Constituição quis que o próprio Estado se abstivesse de patrocinar qualquer religião, ou seja, que fosse um Estado laico.

A liberdade religiosa, ainda, compreende três liberdades: a liberdade de crença, liberdade de culto e liberdade de organização religiosa.[37] Celso Ribeiro Bastos[38] estabelece a mesma distinção e diz que a liberdade de consciência não se confunde com a de crença, uma vez que uma consciência livre pode determinar-se no sentido de não ter crença alguma, ou seja, protege-se os ateus e agnósticos e por outro lado a liberdade de consciência pode apontar para uma adesão a certos valores morais e espirituais que não passam por sistema religioso algum.

A respeito da relação Estado-Igreja, José Afonso da Silva[39] observa a existência de três sistemas: a confusão, a união e a separação, cada qual com gradações.[40] Na "confusão", o Estado de confunde com determinada religião; é o Estado teocrático, como o Vaticano e os Estados islâmicos. Na hipótese da "união" verificam-se relações de participação do Estado em uma determinada igreja, no que concerne à sua organização e funcionamento, como por exemplo, a participação na designação de ministros religiosos e sua remuneração. Foi o sistema do Brasil-Império. Na Constituição Política do Império a Religião Católica Apostólica Romana era a Religião Oficial do Império. Ademais o único culto permitido era o católico. Os demais eram tolerados apenas como "culto doméstico", em casas particulares, sem que configurassem templos. O Imperador antes de ser aclamado teria que jurar manter a religião católica. Competia ao Poder Executivo nomear os Bispos e prover os benefícios eclesiásticos. Ou seja, era um Estado confessional.

Somente com a proclamação da República e a Constituição de 1891 é que o Brasil se torna um Estado laico, admitindo e respeitando todas as vocações religiosas.[41]

---

37. Ibidem, p. 250.
38. *Curso de Direito Constitucional*, pp. 190 e ss.
39. Ob. cit. p. 243.
40. Jorge Miranda em seu *Manual de Direito Constitucional*, p. 355, também estabelece um quadro esquemático das relações entre Estado e confissões religiosas, tal como as revelam a história e o Direito Comparado. Vislumbra o autor a possibilidade de identificação entre Estado e Religião – é o Estado confessional, no qual pode haver domínio do poder religioso sobre o poder político (teocracia) ou domínio do poder político sobre o poder religioso (cesaropapismo); não identificação (Estado laico) – e nessa hipótese, com união entre o Estado e uma confissão religiosa (religião de Estado) e com separação, sendo que a separação pode ser relativa (com tratamento especial, privilegiado de uma religião) ou separação absoluta (com igualdade das confissões religiosas); e, por fim, oposição do Estado à religião, oposição relativa (Estado laicista) ou oposição absoluta (Estado ateu, ou de confessionalidade negativa).
41. Paula Carmo Name, em sua dissertação de mestrado denominada *A liberdade de crença religiosa na Constituição Federal de 1988*, apresentada na PUC/SP, em 2004, traça

O sistema da "separação e colaboração" é o adotado pela Constituição de 1988. O campo da separação está melhor delineado já que o texto constitucional menciona que as unidades federadas não podem estabelecer cultos religiosos, criando religiões ou seitas, bem como subvencionar, ou seja, concorrer com dinheiro ou com outros bens públicos, ou, ainda, embaraçar o exercício dos cultos religiosos, dificultando, limitando ou restringindo a sua prática. Nesse sentido é que se insere a imunidade dos templos de qualquer culto. Também no tocante à separação, não se admitem as relações de dependência ou de aliança com qualquer culto, igreja ou seus representantes, o que não impede, naturalmente, as relações diplomáticas com Estados confessionais, nas quais ocorre uma relação de Direito Internacional.

Quanto ao tema da "colaboração de interesse público" poderíamos dizer que nessa parte o inciso I do artigo 19 da Constituição traz uma norma de eficácia limitada, a depender da edição de legislação infraconstitucional, para ter eficácia nessa parte.

Nota Técnica da Consultoria Legislativa da Câmara dos Deputados[42] orienta a todos os parlamentares que "nos termos da Constituição Federal (art. 19, I), o Brasil adota o histórico princípio republicano da laicidade – princípio da separação entre Estado e Igreja, entre instituições governamentais e religiosas. Portanto, proposições ou outros trabalhos parlamentares de caráter religioso ferem esse princípio constitucional". Continua o consultor: "O princípio do Estado laico e, portanto, típico das nações que vivem sob a égide do Estado Democrático de Direito. Só não é observado hoje nas teocracias, como as que existem em algumas nações, sobretudo do mundo islâmico, e em nações e sociedades tribais. E é sobejamente sabido o preço que se paga nos regimes teocráticos pela mistura das razões de Estado com as de crença e culto religioso".

A Constituição Federal de 1988 ao optar por um Estado laico escolheu o regime da tolerância e do respeito à diversidade. Conforme pontua Jorge Miranda:[43] "sem plena liberdade religiosa, em todas as suas dimensões – compatível, com diversos tipos de relações das confissões religiosas com o Estado – não há plena liberdade cultural, nem plena liberdade política. Assim como, em contrapartida, aí onde falta a liberdade política, a normal expansão da liberdade religiosa fica comprometida ou ameaçada".

O tratamento da liberdade de crença e consciência como um direito constitucional fundamental proporciona também uma proteção para as mi-

---

um histórico desse direito fundamental em todas as Constituições brasileiras, desde o Império.
    42. José Maria G. de Almeida Jr., "Inconstitucionalidade de proposições e outros trabalhos parlamentares de caráter religioso (princípio da laicidade)", Nota Técnica da Consultoria Legislativa da Câmara dos Deputados.
    43. Ob. cit., p. 357.

norias, além de configurar respeito ao princípio democrático e plural no ordenamento constitucional brasileiro.

Ao tratar das possibilidades da configuração jurídica do tratamento da "diferença" Luigi Ferrajoli[44] identificou a existência de quatro modelos. O primeiro deles seria a indiferença jurídica das diferenças. Nesse modelo as diferenças não são valorizadas nem desvalorizadas, não se tutelam nem se reprimem, não se protegem nem se violam – simplesmente são ignoradas. Nesse modelo o destino das diferenças aparece confiado às relações de força. Num modelo desse tipo crenças minoritárias não estão juridicamente protegidas.

No segundo modelo ocorre a diferenciação jurídica das diferenças. Aqui há a valorização de algumas identidades e desvalorização de outras. Há hierarquização de identidades. As identidades determinadas pelas diferenças de crença e consciência, por exemplo, são assumidas como *status* privilegiado, fonte de direitos e de poder. Este é o paradigma discriminatório dos ordenamentos hierarquizados de casta, de classe, próprios das fases mais arcaicas da experiência jurídica e dominantes no mundo jurídico prémoderno. Também é o paradigma que persiste nas origens da modernidade quando a igualdade e os conseqüentes direitos universais aparecem pensados e proclamados nas primeiras constituições liberais, unicamente para o homem branco, proprietário, letrado.

No terceiro modelo há homologação jurídica das diferenças. Ocorre uma abstrata afirmação da igualdade, neutralização e integração geral. É, em alguns aspectos, oposto e análogo ao modelo precedente; oposto porque aponta não para a cristalização das diferenças em desigualdade, mas para sua anulação; análogo pela comum desvalorização das diferenças e assunção de uma identidade como "normal" e ao mesmo tempo "normativa".

No quarto e último modelo ocorre igual valoração jurídica das diferenças. Baseado no princípio normativo da igualdade, nos direitos fundamentais e num sistema de garantias capaz de assegurar sua efetividade, ao invés de ser indiferente ou simplesmente tolerante com as diferenças, como no primeiro modelo, garante a todos sua livre afirmação e desenvolvimento. Do segundo modelo se distingue porque não privilegia nem discrimina nenhuma diferença, mas as assume, dotadas do mesmo valor; do terceiro modelo se separa na medida em que não desconhece as diferenças. Conseqüentemente, a igualdade nos direitos fundamentais resulta configurada como igual direito de todos à afirmação e tutela de sua própria identidade, em virtude do igual valor associado a todas as diferenças que fazem de

---

44. *Derechos y garantias, la ley del más débil*, pp. 73-96.

cada pessoa um indivíduo diverso de todos os outros, e de cada indivíduo uma pessoa como todas as demais.

Esse modelo é paradigmático para a interpretação da Constituição Federal de 1988 ao garantir a liberdade de crença e consciência para todos, ou seja, a necessidade do igual respeito às diferenças, o que, definitivamente, obriga o Estado a ser laico para garantir igual dignidade das diferenças.

## 4. Análise de um caso concreto: aborto por anencefalia – Julgamento da liminar pelo STF na ADPF 54

A Confederação Nacional dos Trabalhadores na Saúde-CNTS, entidade sindical de terceiro grau do sistema confederativo, com fundamento no art. 102, § 1º, da Constituição Federal, e nos arts. 1º e ss., da Lei 9.882, de 3.12.1999, propôs Argüição de Descumprimento de Preceito Fundamental-ADPF, indicando como preceitos vulnerados o art. 1º, IV (a dignidade da pessoa humana), o art. 5º, II (princípio da legalidade, liberdade e autonomia da vontade) e os arts. 6º, *caput*, e 196 (direito à saúde), todos da Constituição da República, e como ato do Poder Público causador da lesão o conjunto normativo representado pelos arts. 124, 126, *caput*, e 128, I e II, do Código Penal (Decreto-lei 2.848, de 7.12.1940).

A violação dos preceitos fundamentais invocados na ADPF decorre de uma específica aplicação que tem sido dada aos dispositivos do Código Penal referidos, por diversos juízes e tribunais: a que deles extrai a proibição de efetuar-se a antecipação terapêutica do parto nas hipóteses de fetos anencefálicos, patologia que torna absolutamente inviável a vida extrauterina. O pedido foi para que o Supremo Tribunal Federal procedesse à interpretação conforme a Constituição de tais normas, pronunciando a inconstitucionalidade da incidência das disposições do Código Penal na hipótese descrita, reconhecendo-se à gestante portadora de feto anencefálico o direito subjetivo de submeter-se ao procedimento médico adequado.[45]

Na petição inicial procurou-se estabelecer a tese de que a antecipação terapêutica do parto não é aborto, que a anencefalia produz a inviabilidade do feto e que a não possibilidade de antecipação do parto fere preceitos fundamentais como o da dignidade da pessoa humana, ocorrendo uma situação análoga a de tortura, além da legalidade, liberdade e autonomia da vontade, bem como do direito à saúde. Pediu-se interpretação conforme a Constituição para que os artigos do Código Penal que tratam do tema não

---

45. Esse breve resumo da ação foi extraído da petição inicialc da lavra do advogado Luiz Roberto Barroso.

sejam obstáculo para realizar a antecipação terapêutica do parto, já que em 1940 sequer havia a possibilidade de previsão de feto anencefálico pelos recursos médicos existentes à época.

Citou-se o HC 84.025-6-RJ, no qual se versava hipótese, precisamente, de pedido de antecipação do parto de feto anencefálico. Seria a primeira vez que o STF teria oportunidade de apreciar a questão. Lamentavelmente, porém, antes que o julgamento pudesse acontecer, a gravidez chegou a termo e o feto anencefálico, sete minutos após o parto, morreu. O Ministro Joaquim Barbosa, relator designado para o caso, divulgou seu voto, exatamente no sentido do que sustentado na petição inicial da ADPF: "Em se tratando de feto com vida extra-uterina inviável, a questão que se coloca é: não há possibilidade alguma de que esse feto venha a sobreviver fora do útero materno, pois, qualquer que seja o momento do parto ou a qualquer momento que se interrompa a gestação, o resultado será invariavelmente o mesmo: a morte do feto ou do bebê. A antecipação desse evento morte em nome da saúde física e psíquica da mulher contrapõe-se ao princípio da dignidade da pessoa humana, em sua perspectiva da liberdade, intimidade e autonomia privada? Nesse caso, a eventual opção da gestante pela interrupção da gravidez poderia ser considerada crime? Entendo que não, Sr. Presidente. Isso porque, ao proceder à ponderação entre os valores jurídicos tutelados pelo direito, a vida extra-uterina inviável e a liberdade e autonomia privada da mulher, entendo que, no caso em tela, deve prevalecer a dignidade da mulher, deve prevalecer o direito de liberdade desta de escolher aquilo que melhor representa seus interesses pessoais, suas convicções morais e religiosas, seu sentimento pessoal".

Foi proferida decisão liminar pelo Ministro Marco Aurélio, nos seguintes termos:

"Em questão está a dimensão humana que obstaculiza a possibilidade de se coisificar uma pessoa, usando-a como objeto. Conforme ressaltado na inicial, os valores em discussão revestem-se de importância única. A um só tempo, cuida-se do direito à saúde, do direito à liberdade em seu sentido maior, do direito à preservação da autonomia da vontade, da legalidade e, acima de tudo, da dignidade da pessoa humana. O determinismo biológico faz com que a mulher seja a portadora de uma nova vida, sobressaindo o sentimento maternal. São nove meses de acompanhamento, minuto a minuto, de avanços, predominando o amor. A alteração física, estética, é suplantada pela alegria de ter em seu interior a sublime gestação. As percepções se aguçam, elevando a sensibilidade. Este o quadro de uma gestação normal, que direciona a desfecho feliz, ao nascimento da criança. Pois bem, a natureza, entrementes, reserva surpresas, às vezes desagradáveis. Diante de uma deformação irreversível do feto, há de se lançar mão dos avanços médicos tecnológicos, postos à disposição da humanidade não para simples inserção, no dia-a-dia, de sentimentos mórbidos, mas, justamente, para fazê-los cessar. No caso da anencefalia, a ciência médica atua com margem de certeza igual a 100%. Dados merecedores da maior confiança evidenciam que fetos anencefálicos morrem no período intra-uterino em mais de 50% dos casos. Quando se chega ao final da gestação, a sobrevida é diminuta, não ultrapassando período que possa ser tido como razoável, sendo nenhuma a chance de afastarem-se, na sobrevida, os efeitos da deficiência. Então, manter-se a gestação resulta em impor à mulher, à respectiva família, danos à integridade moral e psicológica, além dos riscos físicos reconhecidos no âmbito da medicina. Como registrado na inicial, a gestante convive diuturnamente com a triste realidade e a lembrança ininterrupta do feto, dentro de si, que nunca poderá se tornar um ser vivo. Se assim é – e ninguém ousa contestar –, trata-se de situação concreta que foge à glosa própria ao aborto – que conflita com a dignidade humana, a legalidade, a liberdade e a autonomia de vontade. A saúde, no sentido admitido pela Organização Mundial da Saúde, fica solapada, envolvidos os aspectos físico, mental e social. Daí cumprir o afastamento do quadro, aguardando-se o desfecho, o julgamento de fundo da própria argüição de descumprimento de preceito fundamental, no que idas e vindas do processo acabam por projetar no tempo esdrúxula situação.

"Preceitua a lei de regência que a liminar pode conduzir à suspensão de processos em curso, à suspensão da eficácia de decisões judiciais que não hajam sido cobertas pela preclusão maior, considerada a recorribilidade. O poder de cautela é ínsito à jurisdição, no que esta é colocada ao alcance de todos, para afastar lesão a direito ou ameaça de lesão, o que, ante a organicidade do Direito, a demora no desfecho final dos processos, pressupõe atuação imediata. Há, sim, de formalizar-se medida acauteladora e esta não pode ficar limitada à mera suspensão de todo e qualquer procedimento judicial hoje existente. Há de viabilizar, embora de modo precário e efêmero, a concretude maior da Carta da República, presentes os valores em foco. Daí o acolhimento do pleito formulado para, diante da relevância do pedido e do risco de manter-se com plena eficácia o ambiente de desencontros em pronunciamentos judiciais até aqui notados, ter-se não só o sobrestamento dos processos e decisões não transitadas em julgado, como também o reconhecimento do direito constitucional da gestante de submeter-se à operação terapêutica de parto de fetos anencefálicos, a partir de laudo médico atestando a deformidade, a anomalia que atingiu o feto. É como decido na espécie."

Feita essa exposição do caso cabe indagar da sua pertinência com o tema até agora tratado: o Estado laico e a defesa dos direitos fundamentais – democracia, liberdade de consciência e de crença e o direito à vida.

E, antes de analisar a referida correlação, é interessante notar que a Conferência Nacional dos Bispos do Brasil-CNBB requereu a intervenção na ADPF 54 como *amicus curiae*, pedido que foi indeferido pelo Relator. Vale a pena ressaltar, ainda, que no já citado HC 84.025-6-RJ o impetrante era um padre que resolveu especializar-se na propositura de *habeas corpus* para proteger o futuro direito de ir e vir dos nascituros.

A questão, portanto, tem despertado forte interesse da comunidade religiosa, que chega a defender a continuidade da gestação em casos de anencefalia, mesmo sabendo que não há qualquer possibilidade de vida de anencefálicos, com base em convicções de natureza religiosa e em flagrante desrespeito, portanto, à liberdade de consciência e de crença e ao Estado laico.

Luiz Flávio Gomes[46] bem captou a questão em artigo que discutiu a decisão proferida pelo STF na ADPF 54:

"Nosso Código Penal (de 1940) permite aborto em duas situações: (a) risco concreto para a gestante; (b) gravidez resultante de estupro. O primeiro chama-se aborto necessário; o segundo humanitário. O aborto por anencefalia (feto sem ou com má formação do crânio) não está *expressamente* previsto na lei penal brasileira. Tampouco outras situações de má formação do feto (aborto eugênico ou eugenésico). Também não se permite no Brasil o chamado aborto a prazo (que ocorre quando a gestante pode abortar o feto até a décima segunda semana, conforme decisão sua) nem o aborto social ou econômico (feito por razões econômicas precárias).

"Nosso Código Penal, como se vê, ainda é bastante conservador em matéria de aborto. Isso se deve muito provavelmente à influência que ainda exerce sobre o legislador certos setores religiosos. O processo de secularização do Direito ainda não terminou. Confunde-se ainda religião com Direito. No caso do aborto por anencefalia (autorizado pelo ministro Marco Aurélio, do Supremo Tribunal Federal-STF) o debate instaurado evidenciou isso de forma exuberante. Não existe razão séria que justifique a não autorização do aborto quando se sabe que o feto com anencefalia não dura mais que dez minutos depois de nascido. Aliás, metade deles já morre durante a gestação. A outra perece imediatamente após o parto. A morte, de qualquer modo, é inevitável. (...)

"Os que sustentam (ainda que com muita boa-fé) o respeito à vida do feto devem atentar para o seguinte: em jogo está a vida ou a qualidade de vida de todas as pessoas envolvidas com o feto mal formado. Se até em caso de estupro, em que o feto está bem formado, nosso Direito autoriza o aborto, nada justifica que idêntica regra não seja estendida para o aborto

---

46. "Nem todo aborto é criminoso", *Carta Maior*, www.cartamaior.uol.com.br.

anencefálico. Lógico que a gestante, por suas convicções religiosas, pode não querer o aborto. Mas isso constitui uma decisão eminentemente pessoal, que deve ser respeitada. De qualquer maneira, não pode impedir o exercício do direito ao abortamento para aquelas que não querem padecer tanto sofrimento.

"Observe-se, de outro lado, que a anencefalia não é uma situação excepcionalíssima no nosso país. De cada 10.000 nascimentos, 8,6 apresentam tal anomalia. No Hospital das Clínicas, em São Paulo, todo mês, são 2 ou 3 casos. Isso vem causando muita aflição para as pessoas envolvidas e também para os médicos, que muitas vezes ficam indecisos e perdidos, sem saber o que fazer. Dogma é dogma, Direito é Direito. O processo de secularização do Direito (separação entre Direito e religião) deve ser concluído o mais pronto possível. Resquícios da confusão entre eles devem ser eliminados. Bem sublinhou Luís Roberto Barroso, autor da ação no STF que pede o aborto anencefálico: 'as leis não podem ser subordinadas aos dogmas religiosos ou à fé de quem quer que seja' (*O Estado de S. Paulo* de 20.8.2004, p. A12).

"O nascimento de um novo ser humano no planeta deve sempre ser motivo para comemoração, não para decepção. Nascimento é alegria, é vida e isso nada tem a ver com o clima funerário que gera a gestação assim como o nascimento do feto anencefálico.

"Praticamente todos os países desenvolvidos já autorizam o aborto por anencefalia (Suíça, Bélgica, Áustria, Itália, Espanha, França etc.). Somente os países em desenvolvimento é que o proíbem (Paraguai, Venezuela, Argentina, Chile, Equador). É chegado o momento de nos posicionarmos em favor do não sofrimento inútil do ser humano. O pior que se pode sugerir (ou impor) no mundo atual é que alguém padeça sofrimentos inúteis."

Observa que respeitar a liberdade de crença e consciência e o Estado laico significa permitir que as convicções religiosas sejam respeitadas no plano individual, pessoal. As convicções morais e religiosas de um grupo não podem ser assumidas pelo Estado, sob pena de se ferir a própria democracia, o pluralismo, o igual respeito jurídico pelas diferenças.

Portanto, imprescindível o debate a respeito do Estado laico para a decisão definitiva que vier a ser proferida no julgamento da ADPF 54.

O Estado laico não pode obrigar a mulher a se submeter a uma antecipação terapêutica do parto em caso de anencefalia, respeitando suas convicções religiosas, morais, filosóficas e suas crenças, como também não pode proibir, àquelas que assim desejam, proceder em respeito às mesmas convicções que estas também possuem e que as levam a desejar a antecipação terapêutica do parto. Enfim, o Estado laico deve garantir a liberdade de crença e consciência para todos.

## 5. Conclusão

A Constituição Federal de 1988 ao reconhecer como direito fundamental a liberdade de consciência e de crença configurou um modelo de Estado de natureza laica.

O Estado laico também se concretiza constitucionalmente na medida em que fica proibido às unidades federadas estabelecer cultos religiosos ou igrejas, subvencioná-los, embaraçar-lhes o funcionamento ou manter com eles ou seus representantes relações de dependência ou aliança – ou seja, delineou-se um modelo de separação entre Estado e confissões religiosas.

Os direitos fundamentais, entre eles a vida, devem ser interpretados a partir do que significa historicamente a conquista de um Estado laico.

Os ideais democráticos, a pluralidade de idéias, convicções morais, éticas, religiosas, filosóficas devem ser igualmente valorizados pelo Direito, ou seja, as diferenças existentes entre as pessoas devem ser igualmente protegidas, em virtude do igual valor associado à todas as diferenças que fazem de cada pessoa um indivíduo diverso de todos os outros e de cada indivíduo uma pessoa como todas as demais.[47]

## 6. Bibliografia

ALARCON, Mariano Lopez. "Valores religiosos y constitución en una sociedad secularizada". In *Secularización y laicidad en la experiencia democrática moderna*. Org. Juan Goti Ordeñana. San Sebastián, Librería Carmelo, 1996.

ALMEIDA JR, José Maria G. "Inconstitucionalidade de proposições e outros trabalhos parlamentares de caráter religioso (princípio da laicidade)". Nota Técnica da Consultoria Legislativa da Câmara dos Deputados, Brasília, *in* www.camara.gov.br, 2003.

BASTOS, Celso Ribeiro. *Curso de Direito Constitucional*. 20ª ed., São Paulo, Saraiva, 1999.

BOBBIO, Norberto. "Democracia". In BOBBIO, Norberto; MATTEUCCI, Nicola; PASQUINO, Gianfranco. *Dicionário de política*. 4ª ed., trad. Carmen C. Varriale *et alii*. Brasília, Editora UnB, 1992.

_____. *Estado, governo, sociedade*: para uma teoria geral da política. Trad. Marco Aurélio Nogueira. Rio de Janeiro, Paz e Terra, 1987.

_____. *O futuro da democracia: uma defesa das regras do jogo*. 4ª ed. Trad. Marco Aurélio Nogueira. Rio de Janeiro: Paz e Terra, 1989.

_____. *Liberalismo e democracia*. Trad. Marco Aurélio Nogueira. São Paulo, Brasiliense, 1994.

47. Como tão bem pontua Ferrajoli.

CAMPANHOLE, Adriano, CAMPANHOLE, Hilton Lobo. *Constituições do Brasil.* São Paulo, Atlas, 1994.

CAMPILONGO, Celso. *Direito e democracia: a regra da maioria como critério de legitimação política.* (Tese de Doutorado), Faculdade de Direito da Universidade de São Paulo, 1992.

FERRAJOLI, Luigi. *Derechos y garantías, la ley del más débil.* Madrid, Editorial Trotta, 1999.

GOMES, Luiz Flavio. "Nem todo aborto é criminoso". *Carta Maior, in* www.cartamaior.uol.com.br, 2004.

GROS ESPIELL, Héctor. "Democracia". In *Diccionario electoral.* San José, Costa Rica, Instituto Interamericano de Derechos Humanos, Centro Interamericano de Asesoría y Promoción Electoral (CAPEL), 1988.

HELD, David. *Modelos de democracia.* Trad. Alexandre Sobreira Martins. Belo Horizonte, Paidéia, 1987.

HOBBES, Thomas. *Leviatã.* Trad. João Paulo Monteiro e Beatriz Nizza da Silva. (Coleção "Os Pensadores", vol. 14), São Paulo, Abril, 1974.

LESLIE, Lipson. *A civilização democrática.* Trad. Álvaro Cabral. Rio de Janeiro, Zahar, 1966.

LOCKE, John. *Segundo tratado sobre o governo.* Trad. E. Jacy Monteiro. (Coleção "Os Pensadores", vol. 18), São Paulo, Abril, 1973.

MADISON, James, *et alii. Os artigos federalistas, 1787-1836.* Trad. Maria Luiza X. de A. Borges. Rio de Janeiro, Nova Fronteira, 1993.

MICHILES, Carlos, *et alii. Cidadão constituinte: a saga das emendas populares.* Rio de Janeiro, Paz e Terra, 1989.

MIRANDA, Jorge. *Manual de Direito Constitucional.* Tomo IV, 2ª ed., Coimbra, Coimbra Editora, 1993.

MONTESQUIEU (Charles-Louis de Secondat, Barão de Montesquieu). *Do espírito das leis.* (Coleção "Os Pensadores), São Paulo, Abril, 1973.

NAME, Paula Carmo. *A liberdade de crença religiosa na Constituição Federal de 1988.* (Dissertação de Mestrado), Pontifícia Universidade Católica de São Paulo, 2004.

PATEMAN, Carole. *Participação e teoria democrática.* Trad. Luiz Paulo Roanet. Rio de Janeiro, Paz e Terra, 1992.

ROUSSEAU, Jean Jacques. *O contrato social.* Trad. Vicente Sabino Junior. São Paulo, José Bushatsky, 1978.

SARTORI, Giovanni. *A teoria da democracia revisitada*. Trad. Dinah de Abreu Azevedo. São Paulo, Ática, 1994. v. 1-2.

SILVA, José Afonso da. *Aplicabilidade e eficácia das normas constitucionais*. 6ª ed., 3ª tir., Malheiros Editores, 2004.

_____. *Curso de direito constitucional positivo*. 27ª ed., São Paulo, Malheiros Editores, 2006.

WEFFORT, Francisco C. *Qual democracia?* São Paulo, Companhia das Letras, 1992.

_____. "Novas democracias. Que democracias?" *Revista de Cultura e Política 'Lua Nova'* 27. São Paulo, Marco Zero e CEDEC, 1992.

# APONTAMENTOS SOBRE A SOLIDARIEDADE

SÉRGIO SÉRVULO DA CUNHA

*1.* Uma das principais finalidades da República Federativa do Brasil, diz o art. 3º da Constituição, é construir uma sociedade livre, justa e solidária. Independentemente de qualquer outra consideração, daí decorre que gozam do favor constitucional os atos de solidariedade e os que tendem a fomentá-la; *a contrario sensu*, têm sua desestima atos que, mesmo no exercício do próprio direito, ferem a solidariedade.[1]

Nos textos jurídicos encontram-se indagações sobre o que seja uma sociedade livre e justa, e sobre o necessário para edificá-la; porém mais raros são os estudos a respeito do que seja uma sociedade solidária, e do que seja preciso para construí-la.[2]

Nos discursos dos políticos, quando em campanha eleitoral, freqüentemente se faz referência à construção de uma sociedade justa e solidária, aqui e ali trocando-se "solidária" por "fraterna"; mas essa sociedade solidária, de que se fala sempre com a linguagem dos poetas, visualiza-se no reino da utopia. Das três grandes finalidades da Revolução, a liberdade e a igualdade – ainda que não alcançadas plenamente na sociedade burguesa – incluem-se nas normas jurídicas e nos cálculos dos políticos, legisladores e juristas; mas, na prática, costuma-se ter a fraternidade como algo alheio aos negócios, e impermeável a disciplina pelo Direito. Assim, faltando projetos – à parte os pródigos em desejos – sobre a instituição de uma sociedade solidária, tende a esvaziar-se a disposição constitucional.

A leitura do referido art. 3º faz crer: a) que justiça e solidariedade são coisas distintas; b) que não basta à sociedade ser justa: é preciso também que seja solidária. Movem-me a partir daí as seguintes indagações: solidariedade e justiça são conceitos distintos? É possível exigir juridicamente, das pessoas, a prática da solidariedade? A solidariedade pode ser conside-

---

1. Assim os atos praticados com abuso do direito.
2. Veja-se por exemplo François Ewald, *L'État providence* (Paris, Bernard Grasset, 1985). José Fernando de Castro Farias (*A origem do Direito de solidariedade*, Rio de Janeiro, Renovar, 1998) menciona principalmente os solidaristas Duguit, Hauriou e Gurvitch.

rada, tanto quanto a justiça, como critério do Direito? Se considerarmos a justiça como critério do Direito, nela se inclui a solidariedade? É isso que me empenho agora em responder.

2. À dominação, basta a ordem como fim do governo, mas o Direito superpõe-lhe a justiça. Esta é a finalidade mais abrangente da sociedade política, pois resume os múltiplos interesses, enfeixa os valores politicamente relevantes. Não há paz, não há liberdade, não há desenvolvimento sem justiça.

Ao aludir à justiça como um dos valores supremos do Estado Democrático de Direito (preâmbulo), e à construção de uma sociedade justa como um dos objetivos fundamentais da República Federativa do Brasil (art. 3º, I), a Constituição brasileira aparta-se de uma forte corrente positivista, modernamente representada pelo jurista Hans Kelsen, para a qual o Direito nada tem a ver com a justiça. Segundo Kelsen, como revelam várias de suas obras – assim, por exemplo, a *Teoria pura do Direito*, a *Teoria geral das normas*, e *A ilusão da justiça* (nesta, ele sustenta, em síntese, que a idéia de justiça tem origem nas doutrinas órficas sobre a retribuição após a morte)[3] – Direito é o que foi imposto pela autoridade, independentemente de que seja considerado justo ou injusto.

A opção do constituinte brasileiro, contudo, não é incompatível com outra corrente positivista, que sem negar a possibilidade de existência da justiça, considera o ordenamento jurídico como sua expressão. No pós-1789, quando cessado o impulso revolucionário e consolidada a ordem burguesa, fixou-se a tese de que a lei é a expressão material da justiça. Essa era uma idéia antiga, já encontrada em Sócrates e Aristóteles;[4] a afirmação de que nenhuma lei pode ser injusta, partilhada por vários autores, também foi feita por Hobbes em seus escritos sobre o governo (v. *De cive*, *Leviatã*).

Uma das dificuldades em compreender a justiça consiste em que ela não possui um conteúdo previamente definido.[5] Como operadores do Direito é preciso que o saibamos, pois se a função do alfaiate é talhar ves-

---

3. *Die Illusion der Gerechtigkeit*, Viena, Manzsche Verlags-und Universitätsbuchhandlung; 1985; tradução brasileira de Sérgio Tellaroli: *A ilusão da justiça*, São Paulo, Martins Fontes, 1995.
4. V. *Ética de Nicômaco*, V, 2, cf. edição da Universidade de Brasília, 1992.
5. É o que tem em vista Tércio Sampaio Ferraz Júnior ao assinalar que "na tradição ocidental deve-se entender a justiça como um princípio formal que se preenche substantivamente das demais virtudes ou, como diríamos agora, dos demais valores" ("Direito e cidadania na Constituição Federal", in *RPGESP* 47-48/16, 1997). Henrique C. de Lima Vaz explicita: "A proporção entre o Bem e as razões da comunidade e do indivíduo constitui propriamente o justo, que implica, pois, a idéia da distribuição equitativa ou proporcional do Bem ou dos bens" ("Ética e justiça: filosofia do agir humano", in *Ética, justiça e direito*, José Ernanne Pinheiro *et alii* (orgs.), Petrópolis, Vozes, 1996, p. 8).

timentas que se ajustam ao corpo, a dos engenheiros e arquitetos construir prédios que se ajustam aos usos, nossa função não se esgota na elaboração da lei; ela não consiste em fabricar alguma coisa, senão, basicamente, em ajustar.[6] Nossa matéria é preexistente: as pessoas, os bens de que necessitam, a vida em sociedade; e toda a justiça está, por um lado, em que elas se promovam, e por outro, em evitar que sofram dano.

A justiça é valor correspondente ao justo, e justo é a medida do bom.[7] Ela possui duas faces: uma negativa, correspondente a evitar o mal; outra, positiva, correspondente a fazer o bem.

Ora, direis, essa é regra básica da moral.

É verdade. Direito e moral possuem a mesma matéria: ambos são processos sociais que, tendo como objeto relações de poder, diferenciam-se apenas formalmente.

Para muitas pessoas, a justiça consistiria em dar (atribuir, reconhecer) a cada um o que é seu, ou o que lhe é devido.[8] Isso corresponde seja à chamada justiça distributiva, que supõe: a) uma autoridade, encarregada de distribuir bens, ou encarregada de julgar, e b) um concurso, em que muitas pessoas disputam o mesmo bem; seja à chamada justiça comutativa, cabível nas relações contratuais ou de troca, em que o mesmo bem é disputado por duas pessoas, ou por grupos de pessoas situadas em lados distintos, com interesses opostos. Se a justiça está na solução de disputas, em que várias pessoas se julgam com direito às mesmas coisas, como evitar que algumas sofram dano, ou se entendam prejudicadas? Embora a solução justa pouco tenha a ver com o sentimento de injustiça, este não é desprezível como veículo mediante o qual as pessoas se aproximam do conceito de justiça. Contudo, as dificuldades em definir a justiça, ou em agir com justiça, não significam que inexista o justo, e o valor correspondente.

---

6. Sustenta o professor Goffredo Telles Júnior: "É óbvio que o justo é o que está ajustado; é o que se acha na exata medida. Justo é a qualidade de ser conforme, adequado, correspondente, proporcional. Que é uma luva justa? É a luva perfeitamente adaptada à mão que ela veste. Entre luva justa e mão há correspondência, conformidade, adequação" (*Iniciação na Ciência do Direito*, São Paulo, Saraiva, 2002, p. 359).
7. É antiga a concepção da justiça como medida, que já se encontrava em Sólon (v. Francisco Rodríguez Adrados, *La democracia ateniense*, Madri, Alianza, 1993, p. 61).
8. Essa noção, de Ulpiano, foi reproduzida no Digesto, 1, I, 10: *Iustitia est constans et perpetua voluntas ius suum cuique tribuendi*. Ela sujeita-se a reparos, visto que numa perspectiva contratualista a pessoa – por exemplo o menor ou o incapaz – pode necessitar de mais do que lhe seja estritamente devido. Roberto Lyra Filho criticou-a asperamente: "Trata-se de uma velha expressão da separação de classes entre os proprietários e os não-proprietários, entre os dominantes e os espoliados. Porque se a justiça consiste em dar a cada um o que é seu, dê-se ao pobre a pobreza, ao miserável a miséria, ao desgraçado a desgraça, que isso é o que é deles. Nem é senão por isso que ao escravo se dava a escravidão, que era o seu, no sistema de produção em que aquela fórmula se criou" (cf. Rui Portanova, *Motivações ideológicas da sentença*, Porto Alegre, Livraria do Advogado, p. 56).

Creio que atendemos às múltiplas faces da justiça ao definirmos assim o respectivo princípio: princípio segundo o qual, regente o bem de todos, as atribuições de direitos devem ser feitas objetivando o maior bem individual possível. É isso que confere, a cada um, a exigibilidade do que lhe é próprio; sob essa perspectiva, ao se falar naquilo que é devido a alguém, não se tem em vista, em primeiro lugar, um bem patrimonial, e tampouco se tem em vista aquilo que já está em seu patrimônio; é também sob essa perspectiva que se fala em direito previamente a qualquer atribuição, isto é, antes que exista qualquer norma positiva.

*3. Solidus* não é o que está só, mas o que está junto de outro, e isso bem se observa na solidariedade ativa ou passiva do Direito das Obrigações. Solidários são os condôminos e os sócios, que se situam um ao lado do outro em seus direitos e obrigações; entretanto, tal solidariedade opera com relação a terceiros, e não nas suas relações recíprocas, marcadas pela estrita comutatividade.

Excetuado o Direito de família, edificou-se o Direito privado ocidental sobre o princípio da comutatividade, ou reciprocidade: as relações civis funcionam como um êmbolo: *do ut des.*[9] Nesse contexto, considera-se como justo dar a cada um segundo a sua capacidade, e não segundo a sua necessidade. Se uma das partes deixou de prestar o correspondente à sua obrigação – por exemplo, se o inquilino deixou de pagar o aluguel de sua moradia – instaura-se um processo (lide ou litígio) em tudo assemelhado a uma disputa, e o juiz decreta-lhe o despejo, sem indagar se está doente ou desempregado. Se o empresário tem um título protestado requer-se sua falência, independentemente de que esteja atravessando uma crise de liquidez. A responsabilidade é cada vez mais objetiva, e o princípio da eficiência alça-se sobre os demais, tornando-se soberano. Nesse universo maquínico tornam-se indiferentes o nome, as dificuldades das pessoas, e tudo que as caracteriza como seres humanos: em seu lugar pode-se pôr um RG, um CPF, ou mesmo um número tatuado no pulso.[10]

Em Direito Civil encontram-se figuras de proteção aos mais fracos (como a lesão enorme, a onerosidade excessiva), e também em Direito Processual Civil (como a impenhorabilidade do bem de família, e as que buscam igualizar as armas dos litigantes). Entretanto, embora possam ter sido

---

9. Só existe comutatividade, entretanto, na medida em que existe direito subjetivo. Por isso Duguit vai mais fundo, e enxerga as causas do individualismo na noção e na prática dos direitos subjetivos. Veja-se a exposição sobre sua doutrina que faz José Fernando de Castro Farias (*A origem do Direito de solidariedade*, Rio de Janeiro, Renovar, 1998, *passim*).

10. Seria equivocado, entretanto, pensar que os atos de exclusão são característicos da economia moderna; é econômica a razão pela qual a sociedade primitiva pratica o infanticídio, e, em muitos casos, costuma eliminar o recém-nascido, o deficiente ou o idoso.

inspiradas por um sentimento de solidariedade, o que elas buscam é a melhor realização da justiça. Foi sob essa perspectiva que do Direito Civil se desprenderam o Direito do Trabalho e o Direito do Consumidor.

Solidariedade, porém, é mais do que a figura de Direito das Obrigações, há pouco referida: significa estar ao lado do outro, para ajudá-lo na sua necessidade. Em seus níveis mais elevados – em que ressaltam a dádiva, a espontaneidade, o afeto e a caridade – a solidariedade não admite quantificação ou medida. Isso impede que o ato solidário seja objeto de uma exigência jurídica, e nos faz crer, mais do que numa simples distinção, numa verdadeira antinomia entre justiça e solidariedade.[11] Note-se como seria impossível colocar, sob os estritos critérios jurídicos, toda a capilaridade da vida em família.

Entretanto, existem puros atos de solidariedade que podem ser juridicamente exigíveis. É no Direito público que melhor se observa essa possibilidade, ao menos no sentido da solidariedade mecânica e da solidariedade orgânica, tal como concebidas por Durkheim.[12] Note-se por exemplo o crime de omissão de socorro. Se, em Direito Civil, o exigível dos cônjuges um em relação ao outro, ou dos pais com relação aos filhos, não ultrapassa aquilo que se pode designar como o "mínimo ético", observa-se que, em tempo de guerra, o Direito público espera do conscrito atos correspondentes ao nível mais elevado de solidariedade, como o de expor a própria vida para o bem de todos.

A muitos pode parecer injusta a máxima "a cada um segundo a sua necessidade,"[13] que pode abrigar um incentivo à preguiça, ao ócio e à ineficiência. Mas ela costuma ser aplicada com relação às crianças; isso acontece no meio familiar e se estende ao conjunto da sociedade na medida em que esta assume as obrigações de instrução e de assistência aos menores; e se acontece com relação aos menores pode vir a acontecer, também, quanto a todos que se encontrem em situação de desvantagem, permanente ou temporária: os idosos, os deficientes, os valetudinários, os desempregados.

Da riqueza depende em grande parte a qualidade de vida de uma sociedade, mas não a justiça e a solidariedade; estas se fazem no nível do exis-

---

11. É o que transparece na parábola dos trabalhadores na vinha (Mateus, 20, 1 a 15). No reino de Deus a justiça é complemento da solidariedade, e não a solidariedade complemento da justiça. A justiça é fria, a solidariedade é calorosa. Dar a cada um apenas o que lhe é devido seria dar-lhe menos do que lhe é devido. Para lá da justiça (valor correspondente à medida do bom) está a solidariedade como expressão do amor (o bem sem medida).
12. V. Émile Durkheim, *De la division du travail social* (Paris, Presses Universitaires de France, 9ª ed., 1973, *passim*).
13. Em Direito Tributário o princípio capacitário é princípio constitucional explícito (CF, art. 145, §1º), não obstante seja imperfeitamente aplicado no plano infraconstitucional nos três níveis federativos.

tente, conforme o estado geral de bem-estar: de modo que pode haver justiça e solidariedade na inópia.

Mas, havendo disponibilidade, a solidariedade manda que se dê a cada um segundo a sua necessidade: na sociedade moderna, independentemente da causa de sua carência econômica, a ninguém pode faltar o necessário à sobrevivência. Se considerarmos isso como justo passamos a adotar um conceito alargado de justiça, à qual incorporamos elementos de solidariedade. Em resumo: na sociedade assim concebida inexiste miserabilidade, e para evitá-la criam-se figuras como o seguro-desemprego ou a renda-mínima. A existência de miséria não permite que se entesoure; que acima do seu socorro se estabeleçam outras prioridades; que se sacrifiquem necessidades vitais imediatas para atender a necessidades futuras de produção.

Quando se inventou a proteção contra o imprevisto, as intempéries, o risco, também as mutualidades e os seguros se modelaram na fôrma comutativa: as indenizações, aí, são contraprestações aos prêmios acumulados. Com o mesmo critério também se modelaram a previdência privada, e em grande parte a previdência pública. A idéia de *seguridade social*, porém, contrapõe-se à de contratualidade; diz o art. 203 da CF de 1988: "A assistência social será prestada a quem dela necessitar, independentemente de contribuição à seguridade social, e tem por objetivos: I – a proteção à família, à maternidade, à infância, à adolescência e à velhice; II – o amparo às crianças e adolescentes carentes; III – a promoção da integração ao mercado de trabalho; IV – a habilitação e reabilitação das pessoas portadoras de deficiência e a promoção de sua integração à vida comunitária; V – a garantia de um salário mínimo de benefício mensal à pessoa portadora de deficiência e ao idoso que comprovem não possuir meios de prover à própria manutenção ou de tê-la provida por sua família, conforme dispuser a lei".

"As ações governamentais na área da assistência social" – reza o art. 204 – "serão realizadas com recursos do orçamento da seguridade social, previstos no art. 195, além de outras fontes (...)". O art. 195, a seu turno, estabelece que "a seguridade social será financiada por toda a sociedade, de forma direta e indireta, nos termos da lei, mediante recursos provenientes do orçamento da União, dos Estados, do Distrito Federal e dos Municípios, além de contribuições sociais a) do empregador, da empresa e da entidade a ela equiparada na forma da lei; b) do trabalhador e dos demais segurados da previdência social; c) do importador de bens ou serviços do exterior, ou de quem a lei a ele equiparar; e d) incidentes sobre a receita de concursos de prognósticos".

A assistência vai além das formas de cooperação gregária designadas por Durkheim como "solidariedade mecânica" e "solidariedade orgânica". Não se trata de condenar a assistência social por compreender um lado ativo e outro lado passivo (isso também acontece na família, onde o pai e notadamente a mãe são a parte ativa e os filhos são a parte passiva). Mesmo porque, na vida, todos já foram assistidos, ou provavelmente virão a ser; e também porque, em termos de saúde, segurança e eficiência, a miséria custa mais do que a assistência.

Logo, a construção de uma sociedade solidária implica alternativas ou complementos à comutatividade – assim, por exemplo, a) fundos de socorro ao devedor moroso para atender a situações de emergência como moléstia, desemprego ou iliquidez; b) uma concepção de livre iniciativa em que o tributarismo e a burocracia não sufoquem os pequenos negócios em seu nascedouro.

O economista chileno Luis Razeto propõe que a solidariedade não se estabeleça apenas com os resultados da atividade econômica, e se estenda a todas as suas fases; por isso, preocupa-se em saber como se pode produzir, distribuir, consumir e acumular solidariamente.[14] Para alcançarmos essa meta faz-se necessária uma nova racionalidade, que já se observa, por exemplo, com as leis ou práticas de inserção do deficiente na atividade produtiva.

Todas essas providências, ou propostas, agrupam-se sob a denominação geral de "reformistas". Entre elas alinha-se, por exemplo, a função social do contrato (Código Civil, art. 421), e aquilo que designo como "propriedade social".[15] Outras porém, mais do que reformas tópicas, representam mudanças estruturais no ordenamento jurídico e no respectivo sistema de poder. Em sua crítica, Duguit vai além da comutatividade, ao condenar os direitos subjetivos, de cuja existência ela depende. O Comunismo, sabidamente, propõe a supressão da propriedade privada, o que acarretaria modificações substanciais no regime dos contratos. Seu erro mais flagrante – parece – consiste em superdimensionar o Direito, e, na seqüência, resumi-lo ao Direito público.

14. Luis Razeto Migliaro, *Los caminos de la economía de solidaridad* (Santiago, Vivarium, 1993, pp. 14-15).
15. Quero chamar especialmente a atenção para os artigos 216 e 225 da CF de 1988. O que aproxima o meio ambiente e o espaço cultural, nessa perspectiva, não é o fato de serem, ambos, bens de uso comum povo. À diferença do que acontece com a rua, a praia ou a praça pública, eles são complexos de bens que, não obstante pontilhados por bens de propriedade individual, são submetidos a uma gestão pública ou coletiva. São, portanto, esses dois artigos, paradigmáticos do que se deve entender por propriedade social. A propriedade social não é a propriedade coletiva, nem a propriedade pública; também não é a propriedade individual suscetível de desapropriação, nem a propriedade individual da qual se pode exigir, em determinadas circunstâncias, o cumprimento de certas funções públicas, como defluía, por exemplo, do art. 153 da Constituição de Weimar. Propriedade social é aquela em que o exercício dos poderes exclusivos do seu titular subordina-se a um regime de gestão pública.

Como vimos, existem graus na solidariedade, e seu grau máximo (amar) é o que se liga ao sentimento de solidariedade. Instaurar uma sociedade solidária consiste em construí-la analogamente à família, em que o critério de pertinência é o de adscrição, e não o de eficiência ou produtividade.[16] Em comunidades de bairro e de igrejas, em movimentos de cooperação, e mesmo em grupos profissionais, encontram-se práticas solidárias assemelhadas às familiares. Seria totalitário, entretanto, o Estado que se pusesse a cobrar afeto; este ou se dá espontaneamente, ou não se dá.

Na sociedade moderna constituem obstáculos culturais à edificação de uma sociedade solidária: o individualismo (que é regra na competição econômica) e a presunção do Direito burguês de que todas as pessoas são abstratamente iguais; no Brasil, também o sentimento atávico de que uma pessoa (o rico, o remediado, o instruído, o portador de diploma, o titular da conta bancária, o dono do apartamento) é superior à outra (o pobre, o trabalhador, o analfabeto, o favelado, o excluído). Mas o principal obstáculo é a restrição da convivencialidade, a partir da ausência materna, da diminuição do grupo familiar e da agressividade da vida urbana.

---

16. É pelo critério da adscrição que uma pessoa tem lugar garantido numa família pelo simples fato de haver nascido nela. Ao contrário, é pelo critério de desempenho, ou eficiência, que uma pessoa é admitida e mantida numa empresa (v. Talcott Parsons, *The social system*, New York, The Free Press, 1964, pp. 88 e ss.).

# *DIREITO ADQUIRIDO AO REGIME DE APOSENTADORIA*
## *(O princípio da segurança das relações jurídicas, o direito adquirido e a expectativa de direito)*

VALMIR PONTES FILHO

O princípio da *segurança das relações jurídicas* e a obrigatória submissão de todos, governantes e governados, à lei e à jurisdição, constituem o substrato do chamado Estado Democrático de Direito. De regime democrático de governo, afinal, só se pode falar quando a ordem normativa tem origem popular, quando a vontade da lei prevalece sobre a dos administradores e, principalmente, quando o próprio organismo estatal se sujeita, tanto quanto os cidadãos comuns, às decisões judiciais. Numa democracia, dos órgãos governativos o que se espera é uma conduta exemplar, mesurosa à lei, à moralidade, à isonomia e, notadamente, aos interesses da coletividade, estes bem mais valiosos do que os do Erário.

Não é demasiado lembrar, além disso, que não pode haver progresso, notadamente social e econômico, sem permanência e estabilidade nas relações jurídicas, é dizer, que nenhum país do mundo avançou, social e tecnologicamente, sem que a liberdade e a democracia estivessem garantidas por uma ordem jurídica estável, infensa aos caprichos dós eventuais detentores do poder (que, na verdade, não passam de meros exercentes de competências juridicamente definidas).

Cabe, portanto, refletir sobre o verdadeiro conteúdo e alcance do instituto do *direito adquirido*, em confronto com o que se convencionou chamar de *expectativa de direito*, já que o respeito àquele se mostra essencial à mantença da segurança jurídica. Parece imprescindível revisitar o tema, dantes enxergado sob prisma exclusivamente civilístico, para dele extrair conclusões novas, compatíveis com a sistemática do Direito Público.

Romper ou mesmo modificar, unilateralmente, seja por amor a dogmas ou concepções doutrinárias estratificadas, seja em nome de suposto "interesse público", a natureza de relações que se estabelecem, em dado tempo, por força de lei (no sentido lato da expressão), é ou não possível, desde que esse rompimento ou modificação se opere por lei nova? A resposta a essa indagação não pode ser dada, segundo nosso pensar, senão depois de considerados aspectos relevantes, que defluem do já invocado princípio da segurança das relações jurídicas,[1] sem o qual sequer se pode pensar em convivência social harmônica e civilizada.

Talvez seja hora de admitir que determinadas relações jurídicas, uma vez estabelecidas (legal ou contratualmente), não podem ser objeto de ataques, de modo a atingir (alterando-as) as condições para a plena fruição futura, por uma das partes, do direito (já adquirido). Assim – a não ser que haja concordância por parte de ambos os pólos da relação – não nos parece admissível a modificação, para torná-los de atingimento mais difícil ou oneroso, dos pressupostos originariamente fixados para o exercício do direito. Este, enfim, já está outorgado, estando apenas o seu *exercício pleno* dependente de requisitos a serem cumpridos e que não podem, repita-se, ser outros senão os ditados quando do estabelecimento da dita relação jurídica.

Em dadas situações, portanto, aquilo que se imaginava ser mera *expectativa*, já é, com efeito, um *direito adquirido*, cuja mera fruição, repita-se, depende da satisfação das condições preestabelecidas.

## Um novo regime de aposentadoria para os servidores públicos

Com o escopo de promover significativa alterações no sistema de previdência social até então em vigor, restaram editadas as Emendas Constitucionais 20/1998 e 41/2003, por via das quais vários dos dispositivos na Lei Magna de 1988 sofreram modificações e/ou acréscimos substanciais. Por via dessas modificações se estabeleceu "regime de previdência de caráter contributivo e solidário, mediante contribuição do respectivo ente público, dos servidores ativos e inativos e dos pensionistas, observados critérios que preservassem o equilíbrio financeiro e atuarial" (art. 40 da Constituição, já com a nova roupagem). Os servidores públicos se viram, assim, submetidos a novo regime de contagem de tempo (agora de *serviço e de contribuição à previdência* e não, apenas, de *serviço público*, como dantes) para a aposentadoria, vedando-se-lhes, ainda, a contagem de "tempo ficto" (de período de férias não gozadas em dobro, *v.g.*).

Pela segunda das mencionadas Emendas, modificou-se ainda mais profundamente o regramento constitucional, não só, outra vez, aumentando as exigências para aposentação, mas passando a exigir dos já inativados que voltem a contribuir para a previdência, como remédio para cobrir um suposto déficit de suas contas, certamente pouco abaladas pelos desfalques

---

1. De que são manifestações pontuais os institutos do direito adquirido, da coisa julgada e do ato jurídico perfeito.

e pela sonegação e, talvez, na pressuposição de que venham os aposentados a receber alguma retribuição espiritual *post mortem*.

Isto, a rigor, revela o que se pode chamar de "inconstitucionalidade esférica", ou seja, aquela vislumbrável sob qualquer ângulo de observação, mormente por se desejar tenham as ditas Emendas efeitos retroativos, desconstituintes de direitos adquiridos e atos jurídicos perfeitos (e até de coisas julgadas, se, porventura, num caso ou outro, os proventos de aposentação hajam sido fixados por sentença judicial transitada em julgado), como se emendas constitucionais existissem desde sempre, e não doravante, como se elas estivessem no início, não a meio caminho do ordenamento jurídico.

Absurdo e desarrazoado o objetivo pretendido. Mas sequer disto – quer dizer, da prevalência do direito adquirido, do ato jurídico perfeito e da coisa julgada diante das emendas à Constituição[2] – se está a tratar, de forma aprofundada, neste artigo.

O que se deseja, realmente, é dirimir dúvidas quanto ao verdadeiro regime de aposentação dos servidores públicos em atividade, tenham ou não eles satisfeito os antigos requisitos constitucionais para a aposentadoria: teriam tais servidores, diante de nova normatização constitucional e legal da matéria, o direito assegurado à percepção de proventos integrais e a pensões? Poderiam eles aposentar-se segundo as regras vigentes anteriormente?

A resposta a tais indagações exige, sim, hábil consideração do papel das emendas constitucionais na ordem jurídico-constitucional. Aceitando a tese de que as emendas constitucionais não têm o condão de desconstituir esses direitos, Celso Antônio Bandeira de Mello (comentando a EC n. 20) chega a afirmar "(...) que a pretexto de efetuar Emendas Constitucionais, o legislador ordinário – o que não recebeu mandato constituinte e cuja posição é juridicamente subalterna – poderia, inclusive, em comportamento 'de fato', não jurídico, derrocar a Constituição, por si mesmo ou tangido por algum caudilho, travestido ou não de democrata (...) Diante de evento de tal natureza, as medidas que fossem impostas perderiam o caráter de Emendas. Converter-se-iam, então, elas próprias, em novo exercício do Poder Constituinte, tal como ocorreria após revoluções ou *golpes de Estado* (...) É claro, entretanto, que nas situações desse jaez estaria *rompida a ordem constitucional vigente*, e inaugurada outra".[3]

É induvidoso que a ofensa aos institutos do ato jurídico perfeito, direito adquirido e da coisa julgada importa a derruição dos princípios da

---

2. Sobre assunto, veja-se artigo escrito por este autor, em parceria com o eminente professor Carlos Ayres Britto.
3. *Curso de direito administrativo*, 21ª ed., São Paulo, Malheiros Editores, 2006, p. 314.

irretroatividade das leis e da segurança jurídica e, com eles, do próprio Estado Democrático de Direito. A lei, portanto, definitivamente não é dado retroagir para prejudicar os atos jurídicos perfeitos, os direitos adquiridos e as coisas julgadas (Constituição, art. 5º, XXXVI). De retroação só se pode cogitar em relação à lei penal, quando esta for mais benéfica ao réu (CF, art. 5º, XL).

Não discordando, Alexandre de Moraes, cuja lucidez no trato do tema é digna de louvor, cita Celso Bastos para lembrar que "(...) a utilização da lei em caráter retroativo, em muitos casos, repugna porque fere situações que já se tinham por consolidadas no tempo, e esta é uma das fontes principais da segurança do homem na terra".[4] Sem desvio de rumo está o pensamento de Ivo Dantas.[5]

Cabe, então, aplicar aqui o que antes se disse sobre o verdadeiro conteúdo e alcance do instituto do *direito adquirido*, em confronto com o que se convencionou chamar de *expectativa de direito*. Nesta última hipótese, a da simples *expectativa*, afirma a doutrina tradicional que "(...) não se compôs o ciclo constitutivo do núcleo essencial da incidência da regra jurídica, ou, noutros termos, a fatispécie abstrata, que tem aspecto declaratório, não coincide com a fatispécie concreta (...)" não passando de "(...) uma realidade pré-jurídica, vinculada a uma situação de fato ou de direito que ainda não atingiu sua maturidade". Já quando se alude a *direito adquirido*, vê-se que "(...) já se perfez a integração do mundo fático ao jurídico".[6]

O entendimento clássico, com efeito, é o de que este último vem a ser "(...) a conseqüência de uma lei, por via direta ou por intermédio de um fato idôneo", enquanto a *expectativa de direito* é "(...) a faculdade jurídica abstrata ou em vias de concretizar-se, cuja perfeição está na dependência de um requisito legal ou de um fato aquisitivo específico", residindo a dife-

---

4. *Direito constitucional*, Atlas, 7ª ed., p.99. Do mesmo autor a lembrança de que "(...) a Lei Magna prevê, expressamente, seguindo a tradição constitucional, a imutabilidade das cláusulas pétreas (art.60, § 4º, IV), ou seja, *a impossibilidade de emenda constitucional prejudicar os direitos e garantias individuais, entre eles, o direito adquirido* (art. 5º, XXXVI). Todos os aposentados e pensionistas, portanto, possuem direito adquirido, não só em relação à existência da aposentadoria, como situação jurídica já concretizada, mas também em relação aos valores e regras de atualização dos proventos recebidos, regidos pela Constituição e legislação atuais, *inatacáveis por meio de proposta de emenda constitucional* (...) aqueles que já preencheram todos os requisitos exigidos para a aposentadoria, na vigência da Constituição e da legislação atuais, porém continuam a exercer, suas funções, têm a garantia do direito adquirido, não só, repetimos, em relação à aposentadoria, como também que seus proventos da inatividade regular-se-ão pela legislação vigente ao tempo em que reuniram os requisitos necessários (Súmula 259 do STF)" (ob. cit., pp. 100-101).

5. *Direito adquirido, emendas constitucionais e controle da constitucionalidade*, Rio de Janeiro, Lumen Juris, 1997, pp. 55-62.

6. Érito Machado, *A retroatividade da norma constitucional*, Ed. Salvador, 2ª ed., p. 37.

rença entre uma e outro "(...) na existência, em relação a este [*direito adquirido*], do fato aquisitivo específico, já configurado por completo".[7]

Não se discute, assim, que o servidor público – para aproveitar o exemplo de Alexandre de Moraes – tem direito adquirido à aposentação e à fixação dos seus proventos segundo as regras constitucionais e legais vigentes no momento em que satisfez ele, de modo pleno, os requisitos fixados (pela Constituição e pela lei) para essa aposentadoria, direito esse infenso quer à lei, quer à emenda constitucional supervenientes. Induvidoso, também, que a ele é dado ter como definitivamente incorporadas ao seu patrimônio as vantagens a cuja percepção proporcional haja adquirido o direito, de acordo com o seu tempo de serviço.

A questão é outra, mais delicada: pode a nova lei (ou a nova emenda à Constituição) alterar, para torná-los de atingimento mais difícil, os requisitos dantes fixados para a concessão da aposentadoria? Ou, em outras palavras: se, por exemplo, em momento anterior, um servidor do sexo masculino podia aposentar-se, com proventos integrais, aos trinta e cinco anos de serviço público, essa condição fática pode vir a ser alterada *a posteriori*, de modo a alcançar quem ainda não satisfez esse requisito dantes estabelecido?

A resposta comumente dada é positiva, pois esse servidor, uma vez não tendo ainda satisfeito esse requisito temporal para a aposentação, apenas seria portador de uma *expectativa de direito*, de um "direito a se formar" (um "vir-a-ser" jurídico). Inocorrido o fato específico previsto na norma (os trinta e cinco anos de serviço), inexistiria, conseqüentemente, o *direito adquirido* à aposentação. Imagine-se, todavia, a seguinte situação (adotado o pressuposto de que, inexistindo a aquisição do direito, as regras disciplinadoras da aposentadoria possam ser modificadas por emenda constitucional): contando 34 anos de serviço, um dado funcionário se vê surpreendido por emenda que prorroga o tempo bastante à inatividade para 40 anos, quando antes era de 35; se uma primeira prorrogação é possível, a conseqüência é a de que outras sucessivas também são viáveis (e foi exatamente o que desta feita se fez). Eis que, completados 39 anos de serviço, uma segunda emenda cuidaria de fixar o mínimo de 45 anos de labor para a inativação. Uma terceira, por sua vez, trataria de estipular um mínimo de 50 anos de serviço até que, de emenda em emenda, uma última alteração normativo-constitucional asseguraria ao servidor o direito de aposentar-se quando de sua reencarnação.

Dir-se-á, possivelmente, que o argumento é absurdo, desarrazoado, *ad terrorem*, senão tragicômico. Mas ele serve, ao menos, para que se cogite da possibilidade – exatamente para evitar situações bizarras como

---

7. R. Limongi França, *A irretroatividade das leis e o direito adquirido*, 4ª ed., São Paulo, Ed. RT, 1982, pp. 240-241.

esta – de existência de *direito adquirido a um dado regime de aposentação, fixados pelas normas (constitucionais e/ou legais) vigentes no exato instante em que o servidor ingressa no serviço público*. Esse entendimento – embora (ainda) não aceito pela doutrina – privilegia, a desdúvidas, a *segurança jurídica*, na medida em que dá a cada servidor a certeza de que pode projetar sua vida futura, afastando-se do cargo ou emprego público na época precisa que a lei (*lato sensu*) estipulou como suficiente para tanto. Esta certeza (e não mera "expectativa") lhe dará, além de conforto psicológico, o senso perfeito de que, uma vez cumprido aquele lapso temporal (de serviço público, de contribuição à previdência ou outro qualquer), a sua inativação não poderá ser obstaculizada pela obra do legislador infraconstitucional (é dizer, por lei ou emenda). Não se trataria, pois, de mera "aspiração" ou "desejo", mas de *direito adquirido*, sim, a uma dada previsão normativo-jurídica que se incorporou ao seu patrimônio pessoal. Afinal, se o servidor fez, em dado momento, uma opção de vida profissional, é imperioso conferir-lhe, em homenagem à sua própria dignidade, a prerrogativa de traçar planos para o futuro, especialmente após a inativação almejada.

O que não pode o Poder Público é alterar, a seu talante e alvedrio – por "lei de ordem pública" ou em nome de um alegado "interesse público" (*secundário*, ou seja, da própria Administração, às vezes meramente contingencial) – as condições previstas no sistema jurídico para a aposentação do servidor, de forma a alcançá-lo a meio caminho da inativação. Se pudesse, ferido de morte restaria um interesse público *primário*, qual o de ver-se preservada a *segurança das relações jurídicas*, inclusive e principalmente as que se estabelecem (por lei ou diretamente pela Constituição) entre a Administração e os administrados (entre estes, os servidores públicos). Incabível supor que a "ordem pública" agasalhasse tal hipótese. As modificações e alterações haveriam de surtir efeitos, assim, tão só em relação aos que viessem a ter ingresso no serviço público após a edição das novas regras, jamais retroativamente. Em socorro dessa idéia nos valemos da sempre precisa palavra de Celso Antônio: "Esta *segurança jurídica* coincide com uma das mais profundas aspirações do Homem: a da segurança em si mesma, a da certeza possível em relação ao que o cerca, sendo esta uma busca permanente do ser humano. É a insopitável necessidade de poder assentar-se sobre algo reconhecido como estável, ou relativamente estável, o que permite vislumbrar com alguma previsibilidade o futuro; *é ela, pois, que enseja projetar e iniciar, consequentemente – e não aleatoriamente, ao mero sabor do acaso – comportamentos cujos frutos são esperáveis a médio e longo prazo*. Dita previsibilidade é, portanto, o que condiciona a ação humana. Esta é a normalidade das coisas"[8].

8. *Curso...*, cit., 21ª ed., p. 118.

Não se está aqui defendendo – é bom esclarecer – a tese de que haja, de modo irrestrito, direito adquirido do servidor público a um dado regime jurídico. Nada obsta, por exemplo, que a carreira a que pertença seja reestruturada, que seu horário de trabalho se modifique para atender ao interesse público ou mesmo que gratificações que perceba sejam modificadas ou extintas (desde que respeitada a irredutibilidade remuneratória que a Constituição lhe assegura). Referimo-nos, especificamente, ao regime jurídico previsto para a sua aposentadoria, essencial para que ele possa programar, com um mínimo de certeza e segurança, sua própria existência futura.

Esta é uma posição que reconhecemos ousada, mas não desprovida de fundamento. Tanto é que um anteprojeto de Código Civil, elaborado ainda em 1897 por Coelho Rodrigues, entendia serem *direitos adquiridos* "(...) não só os direitos que o titular ou alguém por ele já pode exercer, *como aqueles cujo exercício depende de prazo prefixado ou condição preestabelecida e não alterável ao arbítrio de outrem*". Mais de um século depois, é de reconhecer-se o acerto da propositura, bastando, hoje, que se entenda por "outrem" também o Estado.

À luz dessas reflexões, somos forçados a concluir que novas regras atinentes à aposentação, embora veiculadas por emenda constitucional, só são aplicáveis aos que venham a ingressar no serviço público a partir de sua vigência. Assim, cabe concluir, resumidamente:

– em relação ao servidor que, à data da promulgação da pretendida nova emenda, já haja cumprido os requisitos para a aposentadoria fixados pelas normas constitucionais e legais até então vigentes, é certo que, tendo adquirido o direito à aposentação – não importando se esta já restou formalizada – a ele não se aplicam as novas exigências a serem estabelecidas, quer as atinentes à idade, ao tempo de serviço e/ou contribuição, quer as relativas à obrigatoriedade de voltar a contribuir para o sistema previdenciário; intocado, demais disso, permanece o seu direito à percepção de proventos integrais, correspondentes sempre à remuneração do cargo em que se aposentou (ou se aposentará); igualmente íntegro remanesce o direito à pensão fixada nos termos da legislação em vigor à época do eventual falecimento do contribuinte;

– quanto ao servidor que, embora ainda não haja cumprido os requisitos bastantes à inativação quando da vinda a lume da novel normatização, é de se entender que esse eventual novo regramento só se aplica àqueles que ingressaram no serviço público depois de sua edição, descabendo falar-se em "regras de transição" para quem (segundo nossa tese) já adquiriu o direito ao regime de aposentadoria sob o qual logrou aquele ingresso.

# COMENTÁRIO DE ACÓRDÃO:
## STF – RECURSO EXTRAORDINÁRIO N. 262.651-SP
## A RESPONSABILIDADE DAS PESSOAS PRIVADAS PRESTADORAS DE SERVIÇOS PÚBLICOS

CLOVIS BEZNOS

AgR no AI n. 209.782-5-SP (*DJ* 18.6.1999; *Ementário* n. 1955-3)
Agravante: Auto Viação Urubupungá – Advogados: Adriana Beltrame e outros
Agravado: Elias Farah – Advogado: Elias Farah

Ementa: CONCESSIONÁRIA DE SERVIÇO PÚBLICO ENVOLVIDA EM ACIDENTE DE VEÍCULOS. RESPONSABILIDADE OBJETIVA. AÇÃO DE REGRESSO. AGRAVO PROVIDO PARA MELHOR EXAME DO EXTRAORDINÁRIO.

### ACÓRDÃO

Vistos, relatados e discutidos, estes autos, acordam os Ministros do Supremo Tribunal Federal, em Segunda Turma, na conformidade da ata de julgamentos e notas taquigráficas, por maioria, prover o recurso.

Brasília, 17 de agosto de 1999.

NÉRI DA SILVEIRA, Presidente – NELSON JOBIM, Redator para acórdão

### RELATÓRIO

O Sr. Min. **Marco Aurélio** – Mediante a decisão de folhas 88 e 89, neguei acolhida a pedido formulado em agravo pelos seguintes fundamentos:

"A tese sustentada pela Agravante implica incluir no § 6º do artigo 37 da Constituição Federal limitação que nele não se contém. Rememore-se o preceito: '§ 6º. As pessoas jurídicas de direito público e as de direito privado prestadoras de serviços públicos responderão pelos danos que seus agentes, nessa qualidade, causarem a terceiros, assegurado o direito de regresso contra o responsável nos casos de dolo ou culpa.'

"Iniludivelmente, o vocábulo 'terceiros' foi inserido sem qualquer restrição, não cabendo pretender limitar a responsabilidade da concessionária do serviço público de transporte de passageiros a danos causados a estes últimos. Envolvida em acidente de trânsito, responde pelo ato do preposto, exceto se ficar provada a culpa do terceiro envolvido. Bem andou a Corte de origem ao interpretar o § 6º do artigo 37 da Constituição Federal, atribuindo-lhe eficácia compatível com o objetivo visado (folha 89)."

Daí o agravo regimental de folha 91 a 98, com o qual se insiste no trânsito do extraordinário em face à configuração de ofensa ao citado artigo 37, § 6º, da Carta Política da República. Reafirma-se a tese de que a responsabilidade objetiva da pessoa jurídica de direito privado, prestadora do serviço público de transporte, limita-se ao passageiro transportado, sendo que, em relação aos demais veículos em trânsito, está em condições de igualdade com as pessoas em geral.

É o relatório.

### VOTO

O Sr. Min. Marco Aurélio (Relator) – Na interposição deste agravo foram observados os pressupostos de recorribilidade que lhe são inerentes. A peça, subscrita por profissional da advocacia credenciada por meio dos documentos de folhas 20, 21 e 99, foi protocolado no qüinqüídio. A decisão atacada foi veiculada no Diário de 13 de maio de 1998, quarta-feira (folha 90), ocorrendo a manifestação do inconformismo em 18 imediato, segunda-feira (folha 91). Dele conheço.

Mais uma vez, saliente-se que a tese sustentada implica introduzir no § 6º do artigo 37 da Carta Política da República limitação nele não contida. Ora, sendo a pessoa jurídica de direito privado concessionária de serviço público e vindo a envolver-se, em razão da atividade desenvolvida, em acidente de trânsito, tem-se a incidência do preceito constitucional.

Por tais razões, desprovejo este regimental.

### VOTO

O Sr. Min. Nelson Jobim – Sr. Presidente, trata-se de demanda entre empresa concessionária de serviço público e proprietário de outro veículo envolvido no acidente.

O § 6º do art. 37 dispõe: "§ 6º. As pessoas jurídicas de direito público e as de direito privado prestadoras de serviços públicos responderão pelos danos que seus agentes, nessa qualidade, causarem a terceiros, assegurado o direito de regresso contra o responsável nos casos de dolo ou culpa".

Ora, Sr. Presidente, se caminharmos na interpretação pretendida pelo eminente Min. Marco Aurélio, de que "terceiros" incluiria, inclusive, aqueles com os quais ocorreu o acidente e não aqueles que eram transportados, teríamos uma situação curiosa. Se o terceiro se houve com culpa – o terceiro que foi referido, aqui, seria o causador também do acidente –, se o acidente foi causado pelo motorista, como pensar na ação de regresso contra ele, uma vez que ele mesmo está reclamando a responsabilidade objetiva na indenização? Criaríamos uma situação contraditória. Responderia, nesta ação, a prestadora de serviço por responsabilidade objetiva, depois entraria com ação contra o próprio autor dessa demanda para haver, por dolo ou culpa – porque ele teria se havido com dolo ou culpa...

O Sr. Min. Marco Aurélio (Relator) – Não, a ação de regresso prevista no § 6º diz respeito ao preposto.

**O Sr. Min. Nelson Jobim** – Exatamente por isso. Agora, se o preposto não se houve com culpa, esta restrição estende a responsabilidade além do contrato de transporte. Quem se houve com culpa ou dolo, responde pelo dano. Aqui, a Constituição quer assegurar que os terceiros, – contratantes do transporte, sejam indenizados, independente da disputa que possa haver entre o prestador de serviço e o eventual causador do sinistro.

**O Sr. Min. Marco Aurélio (Relator)** – Senhor Ministro, permita-me apenas um esclarecimento: a responsabilidade objetiva de que cogita o § 6º do artigo 37 não exclui a possibilidade de a administração pública, ou de quem lhe faça as vezes, provar a culpa daquele que se diga ofendido. No entanto, a presunção existente, em face do dispositivo constitucional, é no sentido da responsabilidade do ente público. Nisto está a teoria da responsabilidade objetiva. O constituinte de 1988 não adotou a teoria do risco integral. Não chegamos a tanto em 1988. Ficamos na teoria objetiva.

Vamos admitir que ele mesmo, o autor da ação, tenha provocado o dano. Incumbe ao réu, à administração, o ônus da prova.

**O Sr. Min. Nelson Jobim** – Não, aqui se disse que a responsabilidade objetiva não será discutida. Então, não teria direito de regresso quanto ao culpado.

**O Sr. Min. Marco Aurélio (Relator)** – Por gentileza, não é bem assim. A Corte de origem não cometeu essa heresia, e não costumo fazer injustiça aos meus colegas. Não chegaram a tanto.

A tese sustentada pela concessionária foi única: não se observa, no caso, a teoria objetiva. Em assim sendo, aquele que se diga prejudicado deve comprovar a culpa da administração pública. Isso contraria o preceito constitucional em comento, no que encerra a teoria objetiva. Pouco importa que o acidente não tenha envolvido, como vitima, passageiro, mas pessoa estranha ao transporte. O que cumpre ter presente é a ocorrência a partir de um ato de serviço.

**O Sr. Min. Nelson Jobim** – Se não for a contratante de transporte no caso específico.

**O Sr. Min. Marco Aurélio (Relator)** – Aí eu digo que não, que a teoria objetiva gera, justamente, a inversão do ônus da prova. A administração pública deve comprovar que aquele que se diz ofendido, aquele que se diz prejudicado em seu patrimônio concorreu, por culpa ou dolo, para o sinistro.

**O Sr. Min. Nelson Jobim** – Sr. Presidente, *data venia* da orientação do Sr. Min. Marco Aurélio, a responsabilidade objetiva do § 6º, que foi constitucionalizada, porque dispositivo anterior no sistema de Direito Civil, estabeleceu que, nos contratos de transporte, o transportado não tem o ônus de participar da disputa de quem for o culpado, se prestador de serviço ou um outro envolvido no acidente; esse é o sentido. Ou seja: protegeu-se quem? O titular, aquele que recebeu o serviço prestado pela administração pública. Agora, estender a responsabilidade objetiva é ir muito além e criar uma situação contraditória.

**O Sr. Min. Marco Aurélio (Relator)** – Ministro, o ato de trafegar em uma via pública, em um logradouro, transportando pessoas, passageiros, é um ato de serviço.

**O Sr. Min. Nelson Jobim** – Sim, mas a responsabilidade objetiva é só em relação a quem é transportado, e não em relação ao terceiro.

Ora, se o terceiro entra com a ação e for o culpado, tem de pagar para depois entrar com a ação regressiva?

**O Sr. Min. Néri da Silveira (Presidente):** –Estamos julgando aqui um agravo regimental. V. Exa. orienta-se no sentido de provê-lo e mandar subir o recurso?

**O Sr. Min. Nelson Jobim** – Sim, Sr. Presidente, para mandar subir a fim de examinar melhor a matéria, tendo em vista que eu não aceitaria a amplitude pretendida pelo sr. Min. Marco Aurélio em relação à tese.

**O Sr. Min. Marco Aurélio (Relator)** – Senhor Presidente, reafirmo que não chego à teoria do risco integral, porque aí não se discutiria a culpa daquele que se envolveu no sinistro, a culpa do terceiro. Apenas parto da teoria objetiva agasalhada pelo constituinte de 88, mediante o § 6º do artigo 37 da Carta em vigor, receando que o Supremo Tribunal Federal venha a fazer uma leitura do preceito que o torne inócuo. A responsabilidade por culpa ou dolo é disciplinada pelo Código Civil; a da administração pública tem regência diversa. Assim está na Constituição Federal e proclamam os doutrinadores e tribunais.

### VOTO

**O Sr. Min. Maurício Corrêa** – Sr. Presidente, com todas as vênias do eminente Min. Nelson Jobim, acompanho o Min.-Relator, também negando provimento ao agravo regimental.

Faço-o exatamente na perspectiva da minha interpretação do § 6º do art. 37 da Constituição Federal. No caso, trata-se de concessionária de serviço público, ou seja, empresa que transporta pessoas e, havendo dano, a responsabilidade objetiva torna-se irrelevante, ao que depreendi da leitura do relatório.

Por isso mesmo, e na linha do que, pelo menos temos decidido aqui – no caso do lançamento de ácido muriático dentro de um ônibus no Rio de Janeiro, vitimando pessoas estranhas que nada tinham com uma briga entre dois namorados, de que fui Relator – eu ainda iria, como fui, até mais longe.

### VOTO

**O Sr. Min. Carlos Velloso** – Sr. Presidente, o caso sob apreciação é este: um ônibus bateu num automóvel. O ônibus é de uma concessionária de serviço público de transporte e o automóvel de um particular. O acórdão recorrido deu pela responsabilidade objetiva da concessionária.

O Min. Jobim entende que, no caso, não haveria, em principio, responsabilidade objetiva, dado que, tratando-se de concessionária de serviço público, a responsabilidade objetiva somente ocorreria se o ofendido estivesse sendo transportado, vale dizer, estivesse se utilizando do serviço exercido pela concessionária. No caso, o automóvel abalroado é de terceiro, alheio à relação prestadora de serviço e àquele que se utiliza do serviço público de transporte.

É interessante a distinção feita pelo Min. Jobim. Realmente, qual seria a finalidade de se estender a responsabilidade objetiva às entidades de direito privado prestadoras de serviço público? Não seria em benefício de quem recebe o serviço? Parece-me, de outro lado, pertinente a indagação: a terceiro, que não está se utilizando do serviço público, alheio ao serviço de transporte, se estenderia, também, a responsabilidade objetiva da concessionária de serviço público?

Essa é uma questão relevante, que merece ser discutida e resolvida pelo Supremo Tribunal Federal.

Peço licença ao Sr. Min. Marco Aurélio para, aderindo ao voto do Sr. Min. Nelson Jobim, dar provimento ao agravo e determinar o processamento do recurso extraordinário.

É como voto.

**VOTO**

O Sr. Min. Néri da Silveira (Presidente): – Vou também pedir vênia ao Sr. Ministro-Relator, para dar provimento ao agravo regimental e determinar que suba o recurso extraordinário, devidamente processado, para melhor exame.

---

RE 262.651-1-SP (*DJ* 6.5.2005; *Ementário* N. 2190-3)

Recorrente: Auto Viação Urubupungá Ltda. – Advogados: Flávio Luiz Yarshell e outros

Recorrido: Elias Farah – Advogados: átia Farah Marcondes Machado e outro

Ementa: CONSTITUCIONAL. ADMINISTRATIVO. CIVIL – RESPONSABILIDADE CIVIL DO ESTADO: RESPONSABILIDADE OBJETIVA. PESSOAS JURÍDICAS DE DIREITO PRIVADO PRESTADORAS DE SERVIÇO PÚBLICO. CONCESSIONÁRIO OU PERMISSIONÁRIOS DO SERVIÇO DE TRANSPORTE COLETIVO. C.F., ART. 37, § 6º.

I. – A responsabilidade civil das pessoas jurídicas de direito privado prestadoras de serviço público é objetiva relativamente aos usuários do serviço, não se estendendo a pessoas outras que não ostentem a condição de usuário. Exegese do art. 37, § 6º, da C.F.

II. – RE conhecido e provido.

**ACÓRDÃO**

Vistos, relatados e discutidos estes autos, acordam os Ministros do Supremo Tribunal Federal, Segunda Turma, sob a Presidência do Senhor Min. Celso de Mello, na conformidade da ata de julgamentos e das notas taquigráficas, por votação majoritária, em conhecer do recurso e dar-lhe provimento, vencidos os Ministros Joaquim Barbosa e Presidente, que lhe negavam provimento.

Brasília, 16 de novembro de 2004.

CARLOS VELLOSO, Relator

**RELATÓRIO**

A Terceira Câmara Especial de Julho/94 do Eg. Primeiro Tribunal de Alçada Civil do Estado do São Paulo, em ação sob o rito sumaríssimo, deu provimento à apelação interposta por Elias Farah, entendendo configurada a responsabilidade objetiva de concessionária de linhas de transporte coletivo, Auto Viação Urubupungá Ltda., em acidente automobilístico envolvendo veículo particular conduzido pelo recorrido e ônibus de propriedade da recorrente.

Daí os recursos especial e extraordinário interpostos por Auto Viação Urubupungá Ltda.; no RE, fundado no art. 102, III, a, da Constituição Federal, sustenta-se violação ao art. 37, § 6º, da mesma Carta.

Alega a recorrente, em síntese, o seguinte:

a) a responsabilidade objetiva prevista na Constituição Federal não abarca situações como a discutida nos autos, "*limitando-se esse tipo de ônus a incidir sobre a prestação de serviço que a recorrente, como transportadora, realiza perante o passageiro transportado*" (fl. 289/290);

b) a premissa que norteou o acórdão recorrido se mostrou incorreta, dado que a distribuição do ônus da prova deve ser ordinária, segundo a qual a prova dos fatos constitutivos da pretensão incumbe ao demandante.

O Eg. Superior Tribunal de Justiça negou provimento ao agravo de instrumento interposto da decisão que inadmitiu o recurso especial.

Inadmitido o recurso extraordinário, subiram os autos em virtude do provimento do agravo de instrumento em apenso.

O ilustre Subprocurador-Geral da República, Dr. Roberto Monteiro Gurgel Santos, opinou pelo desprovimento do recurso.

Neguei seguimento ao recurso em 10.9.2002. Dessa decisão foi interposto agravo regimental, ao qual, nos termos do voto que proferi quando do julgamento do AI 209.782-AgR/SP, em apenso, dei provimento para possibilitar o exame da matéria pela Turma.

É o relatório.

## VOTO

Ementa: CONSTITUCIONAL. ADMINISTRATIVO. CIVIL. RESPONSABILIDADE CIVIL DO ESTADO: RESPONSABILIDADE OBJETIVA. PESSOAS JURÍDICAS DE DIREITO PRIVADO PRESTADORAS DE SERVIÇO PÚBLICO. CONCESSIONÁRIO OU PERMISSIONÁRIOS DO SERVIÇO DE TRANSPORTE COLETIVO. CF, ART. 37, § 6º.

I. – A responsabilidade civil das pessoas jurídicas de direito privado prestadoras de serviço público é objetiva relativamente aos usuários do serviço, não se estendendo a pessoas outras que não ostentem a condição de usuário. Exegese do art. 37, § 6º, da C.F.

II. – RE conhecido e provido.

**O Sr. Min. Carlos Velloso (Relator):** Dispõe o § 6º do art. 37 da Constituição Federal que "As pessoas jurídicas de direito público e as de direito privado prestadoras de serviços públicos responderão pelos danos que seus agentes, nessa qualidade, causarem a terceiros, assegurado o direito de regresso contra o responsável nos casos de dolo ou culpa".

"Isto significa", leciona Celso Antônio Bandeira de Mello, "conforme opinião absolutamente predominante no Direito brasileiro, que a responsabilidade em questão é objetiva, ou seja, para que seja instaurada, prescinde-se de dolo ou culpa da pessoa jurídica, bastando a relação causal entre a atividade e o dano." (Celso Antônio Bandeira de Mello, *Curso de Direito Administrativo*, Malheiros Ed., 17ª ed., 2004, p. 699). Esclareça-se que Celso Antônio, no ponto, cuida da "Responsabilidade do concessionário e subsidiária do Estado pelos danos a terceiros causados em razão do serviço." (Ob. e loc. cits.).

Não se discute, no caso, a responsabilidade objetiva da concessionária de serviço público – serviço de transporte coletivo. O que se discute é se a responsabilidade objetiva dos concessionários se estende aos não-usuários do serviço. Essa a questão, aliás, que levou a Turma a dar provimento ao agravo, AI 209.782 AgR/SP, para que subisse o RE.

Na ocasião em que o citado agravo foi julgado, proferi o seguinte voto:

"Sr. Presidente, o caso sob apreciação é este: um ônibus bateu num automóvel. O ônibus é de uma concessionária de serviço público de transporte e o automóvel de um particular. O acórdão recorrido deu pela responsabilidade objetiva da concessionária.

"O Min. Jobim entende que, no caso, não haveria, em princípio, responsabilidade objetiva, dado que, tratando-se de concessionária de serviço público, a responsabilidade objetiva somente ocorreria se o ofendido estivesse sendo transportado, vale dizer, estivesse se utilizando do serviço exercido pela concessionária. No caso, o automóvel abalroado é de terceiro, alheio à relação prestadora de serviço e àquele que se utiliza do serviço público de transporte.

"É interessante a distinção feita pelo Min. Jobim. Realmente, qual seria a finalidade de se estender a responsabilidade objetiva às entidades de direito privado prestadoras de serviço público? Não seria em benefício de quem recebe o serviço? Parece-me, de outro lado, pertinente a indagação: a terceiro, que não está se utilizando do serviço público, alheio ao serviço de transporte, se estenderia, também, a responsabilidade objetiva da concessionária de serviço público?

"Essa é uma questão relevante, que merece ser discutida e resolvida pelo Supremo Tribunal Federal.

"Peço licença ao Sr. Min. Marco Aurélio para, aderindo ao voto do Sr. Min. Nelson Jobim, dar provimento ao agravo e determinar o processamento do recurso extraordinário." (*DJ* de 18.6.1999)

Passo ao exame da questão.

Em pesquisa doutrinaria que fiz, os doutrinadores abaixo referidos ou não cuidaram da questão ou não fizeram a distinção mencionada: Hely Lopes Meirelles, *Direito Administrativo Brasileiro*, Malheiros Ed., 29ª ed., pp. 629 e segs.; Sérgio Cavalieri Filho, *Programa de Responsabilidade Civil*, Malheiros Ed., 2ª ed., pp. 171-173; Celso Antônio Bandeira de Mello, *Curso de Direito Administrativo*, Malheiros Ed., 17ª ed., 2004, pp. 699 e segs.; Rui Stoco, *Tratado de Responsabilidade Civil*, Ed. RT, 6ª ed., 2004, pp. 965 e segs.; Guilherme Couto de Castro, *A Responsabilidade Civil Objetiva no Direito Brasileiro*, Forense, 3ª ed., 2000, pp. 67 e segs.; João Luiz Coelho da Rocha, "A Concessão de Serviços Públicos e a Responsabilidade Objetiva" *in Boletim – Doutrina: Informações Jurídicas e Em-*

*presariais*, ano IV, n. 12, Dezembro/2001 – ADCOAS, pp. 386 e segs.; Paulo Napoleão Nogueira da Silva, *Breves Comentários à Constituição Federal*, Forense, 2002, vol. I, pp. 457 e segs.; Uadi Lammêgo Bulos, *Constituição Federal Anotada*, Saraiva, 4ª ed., 2002, pp. 615 e segs.; Diógenes Gasparini, *Direito Administrativo*, Saraiva, 6ª ed., 2001, pp. 835 e segs.; Manoel Gonçalves Ferreira Filho, *Comentários à Constituição Brasileira de 1988*, Saraiva, vol. I, p. 254; Celso Ribeiro Rastos e Ives Gandra Martins, *Comentários à Constituição do Brasil*, vol. 3, Tomo III, Saraiva, pp. 168 e segs.; Sérgio de Andréa Ferreira, *Comentários à Constituição*, Freitas Bastos, vol. III, pp. 314 e segs.; Maria Sylvia Zanella Di Pietro, *Direito Administrativo*, Ed. Atlas, 14ª ed., 2002, p. 523 e segs.

A professora Lúcia Valle Figueiredo parece sustentar que a responsabilidade objetiva dá-se relativamente ao usuário. Ensina: "(...) se a prestação do serviço público foi cometida a concessionário de serviço, pessoa de direito privado, na verdade temos duas situações instauradas: 1) a do concedente e concessionário, nos termos do contrato de concessão; 2) a do concessionário *em face de terceiros ou dos usuários do serviço público*. Nessa última hipótese a responsabilidade é objetiva do concessionário. Entretanto, se exauridas as forças do concessionário, responderá o concedente, subsidiariamente." (*Curso de Direito Administrativo*, Malheiros Ed., 6ª ed., 2003, p. 279. Os grifos não são do original).

Yussef Said Cahali não faz afirmação peremptória a respeito. Parece, entretanto, que entende que a responsabilidade objetiva ocorre, relativamente ao usuário, ao lecionar: "Em matéria de serviço de transporte coletivo concedido pelo Poder Público, permite-se afirmar que a regra do art. 37, § 6º, da Constituição de 1988 representa simples superfetação, pois já era entendimento assente que 'a responsabilidade das empresas de serviço público, no transporte de passageiros, decorre de culpa presumida, não se podendo nela entrever qualquer cláusula liberatória, especialmente culpa de terceiros' (TJSP, 6ª C., 20.2.1989, *RT* 413/146), o que se compreende, seja considerando-se o transporte de passageiros simples obrigação de resultado, seja tendo em vista o disposto no art. 17 do Decreto 2.681, de 7.12.1942, aplicável por analogia, quanto à culpa presumida do transportador." (*Responsabilidade Civil do Estado*, Malheiros Ed., 2ª ed., 2ª tiragem, 1996, p. 156).

Celso Antônio Bandeira de Mello, conforme acima mencionado, não chega a cuidar do tema no seu *Curso de Direito Administrativo*. Dirigi-lhe carta, pedindo o seu pronunciamento a respeito. Celso Antônio, gentilmente, respondeu-me:

"(...) Quando o Texto Constitucional, no § 6º do art. 37, diz que as pessoas 'de direito privado prestadoras de serviços públicos responderão pelos danos que seus agentes nesta qualidade causarem a terceiros', de fora parte a indispensável causação do dano, nada mais exige senão dois requisitos para que se firme dita responsabilidade: (1) que se trate de pessoa prestadora de serviço público; (b) que seus agentes (causadores do dano) estejam a atuar na qualidade de prestadores de serviços públicos. Ou seja: *nada se exige quanto à qualificação do sujeito passivo do dano*; isto é: não se exige que sejam usuários, nesta qualidade atingidos pelo dano.

"Com efeito, o que importa, a meu ver, é que a atuação danosa haja ocorrido enquanto a pessoa está atuando sob a titulação de prestadora de serviço público, o que exclui apenas os negócios para cujo desempenho não seja necessária a qualidade de prestadora de serviço público. Logo, se alguém, para poder circular com ônibus transportador de passageiros do serviço público de transporte coletivo necessita ser prestadora de serviço público e causa dano a quem quer que seja, tal dano foi causado na qualidade de prestadora dele. Donde, sua responsabilidade é a que está configurada no § 6º do art. 37."

José Cretella Júnior dissertou a respeito. Sua opinião parece-me coincidente com a de Celso Antônio, ao escrever, comentando o § 6º do art. 37 da CF: "326. Terceiros. No texto, 'terceiros' são as pessoas que sofrem dano, causado por agente de pessoa jurídica pública, ou privada, esta última prestando serviços públicos." (*Comentários à Constituição Brasileira de 1988*, Forense Universitária, 2ª ed., vol. IV, p. 2.352).

Ruth Helena Pimentel de Oliveira escreve que "a responsabilidade do concessionário e do permissionário de serviço público é objetiva e direta diante dos usuários e terceiros, informada pela teoria do risco, tal como a responsabilidade do Estado." (*Entidades Prestadoras de Serviços Públicos e Responsabilidade Extracontratual*, Ed. Atlas, 2003, p. 205).

A lição de Romeu Felipe Bacellar Filho, entretanto, parece-me outra: "Resta ainda ressaltar que, em se tratando de concessão de serviço público, existem duas relações jurídicas diversas, como informa Lúcia Valle Figueiredo: a existente entre o poder concedente e o concessionário, que se rege pelo disposto no contrato de concessão, e a que nos interessa em matéria de responsabilidade civil, existente entre o concessionário e o usuário de serviço público." E acrescenta: "Nesta última relação, há incidência de responsabilidade objetiva, respondendo o concessionário por danos decorrentes do serviço por ele executado e concernente à atividade delegada. Isso porque é o usuário detentor do direito subjetivo de receber um serviço público ideal, com todas as garantias e benefícios inerentes à atuação pública, mesmo sendo esse serviço prestado por terceiros que não o Estado."

Registre-se que Romeu Bacellar se refere, primeiro, à relação entre o *concessionário* e o *usuário* do serviço público. Nessa relação, acrescenta, é que "há incidência de responsabilidade objetiva", porque "é o usuário detentor do direito subjetivo de receber um serviço público ideal..."

Depois de mencionar a posição de César Chaves, igual a sua, conclui o mestre paranaense:

"Esse especial modo de vinculação entre o usuário e o concessionário deriva da própria relação orgânica decorrente da natureza e finalidade da delegação, de mister público. A conseqüência não pode ser outra: o concessionário deve prestar o serviço de forma ideal, dado que o serviço se reveste de caráter público, assim como deve responder pelo dano objetivamente, por igual razão." ("Responsabilidade Civil Extracontratual das Pessoas Jurídicas de Direito Privado Prestadoras de Serviço Público", *in Interesse Público*, obra dirigida pelo Prof. Juarez Freitas, PUC/RS e UFRGS, n. 06, 2000, pp. 11 e segs., especialmente pp. 44-45).

Comungo desse entendimento. A responsabilidade objetiva das pessoas privadas prestadoras de serviço público ocorre em relação ao usuário do serviço e não relativamente a pessoas não integrantes dessa relação. Com propriedade, disse o Min. Nelson Jobim no voto que proferiu por ocasião do julgamento do AI 209.782-AgR/SP, retromencionado: "(...) a Constituição quer assegurar que os terceiros – contratantes do transporte – sejam indenizados, independente da disputa que possa haver entre o prestador de serviço e o eventual causador do sinistro. (...) a responsabilidade objetiva do § 6º, que foi constitucionalizada, porque dispositivo anterior no sistema de Direito Civil estabeleceu que, nos contratos de transporte, o transportado não tem o ônus de participar da disputa de quem for o culpado, se prestador de serviço ou um outro envolvido no acidente; esse é o sentido. Ou seja: Protegeu-se quem? O titular, aquele que recebeu o serviço prestado pela administração pública. Agora, estender a responsabilidade objetiva é ir muito além e criar uma situação contraditória."

Essa me parece, na verdade, a melhor interpretação do dispositivo constitucional, no concernente às pessoas privadas prestadoras de serviço público: o usuário do serviço público que sofreu um dano, causado pelo prestador do serviço, não precisa comprovar a culpa deste. Ao prestador do serviço é que compete, para o fim de mitigar ou elidir a sua responsabilidade, provar que o usuário procedeu com culpa, culpa em sentido largo. É que, conforme lição de Romeu Bacellar, "é o usuário detentor do direito subjetivo de receber um serviço público ideal". A *ratio* do dispositivo constitucional que estamos interpretando parece-me mesmo esta: porque o "usuário é detentor do direito subjetivo de receber um serviço público ideal", não se deve exigir que, tendo sofrido dano em razão do serviço, tivesse de provar a culpa do prestador desse serviço.

Fora daí, vale dizer, estender a não-usuários do serviço público prestado pela concessionária ou permissionária a responsabilidade objetiva – CF, art. 37, § 6º – seria ir além da *ratio legis*.

Do exposto, conheço do recurso, e dou-lhe provimento, restabelecida, destarte, a conclusão da sentença de 1º grau.

É o voto.

## VOTO

**O Sr. Min. Joaquim Barbosa**: Sr. Presidente, fazemos essa distinção quando a responsabilidade se coloca em relação a um ente típico da Administração? Presume-se que ele esteja sempre em serviço?

**O Sr. Min. Carlos Velloso (Presidente e Relator)**: A razão é a seguinte: O que está. subjacente à teoria do risco é isto: se o funcionamento do serviço público causou dano ao indivíduo, a conseqüência deve ser suportada por todos. Isso, no caso de o serviço ser prestado pelo próprio Estado. Agora, se o serviço é prestado por concessionária, uma empresa de direito privado, a responsabilidade objetiva deve ocorrer relativamente ao usuário do serviço, vale dizer, aquele que pagou a tarifa ou o preço do serviço.

**O Sr. Min. Joaquim Barbosa**: Tenho certa dificuldade em acompanhar esse raciocínio de Vossa Excelência, sobretudo porque, nos primórdios da responsabilidade civil do Estado, uma das idéias subjacentes era exatamente a de que a solvabilidade do ente público que determinava a responsabilidade objetiva. Essa idéia não se transporta para o particular quando ele presta um serviço público pela via da concessão?

**O Sr. Min. Carlos Velloso (Presidente e Relator):** Penso que não seria possível, a extensão da responsabilidade objetiva ao particular de modo radical. Agora, se a concessionário não tem solvabilidade, responde o poder concedente.

**O Sr. Min. Gilmar Mendes:** E pode chegar a atividades como o carro do diretor de uma empresa concessionária.

**O Sr. Min. Joaquim Barbosa:** Mas o carro de diretor não está afetado ao serviço. No caso, o carro está afetado ao serviço.

**O Sr. Min. Carlos Velloso (Presidente e Relator):** Sim, mas em relação ao usuário do serviço público. A *ratio* da Constituição, no caso, é esta: proteger o usuário do serviço, que tem direito a receber bom serviço.

**O Sr. Min. Joaquim Barbosa:** Lembro-me de uma frase pomposa do direito francês: "La faute ne se détache jamais du service". Ou seja, presume-se que, estando o bem, o veículo, em serviço, a responsabilidade é a regra.

**O Sr. Min. Carlos Velloso (Presidente e Relator):** Estou inteiramente de acordo com Vossa Excelência, tratando-se de um veículo do poder público. Não estendo, entretanto, o mesmo raciocínio quando se trata de uma empresa privada concessionária de um serviço público. Repito: a razão de responder a concessionária objetivamente é esta: o usuário merece receber um bom serviço. Então, se não recebe, não caberia a ele provar a culpa, e sim à concessionária, provar que o usuário agiu com culpa capaz de elidir a responsabilidade da concessionária.

**O Sr. Min. Joaquim Barbosa:** Sr. Presidente, vou pedir vista.

## VOTO-VISTA

**O Sr. Min. Joaquim Barbosa (Relator):** Discute-se, nos presentes autos, o alcance da norma contida no art. 37, § 6º, da Constituição, em especial, sobre a extensão do princípio da responsabilidade objetiva à pessoa jurídica de direito privado, prestadora de serviço público, relativamente a terceiro que não ostente a condição de usuário do serviço prestado.

Antes mesmo de proferir meu voto, creio que seja necessário um breve retrospecto do caso.

A recorrente, concessionária de transporte coletivo urbano, foi condenada pelo Tribunal de Alçada do Estado de São Paulo a indenizar o proprietário de veículo particular abalroado por ônibus da companhia afetado ao serviço concedido. De fato, o Tribunal paulista deu provimento à apelação interposta pela vítima e, aplicando a teoria da responsabilidade objetiva, reformou a sentença que lhe fora desfavorável.

Dessa decisão, foram interpostos recursos especial e extraordinário, mas ambos tiveram seguimento negado na origem. Na seqüência, interpôs-se a esta Corte agravo de instrumento – também negado – e, sucessivamente, agravo regimental, este provido, para se submeter a questão ao crivo do Supremo Tribunal Federal.

O Min. Carlos Velloso, relator do presente recurso extraordinário, votou por seu provimento, para que fosse restabelecida a decisão de primeiro grau, que havia excluído a tese da responsabilidade objetiva da prestadora de serviço público relativamente a não-usuários do serviço.

Após extensa pesquisa doutrinária, e valendo-se da lição de Romeu Bacellar, concluiu o eminente ministro que o instituto da responsabilidade civil objetiva, em se tratando de empresa concessionária de serviço público, somente se aplica ao usuário do serviço. Isso porque seria o usuário o "detentor do direito subjetivo de receber um serviço público ideal", e, dessa forma, a responsabilidade objetiva seria uma forma de dar-lhe proteção. Em seguida, afirmou: "fora daí, vale dizer, estender a não-usuários do serviço público prestado pela concessionária ou permissionária a responsabilidade objetiva – CF, art. 37, § 6º – seria ir além da *ratio legis*".

Pedi vista dos autos para proceder a um exame mais acurado da controvérsia.

Senhor Presidente, peço vênia ao ilustre relator Min. Carlos Velloso, para dele divergir. E o faço com base nos fundamentos a seguir expostos, uns de ordem geral, atinentes à gênese da própria noção de responsabilidade do Estado, outros atinentes à questão especifica dos autos – responsabilidade do concessionário de serviço público.

Inicialmente, peço vênia para relembrar à corte que o Brasil adota, desde 1946, um regime de responsabilidade do Estado que figura entre os mais liberais, ou seja, um sistema que é mais propício a atender aos interesses da vítima, a pessoa física ou jurídica que sofre danos em razão de atos praticados pelo Estado ou por seus prepostos, agentes ou colaboradores.

Como se sabe, em Direito Comparado há basicamente três sistemas de responsabilidade do Estado: sistema da responsabilidade subjetiva, baseado na culpa *stricto sensu*; sistema da responsabilidade objetiva, fundado no risco administrativo e no princípio da igualdade de todos perante os encargos públicos, e sistema misto, com elementos dos dois sistemas precedentes, mas com prevalência de um deles. Este é, por exemplo, o sistema francês, em que, em linha de princípio, prevalece a modalidade de responsabilidade de cunho subjetivo, fundada na culpa do agente estatal ("responsabilité pour faute").

O Brasil, como se vê, embora se tenha inspirado largamente no direito francês nessa matéria, adotou como regra de princípio o regime da responsabilidade objetiva, "sans faute", em que se exige normalmente apenas a demonstração da relação de causa e efeito entre o dano causado ao particular e a ação da Administração ou de seus prepostos ou colaboradores. Esse tipo de responsabilidade, como bem assinala o professor René Chapus, caracteriza-se por ser mais favorável às vítimas do que às pessoas públicas ou privadas delegatárias do serviço público, sem que isso signifique qualquer juízo de valor depreciativo da atuação destas.[1] Esse é um primeiro dado que me parece fundamental e que não pode ser desprezado na solução do presente caso.

---

1. "La responsabilité sans faute est évidemment plus favorable aux victimes qu'aux personnes publique ou entrepreneurs de travaux publics. Mais elle n'est pas sans intérêt pour eux, en ce sens que la reconnaissance de leur responsabilité n'implique aucun jugement de valeur sur leur comportements dommageables, c'est-à-dire aucun blâme ou reproche" (Chapus, René. *Droit Administratif Général*. 15ª ed., 2001, tome I, p. 133).

Por outro lado, e isto me parece decisivo, devemos sempre ter em mente que a responsabilidade objetiva do Estado repousa em dois fundamentos jurídicos irretocáveis.

Primeiro, ao atuar e intervir nos mais diversos setores da vida social, a Administração submete os seus agentes e também o particular a inúmeros riscos (maneja objetos perigosos, cria situações perigosas etc.). Esses riscos são da essência da atividade administrativa e resultam da multiplicidade das suas intervenções, que são indispensáveis ao atendimento das diversas necessidades da coletividade. O risco administrativo, portanto, não raro decorre de uma atividade lícita e absolutamente regular da Administração, daí o caráter objetivo desse tipo de responsabilidade, que faz abstração de qualquer consideração a respeito de eventual culpa do agente causador do dano.

O segundo fundamento jurídico da responsabilidade objetiva repousa no princípio da igualdade de todos os cidadãos perante os encargos públicos. Para alguns autores, em especial os franceses, esse segundo fundamento englobaria o primeiro, de sorte que a obrigação imposta ao Estado de indenizar o particular em caso de dano a ele causado resultaria, em essência, do fato de que não seria justo que alguém suportasse sozinho os ônus decorrentes de uma atividade exercida em benefício de toda a sociedade. Aqui, o dever de indenizar a vítima advém não de um risco criado pela atividade estatal, mas de um princípio que poderíamos chamar de solidariedade social, solidariedade essa engendrada pelo fato de que toda ação administrativa do Estado é levada a efeito em prol do interesse coletivo. Vale dizer, para cumprir a contento a sua missão de zelar pelo bem comum, a Administração necessita intervir em múltiplas esferas da vida econômica e social. Ao fazê-lo, cria situações que se traduzem em danos para algumas pessoas. O princípio da igualdade de todos perante os encargos públicos vem em socorro dessas pessoas que sofrem os prejuízos decorrentes da ação estatal, fazendo com que os danos por elas sofridos sejam compartilhados por toda a coletividade. Esta, em apertada síntese, é a "rationale" da responsabilidade civil do Estado, recepcionada em toda a sua amplitude pela Constituição brasileira de 1988, que diz expressamente, no art. 37, § 6º, ser ela aplicável ao concessionário de serviço público.

Creio, Senhor Presidente, que não seria ocioso recorrermos, neste passo, aos ensinamentos daqueles que primeiro refletiram sobre o tema.

Maurice Hauriou, em seus célebres comentários ao aresto "Cames", de 1895 (o caso judicial em que pela primeira vez se reconheceu a responsabilidade "sans faute" da Administração, assim concluiu: "Les choses se passent comme si l'Etat, les départements, les communes géraient en leur qualité de personnes morales une assurance mutuelle contractée entre las administrés contre le risque des accidents administratifs. L'idée d'une assurance pareille procède logiquement du principe de l'égalité devant la loi et devant le charges publiques."[2]

---

2. Hariou, Maurice. *Précis du droit administratif et de droit public général*. Librairie de la Société du Recueil General des Lois et des Arrêts et du Journal du Palais, 3ª ed. Paris, 1897, p. 174 *apud* Philipp, Dominique. "De la responsabilité à la solidarité des personnes publiques". In *Revue du Droit Public*, 2-1999, p. 610.

São também inexcedíveis os ensinamentos de Leon Duguit e Georges Vedel sobre a matéria:

"On ne peut édifier la responsabilité de l'État que sur l'idée d'une assurance sociale, supportée par la caisse collective au profit de ceux qui subissent un préjudice provenant du fonctionnement des services publics, lequel a lieu en faveur de tous. Cette conception se rattache elle-même à une idée qui a profondément pénétré la conscience juridique des peuples modernes, celle de l'égalité de tous devant les charges publiques. *L'activité de l'État s'exerce dans l'intérêt de la collectivité tout entière ; les charges qu'il entraîne ne doivent pas peser plus lourdement sur les uns que sur las autres. Si donc il résulte de l'intervention étatique un préjudice spécial pour quelques-uns, la collectivité doit le réparer, soit qu'il y ait une faute des agents publics, soit même qu'il n'y en ait pas.* L'État est, en quelque sorte, assureur de ce qu'on appelle souvent le risque social, c'est-à-dire le risque provenant de l'activité sociale se traduisant dons l'intervention de l'État. La responsabilité de celui-ci est toujours fondée sur cette idée, même quand il y a faute de ses agents.[3]

"(...)

"L'activité non fautive de l'administration n'entraîne pos moins, pour certains particuliers, un dommage spécial qui doit être considéré comme une charge publique, c'est-à-dire comme un sacrifice économique consenti dans l'intérêt général. Dès lors, comme les charges publiques doivent être également réparties entre les citoyens, il s'ensuit que les victimes atteintes de façon spéciale par des activités non fautives de l'administration doivent être indemnisées par celle-ci, ce mi aboutira à faire supporter, par la collectivité nationale des contribuables, les conséquences de l'activité administrative, donc à réaliser la répartition de charge publique."[4]

Em suma, Senhor Presidente, a responsabilidade do Estado traduz-se na singela idéia de que as atividades administrativas são levadas a efeito em beneficio de todos. Se delas resultam danos a algumas pessoas, cabe à coletividade repará-los.

Daí vem a indagação crucial que faço: quando o Estado, mediante contrato administrativo, transfere ao particular uma parcela das suas múltiplas atividades, ocorre uma transformação substancial na natureza dessas atividades? Seria essa transformação de tal monta, a ponto de extirpar do serviço prestado pelo particular as características que lhe são próprias, ou seja, as de um típico serviço público, do qual a coletividade como um todo se beneficia? Penso que não. Em primeiro lugar, porque o serviço público, quando delegado ao particular, não deixa de ser público. A Administração continua a deter sua titularidade. Tanto que nas hipóteses de falência ou eventual insolvência do concessionário, vem à tona a responsabilidade subsidiária do poder concedente.

Entendo que a primeira e incontornável reflexão que se impõe, quando postulada uma reparação por danos causados por concessionários de serviço público,

---

3. Duguit, Leon *apud* Philipp, Dominique. "De la responsabilité à la solidarité des personnes publiques". *In Revue du Droit Public*, 2-1999, p. 610.
4. G. Vedel *apud* Philipp. Dominique. "De la responsabilité à la solidarité des personnes publiques". *In Revue du Droit Public*, 2-1999, p. 610.

é a seguinte: nas mesmas circunstâncias em que produzido o dano, caso estivesse envolvida não uma concessionária, mas a própria administração, estaria a vítima legitimada a receber indenização? Se positiva a resposta, o dever de indenizar é imperativo. Isso porque, como já dito, é a natureza da atividade causadora do dano, isto é, o fato de que ela é exercida em prol da coletividade, que conduz à obrigação de indenizar o particular. Ora, o fato de a prestação do serviço ser transferida temporariamente a uma empresa privada concessionária não tira da atividade sua natureza eminente público-estatal. Na concessão, é bom não esquecer, o particular concessionário apenas "faz as vezes do Estado", isto é, ele "agit pour le compte de l'État", como bem diz René Chapus.

Portanto, Senhor Presidente, discordo respeitosamente do ilustre relator quando S. Exa. diz o seguinte: "A responsabilidade objetiva das pessoas privadas prestadoras de serviço público ocorre em relação ao usuário do serviço e não relativamente a pessoas não integrantes dessa relação."

Penso ser incabível tal distinção em matéria de responsabilidade civil do Estado. Para fins de fixação dessa responsabilidade, é inteiramente irrelevante uma ou outra qualidade ou condição pessoal da vítima dos danos.

Penso, pois, que introduzir uma distinção adicional entre usuários e não-usuários do serviço significa um perigoso enfraquecimento do princípio da responsabilidade objetiva, cujo alcance o constituinte de 1988 quis o mais amplo possível.

Note-se que, para boa parcela da doutrina nacional, a natureza das atividades administrativas não se altera pela simples delegação ao particular de certos serviços públicos. Os professores Mário Masagão,[5] Celso Antônio Bandeira de Mello[6] e Ruth Helena Pimentel de Oliveira[7] assim abordam a questão:

"(...) quanto aos serviços concedidos, o princípio da responsabilidade civil é o mesmo, porque o serviço público, embora executado de forma indireta, conserva seu caráter. Apenas, o poder concedente não é o responsável e sim o cessionário, pois a este competem os riscos da exploração."[8]

"(...) a prestação indireta de serviços não pode ser meio transverso de exonerar o Estado da responsabilidade objetiva a que se submeteria se os desempenhasse diretamente. Por isso, quem quer que exerça serviço público equipara-se a um

---

5. Masagão, Mário. *Curso Direito Administrativo*. 6ª ed. São Paulo: Revista dos Tribunais, 1977, p. 304. *In* Oliveira, Ruth Helena Pimentel de, *Entidades prestadoras de serviços públicos e responsabilidade extracontratual*. São Paulo: Atlas, 2003, p. 200.
6. Mello, Celso Antônio Bandeira de. *Prestação de serviços públicos e administração indireta*. 2ª ed., São Paulo: Revista dos Tribunais, 1979, p.119. *In* Oliveira, Ruth Helena Pimentel de, *Entidades prestadoras de serviços públicos e responsabilidade extracontratual*. São Paulo: Atlas, 2003, p. 200.
7. Oliveira, Ruth Helena Pimentel de, *Entidades prestadoras de serviços públicos e responsabilidade extracontratual*. São Paulo: Atlas, 2003, p. 200.
8. Masagão, Mário. *In* Oliveira, Ruth Helena Pimentel de, *Entidades prestadoras de serviços públicos e responsabilidade extracontratual*. São Paulo: Atlas, 2003, p. 200.

agente Estado e deve, por tal razão, submeter-se ao mesmo regime de responsabilidade do Estado, sob pena de fraudar-se o princípio da responsabilidade objetiva.[9]

"Assim a responsabilidade do concessionário e do permissionário de serviço público é regida por normas e princípios de direito público, pois, esses entes desempenham serviços públicos, estão investidos de poderes próprios do Poder concedente e a atividade objetiva atender às necessidades da coletividade. Se a prestação do serviço público é transferida ao concessionário e ao permissionário, naturalmente acompanha-a a responsabilidade por atos decorrentes dessa prestação e segue a mesma natureza. Logo, a responsabilidade de tais entes delegados de serviços públicos é a mesma imposta ao Poder Público, caso realizasse a atividade diretamente."[10]

"No entanto, para que seja instaurada a responsabilidade objetiva dos entes prestadores de serviço público, é necessário que o dano esteja ligado a uma atividade de desempenho ou de prestação do serviço concedido. Qualquer prejuízo provocado por atividade do concessionário desvinculada da prestação do serviço não é informado pela responsabilidade objetiva, nos moldes do mencionado dispositivo constitucional, mas rege-se pelas normas de responsabilidade do direito privado.

"Nesse sentido, Odete Medauar afirma que em relação às pessoas jurídicas de direito privado prestadoras de serviço público incide a responsabilização objetiva somente nas atividades vinculadas ao serviço público prestado, ficando sob a égide do direito privado os danos advindos de outras atividades."[11]

"Essa hipótese, portanto, não se refere a prejuízos decorrentes da execução do serviço, mas àqueles que se tenham originado das relações privadas entre o concessionário e terceiros. Nesse caso incidem as regras que regulam o direito privado.

"A contratação entre o concessionário ou o permissionário e terceiro, tendo como objeto atividades acessórias, não configurará contrato administrativo, mas negócio jurídico sujeito ao direito privado, constituindo, relação estranha ao Poder concedente e, portanto, não produz efeitos perante o concedente, salvo naquilo que tenha ligação com o serviço público em suas manifestações com os usuários.

"O art. 25 da Lei n. 8.987/95 estabelece a responsabilidade do concessionário de serviço público pelos danos ocasionados em decorrência da execução do serviço concedido ao Poder concedente, aos usuários ou a terceiros, e que a fiscalização exercida pelo Poder concedente não exclui nem atenua essa responsabilidade."[12]

Em síntese, minha divergência decorre dos seguintes fundamentos:

---
9. Mello, Celso Antônio Bandeira de. *In* Oliveira, Ruth Helena Pimentel de, *Entidades prestadoras de serviços públicos e responsabilidade extracontratual*. São Paulo: Atlas, 2003, p. 200.
10. Oliveira, Ruth Helena Pimentel de. Ob. cit., p. 204.
11. Ibid., p. 207.
12. Ibid., p. 208.

Tendo a constituição brasileira optado por um sistema de responsabilidade objetiva baseado na teoria do risco, mais favorável às vítimas do que às pessoas públicas ou privadas concessionárias de serviço público, no qual a simples demonstração do nexo causal entre a conduta do agente público e o dano sofrido pelo administrado é suficiente para desencadear a obrigação do Estado de indenizar o particular que sofre o dano, deve a sociedade como um todo compartilhar os prejuízos decorrentes dos riscos inerentes à atividade administrativa, em face do princípio da isonomia de todos perante os encargos públicos.

Dessa forma, parece-me imprópria a indagação acerca dessa ou daquela qualidade intrínseca da vítima para se averiguar se no caso concreto está ou não está configurada a hipótese de responsabilidade objetiva, já que esta decorre da natureza da atividade administrativa, a qual não se modifica em razão da simples transferência da prestação dos serviços públicos a empresas particulares concessionárias do serviço.

Ante o exposto, pedindo vênia mais uma vez ao ilustre relator, nego provimento recurso extraordinário.

## VOTO (CONFIRMAÇÃO)

**O Sr. Min. Carlos Velloso (Relator)** – Sr. Presidente, apenas duas palavras. Estou de acordo com o Sr. Min. Joaquim Barbosa, quando Sua Excelência disserta sobre a teoria geral da responsabilidade objetiva e, com acerto, afirma que o nosso sistema é um dos mais avançados do mundo, caminhando, essa é a tendência, no sentido da responsabilidade objetiva, responsabilidade sem culpa. No caso da responsabilidade objetiva do poder público, com base na teoria do risco, as despesas decorrentes do dano devem ser compartilhadas por toda a coletividade. Estamos nos referindo ao Poder Público em sentido estrito. Tratando-se, entretanto, de delegação do Estado para a prestação de serviço público que pode ser remunerado por preços ou tarifas – serviço público, portanto, não inerente à soberania estatal e, comumente, não essencial e, portanto, não obrigatório – serviço público prestado por permissionário ou concessionário, a matéria deve ser visualizada de forma especial. Neste caso, as despesas decorrentes da reparação do dano devem ser repartidas entre os que utilizam o serviço. Noutras palavras, a responsabilidade objetiva dá-se relativamente ao usuário do serviço e não quanto a quem não está recebendo o serviço.

Os usuários são detentores do privilégio da responsabilidade objetiva, porque têm direito subjetivo de receber um bom serviço, lembra o professor Romeu Bacelar.

Os automóveis e os ônibus trafegam nas vias públicas. Não há sentido de se estender a responsabilidade e objetiva a todos esses veículos que tenham se envolvido num acidente com os ônibus da concessionária. Disposições antigas de lei já dispunham que, relativamente ao usuário do serviço, a responsabilidade do transportador seria objetiva. Isso está registrado no meu voto. Veja-se, por exemplo, o antigo regulamento das estradas de ferro.

Lembro o voto do eminente Min. Jobim, nesta Turma, a respeito do tema – AI 209.782-AgR/SP:

## COMENTÁRIO DE ACÓRDÃO

"(...) a Constituição quer assegurar que os terceiros – contratantes do transporte – sejam indenizados, independente da disputa que possa haver entre o prestador de serviço e o eventual causador do sinistro. (...) a responsabilidade objetiva do § 6º, que foi constitucionalizada, porque dispositivo anterior no sistema de Direito Civil estabeleceu que, nos contratos de transporte, o transportado não tem o ônus de participar da disputa de quem for o culpado" (...).

Volto a invocar a lição do Professor Romeu Bacelar:

"(...) 'é o usuário detentor do direito subjetivo de receber um serviço público ideal'. A *ratio* do dispositivo constitucional que estamos interpretando parece mesmo esta: porque o 'usuário é detentor do direito subjetivo de receber um serviço público ideal', não se deve exigir que, tendo sofrido dano em razão do serviço' – esta me parece *ratio legis* – 'tivesse de provar a culpa do prestador desse serviço' (...)."

Sr. Presidente, com essas breves considerações, peço licença para manter, em todos os seus termos, o meu voto.

**VOTO**

**O Sr. Min. Gilmar Mendes** – Sr. Presidente, também vou pedir vênia ao eminente Min. Joaquim Barbosa para acompanhar o voto proferido na outra assentada pelo Min. Carlos Velloso. Entendi os pressupostos fixados pelo Min. Joaquim Barbosa e também aqueles em que se louvou o Min. Carlos Velloso.

Tenho para mim, todavia, que a aceitação das premissas postas pelo Min. Joaquim Barbosa emprestariam à idéia da responsabilidade civil, aqui, talvez, uma dimensão extremamente alargada, fazendo com que a concessionária responda num quadro de universalidade por toda e qualquer atividade que tem, ainda que não ligada...

**O Sr. Min. Joaquim Barbosa** – Esse não é o sentido do meu voto. O sentido do meu voto é de que se aplica a responsabilidade objetiva nas atividades públicas, portanto, ligadas ao serviço concedido, desde que o dano tenha sido produzido no exercício da atividade concedida.

**O Sr. Min. Carlos Velloso (Relator)** – Quer dizer, a terceiros que nada têm a ver com o serviço.

**O Sr. Min. Joaquim Barbosa** – A terceiros ou a pessoas envolvidas no serviço. Eu não admitiria, por exemplo, a responsabilidade objetiva em uma situação em que estivessem envolvidos bens do concessionário que não tivessem nenhuma relação com a concessão.

**O Sr. Min. Joaquim Barbosa** – Sim, e eu frisei bem: o que justifica a responsabilidade civil é a natureza da atividade, a natureza do serviço prestado.

**O Sr. Min. Carlos Velloso (Relator)** – Sr. Presidente, acho que a questão há de ser visualizada *cum grano salis*, com uma certa mitigação. Há serviços públicos e serviços públicos. Há serviços públicos inerentes à soberania estatal, autêntico serviço público. Há serviços públicos essenciais à coletividade. Ambos esses serviços públicos, sustento, na linha de bons doutrinadores, devem ser remunerados por tributo, por taxa, os serviços inerentes à soberania estatal e os serviços essenciais à coletividade; a há serviços que podem ser delegados.

**O Sr. Min. Joaquim Barbosa** – Ms não é o caso, Ministro.

**O Sr. Min. Carlos Velloso (Relator)** – É o caso, tanto que ele é delegado.

**O Sr. Min. Joaquim Barbosa** – O serviço é importantíssimo, é serviço de transporte coletivo.

**O Sr. Min. Carlos Velloso (Relator)** – Mas que pode ser concedido, que pode ser permitido. Ele é remunerado por preço, com uma faculdade muito maior para o Estado, e, assim, indiretamente para as concessionárias em fixar a remuneração, os seus *reditus* remuneratórios. Há serviços públicos que podem até não estar incluídos nessas duas categorias primeiras que mencionei, mas que são de prestação obrigatória pelo Estado, como, por exemplo, o serviço postal. Serviços que são remunerados mediante tarifa não são serviços públicos na sua pureza. Se permitidos ou concedidos, eles adquirem uma certa feição de serviços privados.

**O Sr. Min. Gilmar Mendes** – Até porque, aqui, haveria uma dificuldade de fazer qualquer "distinguishing", qualquer disceptação.

**O Sr. Min. Carlos Velloso (Relator)** – Exatamente.

**O Sr. Min. Carlos Velloso (Relator)** – Presidente, mas o Código estende essa responsabilidade objetiva a terceiros que não recebem o serviço?

**O Sr. Min. Joaquim Barbosa** – Um avião que cai e atinge a propriedade de alguém.

**O Sr. Min. Gilmar Mendes** – Aqui, a rigor, também, não haveria nem como discutir a questão, causou-se um dano.

**O Sr. Min. Joaquim Barbosa** – É objetiva, não há que se discutir.

**A Sra. Ministra Ellen Gracie** – Não há possibilidade de culpa concorrente.

**O Sr. Min. Gilmar Mendes** – Não, não há culpa concorrente do proprietário; obviamente que a responsabilidade toda à imputável à empresa.

**O Sr. Min. Joaquim Barbosa**.- Senhor Presidente, veja a que situação curiosa cheguei ao empreender uma pesquisa para elaborar esse voto-vista. Fui pesquisar nos meus alfarrábios de Direito Comparado, especialmente de Direito Administrativo francês, e me deparei com jurisprudência absolutamente: notável nessa matéria. Duas me chamaram especialmente a atenção: uma, em que estava envolvida a situação de um chamado "funcionário de fato". Numa dada situação de calamidade pública, uma pessoa do povo chamar a si o direito de prestar assistência pública, age como se fosse um funcionário, e, ao fazê-lo, causa dano a terceiros. A jurisprudência francesa diz que, nesse caso, há responsabilidade civil do Estado mesmo o individuo não sendo funcionário.

**A Sra. Ministra Ellen Gracie** – Na brasileira também.

**O Sr. Min. Joaquim Barbosa** – Agora, não vamos admitir no caso em que o serviço é manifestamente público e o particular age fazendo formalmente as vezes do Estado?

**O Sr. Min. Carlos Velloso (Relator)** – Mas que serviço é esse que o particular resolvera prestar?

**O Sr. Min. Joaquim Barbosa** – O serviço de assistência pública, de assistência a pessoas em situação de calamidade.

# COMENTÁRIO DE ACÓRDÃO 345

**O Sr. Min. Carlos Velloso (Relator)** – Que assistência numa situação de calamidade?

**A Sra. Ministra Ellen Gracie** – Apresentou-se como funcionário do Estado e causou danos.

**O Sr. Min. Joaquim Barbosa** – E passou a agir como tal.

**O Sr. Min. Gilmar Mendes** – E passou a agir e se consolidou uma teoria da aparência. No mínimo o Estado assumiu.

**O Sr. Min. Joaquim Barbosa** – O Estado teve de assumir. Seria o mesmo raciocínio. Aqui não. Na nossa situação, a caracterização é ainda mais clara, a meu ver, porque o serviço é público – não há dúvida sobre isso –, é um serviço essencial que o Estado simplesmente delegou a terceiros.

**O Sr. Min. Carlos Velloso (Relator)** – Mas Ministro, nessa situação, mesmo no caso brasileiro, que é tão liberal, eu teria dúvida se os tribunais responsabilizariam o poder público, simplesmente pelo fato de alguém prestar um serviço de assistência ao seu semelhante.

**A Sra. Ministra Ellen Gracie** – Aí, com toda a evidência, eu não teria dúvida nenhuma.

**O Sr. Min. Joaquim Barbosa** – Eu não teria dúvida.

**O Sr. Min. Carlos Velloso (Relator)** – Ele é um particular e, no momento de calamidade pública, presta ajuda às pessoas. Seria possível exigir...

**O Sr. Min. Gilmar Mendes** – Isso é mais complexo.

**A Sra. Ministra Ellen Gracie** – Ministro Carlos Velloso, as pessoas vão pedir carteirinha?

**O Sr. Min. Carlos Velloso (Relator)** – Não, Ministra, mas seria possível dizer que ele estava agindo em nome do Estado?

**O Sr. Min. Joaquim Barbosa** – Sem dúvida.

**O Sr. Min. Gilmar Mendes** – Aí, já é uma outra questão. Essa é a teoria da aparência e chega a esse ponto, pois o Estado responde pelo funcionário de fato também porque, de alguma forma, contribuiu para que ele atuasse dessa maneira.

**O Sr. Min. Carlos Velloso (Relator)** – Exatamente. Omitiu-se, quer dizer, esse dado não pode ser apresentado nesses termos. Deve ser considerado num contexto.

**O Sr. Min. Carlos Velloso (Relator)** – Não se vai exigir uma carteirinha. Agora, se um espertalhão se passar por médico ou enfermeiro, o Estado será responsável? Creio que é ir longe demais.

**O Sr. Min. Joaquim Barbosa** – Dependendo das circunstâncias e do tipo de prestação que ele oferece à pessoa em absoluta necessidade.

**O Sr. Min. Carlos Velloso (Relator)** – Sim, perfeitamente. Não há ai, entretanto, um exemplo de escola. Isso tem que ser posto e examinado num contexto, senão, amanhã, os grandes estelionatários serão regiamente beneficiados.

**O Sr. Min. Joaquim Barbosa** – Eu quis apenas ilustrar, dando esse exemplo, o fato de que um país como a França, em que a responsabilidade é subjetiva, admite um tipo de responsabilidade como num caso desse. No Brasil, em que a responsabilidade, com disposição constitucional, é absolutamente objetiva, sem qualquer indagação de culpa, nós estamos criando uma distinção...

**O Sr. Min. Gilmar Mendes** – Tendo em vista o tipo de serviço que se presta.

**O Sr. Min. Carlos Velloso (Relator)** – Sim, o tipo de serviço que se presta.

**O Sr. Min. Gilmar Mendes** – E aqui, entre nós, há uma série de considerações que precisam der feitas. Primeiro, o conceito da responsabilidade objetiva ganhou, entre nós, uma tal dimensão que, em algum momento, o próprio Estado se convolou num tipo de segurador universal. Foi o que vimos e temos visto nesses casos das companhias aéreas, agora não como responsáveis, mas como autoras de ações de responsabilidade civil por conta de planos econômicos, e também de alguns setores econômicos. Quer dizer, uma relação de causalidade quase espiritual faz com que a União se convole num tipo de seguradora universal, o que aqui é o alargamento do conceito de responsabilidade objetiva, demandando de todos nós um certo cuidado na fixação desse conceito.

Não é estranho e, obviamente, isso também é clássico no sistema que, em muitos casos, em razão de um juízo de probabilidade – disse-o bem o Min. Celso de Mello –, o próprio legislador avança para simplificar o processo. Isso acontece nas relações de trabalho ao assumir já a responsabilidade civil e a fixar, porque se faz um juízo de probabilidade em que, em grande escala, a responsabilidade será sempre de um tipo de empresa que presta um tipo de serviço. Nem precisamos estar, portanto, na relação com o Estado.

**O Sr. Min. Gilmar Mendes** – Em muitos casos há leis extravagantes estabelecendo claramente essa responsabilidade objetiva em razão desse juízo de probabilidade. A questão, aqui, é saber se, de fato, seria possível estabelecer-se em toda a extensao esse raciocínio.

Tendo em vista a discussão colocada, tenho a forte impressão de que, na espécie, é preciso atuar *cum grano salis* e não dar essa extensão. Por outro lado, não estamos, com essa orientação, fraudando o sentido do artigo 37, § 6º, do Texto Constitucional, uma vez que se está a assegurar, sim, a responsabilidade objetiva naquilo que ela é devida: exatamente aos utentes, aos usuários do serviço. Não estamos, isto sim, dando-lhe uma dimensão universal, o que não impede até que o legislador venha a reconhecer não só essa atividade, mas aí, sim, a atividade de transporte, por exemplo, mas não por força da Constituição como um todo, não por força da interpretação da norma constitucional específica (art. 37, § 1º).

Pedindo vênia ao Min. Joaquim Barbosa, acompanho o eminente Ministro-Relator.

## VOTO

**A Sra. Ministra Ellen Gracie** – Sr. Presidente, entendo que, neste caso – e a própria doutrina da responsabilidade objetiva do Estado e seus pressupostos levam-me a essa conclusão –, a delegação feita às empresas transportadoras é limitada a uma atividade ou a um determinado serviço público que é, então, executado de forma indireta. Por isso, os riscos correspondentes a essa atividade devem merecer exatamente a mesma limitação, até porque as empresas que assumem tais parcelas da atividade estatal fazem o cálculo econômico dos riscos em que irão incorrer e estes estariam exageradamente ampliados se atribuíssemos leitura mais alargada ao § 6º do artigo 37 da CF, como propõe o eminente Relator, cujo voto não posso deixar de louvar pelo brilhantismo.

Portanto, com a vênia do eminente Min. Joaquim Barbosa, acompanho o voto do Ministro-Relator.

## COMENTÁRIOS AO ACÓRDÃO

O RE n. 262.651-1 SP ostenta a seguinte Ementa:

"A responsabilidade civil das pessoas jurídicas de direito privado prestadoras de serviço público é objetiva relativamente aos usuários do serviço, não se estendendo a pessoas outras que não ostentem a condição de usuário. Exegese do art. 37, § 6º, da CF."

Esse Recurso Extraordinário veio a ser conhecido em razão do provimento dado ao Agravo de Instrumento n. 209.782-5-SP, em que era Agravante a Auto Viação Urubupungá Ltda. e Agravado Elias Farah.

A questão fática da espécie consistiu em um acidente de veículos, envolvendo um ônibus da referida Auto Viação Urubupungá Ltda., concessionária de transportes coletivos de passageiros, e um automóvel de propriedade de Elias Farah.

Em razão dos danos sofridos em seu automóvel, Elias Farah ajuizou ação de ressarcimento de danos em face da aludida empresa, concessionária dos serviços públicos de transporte coletivo de passageiros, argüindo a responsabilidade objetiva da concessionária pelos danos sofridos, dispensando-se de comprovar culpa ou dolo do motorista preposto da mesma, limitando-se a comprovar os danos e o nexo causal com o acidente.

A empresa concessionária defendeu-se, sustentando que a responsabilidade objetiva que se pode inferir do artigo 37, § 6º, da Constituição Federal, no que tange às pessoas jurídicas de direito privado, prestadoras de serviços públicos, limita-se aos usuários dos serviços, e que eventuais danos causados a terceiras pessoas não usuárias dos serviços concedidos resolver-se-iam pelo direito comum, sendo necessária a comprovação da culpa ou dolo do preposto, para determinar-se a responsabilidade da empresa.

Em Primeira Instância foi a tese da empresa acolhida, julgando-se improcedente o pedido, pelo descumprimento do ônus probatório pelo autor.

Em sede de apelação, entretanto, foi o *decisum* reformado pelo, então existente, Primeiro Tribunal de Alçada Civil do Estado de São Paulo, acolhendo-se a tese de que é irrelevante a condição de usuário ou não da vítima dos danos, para reconhecer-se a responsabilidade objetiva das pessoas jurídicas de direito privado prestadoras de serviços públicos, pelos danos causados quando da execução dos serviços.

Foi então interposto Recurso Extraordinário pela empresa, argüindo a vulneração do artigo 37, § 6º, da Constituição Federal, ao argumento de que o termo "terceiros" contido no dispositivo teria referibilidade exclusiva aos usuários dos serviços públicos, e, em conseqüência, sua extensão aos não usuários implicaria vulneração ao dispositivo.

Negado seguimento ao Recurso, interpôs a empresa concessionária Agravo de Instrumento, que, distribuído ao Ministro Marco Aurélio, colheu despacho monocrático pela sua denegação.

Mediante Agravo Regimental foi a questão submetida à Segunda Turma da Corte Suprema.

O ilustre Ministro Relator, apreciando o Agravo Regimental, manteve o entendimento esposado em seu anterior despacho, como se colhe do seguinte tópico de sua reapreciação da *quaestio*: "Mais uma vez, saliente-se que a tese sustentada implica introduzir no § 6º do artigo 37 da Carta Política da República limitação nele não contida. Ora, sendo a pessoa jurídica de direito privado concessionária de serviço público e vindo a envolver-se, em razão da atividade desenvolvida, em acidente de trânsito, tem-se a incidência do preceito constitucional".

O Ministro Nelson Jobim, entretanto, entendeu ocorrer uma situação curiosa na espécie, ao cogitar-se da culpa do terceiro, num acidente da espécie em trato, incidindo nesse passo em notório equívoco, ao supor que a ação de regresso prevista no dispositivo constitucional pudesse ter referibilidade a outra pessoa, que não fosse o agente das pessoas públicas ou privadas prestadoras de serviços públicos, quando tivessem agido com culpa ou dolo. Veja-se, com efeito, o que disse o Ministro: "Ora, Sr. Presidente, se caminharmos na interpretação pretendida pelo eminente Marco Aurélio, de que "terceiros" incluiria, inclusive, aqueles com os quais ocorreu o acidente e não aqueles que eram transportados, teríamos uma situação curiosa. Se o terceiro se houve com culpa – o terceiro que foi referido, aqui, seria o causador também do acidente –, se o acidente foi causado pelo motorista, como pensar na ação de regresso contra ele, uma vez que ele mesmo está reclamando a responsabilidade objetiva na indenização? Criaríamos uma situação contraditória. Responderia, nesta ação, a prestadora de serviço por responsabilidade objetiva, depois entraria com ação contra o próprio autor dessa demanda para haver, por dolo ou culpa – porque ele teria se havido com dolo ou culpa..."

Inocuamente tentou o ilustre Relator esclarecer que na hipótese a ação de regresso prevista no § 6º dizia respeito ao preposto (o agente da concessionária, em caso de ter atuado com culpa ou dolo), porque o Ministro Jobim, prosseguindo, considerou a hipótese da culpa pelo evento ser de terceiro, e não do agente da pessoa jurídica de direito privado, prestadora de serviço público, para concluir que o objetivo do dispositivo consiste na salvaguarda do contratante do transporte, em caso de sofrer danos, para que seja indenizado, independentemente da disputa entre o prestador do serviço, e do eventual causador do acidente.

Diante dessa observação o Ministro Marco Aurélio ponderou que a responsabilidade objetiva, prevista no § 6º, do art. 37 da Constituição não exclui a possibilidade de a Administração Pública – ou de a Concessionária, quando for o caso –, provar a culpa do autor da ação, invertendo-se dessa forma o ônus da prova, isso porque, como então afirmou, a Constituição não adotou a teoria do *risco integral*, mas tão somente a teoria da *responsabilidade objetiva*.

Entretanto, não obstante tais ponderações, votou o Ministro Jobim pela subida do Recurso Extraordinário.

O Ministro Maurício Corrêa acompanhou o voto do Relator, enquanto os Ministros Carlos Velloso e Néri da Silveira, deram provimento ao recurso, decidindo, pois, a Colenda Segunda Turma do STF pela subida do Recurso Extraordinário.

Subindo o Recurso Extraordinário sob n. 262.651-1-SP, foi distribuído ao Ministro Carlos Velloso, que, inicialmente, lhe negou seguimento, para ao depois, diante da interposição de agravo regimental, com base no seu voto anterior já referido, dar-lhe provimento para o exame da matéria pela Turma.

Em seu voto o Ministro Carlos Velloso deu provimento ao Recurso Extraordinário, sustentando-se no voto do Ministro Nelson Jobim, ao julgamento do Agravo de Instrumento n. 209.782-5, supra referido, nos seguintes termos: "Com propriedade disse o Ministro Nelson Jobim no voto que proferiu por ocasião do AI 209.782-AgR/SP, retro mencionado:'(...) a Constituição quer assegurar que os terceiros — contratantes do transporte – sejam indenizados, independente da disputa que possa haver entre o prestador do serviço e o eventual causador do sinistro. (...) a responsabilidade objetiva do § 6º, que foi constitucionalizada, porque dispositivo anterior no sistema do Direito Civil estabeleceu que, nos contratos de transporte, o transportador não tem o ônus de participar da disputa de quem for o culpado, se prestador de serviço ou um outro envolvido no acidente; esse é o sentido. Ou seja: Protege-se quem? O titular, aquele que recebeu o serviço prestado pela administração pública. Agora, estender a responsabilidade objetiva é ir muito além e criar uma situação contraditória'. Essa me parece, na verdade, a melhor interpretação do dispositivo constitucional, no concernente às pessoas privadas prestadoras de serviço público: o usuário do serviço público que sofreu um dano, causado pelo prestador do serviço, não precisa comprovar a culpa deste. Ao prestador do serviço é que compete, para o fim de mitigar ou elidir a sua responsabilidade, provar que o usuário procedeu com culpa, culpa em sentido lato. É que, conforme a lição de Romeu Bacelar, '*é o usuário detentor do direito subjetivo de receber um serviço público ideal*'. A *ratio* do dispositivo constitucional que estamos interpretando parece-me mesmo esta: porque o '*usuário é detentor do direito subjetivo de receber um serviço público ideal*' não se deve exigir que, tendo sofrido dano em razão do serviço, tivesse de provar a culpa do prestador desse serviço. Fora daí, vale dizer, estender a não-usuários do serviço público prestado pela concessionária ou permissionária a responsabilidade objetiva – CF, art. 37, § 6º – seria ir além da *ratio legis*".

Destarte, o fundamento do voto do Ministro Relator se sustenta basicamente na afirmação de que o usuário tem um direito subjetivo à prestação de um serviço ideal, e por essa razão não precisa comprovar culpa do prestador do serviço, para ser indenizado, afastando com isso o não usuário da proteção da responsabilidade objetiva das pessoas jurídicas de direito privado, prestadoras de serviços públicos, pelos danos sofridos em decorrência dessa atividade.

Todavia, cumpre observar que, argüido o Ministro Relator pelo Ministro Joaquim Barbosa, se a distinção efetuada entre usuário e não usuário ocorreria igualmente quanto a dano causado diretamente pelo Poder Público, a resposta foi negativa, nos seguintes termos: "A razão é a seguinte: O que está subjacente à teoria do risco é isso: se o funcionamento do serviço público causou dano ao indivíduo, a conseqüência deve ser suportada por todos. Isso, no caso de o serviço ser prestado pelo próprio Estado. Agora, se o serviço é prestado por concessionária, uma empresa de direito privado, a responsabilidade objetiva deve ocorrer relativamente ao usuário do serviço, vale dizer, aquele que pagou a tarifa ou o preço do serviço".

Portanto, ao fundamento do voto do Ministro Relator há que agregar-se a sustentação que se infere do tópico acima, consistente em que: a responsabilidade objetiva das empresas privadas, prestadoras de serviço público, pelos danos causados, se limita aos usuários dos serviços, em decorrência do vínculo específico entre as partes, que surge com o pagamento do preço dos serviços; ao contrário do que ocorre quando o Estado é o prestador direto dos serviços, não incide o fundamento da igual distribuição dos encargos públicos, a embasar a responsabilidade objetiva, que ocorre quando o Erário público suporta o pagamento dos danos causados.

Após vista dos autos, o Ministro Joaquim Barbosa proferiu voto, pela denegação do recurso.

Em seu voto lembrou o Ministro que a responsabilidade objetiva se sustenta em dois fundamentos: o risco administrativo, decorrente da atuação da Administração, que ao intervir nos mais variados setores da vida social submete seus agentes e os administrados a inúmeros riscos, que são da essência da atividade administrativa e a igualdade de todos perante os encargos públicos.

Além disso, o Ministro Joaquim Barbosa manifesta o entendimento de que a responsabilidade objetiva não desaparece pelo fato de o Estado ter transferido a atividade do serviço público a particulares. Destarte, se o Estado, na mesma situação, prestando diretamente os serviços, tivesse que responder pelos danos causados, objetivamente, independentemente da qualidade de usuário da vítima, a concessão dos serviços não faz desaparecer a responsabilidade objetiva, que subsiste independentemente da qualificação da vítima.

Nesse sentido, afirma o Ministro: "Em síntese, minha divergência decorre dos seguintes fundamentos: tendo a Constituição brasileira optado por um sistema de responsabilidade objetiva baseado na teoria do risco, mais favorável às vítimas do que às pessoas públicas ou privadas concessionárias de serviço público, no qual a simples demonstração do nexo causal entre a conduta do agente público e o dano sofrido pelo administrado é suficiente para desencadear a obrigação do Estado de indenizar o particular que sofre o dano, deve a sociedade como um todo compartilhar os prejuízos decorrentes dos riscos inerentes à atividade administrativa, em face do princípio da isonomia de todos perante os encargos públicos. Dessa forma, parece-me imprópria a indagação acerca dessa ou daquela qualidade intrínseca da vítima para se averiguar se no caso concreto está configurada hipótese de responsabilidade objetiva, já que esta decorre da natureza da atividade administrativa, a qual não se modifica em razão da simples transferência da prestação dos serviços públicos a empresas particulares concessionárias do serviço".

Os Ministros Gilmar Mendes e Ellen Gracie acompanharam o voto do Ministro Carlos Velloso, Relator.

Como consta da ata, a Segunda Turma do Supremo Tribunal Federal deu provimento ao Recurso Extraordinário, vencidos os Ministros Joaquim Barbosa e Presidente, que lhe negavam provimento.

Observação: *não obstante conste no extrato publicado da ata de julgamento, a Presidência do Ministro Celso de Mello bem como o voto do ilustre Ministro pela denegação do recurso, nas peças componentes do inteiro teor do acórdão, publicadas na "internet", não se localiza o voto do Ministro Celso de Mello.*

## COMENTÁRIO

O art. 37, § 6º, da CF, parece equiparar as pessoas públicas e as pessoas privadas, prestadoras de serviços públicos, quanto à responsabilidade objetiva, pelos danos causados por seus agentes.

Entretanto, se o fundamento da responsabilidade objetiva reside na igualdade frente aos encargos públicos, que se realiza quando o erário compõe o prejuízo daquele que sofreu o dano especial e anormal, qual seria o fundamento da responsabilidade objetiva das pessoas privadas, prestadoras de serviços públicos, quando estas venham a suportar isoladamente o pagamento dos danos causados a terceiros, quando da prestação dos serviços públicos?

Por outro lado, na previsão constitucional em foco, quem são os "terceiros" que se encontram sob a proteção da responsabilidade objetiva pelos danos sofridos?

Estabelece o artigo 37, § 6º, da Constituição Federal: "As pessoas jurídicas de direito público e as de direito privado prestadoras de serviços públicos respondem pelos danos que seus agentes, nessa qualidade, causarem a terceiros, assegurado o direito de regresso contra o responsável, nos casos de dolo ou culpa".

Quando o Poder Público causa dano a alguém especialmente, por intermédio de seus agentes, em hipótese de atuação comissiva, como conseqüência indireta de sua atuação, efeito colateral lesivo de direitos alheios, não objetivado pela atuação administrativa, a igual distribuição dos encargos públicos se constitui substancialmente no fundamento do dever de reparar o dano, sendo irrelevante, a não ser para o efeito da ação de regresso, ter o agente agido com culpa ou dolo.[1]

De outra parte, ao exame do dispositivo constitucional em foco, o termo "terceiros" parece ter pertinência a todos aqueles que, não tendo relação funcional com a Administração (agentes atuantes na prestação da ativi-

---

1. Nesse sentido leciona Celso Antônio Bandeira de Mello (*Curso de Direito Administrativo*, 21ª ed. Malheiros Editores, São Paulo, 2006, p. 961): "A nosso ver o fundamento se biparte. a) No caso de comportamentos *ilícitos* comissivos ou omissivos, jurídicos ou materiais, o dever de reparar o dano é a *contrapartida do princípio da legalidade*. Porém no caso de comportamentos ilícitos *comissivos*, o dever de reparar já é, além disso, imposto também pelo *princípio da igualdade*. b) No caso de comportamentos *lícitos*, assim como na hipótese de danos *ligados à situação criada pelo Poder Público* – mesmo que não seja Estado o próprio autor do ato danoso –, entendemos que o fundamento da responsabilidade estatal é garantir uma eqüânime repartição dos ônus provenientes de atos ou efeitos lesivos, evitando que alguns suportem prejuízos ocorridos por ocasião ou por causa de atividades desempenhadas no interesse de todos. De conseguinte, seu fundamento é o princípio da igualdade, noção básica do Estado de Direito".

dade), ou relação de emprego com a pessoa privada prestadora de serviços públicos na situação causadora do dano, venham a sofrê-lo.

Destarte, no que respeita à atividade de serviços públicos, numa interpretação puramente literal do art. 37, § 6º, da CF, o termo "terceiros" parece designar tanto *os usuários dos serviços*, como os *não-usuários* que sofram danos decorrentes de *atividade comissiva*[2] da Administração, ou de quem lhe faça as vezes.

Nesse sentido, o § 6º do art. 37 da CF pode ser entendido como uma afirmação da persistência da responsabilidade objetiva, no objetivo de que, não obstante a transferência da execução dos serviços públicos a empresas privadas, nem por isso deixa de existir a mesma espécie de responsabilidade, que teria a Administração Pública na prestação direta de serviços públicos, pelos danos causados a terceiros.

Além disso, é inquestionável que os usuários dos serviços públicos têm uma relação jurídica específica com as pessoas prestadoras dos serviços, e que, em se tratando de concessionárias, tal relação é contratual,[3] da qual se infere uma cláusula pressuposta, consistente na preservação da incolumidade do usuário.

Destarte, qualquer dano causado ao usuário, em decorrência da prestação dos serviços públicos deve ser composto pelo prestador da atividade, que recebe a contraprestação pelos serviços efetuados, consistente, normalmente, na tarifa, independentemente da aferição da culpa na prestação de serviços.

2. Acolhemos integralmente a sistematização de Celso Antônio Bandeira de Mello quando distingue os "danos por ação do Estado" dos "danos por omissão do Estado", para afirmar a responsabilidade objetiva quanto à primeira espécie, e a subjetiva quanto à segunda: "Se houve conduta estatal lesiva a bem jurídico garantido de terceiro, o princípio da igualdade – inerente ao Estado de Direito – é suficiente para reclamar a restauração do patrimônio jurídico do lesado. Qualquer outra indagação será despicienda, por já haver configurado situação que reclama em favor do atingido o patrocínio do preceito da isonomia (...) Quando o dano foi possível em decorrência de uma *omissão* do Estado (o serviço não funcionou, funcionou tardia ou ineficientemente) é de aplicar-se a teoria da responsabilidade *subjetiva*. Com efeito, se o Estado não agiu, não pode, logicamente, ser ele o autor do dano. E, se não foi o autor, só cabe responsabilizá-lo caso esteja *obrigado a impedir* o dano. Isto é: só faz sentido responsabilizá-lo se *descumpriu dever legal* que lhe impunha obstar ao evento lesivo" (ob. cit. pp. 965 e 966-967).

3. Como anota com acuidade Antônio Carlos Cintra do Amaral, quando a prestação dos serviços se constitui em atribuição do Poder Público a relação com os usuários é tributária, constituindo-se em fato gerador de taxa, que nos termos do art. 145, inciso II, da Constituição Federal, incide pelos serviços prestados ou simplesmente postos a disposição do usuário, enquanto, quando os serviços são prestados por concessionários a relação é contratual, sendo remunerada por tarifa, apenas quando da efetiva prestação dos serviços ("Comentário n. 8", de 1.2.2000 do site de "CELC – Centro de Estudos sobre Licitações e Contratos", na *Internet*).

Aliás, esse entendimento de há muito já era acolhido pela doutrina e jurisprudência, bem anteriormente à previsão constitucional atual, em especial na área dos transportes coletivos de passageiros, considerando a culpa presumida do transportador, pelos danos causados aos passageiros, revelando-se irrelevante a incidência de culpa de terceiros, que viessem a dar causa a eventual acidente.[4]

Nenhuma dúvida incide quanto à responsabilidade objetiva das pessoas jurídicas de direito privado prestadoras dos serviços quanto aos danos sofridos pelos usuários dos serviços públicos.

Tal responsabilidade independe da apuração do elemento subjetivo – culpa ou dolo –, e somente é excluída ou minorada pela inexistência total ou parcial do nexo de causalidade.

A culpa exclusiva da vítima faz desaparecer o nexo etiológico entre a atuação do Poder Público ou da pessoa privada prestadora de serviços públicos e o dano, excluindo o dever de indenizar. A culpa concorrente da vítima implica, por seu turno, na diminuição do *quantum* indenizatório. É que a culpa exclusiva da vítima faz desaparecer o nexo de causalidade em relação ao dano, enquanto a culpa concorrente elimina parcialmente esse nexo.

Quanto aos não-usuários a situação é diversa, pela inexistência de qualquer relacionamento anterior à incidência do dano com a pessoa pública ou privada prestadora de serviço público.

Em hipótese da prestação dos serviços públicos diretamente pelo Poder Público, como ocorreria em qualquer atividade por ele executada, parece não existir dificuldade em se afirmar que a responsabilidade pelos danos causados tanto a usuários, como a não-usuários dos serviços, é objetiva, com fundamento no art. 37, § 6º, da CF, e no princípio da isonomia, que informa a igual distribuição dos encargos públicos.

Entretanto, se a composição dos danos não houver de ser suportada pelo Erário Público, mas, sim, exclusivamente pelas arcas da empresa privada prestadora de serviços públicos, haveria essa repartição dos encargos públicos pela coletividade?

---

4. Cabe reproduzir a lição de Yussef Said Cahali, invocada pelo acórdão em exame, nos seguintes termos: "Em matéria de serviço de transporte coletivo concedido pelo Poder Público, permite-se afirmar que a regra do art. 37, § 6º, da Constituição de 1988 representa simples superfetação, pois já era entendimento assente que 'a responsabilidade das empresas de serviço público, no transporte de passageiros, decorre da culpa presumida, não se podendo nela entrever qualquer cláusula liberatória, especialmente culpa de terceiros' (TJSP, 6ª C., 20.2.1989, *RT* 413/146), o que se compreende, seja considerando-se o transporte de passageiros simples obrigação de resultado, seja tendo em vista o disposto no art. 17 do Decreto 2.681, de 7.12.42, aplicável por analogia, quanto à culpa presumida do transportador" (*Responsabilidade Civil do Estado*, Malheiros Editores, 2ª ed., 2ª tiragem, 1956, p. 156).

# COMENTÁRIO DE ACÓRDÃO

Poder-se-ia argumentar que a garantia da manutenção da equação econômico-financeira do concessionário, com a previsão de reajuste tarifário, ainda que de forma indireta, distribuiria os encargos suportados excepcionalmente pela concessionária. Tal distribuição, todavia, sob a modalidade de reajuste tarifário, apenas afetaria os próprios usuários dos serviços.

De qualquer sorte, quando se pensa na isonomia, pela igual distribuição dos encargos públicos, não se tem em mente qualquer forma indireta de distribuição de encargos, mas diretamente pela carga sobre o Erário, que se constitui na *res publica* a suportar os danos.

Assim, nem mesmo a possibilidade da responsabilidade subsidiária do concedente ou permitente dos serviços, pelos danos decorrentes da prestação dos serviços, em casos de insolvência do concessionário ou permissionário, como uniformemente vem a doutrina sustentando,[5] serviria como argumento da incidência da distribuição dos encargos públicos.

Ora, se a responsabilidade da pessoa privada prestadora de serviço público, quanto aos danos causados aos não usuários dos serviços, não pode ter por fundamento a isonomia, e igualmente não decorre de qualquer relação contratual, qual seria o seu fundamento?

Ao que nos parece a responsabilidade nessa hipótese se amolda ao tipo subjetivo, e seu fundamento se assenta na prática de ilícito, nos termos dos arts. 186 e 187 do Código Civil, combinados com o art. 927 do mesmo Estatuto, ressalvadas as hipóteses do parágrafo único desse último artigo, vez que o art. 37, § 6º, da Constituição, deve ser compreendido em conjunto com a regra do artigo 5º do mesmo Texto Constitucional, que estabelece a igualdade de todos perante a lei.

Em hipótese de danos a não usuários dos serviços públicos, não ocorrendo a distribuição dos encargos públicos por todos, o que se verificaria pelo fato de a carga do ressarcimento atingir tão-somente as arcas da empresa privada prestadora dos serviços públicos, aplicar a responsabilidade objetiva decorrente do mero nexo causal entre a prestação da atividade e o dano, sem apuração de culpa, vulnera o princípio da igualdade, que deve ser o fundamento da responsabilidade objetiva.

Significaria tal conclusão a sustentação de que o Poder Público, ao transferir a execução dos serviços públicos a empresas privadas reduz a garantia dos administrados, excluindo a responsabilidade objetiva dos danos causados pelas pessoas de direito público?

---

5. Celso Antônio Bandeira de Mello, ob. cit. pp. 721 e 722; Lúcia Valle Figueiredo, *Curso de Direito Administrativo*, 8ª ed., Malheiros Editores, São Paulo, 2006, p. 297; Maria Sylvia Zanella Di Pietro, *Direito Administrativo*, 19ª ed., Atlas, São Paulo, 2006, p. 300. A autora não obstante sustente a responsabilidade subsidiária do poder concedente, ressalva a hipótese da má escolha da concessionária ou omissão no dever de sua fiscalização, quando, então, afirma a responsabilidade solidária para tais hipóteses.

Ao nosso ver não, pois a extensão da responsabilidade objetiva pelos danos causados pelas pessoas de direito privado prestadoras de serviços públicos também aos não usuários dos serviços pode concretizar-se nos seguintes termos:

Celso Antônio Bandeira de Mello, em sua obra "Apontamentos sobre Agentes e Órgãos Públicos", adotando a sistematização do Professor Oswaldo Aranha Bandeira de Mello traz a lume uma classificação dos agentes públicos, agrupando-os em agentes políticos; servidores públicos e particulares em atuação colaboradora com o Poder Público.

Sobre esses agentes públicos, pertencentes ao terceiro grupo referido, os particulares que atuam em colaboração com o Poder Público, refere o ilustre Professor: "Além das categorias mencionadas (agentes políticos e servidores públicos) há que se cogitar, ainda, de uma terceira classe de pessoas que prestam serviços ao Poder Público. São os particulares que cumprem uma função pública, por: a) requisição do Estado (como os convocados para prestar serviço militar, os jurados, os membros de mesa receptora ou apuradora de votos em época eleitoral etc.), sem caráter profissional, ou que; b) *sponte propria*, assumem a gestão da coisa pública em momentos de emergência (gestores de negócios), ou, ainda que; c) com a concordância do Poder Público, sem relação de dependência, desempenham por conta própria, embora em nome do Estado, uma função pública. É o caso dos contratados através de locação civil de serviços, dos concessionários, permissionários ou delegados de função, ofício ou serviço público (tabeliães e titulares de serventias públicas não oficializadas, bem como diretores de faculdade e outras pessoas que praticam certos atos dotados de força oficial)".[6]

Assim, são os concessionários e permissionários, nessa classificação, *agentes públicos* da categoria – particulares em colaboração com o Poder Público. De qualquer forma são agentes.

Ora, se são agentes públicos, emerge também a responsabilidade do Poder concedente ou permitente pelos danos causados a terceiros por esses agentes, a teor do artigo 37, § 6º, da Constituição Federal.

Essa responsabilidade é objetiva, e tem por fundamento a igualdade.

Significa isso, que a responsabilidade do Poder Público pelos danos causados por concessionários ou permissionários de serviços públicos não é tão-somente subsidiária, em hipótese de insolvência das pessoas privadas em questão, existindo um outro tipo de responsabilidade direta e objetiva do Estado, pelos danos causados por seus agentes, entre eles a categoria em foco.

6. In *Apontamentos sobre os Agentes e Órgãos Públicos*, Ed. RT, São Paulo, 5ª tir., 1987, pp. 8 e 9.

É claro que em hipótese de culpa ou dolo, tem o Poder Público ação regressiva em face de seus concessionários ou permissionários, como prescreve o § 6º em exame.

Tem a vítima três opções: a) pode responsabilizar diretamente o Estado, que responderá objetivamente nessa hipótese, ressalvando-se ao Poder Público a ação de regresso, em caso de dolo ou culpa, em face da pessoa privada causadora do dano; b) pode responsabilizar apenas a pessoa privada (objetivamente se for usuário dos serviços, e subjetivamente se não for); c) pode responsabilizar tanto a prestadora privada dos serviços públicos, quanto o Poder Concedente, em litisconsórcio passivo, mas nessa hipótese o tipo de responsabilidade será o mesmo da hipótese b.[7]

São essas as ponderações que o exame do acórdão em foco nos suscitou.

---

7. Esse é o entendimento de Celso Antônio Bandeira de Mello, que se reporta ao ensinamento de Oswaldo Aranha Bandeira de Mello, quanto às possibilidades de ações à disposição da vítima do dano: "Então parece-nos incensurável o ensinamento de Oswaldo Aranha Bandeira de Mello, manifestado antes mesmo do novo Código de Processo Civil, segundo quem a vítima pode propor ação de indenização contra o agente, contra o Estado, ou contra ambos, como responsáveis solidários, nos casos de dolo ou culpa" (ob. cit., p. 989).

# RESENHA DE LIVROS

MARCELO FIGUEIREDO

*1. Princípios Constitucionais* é o novo título que nos oferece o Doutor Sérgio Sérvulo da Cunha publicado pela Editora Saraiva em 2006. Somente o filósofo rigoroso, experiente e profundo, que teve a oportunidade de também dedicar-se fundamente ao direito e a política, poderia ter produzido obra tão densa e necessária a todos os estudiosos do direito.

O livro de Sérgio Sérvulo da Cunha oferece-nos uma vista densa e analítica do tema dos princípios como fundamento, causa, idéia, finalidade, forma e valor. Traz as concepções filosóficas do positivismo, com amplíssima bibliografia enciclopédica para finalmente entrar, confortavelmente no tema dos princípios jurídicos do ordenamento, implícitos, explícitos, fundantes, estruturantes e estruturais.

Não se esquiva de enfrentar os autores contemporâneos mais densos, como Chaim Perelman, Alexy, Gadamer, para trazer a possível distinção entre princípios, regras e normas. Analisa a constituição e o sistema constitucional na perspectiva dos princípios, verificando sua funcionalidade e eficácia.

A obra mereceu o seguinte comentário de Paulo Bonavides, mestre de todos nós: "A obra de Sérgio Sérvulo aparece em meio a grandes efervescências que afetam as complexas bases da sociedade contemporânea. Na ordem dos conceitos relacionados a essa esfera jurídica de mudança e instabilidade, o autor deste livro busca, movido de louvável empenho, colocar à vista de todos nós a força construtiva dos princípios, e a importância, sobretudo pragmática, que eles agora assumem no domínio da positividade constitucional. Cumpre assinalar, porém, que o pós-positivismo nas constituições não liquida nem dissolve a positividade do Direito, senão que a consolida com a força e a legitimidade dos princípios".

*2. Interpretação Constitucional* é também um importante título de direito constitucional que nos oferece, mediante coordenação, o jovem e talentoso Professor Virgílio Afonso da Silva. Publicado em 2005, pela Malheiros Editores, a obra é composta de artigos de onze autores, juristas brasileiros e portugueses. Destacam-se na obra os temas mais relevantes da moderna interpretação constitucional, tais como: o difícil problema dos direitos fundamentais sociais, sobretudo de sua justiciabilidade; o papel dos princípios na interpretação constitucional, especialmente do assim chamado princípio da proporcionalidade; o enfoque originalista na interpretação constitucional; os chamados princípios de interpretação exclusivamente constitucional; a moralidade da constituição; a relação entre direitos fundamentais e a autonomia privada e tantos outros. Chamou-me a atenção o artigo do coordenador intitulado "Interpretação Constitucional e Sincretismo Metodológico", onde, pela primeira vez, chama a atenção dos leitores da língua portuguesa para importante aspecto, o de que é necessário libertar-nos da idéia de que princípios e métodos aplicáveis à interpretação constitucional devem ser aplicáveis exclusivamente à interpretação constitucional. Somente dessa forma, diz, passa a não haver problemas em se aceitar que os cânones de interpretação sistematizados por Savigny valham também para o direito constitucional. Após repassar os métodos constitucionais normalmente apresentados pela doutrina nacional afirma que não são necessariamente complementares e que, ao contrário, costumam ser conflitantes. A obra coordenada pelo Professor Virgílio, a exemplo de seu *A Constitucionalização do Direito – Os direitos fundamentais nas relações entre particulares*, publicada pela Malheiros Editores também em 2005, merece ser consultada e examinada com atenção pelos constitucionalistas.

GRÁFICA PAYM
Tel. (011) 4392-3344
paym@terra.com.br